Jeder
ist weltweit ein
Fremder

Das transkulturelle Psychoforum
Band 16

herausgegeben von

PD Dr. Dr. Thomas Heise

ISSN 1435-7844

Jeder ist weltweit ein Fremder

2. Kongress des
Dachverbands der transkulturellen Psychiatrie, Psychotherapie und Psychosomatik im deutschsprachigen Raum e.V.
(DTPPP)

26.-28.September 2008
Medizinische Universität Wien

hrsg. von

Solmaz Golsabahi, Thomas Stompe
&
Thomas Heise

VWB – Verlag für Wissenschaft und Bildung
2009

Titelabbildung:
„Transkulturelles Wechselspiel Nähe – Ferne – Nähe"
Idee: Thomas Heise
Foto: Solmaz Golsabahi

ISBN 978-3-86135-188-7

Verlag und Vertrieb:
VWB – Verlag für Wissenschaft und Bildung
Amand Aglaster
Postfach 11 03 68 • 10833 Berlin
Tel: +49-30-251 04 15 • Fax: +49-30-251 11 36
info@vwb-verlag.com • www.vwb-verlag.com

Inhalt

SOLMAZ GOLSABAHI:
Jeder ist weltweit ein Fremder, gewidmet Alexander Friedmann 9

Vorwort

THOMAS STOMPE:
„Jeder ist weltweit ein Fremder“ 11

Ehrungen

RONALD WINTROB:
ALEXANDER FRIEDMANN MD; A Memorial Tribute to a Remarkable Man 15

ECKHARDT KOCH:
Professor Dr. WOLFGANG M. PFEIFFER – ein Leben für die Transkulturelle Psychiatrie . . 23

THOMAS STOMPE:
Laudatio für Dr. ALEXANDER BOROFFKA – Einem großen Europäer in Afrika 29

THOMAS HEISE:
Laudatio für Univ.-Prof. emeritus Dr. WIELANT MACHLEIDT, Abteilung Sozialpsychiatrie und Psychotherapie der MHH 33

Konzeptuelles und grundlegende Gedanken zur transkulturellen Psychiatrie und Psychotherapie

JENS CLAUSEN:
Das Selbst und die Fremde. Über psychische Grenzerfahrungen auf Reisen 37

REBEKKA EHRET:
Die Kulturfalle. Plädoyer für einen sorgsamen Umgang mit Kultur 47

THOMAS HEISE:
Fremd, Fremder, am fremdesten – aber nur für unser derzeitiges Weltkonzept? 57

MICHAELA FRANK:
Im Schnittpunkt von Psychotherapie und Schamanismus: Bilder im Dialog des Heilens 65

BERNHARD KÜCHENHOFF:
Übertragung in der transkulturellen Psychiatrie und Psychotherapie 71

SEBASTIAN VON PETER:
„Chronizität“ im interkulturellen Vergleich – Implikationen für die Arbeit vor Ort 77

ANDREAS HATALAK, SOLMAZ GOLSABAHI, KARL H. BEINE:
Migration und psychiatrische Behandlung – Einflussfaktoren der Behandlungsdauer und der Wiederaufnahme. Eine vergleichende retrospektive Querschnittstudie zwischen deutschen und ausländischen psychiatrischen Patienten 85

ALFRED DREES:
Ganzheitliche Gesprächskompetenz auch in der transkulturellen Medizin 89

MASCHA DABIĆ:
Wie „kulturell“ ist die transkulturelle Psychotherapie? – Dolmetschen als Dreh- und Angelpunkt in der Kommunikation zwischen Psychotherapeuten und Patienten 99

HÜSEYIN KALAYCI & EKIM SAN:
Frauengesundheitszentrum FEM-Süd und Männergesundheitszentrum MEN: Transkulturelle Aspekte der muttersprachlichen Gesundheitsberatung mit Frauen und Männern 107

MARINA CHERNIVSKY & WERNER E. PLATZ:
Jüdische Kontingentflüchtlinge aus der GUS. Konzepte und Praxis einer muttersprachlichen Ambulanz in Berlin 111

MARTIN VEDDER:
Handlungsempfehlungen zur Weiterentwicklung der gemeindepsychiatrischen Versorgung in transkultureller Hinsicht 121

Probleme Minderjähriger in der transkulturellen Behandlung

JULIA HUEMER, SABINE VOELKL-KERNSTOCK, H. STEINER & MAX FRIEDRICH:
Unbegleitete minderjährige Flüchtlinge. Im Spannungsfeld zwischen Traumatisierung, Anpassung und Ausgrenzung 131

ANNEMARIE SIESS:
Die Theatergruppe „Ubuntu“ im Flüchtlingsheim Reichenau, Innsbruck, spielte „Wo bin ich denn? – Dschungelbuch“ 133

DIMA ZITO:
Überlebende des Tötens – Kindersoldaten als Flüchtlinge in Deutschland. Lebenswelten, Traumabewältigung und psychosoziale Arbeit 143

Schmerz in transkultureller Sicht

MARTIN AIGNER:
Kulturelle Faktoren in der Bewertung, Präsentation und Bewältigung von Schmerzen . 153

Sanela Piralic Spitzl, Fabian Friedrich, Marion Freidl & Martin Aigner:
Subjektive Lebensqualität und Schmerz – der Einfluss sozialer Faktoren bei somatoformen SchmerzpatientInnen mit Migrationshintergrund 159

Ayşe Başıbüyük, Martin Aigner, Derya İren-Akbiyik, Alexander Friedmann & Walter Tschugguel:
Der Einfluss von Migration auf die Psychopathologie. Psychiatrische Co-Morbidität und Lebensqualität der türkischen Migrantinnen mit chronischen Unterbauchschmerzen – Eine vergleichende Querschnittstudie 169

Verschiedene Diagnosen unter transkulturellen Aspekten

Franziska Pruckner & Saadet Tokay:
Schwangerschaft & Geburt & Elternschaft im Spannungsfeld der Migration. FEM-Elternambulanz mit türkischsprachiger Betreuung 183

Gregor Busslinger:
Kein Ort nirgends: Sequentielle Traumatisierung im Kontext von Veränderungsprozessen in der Migration 189

Jan Ilhan Kizilhan:
Kultursensitiv-narrative Traumatherapie – Die Gegenwärtigkeit der Vergangenheit und ihre therapeutische Bearbeitung 197

Ibrahim Özkan:
Ressourcenorientierte Stabilisierung in der traumazentrierten Behandlung von Migranten 207

Murat Ozankan & Josef Kessler:
Ein junges Gesicht der Migration: Alte Migrantinnen und Migranten – Stellenwert muttersprachlicher gerontopsychiatrischer Behandlungsangebote 217

Hans-Jörg Assion:
Migration als Risikofaktor für Schizophrenie 221

Arne S. Steinforth:
Rauch des Wahnsinns: Drogenkonsum, psychische Krankheit und gesellschaftlicher Wandel in Malawi 227

Transkulturell relevante medizinisch-naturwissenschaftliche Forschungsergebnisse

Robert E. Feldmann Jr., Guenter H. Seidler, Martin H. Maurer & Konstanze Plaschke:
Depression of rat hippocampal morphine-binding protein P23K may be associated with cognitive impairment during chronic stress. 235

Jeder ist weltweit ein Fremder

gewidmet Alexander Friedmann

Solmaz Golsabahi

„Dieses Mal lädt Sie die Gemeinschaft der an der transkulturellen Psychiatrie Interessierten in die österreichische Hauptstadt Wien ein.

Als Disziplin der Modernen und als Spezialgebiet der Sozialpsychiatrie fokussiert der 2. Kongress der deutschsprachigen transkulturellen Psychiatrie 2008 seine Aufmerksamkeit auf das Themengebiet ‚Flüchtlinge' und hier besonders auf die Traumatisierten, Frauen und Kinder. Damit trägt unsere Gemeinschaft einer vorrangigen Aktualproblematik Rechnung, die nun schon ein Jahrzehnt lang den öffentlichen Diskurs durchzieht. Wir verstehen die Wissenschaft als eines der geeignetsten Mittel, der Vernunft Eingang in die Lösung ansonsten nur emotional abgehandelter gesellschaftlicher Probleme zu verschaffen und bekennen uns zu unserer Aufgabe, einen Beitrag zum besseren Verstehen dieser Entwicklungen und damit zur Humanisierung des gesellschaftlichen Umgangs mit ihnen zu leisten.

Wien erscheint uns als glücklich gewählter Ort, unseren Gedankenaustausch in diesem Jahr zu pflegen, war diese Stadt doch von jeher eine Eintrittspforte für die Fluchtbewegung verfolgter Menschen und eine Drehscheibe für den ost-westlichen und nord-südlichen Dialog.

Seiten 9-10

> Natürlich wollen wir unseren Kongressteilnehmer/Innen mit dieser kleinen, aber schillernden Stadt auch einen Erlebnisort für vortragsfreie Zeiten bieten: wir kennen keinen besseren Ort für den persönlichen Austausch als das Wiener Caféhaus.
>
> Die Gemeinschaft der deutschsprachigen transkulturellen Psychiatrie wird sich freuen, Sie alle in Wien vom 26.-28. September 2008 begrüßen zu können und dankt der traditionsreichen Medizinischen Universität Wien für Ihre Gastfreundschaft!“

Dies waren die Grußworte des Hauptveranstalters und Präsidenten des 2. Kongresses der transkulturellen Psychiatrie, Psychotherapie und Psychosomatik im deutschsprachigen Raum in Wien.

Alexander Friedmann war bereits als Kind auf der Suche nach den Kulturen und Verständnis des menschlichen Geschlechts und seiner Geschichte.

Seine letzte Reise ist er am 30.03.2008 unerwartet mitten in den Kongress-Vorbereitungen angetreten.

Seine Zivilcourage, seine unermüdliche Begeisterung für das Leben und die Menschen, sein unstillbarer Wissensdurst, seine bedingungslose Widerstandsleistung gegen Vorurteile und für Gerechtigkeit sind beispielhaft für jeden Mediziner.

Im Laufe der Zeit entwickelten wir gemeinsam die Idee des Dachverbandes, um die Diskussionen und Vernetzungen innerhalb der transkulturell interessierten Kollegen zu optimieren. Im Wiener Cafe Haus „Café Europe“ haben wir gemeinsam mit Max Friedrich vor ca. 8 Jahren mit den ersten Entwürfen für einen Dachverband der transkulturellen Psychiatrie im deutschsprachigen Raum begonnen.

Ich besuchte per Zufall als Medizinstudentin seine Vorlesung, die jeden Mittwoch um 12.00 Uhr stattfand: „Transkulturelle Psychiatrie – was ist das? – mittwochs 12.00-14.00 Uhr, AKH-Wien, Hörsaalzentrum Süd/ Hörsaal B.“.

Mit diesem Tag begann mein richtiges Studium. Alexander Friedmann lehrte mich, dass ein Arzt nicht nur die Diagnosen und Therapien zu können hat, sondern die Kultur seines Patienten verstehen muss, um ihm begegnen zu können.

Das war der Beginn einer Reihe von kontroversen religiösen, philosophischen, geschichtlichen und linguistischen Diskussionen. Er wusste, dass man Diagnosen nur im Wandel der Zeit und Kulturen verstehen kann und das lehrte er. Er lehrte mich zu hinterfragen und meine Beobachtungen immer wieder neu zu durchleuchten. Er sagte: „Wechseln Sie immer wieder die Linsen, um neu zu definieren, denn jede Definition ist durch einen blinden Fleck gekennzeichnet. Lernen Sie diesen Fleck zu erkennen, damit Sie die Vorurteile verstehen können.“

Jeder ist weltweit ein Fremder. Wir werden immer „Durchreisende“ auf dieser Erde sein. Jedes Zuhause kann uns per Zufall, per Naturgewalt, per „menschliche Gewalt“ etc. fremd werden. Uns neu zu definieren, zu finden, zu entdecken wird dann geschehen, wenn wir unsere Umgebung kennen lernen, verstehen lernen. Nur wenn wir unsere Kultur mit ihren Wurzeln weit auf der Erde zerstreut kennen, werden wir ein Stück vertrauter.

Diese Publikation ist ihm gewidmet, denn ohne ihn hätte diese Idee niemals eine Chance gehabt. Er war ein Mentor, der an seine Studenten glaubte und sie förderte.

Wir werden sein Vermächtnis bewahren, seinen Weg weitergehen und auf diesem mit aller Kraft voranschreiten. Neben seinen fachlichen Qualifikationen war Alexander Friedmann ein Mann mit echter Zivilcourage, der sich für seine Mitmenschen/Patienten bedingungslos eingesetzt hat. – Ich habe mit ihm einen großartigen Mentor, Wegweiser und vor allem guten Freund verloren.

Vorwort: „Jeder ist weltweit ein Fremder“

Thomas Stompe

Vom 26.-28. September 2008 fand im Allgemeinen Krankenhaus der Stadt Wien der 2. Kongress der transkulturellen Psychiatrie im deutschsprachigen Raum statt. Das diesjährige Motto lautete „Jeder ist weltweit ein Fremder“. Unter tragischen Umständen hatte ich nach dem unerwarteten Ableben meines Freundes und Kollegen Alexander Friedmann die Kongressorganisation übernommen und damit auch Motto und Generalthema. Ich stand diesem Motto zu Beginn sehr skeptisch gegenüber. Ausdrücke wie „Klischee“, „Plattitüde“ und „Pathos“ schossen mir durch den Kopf, und es hat einige Zeit gedauert, bis ich mich damit anfreunden konnte. Vielleicht verdient, ja braucht das Los von Migranten genau dieses Pathos, um *„Aufnahmegesellschaften“* – denn den Ausdruck *„Gastgesellschaft“* verdienen wohl gegenwärtig die wenigsten EU-Staaten – auf die besondere Situation unter der *DIE* leben und *WIR* in der Migrationspsychiatrie arbeiten, aufmerksam zu machen. Und aufmerksam wurden tatsächlich viele; mit 440 Teilnehmern war dieser Kongress nach Aussagen von Ron Wintrob, immerhin *Vorsitzender* der transkulturellen Sektion der *Weltpsychiatriegesellschaft WPA*, die bisher am besten besuchte transkulturell-psychiatrische Veranstaltung *überhaupt*.

Also horchen wir *in* den Titel hinein: ist er hohl oder lässt sich daraus ein Sinn gewinnen. Was bedeutet es denn nun, fremd zu sein? Fremdheit, so sie nicht freiwillig aufgesucht ist, ist vor allem einmal eine Irritation. Der Fremde wird von mir als fremd wahrgenommen, ich werde in meiner Heimat vom Fremden, der in unser Land kommt, als fremd wahrgenommen. Im Falle von Migranten drückt sich diese Fremdheit im Aussehen, in der Kleidung, in den Umgangsformen, den Gebräuchen, der Religion und vor allem in der Sprache aus. Wir sehen schon, es gibt fremdere und weniger fremde Fremde. Wenn das Erleben von „fremder Fremdheit“ über die Dauer eines längeren Urlaubes hinausgeht, sinnen die von der Erfahrung von Fremdheit Betroffenen – und das sind immer beide, die „Gäste“ und die „Gastgeber“ – auf Abhilfe. Dabei gibt es auf beiden Seiten zwei diametral entgegen gesetzte Strategien – mehr Nähe oder mehr Distanz. Ersteres bedeutet im Falle der Migranten Assimilation, im Falle der Aufnahmegesellschaft Adaptation, zweiteres Abgrenzung respektive Ausgrenzung. Als ich oben schrieb, dass die beiden Strategien einander diametral entgegengesetzt sind, so war das nur zum Teil richtig. Zu Ende gedacht führen Assimilation/Adaption und Abgrenzung/Ausgrenzung zum selben Ergebnis, dem „Unsichtbar-Werden“ des Fremden. In der Realität allerdings ist dieses „Aufgehen in“ oder „Weggehen aus“ (bei gleichzeitigem „Bleiben in“) der Aufnahmegesellschaft, nicht für alle möglich. Gerade den „fremden Fremden“ bleibt noch immer ihr *ungewohntes* Aussehen *(„haften“)* – wollen sie sich auch noch so sehr angleichen. Inzwischen haben übrigens zahlreiche Untersuchungen gezeigt, dass die vollständige Anpassung genauso gesundheitsschädlich wie die vollständige Abgrenzung ist, am ungesündesten aber ist die chaotische Identität, wenn nicht klar ist, wohin man gehört. Aber darum soll es hier nicht gehen; es geht um den Rest der Fremdheit, der bei allen Bemühungen des Migranten – und vielleicht sogar der Aufnahmegesellschaft – übrig bleibt.

Seiten 11-13

Nur wenige Gesellschaften sehen die Begegnung mit Einwanderern als Chance, das eigene Weltbild zu erweitern und damit zu bereichern. Menschen, die so denken, gibt es in jedem Land, viele sind es allerdings nirgendwo. Vorherrschend ist eher die Angst vor dem Unbekannten, eine Angst, die in der biologischen Evolution des Menschen dem Überleben durchaus förderlich war und durch die wesentlich kürzer dauernde kulturelle Evolution nur im geringen Maße überformt wurde. Medial werden diese Ängste häufig verstärkt, populistische Politiker spielen mehr oder weniger gekonnt auf der Klaviatur unserer Ressentiments. Doch vor einem gutmenschlichen Plädoyer für mehr Toleranz gilt es, das Wagnis eines mehrfachen Perspektivenwechsels auf sich zu nehmen. Hat denn *die Boulevardpresse*, haben die populistischen, „ausländerfeindlichen" Parteien nicht recht? Ist das Boot denn nicht tatsächlich schon voll? Gegenwärtig befinden sich in Österreich etwa 1.452.600 Menschen mit Migrationshintergrund, das sind registrierte Einwanderer mit ausländischem Pass, Eingebürgerte, Migranten der 2. Generation und sogenannte illegale Ausländer. Das entspricht etwa 17% der österreichischen Wohnbevölkerung, in Wien ist der Ausländeranteil deutlich höher. Wir liegen damit, bezogen auf die Einwohnerzahl, gegenwärtig nach Luxemburg, Lichtenstein und der Schweiz in Europa an vierter Stelle.

Hier ist nun der erste Perspektivenwechsel angesagt, „zoomen" wir nach oben. Europa hat etwa 700.000.000 Einwohner, bei 6.856.292 „echten" Österreichern, bedeutet das, dass wir für über 99% der Europäer Fremde sind, die deutliche Mehrheit davon spricht nicht unsere Sprache. Zoomen wir noch weiter und nehmen wir die Weltbevölkerung unter die Lupe. Es gibt im Internet einen „Bevölkerungsschätzer", eine „Populationsuhr", die anhand der bekannten Bevölkerungszuwachsrate (Geburtenrate minus Sterberate) pro Sekunde angibt, wie viele Personen sich gegenwärtig ungefähr auf der Erde befinden. Am 22. September 2008 um 23:00, ein paar Tage vor Beginn unseres Kongresses, waren das 6.722.451.066 Menschen, dass heißt für 99,9% der Menschen auf der Erde sind wir schlicht und einfach Fremde. Noch einmal hinaus gezoomt: unser Sonnensystem befindet sich in einem Seitenarm einer Galaxie des Milchstraßensystems, und ist einer von 100 bis 300 Milliarden Sternen darin. Mit den heutigen technischen Beobachtungsmöglichkeiten konnten inzwischen etwa 50 Milliarden derartiger Galaxien registriert werden. Doch zoomen wir zurück zur Erde und wechseln wir abermals die Perspektive. Werfen wir verstohlen einen Blick auf die, die uns am Nächsten stehen, und nach kurzem Nachdenken muss uns klar werden, dass selbst der Mensch, den wir am Besten kennen, uns als Individuen ganz zwangsläufig bis zu einem gewissen Grad fremd bleiben muss. Bevor man allerdings resigniert und sich bei diesem Gedanken plötzlich ganz alleine und verlassen fühlt: Steckte nicht in jedem Fremden zugleich Vertrautes, wäre es für uns nicht als Fremdes erkennbar, es wäre überhaupt nicht erkennbar, eine Begegnung, also das was uns zu Menschen macht, wäre nicht möglich! Doch nach diesem Ausflug in soviel fremde Gefilde, lasst uns wieder halbwegs nüchtern auf dem Boden der Tatsachen ankommen. Migranten existieren um uns herum, viele haben Probleme, manche machen Probleme. Beide Gruppen haben das Anrecht auf eine faire, gute oder zumindest pragmatische Behandlung. Diejenigen, die Probleme machen – und Migranten als Gesamtgruppe haben aus den verschiedensten Gründen eine höhere Delinquenzrate als die Bewohner des Aufnahmelandes – haben ein Anrecht darauf, dass genau dieselben rechtlichen Maßstäbe an sie angelegt werden wie an Österreicher. Diejenigen, die Probleme haben, haben das Recht auf eine angemessene Behandlung. Das impliziert allerdings, dass die Behandlung von psychisch kranken Migranten für gewöhnlich aufwändiger ist und mehr Ressourcen erfordert als die Behandlung der einheimischen Bevölkerung. Dass sich ein Land wie Österreich das leisten muss, hat nichts mit Toleranz zu tun, dass ist einfach eine Selbstverständlichkeit in einer zivilisierten, aufgeklärten Gesellschaft. Und wem das zu abstrakt ist, der sei daran erinnert: wir brauchen unsere Migranten aufgrund unserer demographischen Entwicklung sogar immer notwendiger. Das heißt, schon allein die Klugheit und unser Selbsterhaltungstrieb *erfordern*, dass wir uns verstärkt darum bemühen, dass Integration für beide Seiten positiv verläuft und dass wir für die kranken Fremden unter uns sorgen. Und unter diesem Gesichtspunkt ist das Pathos des Titels „Jeder ist weltweit ein Fremder“ gerechtfertigt!

Alexander Friedmann MD
A Memorial Tribute to a Remarkable Man

Ronald Wintrob

In Memoriam; 8 May 2008

It comes as a shock to realize that even in such a comparatively young field as the contemporary field of cultural psychiatry is, we must confront the illness and death of colleagues and friends who have been important contributors to our discipline.

But such has been the case this year.

On March 30th, our good friend and colleague, Alexander Friedmann, died suddenly and unexpectedly, in Vienna. Alex was only 59 years old when he died. In addition to many, many friends and colleagues who mourn his loss, he leaves Kitty, their twin sons, age 14, and their daughter, age 11.

Alex played a central part in the Vienna Organizing Committee for the highly successful WPA-TPS conference held in Vienna, at the Vienna University Medical School and Hospital, in April 2006. He was also a key member of the Organizing Committee of the 1st International Conference on Transcultural Psychiatry in the German-speaking Countries, co-sponsored by WPA-TPS and held in Witten, Germany, in September 2007, and he was very actively involved in the planning for this, the 2nd International Conference on Transcultural Psychiatry in the German-speaking Countries, being held in his home city of Vienna.

His enthusiasm, commitment, open-mindedness and good humor will be very much missed by all who knew him and worked with him. And my wife Pauline will especially miss his friendly presence at those locations outside the conference halls that are designated for smokers, where I would often join them to talk, laugh, debate…and tell a few Jewish jokes… during the Witten conference last Sep.

Here is one of them.

A group of Jewish ladies "of a certain age" have got together for their weekly "kaffee klatch". Sadie tells her friends, in a conspiratorial tone; "You know what; my 27 year-old son told me the other day that he wasn't feeling well. He said that he went to the doctor, and the doctor told him he had Herpes. He said it was some kind of infection, but it wasn't serious, and he'll soon get over it and be fine again. But he didn't explain what Herpes is, or in what way it makes him sick, so I'm very worried about him."

Molly answers; "Don't worry, Sadie; I have a big medical book at home. When I get home I will look up Herpes in the book and let you know what it is all about, so you shouldn't have to worry any more about your son."

Sadie is much relieved. Soon after she gets home the phone rings. Sure enough, it is Molly. "Sadie", she says, "I looked up Herpes in the big medical book…and you have nothing to worry about. The book says it is a disease of the Gentiles".

My Instant Friendship with Alex

Before I ever met Alex, I had heard about him; that he was a lively, congenial man and a unique one too. I heard that he had been instrumental in helping the Jewish immigrants to Austria from the former Soviet Union adapt themselves to living in Vienna.

I first met Alex at the WPA-TPS conference that was held in Vienna, in April 2006. It was the first TPS conference I had helped organize since becoming chair of the Section in Sep 2005. I was more than a little anxious about how the conference would go: would the facilities be adequate, would there be enough participants, would the atmosphere and ambience of the conference be what I had hoped for?

I needn't have been so concerned. All those details had been very well organized by Thomas Stompe and the Vienna organizing Committee…that included Alex.

Pauline and I like to attend as many presentations as we can at TPS conferences. Many of the presenters are our friends, and we like to hear them discuss their work. In Vienna, we were eager to hear Alex's presentation on the cultural integration of Jews from the former Soviet Union, especially those from its Asian regions, "Sephardic" Jews whose cultural traditions were very different from those of the "Ashkenazi Jews; the group that both my parents come from, during the centuries that their families had lived in Russia and Poland before they migrated to Canada in the early 20th century.

Alex's presentation was intensely moving for Pauline and me. I started to tell him that, after his presentation, when I introduced myself. But I couldn't express it, because I almost immediately became choked up with emotion; not something that usually happens to me in response to a colleague's presentation at a conference. I felt very awkward at becoming so overcome with emotion. Alex was warm, empathic and generous in his response.

We became close friends from the time of that interchange. We talked a lot during the conference. I learned more about Alex's contributions to helping rebuild the Vienna and Austrian Jewish communities, and the recognition he was accorded for those efforts by the governments of Vienna and of Austria. I also learned about his own family background, and about his wife and children. He talked about how he had developed his commitments to the Jewish community's welfare; in Vienna, in Austria, in Israel, in the world.

We kept up our contacts by correspondence. We communicated about plans for the launching of a professional group of German-speaking psychiatrists and other mental health clinicians interested in cultural psychiatry. I was invited, and very honored to participate, at the 1st International Conference of Transcultural Psychiatry in the German-speaking World, held in Witten, Germany, in Sep 2007. We had a number of opportunities to spend time together in Witten.

We started making plans to spend time together again in Sep 2008; first at the WPA Congress in Prague, then at the 2nd International Conference of Transcultural Psychiatry in the German-speaking World, in Vienna.

At the Prague Congress, Alex had agreed to give a presentation on his efforts to help rebuild the Jewish community in Vienna since the 1970s, including his visionary work with the Sephardic Jewish immigrants, at a symposium the Section was sponsoring on "the impact of Jewish culture on psychiatry".

In January, I worked with Alex on the editing of his bio-sketch for the WPA-Transcultural Psychiatry Newsletter. It was completed Jan 21, 2008 and has been posted since Feb on the WPA-TPS website.

Here are some excerpts from it.

Excerpts from the Bio-sketch of Alexander Friedmann MD

Since 1975 I have been part of the staff of Vienna's University Hospital.

I have been teaching transcultural psychiatry to medical students and trainees in psychiatry there since 1994.

I am myself the product of several cultures. Like my parents, I am an Ashkenazi Jew, although, as a result of a liberal education, not very observant.

Family background and upbringing

My parents were born and grew up as Austrian citizens, living in Czernowitz, the prosperous capital city of Bukovina, the eastern region of the Austro-Hungarian Empire, which was a German-speaking city at the dawn of the 20th century. Czernowitz had a sizable Jewish population during the years that preceded WWI. The Jewish community of Czernowitz in those years was comprised in part of Hassidic orthodox Jews and in part of highly assimilated Jews. Especially after the proclamation of the Decrees of Tolerance in 1781 and 1782, the Jews had become very loyal citizens of the Austro-Hungarian Empire and admirers of Emperor Franz Joseph I.

After the capitulation of Austria in WWI, the Austro-Hungarian Empire was dismantled, and Bukovina became part of Rumania. Thus, my parents became Rumanian citizens during their adolescent years. The prosperity of Czernowitz declined under Rumanian rule. Many of its Jewish inhabitants decided to leave and settled in Bucharest. My parents met in Bucharest and were married there in 1942. My father, who was a printer by profession, became the owner of one of the biggest printing companies in Bucharest.

Soon after their marriage, my parents became victims of the fascist takeover in Rumania. In 1942, my mother was deported with her family to a Rumanian concentration camp. She survived, with the help of my father, who was hiding in the Bucharest underground, living in a cellar where he printed false documents for other victims of the persecution.

At the end of WWII and of the genocide of the Jews in occupied Europe, my parents had survived the Holocaust. Since both of my parents' families had been Zionists during the pre-war years, most of their family members had emigrated to Palestine before WWII.

I was born in Bucharest in 1948, my parents' only child.

As Rumania became a Stalinist country, my parents, unwilling to live under another dictatorship, determined to emigrate.

That is how I came to live from 1949 to 1952 in Israel; a country of WWII survivors hardly able to feed its population and subjected to frequent attacks from the armies of surrounding countries. My war-traumatized mother could not cope with that kind of stress. As a consequence, my parents decided to return to Europe and to make a life for themselves in Vienna, the city that their families had considered as their capital until 1918.

My parents enrolled me in the Lycée Français de Vienne, a school run by the French government, where I was educated in the French language and exposed as much to French cultural influences as I was to Austrian and German culture. At home though, I was simply Jewish. *My personal migration history and my school career ultimately enabled me to be able to speak six languages.*

Even though my family was living in Austria, they always spoke of their intention to go back to Israel one day, but that never happened.

However, Austria was not an easy place for Jews to live in the 1950s. The anti-Semitic tradition persisted, combined with the stubborn denial of the collaboration of a huge part of the Austrian population with the Nazis before and during WWII. There was also a great deal of popular support for the nationalistic narrative that Austria had been the first victim of Nazi German persecution and invasion. Support for this misreading of Austrian history created a climate of uneasiness and, for many, of fear among Jews living in Austria at that time.

My first direct confrontation with manifest anti-Semitism occurred in 1964.

It was at a neo-Nazi rally in the center of Vienna. In response, anti-fascists staged a counter-demonstration. Between both groups, there were about 3,000 people. Fighting broke out between opposing groups. Many participants of both sides were arrested, including me, a 16 year-old boy at that time. During the afternoon I had to spend in a cell, together with others of both sides, intense political discussions occurred. I wondered how it was possible that young Austrians could deny the historical reality of WWII, convince themselves that the Holocaust had never happened, and remain stubbornly loyal to Hitler's propaganda.

I tried to understand that type of mass madness and its historical and cultural roots. Looking back, I believe it was my experience of that afternoon that shaped my decision to orient my later studies toward understanding human emotions and the psychological roots of their behavior.

Medical school and training in psychiatry

I consider the events of 1967 to be the triggers of my professional life, as well as shaping my life as a Jew living in Austria. In that year, I finished secondary school and started to study medicine. During the week I took my final exams in medical school, the 'six-day war' started in Israel. All my cousins were soldiers in the Israeli army and involved in fierce fighting. My parents were very fearful, questioning the future of the Jewish people, and of the security of the small Jewish community in Vienna.

Those days made me think about the sense and the responsibilities of my own life as a human being and as a Jew. I decided to leave for Israel immediately after my last exam and arrived while the war was still going on. That summer, I was a volunteer agricultural worker on a kibbutz, where I met other volunteers from all over the world. From then on, I would spend my summer vacations during the next ten years as a volunteer at kibbutzim in Israel.

In the summer of 1977, after my graduation as a medical doctor, I volunteered in an outpatient clinic in the Negev desert, designed to provide medical services to the region's Bedouin population. After that, I spent five weeks living with a nomadic Bedouin clan.

In the autumn of 1977, I started my training at the Department of Psychiatry of the Medical University in Vienna. I completed my training six years later and was subsequently appointed Assistant Professor of Psychiatry there in 1990.

Throughout those years in training, I never lost my interest in psychological differences due to acculturative stress, so, quite logically my orientation was always toward social and cultural psychiatry.

Ultimately I was given the assignment to inaugurate and develop an outpatient service for transcultural psychiatry within the Department of Psychiatry. *During the fourteen years I have been director of the transcultural psychiatry clinic at the university hospital, I have been able to focus the clinic's efforts on treating people of foreign descent and different cultural groups.*

Today, many years later, I am convinced, that humans, although culturally different, are psychologically similar, reacting to and suffering from the same type of illnesses and stressful life events, but using different language and body signals to communicate their distress.

Involvement in the rebuilding of the Jewish community of Vienna

Throughout my adult life, I have spent part of my free time helping to rebuild the Jewish community of Vienna, which had been decimated by WWII. I have felt an abiding responsibility, as a child of survivors of the Holocaust, not to let the world's bigots succeed in their wish to eradicate the Jews of Europe.

There were times when the Jews in Austria were tolerated and prospered, and other times when they were persecuted, driven out of the country or killed. Until the 19th century, Jews never enjoyed equal civil and religious rights.

The "Edicts of Tolerance" in the late 18th century gave non-Catholics; that is, Protestants, Eastern Orthodox Christians and Jews, judicial and civil quasi-equality. The result was an impressive expansion of the Austro-Hungarian empire's economy, industry, sciences, social welfare system and the arts and humanities, until the eve of WWI.

The Jewish population of Austria reached almost 200.000 before WWII. Most of the Jews of Austria lived in Vienna, although there were some in the Austrian provinces and in smaller cities. Most of them were highly integrated, and some had become very prominent citizens, such as the novelists Arthur Schnitzler and Stefan Zweig, the physicians Sigmund Freud and Alfred Adler, the musicians Bruno Walter, Gustav Mahler and Arnold Schoenberg, and theater and cinema figures such as Peter Lorre and Billy Wilder. Others were well-known political figures of their time. Several were Nobel prize winners.

Nonetheless, all of them were forced to leave the country and those who did not do so in time were murdered by the Nazis.

When the nightmare years of WWII ended and the Republic of Austria was re-established in 1945, there was practically nothing left of the Austrian Jewish community. Some Austrian Jews came back to find the community looted, their material possessions plundered, their houses and apartments "aryanized" and the Austrian government unwilling to consider providing restitution or compensation for their losses. The Jewish community was reduced to 10.000 people, of whom only a few thousand had lived in Vienna pre-1938.

For fifty years after WWII the Jewish community of Vienna experienced declining numbers. After 1945, there was little to attract Jews to live in Austria. The Jewish community consisted largely of refugees; from Hungary after 1956, from Poland after 1967, from Czechoslovakia after 1968… refugees too exhausted to cope with continuing their migration to Israel, USA or other countries that had agreed to accept them.

Beginning in 1972, a new wave of transient and permanent migrants came to Austria; Jews from USSR, most of them in transit to Israel and some to the United States. From this inflow of 250.000 people, 3000 chose to stay in Austria. Most of them came from Tajikistan, Uzbekistan and the Caucasus region (Chechnya, Dagestan, Azerbaijan and Georgia).

They were very culturally foreign to Austria: they did not speak German, they looked Asian, their occupational skills were not transferable to Austria, they were Sephardic rather than Ashkenazi Jews with very different religious rituals and customs, their families were patriarchal and authoritarian, they were poor and sick. On the other hand they had a lot of children.

At first, the Jewish community isolated and rejected these new immigrants, imitating the xenophobic behavior of the majority of the Austrian population. But a few years later, stunned by the arrest of a substantial number of youngsters belonging to this immigrant group who had slipped into drug use and criminality, the established Jewish community of Vienna decided it had to do something to help.

The problem had already come to my attention, since some of the immigrants were brought to the University Hospital where I was on duty. *Most of these immigrants were poor and had no health insurance. To cope with that problem, I inaugurated a Union of Jewish Physicians that not only brought together a number of Jewish doctors, but got them to agree to treat these people 'gratis'. With that initiative, I became involved in the social welfare of the Jewish community, which I had until then considered as only a representative and religious organization. Two years later, in 1983, I was elected to the governing council of the Jewish community and in 1989 became director of its social welfare division.*

I was convinced that it was my obligation to help the immigrants to integrate; first in the Jewish community, then in Austrian society. To accomplish this objective of the new immigrants' cultural integration in Austria, the Jewish community needed to initiate programs for their education, job training and housing. My friends and I were able to convince the leadership of our community that there was no alternative, and that we, the Jewish community, would ultimately benefit from the successful adaptation of these young people in Austrian society. *It was necessary for us to get the approval of the leadership of the Jewish community, since a major financial commitment was needed to develop the services to be offered to the new immigrants.* In the beginning, we concentrated on offering free German language courses and on giving financial aid to those who had not yet found adequate jobs.

In 1980, we were able to change the community bylaws, offering voting rights to the new immigrants and helping them to develop their own communal organizations. By doing so, we gave them practical training in democratic governance, something they had not known in the premigration countries where they had grown up.

In 1982, we started construction of a synagogue built in the Sephardic tradition. At the same time, our community by then had enough children to inaugurate a Jewish school. Soon afterwards, I created a multi-professional outpatient clinic (ESRA[2)]) for immigrants from the former Soviet Union and for traumatized survivors of the Holocaust. That clinic now has 1400 patient visits/year. In addition to the Jewish school, we now have a vocational school (JBBZ[3)]) for youngsters at risk of school dropout, social turmoil, unemployment, substance use problems and delinquent behavior. That school has had 2500 graduates in the 9 years it has been in operation.

By 2007, the Jewish community of Vienna had grown to 7500 members. The community now operates three schools, the vocational training center JBBZ, two sports clubs and four social clubs for the former immigrants, as well as an arts school run by them.

In recognition of these accomplishments, the Republic of Austria and the City of Vienna have honored me in 1995 and 2000 by awarding me Golden Crosses of Merit. But my own measure of success is the fact that there is practically no unemployment and no criminality among the members of our community and that psychological disability has been brought under control.

In the last few years, we have witnessed the first marriages between children of our original Ashkenazi Jews and children of immigrants from the former USSR. These ex-Soviet Jews now hold 6 of the 24-person governing council positions in the Jewish community. In 2005, the mayor of the city of Vienna hosted a celebration for the thirtieth anniversary of the establishment of the ex-Soviet Jewish community of Vienna, at the City Hall; an event nobody could have imagined 30 years earlier.

Current professional activities

During the last ten years, having almost daily clinical experience with asylum seekers from the former Yugoslavia, the former Soviet Union (mainly: Chechnya, Armenia and Georgia) and from countries like Iran, Iraq and Syria, I have specialized in psychotraumatology (PTSD). Together with friends and colleagues, I participated in the founding of the "Austrian Society for general and special Psychotraumatology" (ÖGASP). I am in currently the director of its scientific committee.

In 2006 and 2007, I participated in organizing congresses of the societies for transcultural psychiatry in the German speaking countries [4] and will do so again in September 2008. Our goal is to create a trans-European society to promote research in the field, to develop training of future medical doctors in cultural diversity and to have some influence on policy of the European countries in dealing with migrants.

Epilogue

Such unique men as Alex come amongst us only rarely. He loved people, he loved what he did as a doctor and as a psychiatrist. He had commitments that were deeply felt for his background, for the Jewish community, for Vienna, for Austria. He loved his family. He loved his friends too. And they returned the affection.

He did things to help other people; his patients, their families, and he did things for students and colleagues who came under his influence. People liked working with Alex because of his warmth, commitment and professional wisdom.

For all that, we thank Alex, and we count ourselves very fortunate to have been with him when he was amongst us.

We will miss him…but we will not forget what he has given to enrich our lives for having known him.

In Conclusion

For inviting me to participate in the planning of both the first and second International Conferences on Transcultural Psychiatry in the German-speaking World, and for inviting me to give this memorial tribute to Alex Friedmann, I am particularly indebted to Dr Solmaz Golsabahi…and to all of you.

And I want to thank all of you for welcoming Pauline and me to this unique organization and to this conference.

Ronald Wintrob MD
rwintrob@earthlink.net
Chair; WPA-Transcultural Psychiatry Section
Clinical Professor of Psychiatry and Human Behavior
Warren Alpert School of Medicine
Brown University
Providence, RI, USA

Professor Dr. Wolfgang M. Pfeiffer – ein Leben für die Transkulturelle Psychiatrie

Eckhardt Koch

Der zweite Kongress zur Transkulturellen Psychiatrie in Wien hatte sich u.a. vorgenommen, wichtige Vertreter der Transkulturellen Psychiatrie im deutschsprachigen Raum vorzustellen und zu ehren. In diesem Zusammenhang wurde ich gebeten, Wolfgang M. Pfeiffer, seinen Lebensweg und seine wissenschaftlichen Leistungen vorzustellen.

Zunächst ein Blick auf seine Biographie: Am 23. Oktober 1919 wurde Pfeiffer in Plauen im Vogtland geboren. Er stammt aus einer Künstlerfamilie (der Vater war Maler), die ursprünglich in Niederbayern beheimatet war. Die bayerische Identität der Eltern prägte die Erziehung und wurde unter anderem durch das väterliche Verbot, Sächsisch zu sprechen, bestärkt. Der Künstlerhaushalt war weltoffen, die Patentante von Pfeiffer stammte aus Schweden und „Begegnung mit dem Fremden" gehörte von Kindheit an zu seinem Alltag. Während des Studiums in Halle bis zum Physikum übernahm er die Leitung des deutsch-ausländischen Studentenverbandes, was ihn in engen Kontakt zu Mitstudenten unterschiedlicher Nationalitäten brachte. Das klinische Studium in München wurde noch vor Kriegsende mit einer Notapprobation abgeschlossen, und ab1945 wurde Pfeiffer im Kreiskrankenhaus Grafenau erstmals ärztlich tätig. Damals lernte er auch seine spätere Frau Traudel kennen. Nach Kriegsende wurde die Notapprobation dann nicht mehr anerkannt und der Weg führte zurück an die Münchener Universität, die er 1947 schließlich mit dem regulären Staatsexamen verließ.

In den Jahren von 1951 bis 1956 fand sich Pfeiffer als Facharzt für Psychiatrie und Neurologie im beruflichen Alltag eines Krankenhauses für Hirnversehrte in Tübingen wieder. Diese Tätigkeit wurde von ihm aber nicht als wirkliche Erfüllung, sondern eher als Sackgasse erlebt. Die Unzufriedenheit mündete in eine kreative Lösung, die seinem Leben die wohl entscheidende Wende gab.

Eine Bewerbung für klinisch-psychiatrische Tätigkeit in Indonesien führte Pfeiffer und seine Familie – die Ehefrau Traudel und die damals fünfjährige Roswitha sowie den vierjährigen Thomas – im Alter von 37 Jahren für mehr als drei Jahre als Direktor einer psychiatrischen Klinik ins Bergland von Java.

Ein kurzer Ausschnitt aus einem bisher unveröffentlichten Bericht Pfeiffers an Freunde und Kollegen in Deutschland zeichnet ein plastisches Bild dieser Zeit:

> „Nun die Patienten. Unser Haus hat 71 Betten, von denen bisher 45 belegt sind. Eigentlich war es als „Neurosenzentrum" für Indonesien (d. h. hier wohl vor allem: für Djakarta und Bandung) gedacht, wie es sich halt für einen modernen Staat gehört. Bis jetzt hat sich aber noch keine Neurose hierher verirrt; vielleicht ändert sich das, wenn bekannt wird, daß ein Doktor hier oben sitzt, vielleicht schrecken aber auch die ansehnlichen Kosten. So sind also meine Patienten vorwiegend ruhige Psychosen, und zwar diente das Haus bisher vor allem als Ablageplatz für ausgebrannte schizophrene Defektzustände und alte Epilepsien. Jetzt allerdings beginnt sich das Bild zu wandeln: Einige Pa-

Seiten 23-27

tienten von geradezu strahlender Lebhaftigkeit haben uns heimgesucht. Zum Einarbeiten war die etwas einseitige Zusammensetzung und die geringe Patientenzahl natürlich günstig. Übrigens war ich verblüfft, wie sehr das Bild einer solchen Psychose übereinstimmt mit dem, was wir in Deutschland zu sehen gewohnt sind. Da sind feixende Hebephrene, versteinerte Katatone, Menschen, die völlig in ihrem Wahn versponnen sind. Man findet die gleichen Denkstörungen, die gleichen Formen von Halluzinationen. Und auch an Kuriositäten, wie sie das langjährige Leben in der Abgeschlossenheit erzeugt, fehlt es nicht. Da ist z.B. eine Patientin, die den ganzen Tag einen Stuhl quietschend auf dem Fußboden hin- und herschiebt und dazu durchdringend kreischt; sagt man etwas, so verbirgt sie sich kichernd in ihrem prächtigen Umhang.

In einem Punkt besteht freilich ein wesentlicher Unterschied zu den Krankheitsbildern in Deutschland: bei den Patienten malaiischer Abkunft sind depressive Verstimmungen verhältnismäßig selten; die Stimmungslage ist meist heiter getönt, oft bis zur Ausgelassenheit; die Alternative dazu ist eine stumpfe Apathie, was der Stimmung im Alltagsleben durchaus entspricht. Bei den Chinesen sind dagegen mürrisch-gereizte oder echt traurige Verstimmungen häufig, wie sie in Deutschland gegenüber den heiteren doch wohl weit überwiegen. Die Wahnideen sind z.T. ganz die Gleichen wie bei uns. Da habe ich z.B. einen Erfinder, der ein flügelloses Flugzeug und einen neuartigen Lift für Hochhäuser ausgeheckt hat. Oder ein überschäumender Paralytiker stellt sich als Präsident Sukarno vor. Mitunter werden aber auch die Auswirkungen östlicher Kultur deutlich. Etwa, wenn ein Patient behauptet, er habe 60 Frauen oder wenn ein javanischer Lehrer dazu neigt, sich mit Arjuna – der Heldenfigur aus dem Wajang-Spiel – zu identifizieren.

Freilich kann ich nur das Gröbere erfassen und manche feineren qualitativen Unterschiede werden mir entgehen. Hierfür bedürfte es eben einer viel tieferen Kenntnis der Sprache, ja eigentlich der Muttersprache des jeweiligen Patienten – ein unerreichbares Ziel. Denn das macht nun gerade mein Krankenhaus so bunt: die vielfältige Herkunft der Patienten."

Mit der Rückkehr nach Deutschland begann dann die wissenschaftliche Laufbahn von Pfeiffer: er wurde Mitarbeiter in der Psychiatrischen Universitätsklinik in Erlangen und setzte sich intensiv mit seinen Erfahrungen und Eindrücken aus Java auseinander und publizierte erste Arbeiten. Pfeiffer war dann der erste Psychiater in Deutschland, der sich mit einem Thema zur Transkulturellen Psychiatrie habilitierte: Am 27. Februar 1969 legte er – bei Flügel und Wieck – die Arbeit „Ergebnisse und Probleme der Transkulturellen Psychiatrie" vor. Seine Habilitationsschrift bildete die Grundlage für sein späteres Lehrbuch. 1971 kehrte er – von der DFG gefördert – zu einem mehrmonatigen Forschungsaufenthalt auf Nias und in Mitteljava nach Indonesien zurück.

Den Anstoß zur wissenschaftlichen Karriere Pfeiffers hatte Wittkower, der „Vater der Transkulturellen Psychiatrie", auf einer Tagung in London, an der unter anderem auch Margret Mead teilnahm, gegeben.

Es entwickelten sich weltweite wissenschaftliche Kontakte und Pfeiffer wurde neben Alexander Boroffka zu dem bedeutendsten deutschen transkulturellen Psychiater. Sein Lehrbuch „Transkulturelle Psychiatrie" – das erste weltweit – erschien 1971 bei Thieme und enthielt die erste vollständige Sichtung der damaligen Literatur. Eine ursprünglich geplante Übersetzung ins Englische wurde leider aus nicht mehr nachvollziehbaren Gründen nicht verwirklicht. Die zweite Auflage wurde nach gründlicher Überarbeitung 1994 veröffentlicht.

Auch in seiner späteren Universitätslaufbahn in Münster auf dem Lehrstuhl für medizinische Psychologie (1974 bis 1984) blieb Pfeiffer der transkulturellen Psychiatrie mit Forschungen, Veröffentlichungen und reger Vortragstätigkeit treu. Gemeinsam mit Boroffka organisierte er im April 1976 in Kiel das wichtige Symposium „Fragen der transkulturell-vergleichenden Psychiatrie in Europa". Die Teilnehmerliste führt Wolfgang Böker aus Mannheim, Georges Devereux aus Antony, Lionel Eitinger aus Oslo, Dan G. Hertz aus Jerusalem, Henry B.M. Murphy aus

Montreal, Metin Özek aus Istanbul, Norman Sartorius aus Genf und Erich Wulff aus Hannover auf, um nur einige Namen zu nennen. Von 1980 stammt das gemeinsam mit Schoene bei Enke herausgegebene Standardwerk „Psychopathologie im Kulturvergleich".

Ein weiterer und wichtiger Schwerpunkt des Schaffens von Pfeiffer ist die Gesprächspsychotherapie. 1971 lernte er Rogers bei einem Amerikaaufenthalt persönlich kennen und dessen Haltung des „sich Einfühlen in die Erlebnisfähigkeit des Anderen" entsprach Pfeiffers Erfahrungen und wurde seine psychotherapeutische Heimat. In der Gesellschaft für Gesprächspsychotherapie wurde er zu einem wichtigen Ausbilder und prägendem Denker. Pfeiffer war Sprecher des wissenschaftlichen Beirats und Mitherausgeber des Jahrbuchs für personenzentrierte Psychologie und Psychotherapie.

In diesem Zusammenhang kam es 1975 auch zu meiner ersten persönlichen Begegnung mit PFEIFFER. Damals besuchte ich als Student die Lübecker Psychotherapietage und wählte gleich zwei Kurse bei PFEIFFER, nämlich „Einführung in Gesprächspsychotherapie“ und eine „Encountergruppe“. Diese Encountergruppe wurde insgesamt drei Jahre mit regelmäßigen Wochenendtreffen in Münster fortgeführt. Als Student durfte ich in PFEIFFERS Arbeitszimmer im Institut schlafen und rollte meinen Schlafsack zwischen indonesischen Figuren und der Bibliothek auf dem Sofa aus. Die damals entstandene persönliche Nähe ging auch in den folgenden Jahren nicht verloren. So war der Boden für unsere spätere gemeinsame Aufgabe bereitet.

Bei der Pionierkonferenz „Krankheit und Migration“ der AGEM (Arbeitsgemeinschaft Ethnomedizin) 1986 in Heidelberg hatte PFEIFFER fruchtbare Impulse gesetzt und das damals noch neue Thema zu seinem Anliegen gemacht. Er war ein wesentlicher Protagonist des Paradigmenwandels der Transkulturellen Psychiatrie von der Feldforschung in fremden Kulturen hin zur Transkulturellen Psychiatrie im Inland.

Im Herbst 1992 schließlich besuchte ich PFEIFFER gemeinsam mit ÖZEK von der Istanbul-Universität in Erlangen, und wir begannen mit der Planung des ersten Deutsch-Türkischen Psychiatriekongresses. Vom 16. bis 22. April 1994 fand dieser in Antalya statt und hatte eine sehr erfreuliche Resonanz. Publiziert wurde er unter dem Titel „Psychologie und Pathologie der Migration“ 1995 bei Lambertus. Noch im November 1994 wurde die Deutsch-Türkische Gesellschaft für Psychiatrie, Psychotherapie und psychosoziale Gesundheit (DTGPP) gegründet, deren Ehrenpräsident (gemeinsam mit ÖZEK) PFEIFFER mittlerweile geworden ist. Inzwischen fanden bereits sechs Deutsch-Türkische Psychiatriekongresse statt, zuletzt im September 2007 in Istanbul. PFEIFFER war Präsident der ersten drei Kongresse, und er wurde für das Arbeitsgebiet von „Psychiatrie und Migration“ in Deutschland ein wesentlicher Wegbereiter.

Anlässlich seines 80. Geburtstages fand in Marburg am 20. November 1999 das Symposium „Begegnung mit dem Fremden“ statt. Dies sollte gesundheitsbedingt PFEIFFERS letzter öffentlicher Auftritt mit eigenem Vortrag sein.

Wichtige Publikationen (eine Auswahl):

PFEIFFER WM: Vergleichende psychiatrische Untersuchungen bei verschiedenen Bevölkerungsgruppen in Westjava. Arch. Psychiat. Nervenkr. 204 (1963) 404-414

PFEIFFER WM: Versenkungs- und Trancezustände bei indonesischen Volksstämmen. Nervenarzt 37 (1966) 7-18

PFEIFFER WM: Die Symptomatik der Depression in transkultureller Sicht. In: HIPPIUS H & SELLBACH H (Hg): Das depressive Syndrom. Urban und Schwarzenberg, München 1969

PFEIFFER WM: Transkulturelle Aspekte der Depression. In: SCHULTE W & MENDE W (Hg.): Melancholie. Thieme, Stuttgart 1969 (S. 97)

PFEIFFER WM: Transkulturelle Psychiatrie. Ergebnisse und Probleme. Thieme, Stuttgart 1971

PFEIFFER WM: Transkulturelle Aspekte der Schizophrenie. In: KRANZ H & HEINRICH K (Hg.): Schizophrenie und Umwelt. Thieme, Stuttgart 1971 (S. 79)

PFEIFFER WM: Besessenheit – normalpsychologisch und pathologisch. In: J. Zutt (Hrsg.): Ergriffenheit und Besessenheit. Francke, Bern 1972 (S. 25)

PFEIFFER WM: Die Stellung des psychisch Kranken in außereuropäischen Kulturen. In: EHRHARDT E (Hg.): Perspektiven der heutigen Psychiatrie. Gerhards, Frankfurt 1972 (S. 327)

PFEIFFER WM: „Primitive“ und moderne Pschotherapie. Ein transkultureller Vergleich. Hippokrates 45 (1974) 415-432

PFEIFFER WM: Konflikte, psychoreaktive und psychosomatische Störungen auf Nias (Indonesien). Soziologus 27 (1977) 1-35

Pfeiffer WM: Psychotherapeutic aspects of folk-medicine in Indonesia (oracles, dissociative states, brotherhoods). South Asian Digest of regional Writing Vol. 8 (1979) 46-61

Pfeiffer WM & Schoene W (Hg): Psychopathologie im Kulturvergleich. Enke, Stuttgart 1980

Pfeiffer WM: Traditionale Heilkunde und naturwissenschaftliche Medizin. Medizin, Mensch, Gesellschaft 6 (1981) 14-22

Pfeiffer WM (Hg) Asiatische Medizin in Europa. Verlag für Medizin Dr. Ewald Fischer, Heidelberg 1984

Pfeiffer WM: Transkulturelle Aspekte der Depression. Nervenheilkunde 3 (1984) 14-17

Pfeiffer, WM: Transkulturelle Aspekte zur Theorie von Missbrauch und Abhängigkeit. In: Feuerlein W (Hg.): Theorie der Sucht. Springer, Berlin 1986 (S. 71)

Pfeiffer WM: Beitrag der vergleichenden Psychiatrie zum Problem der Unterteilung endogener Psychosen. In: Simhandl C, Berner P, Luccioni H & Alf C (Hg.): Klassifikationsprobleme in der Psychiatrie. Überreuter Wissenschaft, Wien 1990 (S. 114)

Pfeiffer WM: Wodurch wird ein Gespräch therapeutisch? Zur kulturellen Bedingtheit psychotherapeutischer Methoden. Psychother. Psychosom. Med. Psychol. 41 (1991) 93-154

Pfeiffer WM: Probleme der Arbeitsmigranten in psychotherapeutischer Sicht. Interkulturell (Freiburg) 1992 Heft 1/2: 113-126

Koch E, Özek M & Pfeiffer WM (Hg): Psychologie und Pathologie der Migration – Deutsch-Türkische Perspektiven, Bd., 1 der Schriftenreihe der DTGPP, Lambertus, Freiburg 1995

Koch E, Özek M, Pfeiffer WM & Schepker R (Hg): Chancen und Risiken von Migration – Deutsch-Türkische Perspektiven, Bd. 2 der Schriftenreihe der DTGPP, Lambertus, Freiburg 1998

Koch E & Pfeiffer WM: Migration und transkulturelle Psychiatrie. Curare 23 (2000) 2: 133-139

Laudatio für Dr. ALEXANDER BOROFFKA – Einem großen Europäer in Afrika

THOMAS STOMPE

Lieber Alexander! Ich hatte die Ehre, im September 2008 im Rahmen des 2. Kongresses für transkulturelle Psychiatrie im deutschsprachigen Raum eine Laudatio auf Dich zu halten. Als Frau Golsabahi mit dieser Bitte an mich herangetreten ist, war ich im ersten Moment nicht sicher, ob ich der Richtige für diese Aufgabe bin. Obwohl ich schon 15 Jahre Teil der „transkulturellen Gemeinschaft" bin, habe ich Dich erst 2006 persönlich kennengelernt. Gekannt aus der Literatur habe ich Dich natürlich wesentlich länger, für mich warst Du die längste Zeit primär eine mythologische Gestalt unseres Faches, einer der Gründerväter der deutschsprachigen transkulturellen Psychiatrie. Ich wusste zwar, dass Du noch immer bei Kongressen und Tagungen präsent bist, begegnet sind wir uns allerdings nie. Das änderte sich im Dezember 2005. Ich war gerade dabei, in Wien meinen ersten Kongress, das "Annual Meeting of the Transcultural Section of the World Psychiatric Association" zu organisieren und hatte meine erste Aussendung gemacht, als ich eines Tages ein E-Mail von Dir bekam, wo Du sehr freundlich und bescheiden anfragtest, ob Du auch einen Vortrag anmelden könntest. Ich war vollkommen hin und weg, der berühmte BOROFFKA möchte zu meinem Kongress nach Wien kommen! Natürlich war ich ein wenig aufgeregt, wer mir da begegnen würde. Und begegnet ist mir ein sehr höflicher, kluger und liebenswerter Mann, der sehr schnell mein Herz gewonnen hat. Bald stellte sich in Diskussionen heraus, dass wir zwei Leidenschaften miteinander teilten – Nigeria: Beide hatten wir über Nigeria geforscht – ich allerdings nur indirekt im Rahmen einer kulturvergleichenden Untersuchung, er jahrelang. Eine zweite Leidenschaft, die ich heute leider immer häufiger nur mehr mit den Männern und Frauen unseres Faches teile, die das sechzigste Lebensjahr überschritten haben, ist die Psychopathologie. Aus all Deinen Diskussionsbeiträgen war klar erkennbar, dass auch für Dich eine differenzierte psychopathologische Betrachtungsweise neben der Empathie für den Patienten die Basis alles psychiatrischen Handelns ist, ein Standpunkt, der heute immer mehr vom Aussterben bedroht ist. Beides führte dazu, dass wir uns rasch näher kamen und die Kongresspausen mit interessanten Gesprächen füllten, eine Gewohnheit, die wir im darauf folgenden Jahr beim ersten Kongress für transkulturelle Psychiatrie im deutschsprachigen Raum beibehielten. Somit erscheint es mir doch nicht so unplausibel, dass ich diese Aufgabe übernommen habe, diese Laudatio – die wievielte ist sie wohl für Dich? – zu verfassen. Doch nun zu den „harten" Daten:

ALEXANDER BOROFFKA wurde am 29. März 1920 in Potsdam in Deutschland geboren. Er maturierte 1939 am humanistischen Victoria-Gymnasium in Potsdam. Im Zweiten Weltkrieg arbeitete er als Kadett bei den Sanitätern der deutschen Luftwaffe und studierte Medizin in Berlin und Prag. Nach Beendigung des Krieges studierte er in Göttingen weiter und promovierte 1947 mit einem bakteriologischen Thema. Wenig später erwarb er auch sein Diplom für Tropenmedizin und Hygiene in Hamburg. Anschließend war er in verschiedenen psychiatrischen Krankenhäusern tätig und wurde 1953 als Psychiater und Neurologe zugelassen. Geprägt von einer eigenen

Seiten 29-31

langen Erkrankung plante ALEXANDER BOROFFKA sich auf Innere Medizin zu spezialisieren. Ein befreundeter Arzt bot ihm jedoch eine Position in einem psychiatrischen Krankenhaus an und so begann seine Beschäftigung mit der Psychiatrie. 1955 ging er für ein Jahr als Psychiater in die USA, wo er das erste Mal mit der Psychoanalyse in Kontakt kam. Er kehrte 1956 zurück und heiratete wenig später seine heutige Frau, mit der er vier Kinder hat. In Berlin unterzog er sich bei Annemarie Dührssen einer psychoanalytischen Ausbildung. Im Vorfeld seiner Reisevorbereitungen lernte er 1960 PAUL PARIN kennen. Von 1961 bis 1966 arbeitete er dann in Nigeria als Psychiater. Er leitete das Yaba Mental Hospital zeitweisealleine und zeitweise zusammen mit einem nigerianischen Kollegen. Damals war er der (insgesamt) fünfte Psychiater in einem Land mit damals schätzungsweise 60 Millionen Einwohnern. Die Zeit der Befreiungsbewegungen und der Dekolonisation verbrachte ALEXANDER BOROFFKA größtenteils in Nigeria. Zwischendurch war er von 1966 bis 1968 als Direktor eines psychiatrischen Krankenhauses in Berlin tätig und erlebte die Anfänge der Anti-Psychiatriebewegung mit. Ein Antipsychiater wurde aus ihm jedoch nie. Er behielt immer seine pragmatische, patientenorientierte Arbeitshaltung, die schon damals von einem biopsychosozialen Menschenbild geprägt war.

Von 1968 bis 1973 kehrte er dann in das vom Bürgerkrieg erschütterte Nigeria zurück um als WHO-Gastprofessor an der Universität von Ibadan zu lehren. Zu diesem Zeitpunkt gab es in Nigeria wesentlich weniger stationäre und deutlich mehr ambulante Patienten. ALEXANDER BOROFFKA führte fünf Jahrgänge von jeweils etwa 80-100 Medizinstudenten in die Grundzüge der Psychiatrie einschließlich der Psycho-, Sozial- und Somatotherapie ein. Eine große Zahl der nigerianischen Studenten aus diesen Jahrgängen wählte später die Psychiatrie auch als Tätigkeitsfeld. Die Früchte dieser beeindruckenden Arbeit, die ALEXANDER BOROFFKA in dieser Zeit geleistet hat, ist für jeden Interessierten mit einem Blick in die Pubmed nachzuvollziehen. Es gibt meines Wissens kein anderes afrikanisches Land mit einer derart großen Anzahl hochwertiger internationaler wissenschaftlicher Publikationen.

Seine Zeit in Nigeria hat ALEXANDER BOROFFKA tief beeindruckt und förderte sein eigenes Interesse an der transkulturellen Psychiatrie. 1973 entstand unter seiner Anleitung der Film "Management of medicine in Nigeria, past and present", ein unschätzbares Dokument aus einer Zeit noch vor dem Aufstieg der Visual Anthropology. Daneben verfasste er mit "Benedict Nta Tankas Commentary and Dramatized Ideas on 'Disease and Witchcraft in Our Society'" eine der raren Dokumentationen über die Ethnopsychotherapie eines schizophrenen Patienten. Dieses 1980 erschienene Werk ist in durchaus in seiner Bedeutung in einem Atemzug mit GEORGE DEVEREUX „Realität und Traum", die Psychoanalyse eines schizophrenen Prärieindianers, zu nennen.

BOROFFKA wurde 1969 Gründungsmitglied und erster Ehrenvorsitzender der Gesellschaft für Psychiater in Nigeria. Er arbeitete mehrere Jahre lang unermüdlich an seinem Opus Magnum, der „Psychiatrie in Nigeria", in dem er 1.444 Arbeiten zu einer "Annotated Bibliography" zusammenstellte. 2007 ist dieses mehr als 500 Seiten umfassende Werk im Psychiatrieverlag erschienen.

1973 war ALEXANDER BOROFFKA an der Gründung des "Royal College of Psychiatrists" in London beteiligt, dessen gewähltes Mitglied er 1979 wurde. 1974 hatte er eine Zusatzausbildung zum Psychotherapeuten abgeschlossen.

In Folge arbeitete er als Berater bei Workshops und Seminaren der WHO in Genf, Lübeck, Irland, Libyen und Lagos, als psychiatrischer Ratgeber bei chronisch psychiatrischen Patienten in Kiel, als Lektor an der medizinischen Fakultät im Fachbereich Psychiatrie in Lagos und Nigeria, als Gründungsmitglied und Chairman der Abteilung „Psychiatrie in Ländern der Dritten Welt" der Deutschen Gesellschaft für Psychiatrie, Psychotherapie und Nervenheilkunde (DGPPN) sowie als Lektor in allen fünf Kontinenten und als Teilnehmer und Redner bei vielen nationalen und internationalen Kongressen. Gegenwärtig arbeitet Alexander Boroffka – wieowhl im Ruhestand – an Publikationen und hält Beratungsgespräche sowie Vorträge.

Lieber Alexander, ich freue mich, dass Du auch dieses Jahr anlässlich des 2. Kongresses für transkulturelle Psychiatrie im deutschsprachigen Raum nach Wien gekommen bist und wir wünschen uns alle, dass Du auch in den nächsten Jahren unsere Kongresse durch die Frische Deines Geistes und den Schatz deiner Erfahrung bereichern wirst.

Laudatio für Univ.-Prof. emeritus Dr. Wielant Machleidt, Abteilung Sozialpsychiatrie und Psychotherapie der MHH

Thomas Heise

Einfach vorzutragen ist das Curriculum vitae nach klassischem Konzept. Prof. Machleidt wurde in Kiel 1942 geboren, ging in Flensburg zur Schule und nach dem Wehrdienst in der Marine, studierte sodann bis zum Physikum in Heidelberg und anschließend in Berlin an der FU. 1971-75 war er wissenschaftlicher Assistent an der Abteilung für Klinische Neurophysiologie und Experimentelle Neurologie der Medizinischen Hochschule Hannover (Prof. Dr. H. Künkel) mit einer Ausbildung in klinischer Neurophysiologie und dem Neurologiejahr. Ende 1975 Promotion zum Dr. med. an der FU Berlin (magna cum laude) und Arbeitsbeginn als Wissenschaftlicher Assistent an der Psychiatrischen Klinik der Medizinischen Hochschule Hannover (Prof. Dr. Dr. K.P. Kisker u. Prof. Dr. E. Wulff) sowie 1978 für ein paar Monate in Wunstorf bei Prof. Finzen. 1979 Anerkennung als Facharzt für Psychiatrie, 1981 Berufung zum Hochschulassistenten (C1), und Kandidat am Lehrinstitut für Psychotherapie und Psychoanalyse e.V. Hannover. 1982 Oberarzt an der Psychiatrischen Klinik der MHH und 1983 Verleihung der Venia legendi für das Fach Psychiatrie. Es folgte 1983 die Zusatzbezeichnung Psychotherapie und die Berufung zum Professor (C2) an der Psychiatrischen Klink der MHH. 1987 Anerkennung der Zusatzbezeichnung Psychoanalyse und 1988 Berufung auf eine Professur (C3) an der Klink für Psychiatrie der Universität zu Köln mit Übernahme der Funktion des Leitenden Oberarztes und des stellvertretenden Klinikdirektors der Klinik. 1989 Ernennung zum apl. Professor an der MHH und Ernennung zum Professor (C3) auf Lebenszeit an der Klink für Psychiatrie der Universität zu Köln.

Im Mai 1990 erhielt er den Platz 1 für die neue Psychiatrie der Universität Graz, Österreich, und September 1991 den Platz 3 für die klinische Psychiatrie der Medizinischen Hochschule Hannover. Am 01.04.1994 erfolgte die Aufnahme der Tätigkeit als Professor (C3) für Sozialpsychiatrie und Direktor der Abteilung für Sozialpsychiatrie und Psychotherapie an der MHH. Im Januar 2001 dann erneuter Ruf auf den Lehrstuhl für Psychiatrie an Universität Graz mit großem Zittern an der MHH ob seiner möglichen Entscheidung. Diese erfolgte Januar 2003 mit der Aufstockung auf eine C4 Professur für Sozialpsychiatrie an der MHH welcher dann die Emeritierung 2007 zeitgemäß folgte.

Als mindest genauso interessanten Teil der Laudatio empfinde ich jedoch die persönlichen Bezüge, welche ihn in die transkulturelle Welt geleiteten und wie sich dieser Weg gestaltete. Schon immer habe ihn das „Fernweh" getrieben, und so nahm er die Chance einer etwas ausgedehnteren Reise nach Afrika wahr, sich mit ethnomedizinischen und transkulturellen Aspekten zu beschäftigen.

Nachdem man diese „Fernweh-Sucht" nicht im ICD10 findet, gab er sich dem ruhigen Gewissens hin. Das also brachte ihn neben der Emotionsforschung im EEG, der Sozialpsychiatrie mit Konzeptforschung zur Soteria dann zur Transkulturellen Psychiatrie, die durch seine Kapitel

Seiten 33-35

Eingang fand in zwei Standardlehrbücher, um eines seiner großen Verdienste gleich vorweg zu schicken.

Kennengelernt haben wir uns bei WALTER ANDRITZKY in dessen Kölner ethnopsychologischen Seminaren sowie bei den ethnopsychologischen Kongressen von VAN QUEKELBERGHE an der Uni Landau-Koblenz, und ich wurde von ihm eingeladen, am 14.06.1993 im Psychiatrisch-Psychotherapeutischen Seminar an seiner Kölner Uni einen Vortrag zu halten zum Thema „Therapeutische Verfahren zur Heilung psychisch Kranker in der traditionellen chinesischen Medizin". Es folgte dann vom 23.2.-27.2.1994 für das DGPN Referat damals noch mit dem Namen „Psychiatrie der 3. Welt" im Zentrum für Psychiatrie Reichenau, die letzte große Veranstaltung von ALEXANDER BOROFFKA, unter der Organisation von KLAUS HOFFMANN und WIELANT MACHLEIDT, herausgegeben 1997 in der Buchreihe „Das transkulturelle Psychoforum" als 2. Band. MACHLEIDT & PELTZER berichteten damals über integrative Schizophreniekonzepte im Kulturvergleich anhand von traditionellen Heilern aus Malawi in Bezug zum Soteriakonzept hier.

In der Wartezeit zur Lehrstuhlentscheidung aus Hannover saßen wir eines langen Abends zusammen und befragten das chinesische *Yijing*. Wir warfen beide das gleiche positive Zeichen, ich jedoch mit Veränderlichen darin. Daraus zog ich den Schluß, dass wir beide nach Hannover gehen würden, ich im Gegensatz zu ihm jedoch nicht dort bleiben würde. Und so war ich mir bei seinem späteren Grazer Ruf doch sicher, dass er dort bleiben würde, wie es dann ja auch geschah.

Im April ging er nach Hannover und im Juli 1994 folgte ich nach. In diesem Jahr geschah wohl auch die Stabübergabe für das Referat von BOROFFKA an MACHLEIDT, wie es bei einer gemeinsamen Seminarssitzung der DGPN in Düsseldorf besprochen worden war, und er wurde außerdem 2. Vorsitzender im Ethno-Medizinischen Zentrum (EMZ) Hannover e.V., 1. Vorsitzender dann seit 2003.

Die gemeinsame Arbeit im lokalen Komitee des XIV. Weltkongresses für Soziale Psychiatrie in Hamburg 1994, zu der er mich mit einlud, war genauso spannend, wie danach tatsächlich der Erfolg unserer beiden workshops zu Afrika und Asien groß war, und zum ersten Mal – teils ganzseitig – durch die ganze bundesrepublikanische Presse ging.

Die Publikation erfolgte unter der Herausgeberschaft von BOCK, BUCK, GROSS, MASS, SOREL & WOLPERT unter dem Titel „Abschied von Babylon: Verständigung über Grenzen in der Psychiatrie" im Psychiatrie-Verlag.

Seitdem bot MACHLEIDT eigentlich jedes Mal beim DGPPN-Kongreß ein Forumsseminar für transkulturelle Themen an. Er ist Vorsitzender des DGPPN-Referates „Transkulturelle Psychiatrie" bis dato, seit 2008 zusammen mit ANDREAS HEINZ.

Eine Weltneuheit war 1996 die erste Gutachtertagung vom EMZ in Hannover, dann herausgegeben von COLLATZ, SALMAN, MACHLEIDT & KOCH unter dem Titel „Transkulturelle Begutachtung. Qualitätssicherung sozialgerichtlicher und sozialmedizinischer Begutachtung für Arbeitsmigranten in Deutschland" als Band 1 des transkulturellen Psychoforums. Für dieses Thema wurde 1999 ein weiterer Band von COLLATZ, HACKHAUSEN & SALMAN herausgegeben, bevor erst Jahre später diese Thema in der englischen Literatur Berücksichtigung fand.

Es folgten weitere Tagungen, wovon nur noch 3 genannt werden sollen: Medicine Meets Millenium MMM Weltkongress zur Expo 2000 – Thema "Culture and Health" an der MHH, 2 Jahre später an der MHH eine Tagung die 2003 von ihm und seinen Mitarbeitern bei Schattauer unter dem Titel „Schizophrenie. Behandlungspraxis zwischen speziellen Methoden und integrativen Konzepten" publiziert wurde und die auf die Sonnenberger Tagung fußende Publikation von 2006 unter dem Titel „Sonnenberger Leitlinien. Integration von Migranten in Psychiatrie und Psychotherapie. Erfahrungen und Konzepte für Europa".

Wie gesagt, schon 1999 und 2000 war einerseits die große Überarbeitung erschienen hinsichtlich des Standardlehrbuchs von Machleidt, Bauer, Lamprecht, Rose & Rohde-Dachser als Herausgeber „Psychiatrie, Psychosomatik und Psychotherapie. 6. Auflage Thieme, Stuttgart, New York 1999“ sowie das Psychiatrielehrbuch von Möller. Beide beinhalteten erstmals ein Kapitel zur transkulturellen Psychiatrie.

Lieber Wielant,
als derjenige, der nach einem TCM-Studium 1985-1987 in der VR China, sinologischer Promotion zum *qigong* 1999, mit angewandter *qigong*-Therapie als erster bei Dir zu einem Thema der transkulturellen Psychotherapie im Jahre 2000 habilitieren durfte – nach Prof. Pfeiffer als 2. in Deutschland –, möchten ich und wir Dir für diese Tätigkeiten zum Frommen der transkulturellen Psychiatrie und Psychotherapie heute herzlich danken!

Das Selbst und die Fremde.
Über psychische Grenzerfahrungen auf Reisen

Jens Clausen

Wir wissen heute viel von den psychischen Belastungen der Migration. Wir haben auch im psychiatrischen Kontext inzwischen realisiert, wie wichtig die Bereitstellung (kultur-)sensibler Angebote nicht nur für die betroffenen Menschen, sondern auch für die Kliniken selbst und die anderen Anbieter im Bereich der psychosozialen Versorgung ist. Notwendigkeit und Bedarf für fundierte und reflektierte Beratung, Behandlung oder Begutachtung werden steigen, und es ist wichtig, dass es einen Dachverband der transkulturellen Psychiatrie, Psychotherapie und Psychosomatik gibt, der Tagungen wie diese hier in Wien auf die Beine stellt. Nur so kann man sich austauschen und verständigen über das, was getan wird und was zu tun ist.

Wenn ich Ihnen jetzt mit einem eher literarisch anmutenden und auch noch historisch weit ausholenden Vortrag daher komme, so mag das im ersten Moment so gar nicht zum konkreten Bedarf in unserem Handlungsfeld passen. Und im zweiten Moment auch nicht. Aber vielleicht begleiten Sie mich dennoch ein Stück auf dem Weg zu einer Fragestellung, die folgendermaßen lautet: Kann man auf Reisen verrückt werden? Oder gar: Kann man vom Reisen verrückt werden? Kann es sein, dass das Reisen eine viel höhere psychische Belastung darstellt, als wir vor uns selbst und anderen zugeben?

Zugegeben, die Frage müsste natürlich präzisiert werden. Wieso jetzt „Reise" und nicht „Flucht" oder „Vertreibung"? Sich auf eine Reise zu begeben ist doch etwas ganz anderes als ungewollt oder gezwungenermaßen in die Fremde zu gehen. Das dachte ich auch, bis ich im Psychose-Seminar[1] in Münster etwas anderes erfuhr. Auf einer Sitzung unmittelbar vor den Ferien, die unter dem Motto *Vom Verlassen sicherer Häfen* stand, brachten etliche Menschen mit und ohne Psychose-Erfahrung zum Ausdruck, dass ihnen das Reisen ausgesprochen schwer falle. Einige erwähnten, dass sie gar nicht mehr reisen könnten, weil dann „die Pferde mit ihnen durchgingen". Ein Teilnehmer erzählte, dass er auf Zugfahrten oft in diffuse Wahnstimmungen gerate, Bahnhöfe oder Flughäfen äußerst verwirrend fände und kaum mehr jemanden von dort abholen könne, so angstbesetzt seien diese Orte. Andere berichteten vom Verlust der äußeren und inneren Orientierung in der Fremde, von phobischen Erlebnissen auf Plätzen, Brücken oder an Meeresstränden, von Untergangsgefühlen beim Betreten von Fähren, von schlaflosen Nächten in Hotels mit unheimlicher Atmosphäre, von Bergwanderungen, auf denen sie außer sich geraten seien. Rucksackreisende (manche von ihnen mit Drogenkonsum, andere auch ohne) sprachen von

1. Psychose-Seminare sind Gesprächsrunden über seelische Erkrankungen aus verschiedenen Blickwinkeln. In solchen Seminaren, die regelmäßig in vielen Städten angeboten werden, können Erfahrungen über psychische Krisen aus Sicht von Betroffenen, Angehörigen, professionellen und ehrenamtlichen Helfern sowie Studierenden und interessierten Bürgern ausgetauscht werden.

Seiten 37-45

seelischen Krisen in den fernsten Winkeln der Welt, wo sie sich in psychiatrische Behandlung begeben mussten. Schließlich erwähnten mehrere Angehörige, dass ihre Töchter, Söhne oder Partner, die zuvor keineswegs als seelisch dünnhäutig und gefährdet galten, auf einer Reise oder beim Studium im Ausland dekompensiert seien und seitdem ihr seelisches Gleichgewicht kaum mehr wieder gefunden hätten.

Der Gedanke ließ sich nicht mehr abschütteln, das Phänomen des Reisens näher zu erkunden und der Frage nachzugehen, welche besonderen psychischen Wirkkräfte es zur Entfaltung bringt, die offenbar nicht nur zur Erholung der Seele, sondern auch zu tiefer Verunsicherung und zur Destabilisierung des Selbst führen können. Schnell wurde klar, dass dieser Sachverhalt bislang kaum systematisch untersucht worden ist. Doch es mehrten sich die Anhaltspunkte dafür, dass seelische Entgleisungen in der Fremde nicht nur bei Menschen auf der Flucht, sondern auch auf einer selbst gewählten Reise kein seltenes Phänomen sind. Und es zeigte sich, dass sich in der Reiseliteratur zahlreiche Erfahrungen der Ungeborgenheit in der Fremde finden lassen. Dazu das Beispiel eines Reisenden aus früherer Zeit (– oder war er eher ein Arbeitsmigrant?):

„Wohin denn ich?“ (Friedrich Hölderlin)

Als Friedrich Hölderlin im Herbst 1801 das Angebot einer Hofmeisterstelle im Hause des Hamburger Konsuls Meyer in Bordeaux erhält, löst der Gedanke an ein Leben in der Fremde äußerst gemischte Gefühle in ihm aus. Einerseits muss er sich eingestehen, dass seine Zukunft in der Heimat wenig verheißungsvoll aussieht: Eine Pfarrstelle, wie die Mutter es seit Jahren von ihm erwartet, kann und will er nicht antreten; sie würde den Verlust seiner inneren Freiheit und damit den Tod seines literarischen Schaffens bedeuten. Andererseits sind all seine Versuche, als Schriftsteller ökonomisch zu überleben, gescheitert: Zwar erscheinen seine Gedichte in verschiedenen Literaturmagazinen, zu einer eigenständigen Buchausgabe kann sich Verleger Cotta zu dieser Zeit jedoch nicht durchringen. In seiner Not wendet sich Hölderlin an einige befreundete Professoren, um Möglichkeiten einer Lehrtätigkeit zu erkunden – vergeblich. Zuletzt bittet er Friedrich Schiller, in dessen Haus er früher häufig zu Gast war, für ihn nach einer Stelle in Jena Ausschau zu halten. Doch Schiller hilft nicht. Er antwortet nicht einmal mehr.

Nach Bordeaux also? Die Vorstellung eines Auslandsaufenthaltes fällt Hölderlin nicht leicht. Im Brief an den Bruder schildert er den Schmerz der Trennung: *„Soviel darf ich gestehen, daß ich in meinem Leben nie so fest gewurzelt war ans Vaterland, nie den Umgang mit den Meinigen so sehr geschätzt, so gerne mir zu erhalten gewünscht habe“* (HÖLDERLIN 1969, S. 942). Gegenüber seinem Freund Böhlendorff verschweigt er die *„bitteren Tränen“* nicht, die es ihn koste, *„mein Vaterland noch jetzt zu verlassen. Denn was hab ich Lieberes auf der Welt? Aber sie können mich nicht brauchen.“* Als kündigten sich Ahnungen kommender äußerer und innerer Gefahren bereits in ihm an, fährt er fort: *„Sonst konnt' ich jauchzen über eine neue Wahrheit, eine bessere Ansicht deß, das über uns und um uns ist, jetzt fürcht' ich, daß es mir nicht geh' am Ende, wie dem alten Tantalus, dem mehr von Göttern ward, als er verdauen konnte. Aber ich thue, was ich kann, so gut ichs kann, und denke, wie ich sehe, wie ich auf meinem Wege auch dahin muß wie die andern, daß es gottlos ist und rasend, einen Weg zu suchen, der vor allem Anfall sicher wäre (...). Und nun leb wohl, mein Theurer! Bis auf weiteres. Ich bin jetzt voll des Abschieds.“* (HÖLDERLIN 1969, S .942)

Am 10. Dezember 1801 bricht Friedrich Hölderlin zu Fuß in Richtung Bordeaux auf. Bei nasskaltem Winterwetter wandert er über Tübingen und Freudenstadt in den Schwarzwald hinein, gelangt über Kehl nach Straßburg, wo er für einige Tage unter Kontrolle der Ausländerbehörde steht. Der Weg über Paris wird ihm angesichts der politischen Lage verweigert. Am 30. Dezember 1801 erhält er die Erlaubnis zur Weiterreise in Richtung Lyon. Überschwemmungen machen den Weg beschwerlich und erfahrungsreich. Das Alleinsein lässt ihn zunehmend irritierter werden: *„Ich weiß es, einsame Beschäftigung macht, daß man in die weite Welt sich schwieriger findet."* In Lyon, wo er sich erneut für mehrere Tage unter polizeiliche Kontrolle begeben muss, empfindet HÖLDERLIN das städtische Treiben als *„so lebhaft, dass man nur in innigem Andenken an solche, die uns kennen und wohl auch gut sind, sich selber wieder findet."* Seine Wanderung führt ihn schließlich auf die *„gefürchteten überschneiten Höhen der Auvergne, in Sturm und Wildnis, in eiskalter Nacht und die geladene Pistole neben mir im rauhen Bette."* Am Morgen des 28. Januar 1802 erreicht er völlig erschöpft das Ziel seiner Reise. Hoffend darauf, dass ihm der *„sichere erquickende Schlaf wohl tun ..."* und sein inneres Aufgewühltsein besänftigen möge, schildert er seiner Familie daheim die Gefahren, die er durchlebt und die Gebete, die ihn begleitet haben. Der Mutter möchte er das Bild eines gesunden, starken und furchtlosen Sohnes vermitteln, *„... durch und durch gehärtet und geweiht, wie Ihr es wollt."* Freund Ulrich Böhlendorff hingegen vertraut er an, dass er während der Tage und Nächte seiner Reise *„die traurige einsame Erde"* und *„das gewaltige Element, das Feuer des Himmels"* gesehen und sich von *„Apoll geschlagen"* (HÖLDERLIN 1969, S. 945) gefühlt habe.

Der Aufenthalt in Bordeaux währt nicht lange; nach fünf Monaten ist der Reisende wieder in der Heimat. Niemandem hat er den Entschluss und den Zeitpunkt seiner Rückkehr mitgeteilt; die Mutter, die Geschwister, die Freunde sind seit Wochen ohne Nachricht von ihm. Ungewiss die Hintergründe seiner Abreise (WALZ 1967), unklar die Route seines Heimweges, unverkennbar die äußeren und inneren Veränderungen Hölderlins: Als er sich in Stuttgart einigen Freunden zeigt, erkennen sie ihn kaum wieder: *„leichenblaß, abgemagert, von hohlem wildem Auge, langem Haar und Bart, gekleidet wie ein Bettler";* kaum hörbar murmelt er vor sich hin, *„mit dunkler geisterhafter Stimme"* – ein *„schauriger Eindruck, den die zerstörte Gestalt"* auf sie macht. Wenige Tage später dann die Ankunft in Nürtingen: *„Mit verwirrten Mienen und tobenden Gebärden, im Zustande des verzweifelsten Irrsinnes"* trifft er dort ein: *"...bey seiner Mutter angelangt, jagte er sie und sämtliche Hausbewohner in der Raserey aus dem Hause."* (WALZ 1967, S. 35) Er verkriecht sich in seinem Zimmer und kann sich, wenn seine Stimmungen bedrohlich werden, nur durch das laute Lesen von Texten der griechischen Mythologie beruhigen (MICHEL 1967, S. 384).

Einige Zeit später weilt Schelling in der Gegend. Hölderlin rafft sich auf, den Studienfreund zu treffen – vielleicht wird dieser ihm Verständnis entgegenbringen und ihn unterstützen. Doch SCHELLING ist tief erschrocken über die äußere und innere Verfassung des Freundes und hält lediglich noch eine pflegerische Betreuung für denkbar: *„Der traurigste Anblick, den ich während meines hiesigen Aufenthalts gehabt habe"*, so schreibt Schelling an Hegel, *„war der von Hölderlin. Seit einer Reise nach Frankreich (...) ist er am Geist ganz zerrüttet, und obgleich noch einiger Arbeiten, z.B. des Übersetzens aus dem Griechischen bis zu einem gewissen Puncte fähig, doch übrigens in vollkommener Geistesabwesenheit. Sein Anblick war für mich erschütternd: er vernachlässigt sein Äußeres bis zum Ekelhaften (...). Wer sich seiner annehmen wollte, müßte (...) ihn von Grund auf wieder aufbauen. (...) Hier zu Lande ist keine Hoffnung für ihn herzustellen. Ich dachte Dich zu fragen, ob Du Dich seiner annehmen wolltest, wenn er etwa nach Jena käme, wozu er Lust hätte."* (HÖLDERLIN 1946, S.261)

Hegel reagiert auf diese Anfrage nicht – und der Rest der Geschichte ist weitgehend bekannt: In den folgenden Jahren werden sich andere Freunde – allen voran Sinclair – um den Erkrankten kümmern und werden ihm ermöglichen, sich ganz auf das Schreiben zu konzentrieren. In der Tat gelingen Hölderlin in dieser Zeit neben einigen Fragmenten noch entscheidende Gedichte und

Übersetzungen. Doch auch ein Aufenthalt in Homburg bringt nicht die erhoffte Beruhigung der Nerven, im Gegenteil: Der herbeigerufene Arzt Dr. Müller notiert: *„Wie erschrak ich aber als ich den armen Menschen so sehr zerrüttet fand, kein vernünftiges Wort war mit ihm zu sprechen, und er ohnausgesetzt in der heftigsten Bewegung. Meine Besuche wiederholte ich einigemal fand den Kranken jedesmal schlimmer, und seine Reden unverständlicher, Und nun ist er so weit daß sein Wahnsinn in Raserey übergegangen ist, und daß man sein Reden, das halb deutsch, halb griechisch und halb lateinisch zu lauten scheint, schlechterdings nicht mehr versteht.“* (HÖLDERLIN 1946, S. 337)

Im September 1806 sieht sich Sinclair gezwungen, den Freund – gegen dessen Willen – in klinische Behandlung nach Tübingen zu bringen. Da jedoch keine Besserung eintritt, entschließt sich Chefarzt Authenrieth nach einigen Wochen, seinen Patienten der Familienpflege des Schreinermeisters Zimmer anzuvertrauen. Die folgenden 36 Jahre, seine zweite *Hälfte des Lebens* wird Hölderlin in einem Turmzimmer am Neckar verbringen; wird rauchen, etwas Geige spielen und darauf Wert legen, von Besuchern mit dem Namen *Scardanelli* und dem Titel Herr *Hofbibliothekar* angesprochen zu werden. Seine Mutter wird sich bis zu ihrem Tod im Jahre 1828 weigern, ihren Sohn noch einmal zu sehen.

So weit zunächst zu Hölderlin. Auch aktuellere Beiträge legen Zeugnis davon ab, dass das Reisen die innere Konstitution eines Menschen labilisieren, die Wahrnehmung von Raum, Zeit und Weltverbundenheit erschüttern und tiefe existentielle Verstörungen verursachen kann. Doch systematische Studien oder Fallvignetten über seelische Entgleisungen in der Fremde fehlen fast völlig – bis auf zwei fast in Vergessenheit geratene Arbeiten aus Göteborg bzw. Innsbruck und eine Untersuchung aus Italien, von der noch zu sprechen sein wird. Überhaupt fällt im wissenschaftlichen und öffentlichen Diskurs auf, dass die Erfahrung hoher psychischer Spannung auf Reisen vielen vertraut ist, sich jedoch offenbar kaum jemand gezielt damit befasst. Lediglich das *Wörterbuch der Psychiatrie* (PETERS 1997) enthält unter dem Begriff *Reisepsychose* einen eigenen Beitrag. *Reisepsychose* wird darin so definiert: *„Während einer Auslandsreise auftretende psychische Krankheit von verhältnismäßig einheitlicher Symptomatik: Die Kranken fühlen sich beobachtet; sie glauben, dass sie vergiftet, ermordet, missbraucht werden sollen. Hinzu kommen Bewusstseinsstörungen und Halluzinationen. Als Ursache wird das Zusammenkommen von sprachlicher Isolierung, Übermüdung, mangelhafter Nahrungsaufnahme, leichten Infektionen bei einer prädisponierten Persönlichkeitsstruktur angesehen. Nur in seltenen Fällen soll es sich um Schizophrenien handeln“* (PETERS 1997, S. 449).

Einige regionale Studien über paranoide Reaktionen in sprachfremder Umgebung (ALLERS 1920), über seelische Störungen bei Hawaii-Reisenden (Streltzer 1979), über Depressionen von Urlaubern auf tropischen Inseln (Pierce 1981), über die psychischen Auswirkungen von Kreuzfahrten (GEBAUER 1981) oder über die Verwirrtheit von japanischen Touristen in Paris (UEMOTO 1982) sind zwar zu finden, doch stellen diese Arbeiten keine grundsätzlichen Überlegungen zur Krise des Selbst in der Fremde an, sondern gehen davon aus, dass die Erkrankten schon vor Antritt ihrer Reise psychische Störungen durchlebten oder überhaupt in die Fremde aufbrachen, weil sie sich davon die Lösung ihrer Probleme erhofften (KAGELMANN 1993). Dabei haben zwei Untersuchungen schon vor vierzig Jahren darauf aufmerksam gemacht, dass auch Reisende, die zuvor als psychisch stabil galten, in der Fremde ihre innere Balance verlieren können: So stellte Prokop bei der Analyse der Aufnahmen von Reisenden an der Psychiatrisch-Neurologischen Universitätsklinik Innsbruck fest, dass bei 29 akut schizophrenen Zuständen nur vier Patienten schon vor der Reise psychotische Schübe durchlebt hatten (PROKOP 1965). Und LARS NILSSON von der Psychiatrischen Universitätsklinik Göteborg beschrieb in ausführlichen Fallvignetten Reisende, die aus dem Ausland nach Schweden zurückgeholt werden mussten, weil sie in der

Fremde dekompensiert waren (Nilsson 1966). Auch bei ihnen war mehrheitlich keine psychische Vorerkrankung zu erkennen. Und doch gerieten sie auf ihren Reisen durch Spanien oder Griechenland, während eines Sprachkurses in Frankreich, England oder auf den Kanarischen Inseln in sensitiv-paranoide Wahnzustände, fühlten sich verfolgt, vergiftet, hypnotisiert oder hatten selbst die Vorstellung, andere hypnotisieren zu können. In ihrer schwedischen Heimat mussten sie sich oft langwierigen Behandlungen unterziehen. Leider haben diese Studien keinen weiteren Eingang in die Fachliteratur gefunden.

Mitunter liest man hingegen in der Presse oder auf der Internet-Seite des Auswärtigen Amtes von Menschen, die fern von zu Hause in Krisen geraten und ernsthaft psychisch erkranken. Die Berichte lauten dann z.B. so: *„Ein 28jähriger Hamburger ist seit zwei Jahren in Indien verschollen. Eine Touristin unterrichtet die deutsche Botschaft in New Delhi über den Aufenthaltsort des Vermissten. Dieser sitzt abgemagert vor einem Hindu-Tempel und redet unverständlich vor sich hin. Als der Konsularbeamte neben ihm steht, erklärt er: ‚Schön, dass sie endlich kommen, ich habe sie bereits auf transzendentalem Weg gerufen'."* (www.auswaertiges-amt.de/24.04.2006) Allein die Deutsche Botschaft in New Delhi zählt jährlich etwa 50 geistig verwirrte Personen, deren ärztliche und soziale Versorgung und Heimführung organisiert werden muss.

In Florenz, wo es solche Phänomene gehäuft zu geben scheint, hat die Ärztin Graziella Magherini die Krankengeschichten ihrer psychiatrischen Akutaufnahme daraufhin untersucht, welche Personen im Zustand der Verwirrtheit oder Verlorenheit eingeliefert wurden (Magherini 1989). Sie war irritiert über den hohen Anteil an Touristen. Noch überraschender empfand sie die Tatsache, dass keineswegs nur prädisponierte Menschen in der Fremde in psychische Krisen gerieten, sondern durchaus auch solche, die vor ihrer Reise als ausgeglichen und erfolgreich galten. Der Selbstverlust dieser stationär behandelten Touristen zeigte dabei folgende Varianten: Entweder handelte es sich um Störungen des Denkens und der Wahrnehmung, um wahnhafte Stimmungen sowie akustische oder optische Halluzinationen. Oder es standen affektive Störungen im Vordergrund: Gefühle der eigenen Bedeutungslosigkeit angesichts der kunsthistorischen Berühmtheiten vor Ort klangen an oder schlugen in Omnipotenzphantasien um. Eine dritte Gruppe von Patienten zeigte Symptome der Panik, die mit erhöhtem Puls und Blutdruck, Krämpfen und dem Verlust des Selbstgefühls verbunden waren. Die meisten der aufgenommenen Reisenden, besonders jene mit affektiven Störungen oder Panikattacken, konnten nach drei bis acht Tagen entlassen werden. Ihre seelische Krise hatte meist unmittelbar nach dem Besuch von Kirchen und Museen eingesetzt, war offenbar durch die intensive Beschäftigung mit Kunstobjekten ausgelöst worden und hatte zum Verlust der Kohäsion des Selbst (Magherini 1989, S.98) geführt.

Mit dieser Studie prägte Graziella Magherini den Begriff des „Stendhal-Syndroms" – eine Bezeichnung, die nahe liegt, wenn man sich folgenden Hintergrund vergegenwärtigt: Im Jahre 1817 reiste der Henry Beyle, der später unter dem Namen *Stendhal* zu literarischem Ruhm gelangte, nach Rom, Neapel und Florenz. Dies war seine zweite Reise durch Italien; die erste hatte er 17 Jahre zuvor unternommen, hatte als französischer Leutnant die Schlachtfelder der napoleonischen Kriege kennen gelernt und war nun froh, in Zeiten des Friedens die Zentren der Kultur besuchen zu können. In seinen Reiseaufzeichnungen schildert er seine Empfindungen angesichts der Kulturschätze der Stadt so:

„Ich befand mich in einer Art von Ekstase bei dem Gedanken, in Florenz und den Gräbern so vieler Großen so nahe zu sein. Ich war in Bewunderung der erhabenen Schönheit versunken; ich sah sie aus nächster Nähe und berührte sie fast. Ich war auf dem Punkt der Begeisterung angelangt, wo sich die himmlischen Empfindungen, wie sie die Kunst bietet, mit leidenschaftlichen Gefühlen gatten." (Stendhal 1996, S.164) Als er die Kirche verlässt, klopft ihm das Herz bis

zum Hals, ihm wird schwindlig, die Nerven scheinen ihm zu vibrieren, er fürchtet umzufallen und muss sich erstmal auf die Straße legen, um langsam wieder zu sich zu kommen.

Unter besonderer psychischer Anspannung scheinen Reisende aber nicht nur in Florenz, sondern an vielen Orten der Welt zu stehen – ganz besonders in Jerusalem. In dieser Stadt dreier Religionen, dem Kraftzentrum für Gläubige aus aller Welt, ist die Angst vor Terroranschlägen genauso wie die Hoffnung auf Erleuchtung und Erlösung offenbar stärker als irgendwo sonst auf der Welt. Überwältigt von der Atmosphäre des Heiligen Landes erkranken jährlich – laut einer Studie des Kfar-Shaul-Hospitals – mindestens 200 Touristen am „Jerusalem-Syndrom" (HELLER 1999); sie haben messianische Visionen oder halten sich selbst für Gott. Meist werden ihre Verwirrungen von Phasen der Ängstlichkeit und der Nervosität eingeleitet: Die Reisenden zeigen sonderbare Verhaltensweisen, ziehen sich von ihren Reisegruppen zurück und entwickeln zwanghafte Rituale bis hin zur Rasur aller Körperhaare. Dann suchen sie – oft nur durch ein weißes Bettlaken bekleidet – die heiligen Stätten auf und halten dort magische Zeremonien ab. Das allein ist noch kein Grund für eine psychiatrische Einweisung: Erst wenn sie Formen der Selbst- oder Fremdgefährdung aufweisen, die Nahrung verweigern, tage- und nächtelang in der Stadt umherirren oder zum Toten Meer aufbrechen und dann in der Wüste von Beduinen aufgegriffen werden, verstört, halb verdurstet und im Delir redend, ist eine klinische Behandlung unumgänglich.

Dissoziative Zustände auf Reisen

Dissoziationen, also Empfindungen der Umdämmerung, Unwirklichkeit oder Verlorenheit sind dadurch gekennzeichnet, dass die Funktionen der Wahrnehmung, des Gedächtnisses und des Selbsterlebens gelockert sind. Dinge geraten auseinander und verlieren ihre Verbindung; doch sie zerstören sich nicht und werden nicht zerstört. Daher trifft auch der Begriff *Fragmentation* (SCHARFETTER 1999) zu: Das Fühlen, Denken oder Handeln verselbstständigt sich, löst sich ab von der zuvor festen Beziehung zur übrigen Persönlichkeit und tritt eigenständig in Erscheinung. Meist sind davon spezifische Bereiche betroffen: die Einschränkung kognitiver Fähigkeiten, der Verlust von Gefühlen, das Auftreten traumaspezifischer Erinnerungen oder die isolierte Wahrnehmung einzelner Körperteile. Verstärken sich diese Empfindungen, so tritt eine Depersonalisation ein, die nicht weit entfernt ist vom psychotischen Erleben.

So schreibt Nicolas Bouvier über die Ankunft in einem armseligen, von Ungeziefer besetzten Hotel: *„Sich in einem Zimmer einzurichten, für eine Woche, einen Monat, ein Jahr, ist eine rituelle Handlung, von der viel abhängen wird und der man sich nicht mit wirrem Kopf entledigen soll."* Er steht vor der Aufgabe, die Impressionen einer langen Reise zu rekonstruieren und gleichzeitig den verlassenen Ort, an dem er am Ende gelandet ist, zu erkunden. Eine Stimmung erfasst ihn, die den Keim von Wahnsinn trägt: *„Ich machte mich an die Arbeit, eine Lache Schweiss unter jedem Ellenbogen, und ich wusste wohl, dass ich mogelte, dass ich Angst hatte, dass ich mich wie Odysseus am Mast festband."* Kleinste Irritationen wie Käfer und Kakerlaken bringen ihn um sein seelisches Gleichgewicht, auf der Veranda sieht er riesige Schatten schwanken, die tanzenden Leuchtkäfer über seinem Kopf machen ihn ganz schwindelig: *„Einer dieser Momente, wo der Reisende vor Müdigkeit den Verstand verliert. Ich irrte ein wenig ab und fragte mich, was ich eigentlich hier machte."*

Später beschreibt Bouvier seine Wechselbäder zwischen Euphorie und Todesangst, in denen ihm das Zeit- und Raumgefühl abhanden kommt und sich der Realität des Wahrgenommenen nicht mehr sicher ist: *„Die Zeit vergeht, man verliert den Faden – und wenn man ihn wieder findet, sieht man den Wirt mit langen, drohenden Schritten ein Huhn verfolgen, dem er die Gurgel* *durchschneiden will, und seine Hände zucken wie Flammen hinter dem verschreckten Federvieh her. Dann interessiert man sich für das Gewebe des Teppichs unter den Schultern oder für den kleinen Muskel, der in der Wange zuckt wie ein Tier in der Falle. Doch wenn sich die Nerven allmählich entspannen und die Sonne untergeht, überkommt einen eine selige Ermattung, man gerät in Verzückung, will sein Schicksal in die Waagschale werfen – und erfährt plötzlich und heftig und aus ungeahnten Tiefen quellend ein Übermaß an Lebenskraft, mit der man gar nichts anzufangen weiß.*" BOUVIER 2002a, S. 282)

BOUVIER beschreibt Ängste und Fieberphantasien, die ihn in der Fremde überfallen und denen er mit Ritualen und Zwangshandlungen zu begegnen versucht; so zählt er in einer Nacht all die fremden Zimmer, in denen er seit Beginn der Reise genächtigt hat (er kommt auf einhundertsiebzehn). Solche Abwehrmaßnahmen schützen ihn jedoch nicht davor, dass „*durch die Watte des Fiebers alte verwirrte Gesichter aufleuchten wie Bahnhöfe.*" (BOUVIER 2002b, S. 48) Auch die Begrenztheit der Insel, der er sich ausgeliefert fühlt, bestimmt sein Empfinden: „*Ich hatte keine Erfahrung mit Inseln, die die Probleme auf ihre Weise stellen. Eine Insel ist wie ein auf einen unsichtbaren Mund gelegter Finger, und man weiß (...), dass die Zeit da nicht wie anderswo abläuft.*" Er fühlt sich wie ein unvorsichtiger Vagabund, der mit seinem Schiff in eine Ruhezone geraten ist, „*in eine dieser Windstillen, wo die hängenden Segel eine ganze Mannschaft dem Wahnsinn oder dem Skorbut ausliefern.*" Er streift durch den Ort und es ist, als würde ihm – anders als auf all den Etappen zuvor – nur Abweisung, Unwille, Verweigerung entgegen strömen. Türen scheinen sich zu schließen, sobald er vorbeigeht, ein eigentümlicher Brandgeruch liegt in der Luft: „*Ich weiß nicht, wie ich mich soviel Leere entgegenstellen soll mit dem wenigen, das ich geworden bin.*" Seinen Wahrnehmungen kann er bald nicht mehr trauen: „*Vorgestern morgen, als ich mein Brot aß, stellte ich fest, dass das Brot mir den Mund aß.*" Seine Verfassung nimmt immer bedrohlichere Formen an: Er fühlt sich von der Buddha-Figur auf seiner Kommode ausgelacht, glaubt, dass der Raum sich immer enger um ihn herum schließen würde, hört aus einer Mistkugel, in der Larven ausgebrütet werden, eine „*Höllenmaschine*" ticken und weiß, dass er das Zimmer dringend verlassen muss. Er nennt dies „*die Stunde, wo in meinem Kopf etwas kaputtging.*" (BOUVIER 2002b, S. 19)

Zum Begriff des Selbst

Im psychiatrischen Sinne mag man die Phänomene, die hier geschildert wurden, als *psychische Störungen* bezeichnen. Prüft man jedoch die autobiografischen Skizzen der Reisenden genauer, dann wird deutlich, dass die Momente der *Verrückung* in der Fremde nicht primär als Erkrankung im medizinischen Sinne konzeptualisiert werden können. Es handelt sich vielmehr um Vorgänge der Irritation bzw. der Erschütterung des Selbst im Bedingungsgefüge seines Wahrnehmungs- und Orientierungsvermögens.

Was aber ist dieses *Selbst?* Es umfasst, kurz gesagt, die Summe unserer Körper-, Sinnes- und Beziehungserfahrungen inklusive unserer Überzeugungen und Werthaltungen. Für HEINZ KOHUT zeigt sich das reife Selbst darin, „*ein unabhängiger Mittelpunkt von Wahrnehmung und Antrieb*" zu sein (KOHUT 1977, S. 155). LOTTE KÖHLER definiert: „*Als Selbst wird jene Organisation bezeichnet, die den Prozess des Erlebens, das heißt innerer und äußerer Wahrnehmungen, bewusster und unbewusster Vorgänge und Motivationen integriert und (...) zusammenhält.*" (KÖHLER 1998, S. 26)

Anders formuliert: Mit Beginn seiner Entwicklung begibt sich der Mensch auf Entdeckung seiner selbst und erkundet, wer er ist und was ihn ausmacht. Er lernt zu unterscheiden (wenn er nicht dem magischen Denken verhaftet bleibt), was innerhalb und was außerhalb von ihm liegt; er entwickelt ein Gespür dafür, welche Persönlichkeitsmerkmale ihm entsprechen und welche ihm fremd sind. Er bemüht sich darum, sein leibliches Empfinden, seine Aktivitäten und Phantasien einigermaßen zutreffend zu schildern. So entwirft er fortwährend ein Bild von sich, arbeitet dauernd am Konzept seines Selbst. Bisweilen ist dieses Selbst verunsichert. Besonders während der Adoleszenz, aber auch in späteren Phasen von Umbrüchen und Krisen stellt er sein Tun und seine Gefühle in Frage; er prüft die kognitive Seite (wer bin ich?), die affektive Seite (wie fühle ich mich?) und die handlungsorientierte Seite (was tue ich (hier)?) seines Selbst.

Bei diesen Fragen, die auch Formen der Selbst-Vergewisserung sind, ahnt er, dass sein Selbst nicht ohne Widersprüche und Inkonsequenzen auskommt, von aktuellen Stimmungen, aber noch viel mehr von lebensgeschichtlichen Ereignissen abhängt. Noch einmal sei in diesem Zusammenhang Friedrich Hölderlins zitiert, der an Freund Böhlendorff schreibt:

„Ich fürchte, das warme Leben in mir zu erkälten in der eiskalten Geschichte des Tags, und diese Furcht kommt daher, weil ich alles, was von Jugend auf Zerstörendes mich traf, empfindlicher als andere aufnahm, und diese Empfindung scheint darin ihren Grund zu haben, daß ich im Verhältnis zu meinen Erfahrungen, die ich machen mußte, nicht fest und unzerstörbar genug organisiert war. Das sehe ich. Kann es mir helfen, daß ich es sehe?" (HÖLDERLIN 1969, S. 880)

Was HÖLDERLIN hier schildert, wird in der Selbstpsychologie als fehlende innere Festigkeit des Selbst, also als Mangel an Kohäsion bezeichnet. Den Prozess des Brüchigwerdens des Selbst kann man auch als „Fragmentierung" verstehen, wenn das *Selbst* seine Kohäsion verliert und Gefühle der Instabilität, der Leere und der Angst entstehen. Die Dimensionen solcher Fragmentierungen können unterschiedlich sein: Der innere Zusammenhalt des Selbst kann sich langsam verändern, kann aber auch plötzlich zusammenbrechen, wie nach traumatischen Erfahrungen oder Verlusterlebnissen. Interessant ist auch folgender Hinweis: *„Schwankungen in der Selbstkohäsion können wir an uns beobachten, wenn wir im Urlaub regressiver werden und uns z.B. weniger kontrollieren und stärker körperlichen Bedürfnissen nach Versorgung und Pflege nachgehen. Darüber hinaus können unsere Grenzen deutlich spürbar durchlässiger werden, bis hin zu leichten Identitätskrisen. Es kann sich das Gefühl einstellen, nicht mehr der- oder dieselbe zu sein, die eigenen Reaktionen können befremden oder es kommt eine Empfindung des schon Erlebten, Gehörten, Gesehenen auf."* (MILCH 2001, S. 79)

Erfahrungen der Fragmentierung können sich steigern bis zu Empfindungen des gänzlichen Selbstverlustes bzw. der Auflösung des psychischen Gefüges: *„Wird die Fragmentierung als erschreckende Gewissheit erlebt, dann bedeutet dies, dass das Selbst sich allem Anschein nach in einem unwiderruflichen Prozess der Auflösung befindet. Es ist so schrecklich zu erleben, wie sich das Selbst auflöst, dass die betroffenen Menschen alles erdenkliche unternehmen, um sich vor den mit Fragmentierung verbundenen Gefühlen zu retten. (...) Tritt eine vollständige Regression ein, die nicht mehr kontrollierbar ist, so kommt es zu dem psychischen Zustand, den wir im Allgemeinen als Psychose bezeichnen. In den meisten Fällen endet eine Fragmentierung aber nicht in einer Psychose, sondern sie zeigt sich darin, dass bestimmte Aspekte des Selbst und seines Funktionierens regredieren."* (WOLFF 1998, S. 61)

Das Reisen lässt sich also nicht beschränken auf die Erkundung der äußeren Fremde. Immer stellt es auch eine Konfrontation mit den eigenen Tiefen dar. Denn das Unvertraute mobilisiert Befremdliches innerhalb des Selbst, sei es als bereichernde Begegnung mit ungekannten Regionen der Seele, sei es als gefährdende, gar abzuwehrende Ahnung, dass gleich neben unserem So-Sein auch ein Anders-Sein wohnt.

Literatur:

ALLERS, R. (1920): Über psychogene Störungen in sprachfremder Umgebung. In: Zeitschrift der Gesellschaft für Neurologische Psychiatrie, Heft 60/1920, S.281-289
BOUVIER, N. (2002a): Die Erfahrung der Welt. 3.Aufl., Basel: Lenos
BOUVIER, N. (2002b): Der Skorpionsfisch. Zürich: Ammann
FICHTNER, G. (Hrsg.) (1980): Psychiatrie zur Zeit Hölderlins. Tübingen: Universitätsbibliothek
GEBAUER, O.J. (1981): Urlaub und Erholung in therapeutischer Sicht. Diss.phil. Freie Universität Berlin
HELLER, A. (1999): Apocalypse now. In: Neue Zürcher Zeitung 06.12.99, S.5
HÖLDERLIN, F. (1969): Werke und Briefe. Herausgegeben von F. BEISSNER & J. SCHMIDT, Bd. 2, Frankfurt a.M.: Insel
HÖLDERLIN, F. (1946): Sämtliche Werke. Große Stuttgarter Ausgabe (St. A.). Hrsg. von FRIEDRICH BEISSNER, Stuttgart: Kohlhammer
KAGELMANN, H.J. (1993): Klinische Psychologie und Tourismus. In: HAHN, H. & KAGELMANN, H.J. (Hg.): Tourismuspsychologie und Tourismussoziologie. Ein Handbuch der Tourismuswissenschaft. München: Quintessenz-Verlag, S. 92-99
KÖHLER, L. (1998): Das Selbst im Säuglings- und Kleinkindalter. In: HARTMANN, H.P. (Hg.): Das Selbst im Lebenszyklus. Frankfurt a.M., S.26-48
KOHUT, H. (1997): Die Heilung des Selbst. Frankfurt a.M.: Suhrkamp
MAGHERINI, GRAZIELLA (1989): La sindrome di Stendhal. Firenze: ponte alle grazie
MICHEL, W. (1967): Das Leben Friedrich Hölderlins. Frankfurt a.M.: Insel
MILCH, W. (2001): Lehrbuch der Selbstpsychologie. Stuttgart: Kohlhammer
NILSSON, L. (1966): Über Reisepsychosen. In: Der Nervenarzt, 37.Jg., Heft 7, S.310-313
PETERS, H.U. (1997): Wörterbuch der Psychiatrie und medizinischen Psychologie. München: Urban & Schwarzenberg
PIERCE, P. (1981): "Environment shock". A study of tourists' reactions to two tropical islands. In: Journal of Applied Social Psychology 11, S.268-280
PROKOP, H. (1965): Das Problem des Aufenthaltes im Ausland in psychiatrischer Sicht. In: Der Nervenarzt, 36.Jg., Heft 5, S.212-218; Prokop, H. (1970): Psychiatric illness of foreigners vacationing in Innsbruck. In: Schweizer Archiv für Neurologie, Neurochirurgie und Psychiatrie 107, S.363-388
SCHARFETTER, C. (1999): Dissoziazion – Split – Fragmentation. Nachdenken über ein Modell. Bern: Huber
STENDHAL (i.e. Henry Beyle) (1996): Reise in Italien. München: Diederichs
STRELTZER, J. (1979): Psychiatric emergencies in travelers to Hawaii. In: Comprehensive Psychiatry 20, S.463-468
UEMOTO, N. (1982): Maladies mentales chez les Japonais à Paris. In: Annales Medico-Psychologique 140, S.717-727
WALZ, W. (1967): Auf der Suche nach Hölderlin. In: Der Literat. Zeitschrift für Literatur und Kunst. 9.Jg., Heft 3/67, S.35-36
WOLF, E. (1998): Theorie und Praxis der psychoanalytischen Selbstpsychologie. Frankfurt a.M.: Suhrkamp

Autor:

Dr. phil. JENS JÜRGEN CLAUSEN; Erziehungswissenschaftler und Gruppenanalytiker; lehrt am Fachbereich Erziehungswissenschaft der Universität Münster und an der Evangelisch Sozialpädagogischen Ausbildungsstätte Münster. Veröffentlichungen zum Thema: Reise und Psychose und zu den Grundlagen und Grundhaltungen der Sozialpsychiatrie.

Kanalstraße 26, 48147 Münster
e-mail: jjclausen@web.de

Die Kulturfalle. Plädoyer für einen sorgsamen Umgang mit Kultur[1]

Rebekka Ehret

Einleitung

Transkulturalität wird im gegenwärtigen Sprachgebrauch meist im Kontext von Migration verwendet. Transkulturelle Felder werden dort wahrgenommen, wo zugewanderte Personen mit hiesigen Institutionen und Personen, die zur Mehrheitsgesellschaft gehören, in Kontakt kommen. Im Programm des Kongresses im Jahre 2008 zur Transkulturellen Psychiatrie im deutschsprachigen Raum, aufgrund dessen der vorliegende Tagungsband geplant wurde, fallen folgende Begriffe in den Titeln der Beiträge auf: der Fremde, Globalisierung, Patienten mit Migrationshintergrund, kultursensible Versorgung, Migration, Flüchtlinge, Interkulturalität, Kultur, kulturspezifische Traumasymptome, kulturspezifische Besonderheiten, migrantenspezifische Versorgung, das Eigene – das Andere und natürlich transkulturell.

In den letzten 20 Jahren hat sich bezüglich des Umgangs mit der Migrationsthematik ein interessanter Begriffswandel vollzogen, der sich in der deutschen Sprache wie von Geisterhand durch die Veränderung der Vorsilbe einfach abbilden lässt: von multi- zu inter- zu transkulturell. Meines Wissens brachte Heiner Geissler, damaliger Generalsekretär der CDU, in einem „Zeit"-Interview am 28. Oktober 1988 den Begriff „multikulturell" in die deutschsprachige Diskussion ein und mobilisierte damit auch das breite Publikum. Selten wurde jedoch in der Folge klar, welches Gesellschaftsbild genau gemeint war, wenn von der Realität der multikulturellen Gesellschaft die

---

1. Ausschlaggebend für die ursprüngliche Idee des Beitrags war folgender Abschnitt aus einer Buchbesprechung, die ich in der Zeitschrift *Trauma und Gewalt* (2008:78) fand: „Gerade bei der interkulturellen Traumadiagnose stehen BetrachterInnen vor einer doppelt befremdlichen Begegnung: einerseits der Begegnung mit der „Abgrundserfahrung", andererseits der Begegnung mit der anderen Kultur, in der alles, was wir bis jetzt gelernt haben über Traumata, über posttraumatische Belastungsstörungen etc., vielleicht nicht ganz so zutrifft: Kulturen, in denen mit Gewalt, Autorität und Genderfragen oftmals ganz anders umgegangen wird, als bei uns das der Fall ist" (Friedrun Huemer, Buchbesprechung zu *Interkulturelle Traumadiagnostik*, herausgegeben 2006 von Klaus Ottomeyer und Walter Renner). Zweifelsohne stellen Traumadiagnose und -behandlung eine enorme Herausforderung dar, aber Kultur derart zu essentialisieren, schafft nur weitere Hürden sowohl für die Behandelnden als auch für die Behandelten.

Der vorliegende Aufsatz soll dazu beitragen zu zeigen, dass Kultur eben nicht wie Mathematik funktioniert.

Ich bedanke mich bei Elisabeth König und Helen Koechlin für die Durchsicht im Hinblick auf die Verständlichkeit für Nichtethnologen und bei Professor Dr. Meinhard Schuster für die fachkritische Durchsicht dieses Textes.

Seiten 47-55

Rede war, und der Begriff wurde eher diffus und widersprüchlich verwendet. Problemlösungsorientierte Praktiker[2] taten ihn denn kurzerhand als das Nebeneinander mehrerer Kulturen beschreibend ab und bezeichneten sozial-, bildungs- oder gesundheitspolitische Handlungskonzepte, die sich konkret auf die durch die multikulturellen Situationen entstandenen Probleme bezogen, als interkulturell. Interkulturelle Handlungsansätze sollten den vorgängigen Defizitblick auf die Zugewanderten ablösen und durch die „Bereicherungslinse" ersetzen. Die 90er Jahre waren geprägt von der Transformation zur Interkulturalität, wobei Kultur, respektive das, was zwischen Kulturen stattfindet, sich weiterhin auf die durch die Zuwanderung entstandene Situation bezog. Während *multi* das Nebeneinander beschrieb, sollte *inter* die Kulturen zueinander in Beziehung setzen.

Doch auch das Programm Interkulturalität geriet bald unter Verdacht, tatsächliche sozialstrukturelle Barrieren, die einen chancengleichen Zugang zu den begehrten Gütern und Leistungen der Bildungs-, Sozial- und Gesundheitsinstitutionen behindern, unter der Kulturdecke zu verstecken und wegen der Betonung von Kultur auch neue Formen von Fremdenfeindlichkeit heraufzubeschwören. Und obwohl die Vorsilbe *inter* nun Gegenseitigkeit, Austausch und Interaktion suggeriert, haftet für Kritikerinnen und Kritiker dem Interkulturalitätsbegriff die Verdinglichung von Kultur weiterhin an. Zudem wird aufmerksam angemerkt, dass im Migrationskontext kulturelle Identität jeweils mit nationaler Herkunftsidentität gleichgesetzt wird, also der Komplexität kultureller Mischidentitäten moderner Individuen nicht gerecht wird. Im neuerlichen Begriffswechsel von „interkulturell" zu „transkulturell" widerspiegelt sich nun der Ansatzwechsel vom Unterscheidungsbetonenden zum Gemeinsamkeitsbetonenden sowie vom Kollektiven zum Individuum. Kulturell gleichgeschaltete Kollektive sind also in den letzten Jahren vielfältig transkulturell geprägten Individuen gewichen; doch welcher Neugewinn hat sich dadurch faktisch für die Migranten ergeben?

Die Logik der Sonderbehandlung

Trotz der Begriffsverschiebung suggerieren die oben genannten Titel, dass Migranten als Kollektiv von sich aus anders seien, einen Sonderstatus hätten und deshalb einer Sonderbehandlung bedürften. Dieses Anderssein habe zudem etwas mit Kultur zu tun. Nun wissen wir natürlich, dass Personen, die durch Migration oder Flucht in die Schweiz, nach Deutschland oder Österreich gekommen sind, nicht mehr und nicht weniger Kulturwesen sind als Ansässige. Wenn der Ethnologe Wolfgang Marschall schreibt, dass die Kultur die zweite Natur des Menschen sei, dann meint er selbstverständlich die Gattung Mensch, also alle (MARSCHALL 1991). Die Nähe und gleichzeitig die Ferne von Natur zu Kultur lässt sich etymologisch schön darstellen, bedeutet das lateinische Verb *colere,* von dem sich Kultur ableitet (vgl. Partizip *cultus*), doch sowohl pflegen, bebauen, bestellen als auch anbeten. Die Doppelbedeutung weist auf die Bewirtschaftung des natürlichen Bodens einerseits und auf die Verehrung des Übernatürlichen, des Göttlichen andererseits sowie auf die Veränderung der inneren und äusseren Natur durch den Menschen hin (vgl. HANSEN 2003:14-15). Grundsätzlich beinhalte Kultur „*alles* menschliche Wissen und *alle* Haltungen, *alles* Handeln und *alle* Produkte dieses Handelns" (MARSCHALL 1991:25; Hervorhebung durch RE). Alle diese Erscheinungen seien zudem immer offen und variabel. Als komplexes, durch Variabilität gekennzeichnetes sinnstiftendes Abstraktum betrifft Kultur also jeden und jede und somit

2. Begriffe wie Praktiker, Migrant, Patient, Klient, etc. schliessen immer auch die weibliche Form mit ein.

auch alle Bereiche in der Gesellschaft. Die Verbindung von Kultur mit Migration meint jedoch in den meisten Fällen, dass die Kulturträgerin und/oder das „Kultursein oder -haben" besonders schwierig, besonders problematisch oder einfach besonders ist. Im Umgang mit Migranten hat sich also ein „Kulturparadigma" durchgesetzt, bei dem Kultur gerade nicht als etwas Variables, in der gesellschaftlichen Interaktion Flexibles, Formbares und Formendes erscheint, sondern als eine Art Wesenszug, von dem aus Verhalten vorausgesagt werden kann. In der Fachliteratur wird hier von der Essentialisierung von Kultur gesprochen. Durch die Verbindung von „kulturellem Sein" mit den Zugewanderten wird nicht nur die Konstellation vorhandener Machtverhältnisse bei der Zuschreibungsrhetorik ausgeblendet, sondern – entsprechend der Argumentationslogik – auch geflissentlich übersehen und vergessen, dass innerhalb des diskursführenden Kollektivs ebenfalls kulturelle Konstruktionen von Realitäten als Selbstverständlichkeiten wirksam sind.

Um diesen Konstruktionen von Alterität einerseits und Problemhaftigkeit andererseits nachzugehen, ist es meines Erachtens sinnvoll, in den Geschichten um vorgängige hierarchisierte Andershaftigkeiten nachzuschauen. Ein Vertreter der US-amerikanischen Schwarzenbewegung, W.E.B DuBois, fragt beispielsweise 1903 in seinem Buch "The Soul of Black Folks" zu Beginn seiner Ausführungen "*how does it feel to be a problem?*" (Zitiert in Silverstein 2005:363). Er weist mit dieser Frage auf die Tatsache hin, dass aufgrund einer körperlichen Eigenschaft, nämlich seines Aussehens, er einer pseudo-verwandten Gruppe als Mitglied zugeteilt wird, ihm unveränderbare psychische Eigenschaften zugeschrieben werden, die es erlauben, von vornherein gewisse Schlüsse bezüglich seines Verhaltens zu ziehen, und dass dieses Verhalten quasi naturgemäss problematisch ist, womit dann auch eine Hierarchisierung hergestellt wird.

Es ist unmissverständlich, dass diese Annahmen eine rassistische Ideologie umschreiben. Paul Silverstein nimmt DuBois' Frage "How does it feel to be a problem" als Einstieg zu seiner kulturgeschichtlichen Analyse des (europäischen) Umgangs mit Migration. Er unterscheidet die folgenden vier Typen: erstens, den Nomaden, der vor allem im 19. und der ersten Hälfte des 20. Jahrhundert der Kolonialregierung Schwierigkeiten bereitete, da er unmöglich zu administrieren war; zweitens, den Arbeiter, der besonders nach dem 2. Weltkrieg nichts als seine Arbeitskraft zum Aufbau Nachkriegseuropas beisteuerte und dann blieb; drittens, den Hybriden ab Mitte der 70er Jahre, der als „Secondo" nicht weiss, wohin er gehört; und schliesslich viertens, den Transmigranten, der ab den 90er Jahren des letzten Jahrhunderts die Bande zu seiner Herkunftsnation aufrechterhält und – schlimmstenfalls in der Form des in der westlichen Welt aufgewachsenen Terroristen – seine Loyalität eben dieser „westlichen Welt" gegenüber verweigert (Silverstein 2005). Die Analyse Silbersteins zeigt, dass die Figur „des Migranten" immer als eine gesonderte Kategorie von Mensch dargestellt wird und dass diese Kategorisierung einen Prozess der Subjektmachung zu einem „neuen Wilden" aufgrund von Rasse oder neuerdings Kultur nachzeichnet. Im Englischen beschreibt der Begriff "racialization" diesen sozialen Prozess sehr treffend. Die Nachzeichnung geschieht also nicht mit einem Weichzeichner, sondern einem Hartzeichner: „der Migrant" ist und bleibt ein Wilder, eben ein problematischer Mensch.

Viele Autoren weisen heute darauf hin, dass im deutschsprachigen Raum in offiziellen Kontexten nicht mehr von Rasse gesprochen wird, dass aber der Begriff Kultur dazu benutzt wird, die Fremdheit und das Anderssein der anderen zu konstituieren. Wie ich mit der eingangs erwähnten Aufstellung zu zeigen versuchte, scheint Kultur im Zusammenhang mit Migration eine besonders grosse Rolle zu spielen. Sie, die Migranten, sind es, welche die nationalstaatlichen Grenzen überschreiten und als andere kategorisiert werden.

Martin Sökefeld (2007) zeigt, wie vor der französischen Revolution eine horizontale Trennung bestand zwischen denjenigen, die Kultur hatten, also Adel und Klerus, und dem Volk, das keine hatte. Wurde dann das Volk zum Souverän und der nationalstaatsbildende Diskurs geprägt, so diente die kulturelle Eigenart bald dazu, die eine Nation von der anderen zu unterscheiden. Der Kulturbegriff der Ethnologie, auf den heute im Umgang mit „dem Fremden“, „dem Anderen“ in fachfremden Kreisen oft rekurriert wird, wurde im 18. und im 19. Jahrhundert, als sich das Fach zur Wissenschaft herausbildete, aus dem sprachlichen Allgemeingebrauch jener Zeit übernommen (SCHUSTER 1994: 22). So wie die Geschichtswissenschaften und andere Disziplinen die Kultur der Griechen, Germanen oder Lombarden erforschten, wandte sich die damalige Ethnologie dem Studium der schriftlosen, aussereuropäischen Gesellschaften zu und beschrieb – gemäss der genannten Logik – deren Kultur möglichst umfassend und ganzheitlich. Obwohl selbst die Gründerväter der Ethnologie immer auf die inneren Variationen einer Gesellschaft hingewiesen hatten, hielt sich besonders in der von FRANZ BOAS geprägten US amerikanischen *cultural anthropology* die Idee der „homogenen Kultur“ (vgl. WIMMER 1996). Aber auch hier soll dieses Insistieren als ein Phänomen der damaligen Zeit verstanden und nicht aus heutiger Sicht gedeutet werden. Die Absicht des deutschstämmigen FRANZ BOAS (1858-1942), ordnende und systematische Gesichtspunkte möglicher „Theorien von Kulturen“ (FISCHER 1980: 67) herauszuarbeiten, entstand als Gegenentwurf zur evolutionistischen Spekulation, die gesamte Menschheit entwickle sich über vergleichbare Stufen hin zur Krönung, die im zivilisierten Europa vorzufinden sei. Dazu bedurfte es einer umfassenden Beschreibung der einzelnen und einzigartigen gesellschaftlichen Einheiten und der ihr eigenen historischen Entfaltung, von der man aber immer auch wusste, dass sie nur einen hypothetischen Zustand alleiniger Gültigkeit darstellten.

Die Zeiten haben sich geändert, die Rolle der klassischen Ethnologie bei der Bestimmung eines starren Kulturbegriffs ist mehrfach kritisch abgehandelt worden (vgl. CLIFFORD & MARCUS 1986), und heute kennen wir die Lehren aus den Debatten um den Kulturbegriff; die „Essentialisierungsdebatte“ ist in der Ethnologie abgeschlossen (vgl. WOLF 1999: 21-67). Ausserhalb des Faches wird jedoch Kultur immer noch – besonders im Kontext von Migration – essentialistisch verwendet. In den oben genannten Beispielen und in Begriffen wie Multi-, Pluri-, Inter- und Transkulturalität steckt immer noch die Vorstellung von Kulturen im Sinne von Lebensformen, die von klaren Grenzen umrissen sind, etwas Statisches und Einheitliches haben und die ihnen zugehörigen Gesellschaften bzw. Individuen nachhaltig und umfassend prägen. Anhand von zwei Thesen soll im Folgenden gezeigt werden, auf Grund welcher Logik sich kulturelle Zugehörigkeit als gültiges Erklärungsmuster für Probleme im gesundheitsberuflichen Arbeitsbereich mit Migrantinnen und Migranten so hartnäckig hält; es sind dies die These der Übersozialisation und jene des Machtvakuums.

Die Übersozialisationsthese

Übersozialisation beschreibt den Menschen als passiven Ausführenden von Handlungsmustern, die durch soziale Beziehungen vorgegeben sind. Bisweilen ist im Zusammenhang mit dem blinden Gehorsam zur Zeit des Nationalsozialismus und in anderen totalitären Systemen von einer distanzlosen Übersozialisierung die Rede. In Bezug auf Migranten schreiben DIEHM & RADTKE kritisch (1999: 64): „Die Vorstellung, dass Individuen in ihrem Handeln und Denken von kulturellen Regeln bestimmt sein sollen, wird auf der Basis empirischer Studien als Modell der ‚Übersozialisation‘ kritisiert, das den Menschen als ‚Ausübenden einer Kultur‘ konzipiert und seine Fähigkeit unterschätzt, sich reflexiv und situativ zum eigenen kulturellen Wissen zu verhalten“. Menschen, die einer (angenommenen) Kultur angehören, verhalten sich dann entsprechend dieser Kultur. Das bedeutet auch, dass man aus Kenntnis der Kultur Rückschlüsse auf und Vorhersagen über das individuelle Verhalten machen kann. GERD BAUMANN (1999) vergleicht dieses essentialistische Verständnis von Kultur mit einer Vervielfältigungsmaschine, die entsprechend der Vorlage immer ein identisches Abbild reproduziert. Damit meint er, dass aufgrund des angenommenen Wesens einer Kultur der Charakter seiner Mitglieder erschlossen werden kann. In der gesundheitspolitischen Praxis kommt diese Haltung einer starken Entmündigung nahe, da sowohl die Rationalität als auch die Kreativität des „kulturfremden“ Menschen ausgeblendet werden und dem Menschen das ihm eigene Talent, sich über sein Verhalten und Denken Gedanken zu machen, abgesprochen wird.

Es ist ein Trugschluss zu meinen, dass die migrationsbedingte Komplexität der Praxis im Gesundheits- (oder Sozial- oder Bildungs-)bereich besser und einfacher organisierbar würde, wenn man Kultur „essentialistisch“ verstünde und verwendete. Das Individuum kann gar nicht abstrakt identisch mit Kultur sein, da sie sich nur im menschlichen Handeln konkret offenbart; dort aber bleibt sie, wie eingangs erwähnt, variabel. Kultur funktioniert eben nicht wie eine Vervielfältigungsmaschine, sondern eher wie eine *jam-session* (BAUMANN 1999). Das entstandene musikalische Produkt ist je nach Zusammensetzung der Instrumente, der Fertigkeit und Zusammensetzung der Spielenden, dem Kontext und dem Zeitpunkt ein neues, im Vergleich zum vorhergehenden verändertes. Wenn ich also einem Patienten oder einem Klienten mit Migrationshintergrund mit einem essentialistischen Verständnis seiner Kultur entgegentrete, entlarvt sich meine Handlungsweise nicht nur als entmündigend, sondern mit Sicherheit auch als wenig erfolgreich, da er sich nicht so verhalten wird, wie ich es mir aufgrund meiner Übersozialisationslogik vorstelle. In der auf den Fuss folgenden Frustration wird sich mein Blick auf die dem Migranten innewohnende Problemhaftigkeit bestätigt finden, und in seinem Blick wird implizit die Frage stehen: “How does it feel to be a problem?”

Die Machtvakuumthese

Paradoxerweise steigt die Nachfrage nach Inter- oder Transkulturalitätsprogrammen in gleichem Masse, wie sich sowohl die Zulassungsbedingungen für Wanderungswillige als auch die Aufnahmebedingungen für Asylsuchende verschärfen und die soziale Ungleichheit zwischen Zugewanderten und Ansässigen wächst. Die Asymmetrie von Machtbeziehungen im Kontext von Migration wird ähnlich unter- wie die Bedeutung von „Kulturprägung“ überschätzt. Durch die Verbindung von fixiertem „kulturellen Sein“ mit den Zugewanderten wird nicht nur die Konstellation vorhandener Machtverhältnisse bei der Zuschreibungsrhetorik ausgespart („wir – sie“), sondern es wird auch geflissentlich übersehen und vergessen, dass die in Gesundheitsinstitutionen vorherrschenden strukturellen Grundbedingungen Chancen**un**gleichheit im weitesten Sinne begünstigen. In den meisten Fällen hat diese Aussage auch Gültigkeit für alle Institutionen, in denen Patienten und Klienten mit psychischen Besonderheiten behandelt respektive betreut werden. Nach wie vor schaffen die Gesundheits- und Betreuungsinstitutionen von sich aus eine kategorisierende Ordnung und Vorprogrammierung, die für die Klienten und Patienten Konsequenzen bergen. Es gibt eine ordnende Homogenisierungstendenz, die sich am deutlichsten in der Altershomogenisierung am Beispiel der Pädiatrie und Geriatrie zeigt; eine weitere Tendenz zur Homogenisierung zeigt sich in der Unterscheidung von psychischen und physischen Leiden, und viele folgen konform der gegenwärtigen heilkundlichen Spezialisierung. Beim einheimischen Patienten oder beim einheimischen Klienten kann davon ausgegangen werden, dass er in Umfang und Intensität zwar abhängig von seiner Krankheitsbiographie, aber sicherlich grundsätzlich vom hiesigen Gesundheitssystem mitsozialisiert wurde. Vom System der Gesundheitsinstitution her betrachtet stellt somit – zugespitzt formuliert – der Migrant einen „Störfaktor“ dar, der die

Betreuungsroutine durcheinander bringt[3]. Trotz aller heilkundlich- und organisationsbedingten Homogenisierungsbestrebungen bleibt die Institution wegen der Vielfalt und Vielzahl von Krankheitsbildern und Individuen mit Heterogenität konfrontiert und muss sich dieser stellen. Wird nun diese durch das vermehrte Auftreten von Zuwanderungsgruppen erhöht, kann das Krankenhaus oder die Betreuungsstation ja nicht mit einer Ausgrenzungsstrategie reagieren, wie das bei der Schule mit den „Ausländerklassen" geschieht. Anderssprachigkeit wird als Sprach- oder Verständigungsproblem gedeutet, das zwar prinzipiell durch Dolmetschende relativ einfach gelöst werden kann, jedoch – aus der Homogenisierungslogik gedacht – mit einem grossen organisatorischen Aufwand und mit zusätzlichen Kosten verbunden ist. Nationale Differenz wird als kulturelle Differenz ausgelegt, was die interne Praxis stört, da durch sie die gerade eben gut organisierte Heterogenität der Kundschaft zweifellos massiv erweitert wird. Gibt es nun Probleme bei der Anamnese oder bei der Behandlung, wird der Grund dafür in der naturalisierten Form kultureller Eigenschaften der Patientin oder des Patienten gesehen. Die Kulturalisierung des Problems hat den oberflächlichen Vorteil, dass es einen nicht betrifft, da man ja Arzt oder Psychologe ist und nicht Kulturexperte jeder vertretenen Nationalität.

Es bedarf auch nicht zwingend eines partikularistischen Kulturwissens, um verstehen zu können, dass besonders die neuen Formen von Migration eine erhebliche Auswirkung haben auf die Leidenserfahrung von Migranten und Migrantinnen. Es bedarf aber der Kenntnis um Zulassungsreglementierungen, um ausländerrechtliche Grundlagen, um gesellschaftliche Opportunitätsstrukturen in der Mehrheitsgesellschaft, um Diskriminierungsformen in der Arbeitswelt, auf dem Bildungs- und Wohnungsmarkt, um Einkommensverteilung, um Abschiebeverfahren und ähnliches. Die strukturellen Bedingungen, welche das Migrantenleben begleiten, schaffen die beste Voraussetzung, um psychisch oder physisch krank zu werden, völlig unabhängig davon, woher jemand eingewandert ist (vergl. DOMENIG 2001:176-178). Doch diese Welt bleibt den meisten Beteiligten tatsächlich verschlossen, obwohl sie das Interaktionsfeld, in dem sich Patient und Arzt oder Therapeut begegnen, massgeblich kennzeichnet. Es kommt einer naiven Haltung nahe, zu meinen, die Begegnung fände in einem Vakuum statt, und nicht zu sehen, dass sie sich in einem durch ungleiche Machtbeziehungen geprägten Raum abspielt.

Blinde Flecken

Die diskursive Bestimmung von Gesellschaftsmitgliedern findet sowohl im Alltagshandeln, in der Berufspraxis als auch auf der wissenschaftlichen Ebene statt, was alles zur Konstruktion des gesellschaftlichen Gedächtnisses (MARSCHALL 1999: 29, in Anlehnung an MAURICE HALBWACHS) beiträgt. Die Verantwortung für gesellschaftspolitische Themen wie Ein- und Ausschlussmechanismen mag jedoch in besonderem Masse der sozialwissenschaftlichen – in unserem Falle der ethnologischen – Reflexion obliegen, die unter anderem die Aufgabe hat, auch bei sich selbst verinnerlichte gesellschaftliche Einstellungen bewusst zu machen, zumal wenn diese wie im vorliegenden Falle von aussen übernommen werden. In unserer komplex gewordenen Gesellschaft lohnt es sich, wie in der Systemtheorie vorgezeichnet, alles und jedes als System zu betrachten. Das bedeutet, dass alles unter dem Aspekt der inneren Organisation und seiner Interaktion mit der

3. DIEHM & RADTKE (1999: 115-122) sehen im Schulbetrieb den „Seiteneinsteiger" als Ikone der Ausländerpädagogik, da diese sich durch ihn laufend legitimiert, weil er respektive seine Eltern sich im Migrationsverlauf nicht an die Schuljahresanfangszeiten halten, sondern plötzlich als Irritation auftauchen.

Umwelt analysiert werden kann. Nimmt man systemtheoretische Überlegungen zu Hilfe, kann man Psychiatrie und Psychologie als Teilsysteme der Medizin betrachten. Ein solches Teilsystem geht selbstreferenziell mit sich um, d.h. es beobachtet sich beständig selbst, setzt sich seiner eigenen Logik, mit der es seine Welt betrachtet, auseinander. Bei diesem Prozess werden Unterscheidungen gemacht, damit das Teilsystem überhaupt funktionieren kann. DIEHM & RADTKE haben für das Teilsystem Schule beobachtet, dass die Unterscheidung „kann lernen/kann nicht lernen“ bedeutend ist (1999: 43). Die Entscheidung, was Wirklichkeit ist und was nicht, hängt davon ab, wie Wirklichkeit wahrgenommen wird, und dieses wiederum hängt vom Wissen und den „Quasi-Theorien“ der Wirklichkeitsbetrachter ab. Auf diese „Quasi-Theorien“ wird zurückgegriffen, wenn Probleme vorliegen, die möglichst schnell gelöst werden sollten. Sie werden zur Meisterung ungewohnter Erfahrungen im Alltag entwickelt, und mittels ihrer wird versucht, Erklärungen für die Beobachtung „kann nicht lernen“ zu finden. Probleme werden selektiv gedeutet, und die meist verwendete Problemdeutung leitet die Eigenschaft der Kinder von ihren Eltern, d.h. ihre Herkunft her. Während „problematische“ einheimische Schülerinnen und Schüler vornehmlich mit sozialpsychologischen Unterscheidungen beschrieben werden (alleinerziehende Mutter, schaut immer fern etc.), werden zugezogene oft mit kulturbezogenen Unterscheidungen klassifiziert. Diese Deutung funktioniert relativ gut, da sie die Ergebnisse einer schulischen Aussonderungspraxis im Umgang mit Migrantenkindern rechtfertigt (ibid. 49-59).

Wenden wir nun diese Überlegungen auf das Teilsystem Psychiatrie/Psychologie und im Speziellen auf die Transkulturelle Psychiatrie/Psychologie an, dann wird sichtbar, wie auch hier die Behandelnden ihre Klienten sowie ihre Patienten beobachten und Unterscheidungen einführen. Die Wirklichkeit wird auch hier erzeugt als Teil eines sozialen Prozesses der Interaktion. Auch hier schaffen unterschiedliche Codes (kulturell fremd, nicht fremd etc.) unterschiedliche Wirklichkeiten. Die Sozialwissenschaft kann hier einsetzen und sozusagen als Beobachterin zweiten Grades erkennen, mit welchen Unterscheidungen operiert wird. Da innerhalb der Ethnologie auf den Vorwurf, Kultur zu essentialisieren und damit besonders im Kontext von Migration diskriminierend zu wirken, mit einer enorm selbstkritischen und selbstreflektierenden Phase und dazu mit einer Fülle von Publikationen zum Kulturbegriff reagiert wurde (siehe beispielsweise WICKER 1996 und WIMMER 1996), ist dieses Fach geradezu prädestiniert, an dieser Stelle ein Angebot zur Aufklärung zu machen (vgl. MARSCHALL 1999 und WOLF 1999), auf die blinden Flecken innerhalb des Teilsystems Psychiatrie/Psychologie hinzuweisen und mitunter sogar alternative Handlungsmöglichkeiten vorzuschlagen.

Diversitätsmaxime und Strukturkenntnisse

Solange Vielfalt als Problem und Konfliktpotenzial gelesen wird und nicht als Ressource erkannt ist, bestehen viele blinde Flecken beim Verrichten der alltäglichen Arbeit fort, wertvolle Zeit und Energien bleiben ungenutzt. Nicht selten mündet der „Problemblick“ in Unsicherheit oder Frustration, und die eigentliche Fachkompetenz kommt kaum zur Geltung. Wird Diversität jedoch als Grundbedingung modernen Lebens verstanden, die für uns alle bedeutend ist, dann eröffnen sich plötzlich neue Möglichkeiten.

In ihrer sehr nützlichen Publikation zu transkultureller Kompetenz schreiben EICKE & ZEUGIN (2007: 29): „In einer immer differenzierteren Gesellschaft vereint jeder Mensch in sich vielfältigste, zum Teil auch widersprüchliche soziokulturelle Wertesysteme (…). Dies macht die Komplexität seiner Persönlichkeit, seines Verhaltens und dessen *Unvorhersehbarkeit* in einer neuen oder fremden Situation aus“ (Hervorhebung RE). Gehe ich also von der Prämisse der Unvorhersehbarkeit aus und deute zudem meinen Patienten als normal- und nicht übersozialisiert (vgl. oben), dann schreibe ich ihm die Fähigkeit zu, sein Verhalten, seine Werte- und Normvorstellung zu reflektieren, und gehe ebenso davon aus, dass er sich gegebenenfalls dazu äussern kann. Vermag ich es zudem, den von ihm gegenwärtig verkörperten Beitrag zur Diversität als Ressource zu sehen, dann kann ich bei ihm selbst „Kulturwissen" abfragen und die von ihm geäusserte Betrachtung über sich selbst und sein persönliches Wertesystem als nützliche Information ohne meine kulturalistischen Spekulationen bei der Behandlung einbeziehen. Bestehen Sprachbarrieren, denn so genannte Kulturkonflikte sind bei näherem Hinsehen oft sprachbedingte Verständigungsprobleme, so ist es empfehlenswert, mit qualifizierten Dolmetschenden zu arbeiten.

Die wirklich fremde, schwer vorstellbare Welt hingegen, die für die meisten Menschen ohne Migrationshintergrund verborgen bleibt, ist die des Ausländerrechts und seiner Auswirkungen. Verschiedene Studien des NFP 39[4] haben deutlich gezeigt, dass die meisten der sozialen Probleme, mit denen sich Ausländerinnen und Ausländer konfrontiert sehen, in direktem Zusammenhang mit den Bedingungen der Zulassungspolitik stehen (CHAUDET *et al.* 2000). Die Zahl der Asylbewerbenden oder Illegalen (sans papiers) geht trotz wachsender Abwehrmassnahmen nicht zurück, aber diese Menschen stehen oft ganz ohne Anschlussmöglichkeiten da und werden aus dem sozialen Teilsystem ausgeschlossen, was sich über kurz oder lang auf ihre körperliche und seelische Gesundheit auswirkt. Ein schwebendes Abschiebe- oder Anerkennungsverfahren, dessen Ausgang über die Zukunft entscheidet, geht an niemandem spurlos vorbei. Viele Leistungen, die der Wohlfahrtsstaat erbringt, sind gekoppelt an die rechtliche Mitgliedschaft der Staatsbürgerschaft, die zu erlangen sowohl in Deutschland als auch in Österreich und der Schweiz sehr schwierig ist und nicht selten auch von Willkür und Undurchsichtigkeit begleitet wird. Viele Personen mögen zwar hier als Hilfskraft angestellt, aber ursprünglich in ihrem Herkunftsland gut qualifiziert gewesen sein. Oft gibt es für ausländische Diplome Anerkennungsbarrieren, die einen erheblichen sozialen Abstieg mit sich bringen, aber rein strukturell bedingt sind.

Bei all den Beispielen, die man weiterführen kann, handelt es sich um „migrationsbedingte" strukturelle Voraussetzungen, die jenseits der rein individuellen Gestaltungsmöglichkeit liegen und angesichts derer man sich ehrlicherweise fast fragen müsste, warum nicht viel mehr Migranten psychische Beschwerden haben und einer Behandlung bedürfen. Umso mehr wäre hier ein grösseres Hintergrundwissen wünschenswert, das es ermöglichen würde, gezielter und kontextbezogen die Patientensicht zu erfragen und ohne kulturalistische Spekulation zu deuten.

Literaturangaben

BAUMANN, GERD 1999. *The Multicultural Riddle : Rethinking National, Ethnic, and Religious Identities.* New York : Routledge.

CHAUDET, ISABELLE *et al.* 2000. Lösungsansätze für den Umgang mit sozialen Problemen von Ausländern und Ausländerinnen in der Schweiz. In: WICKER, HANS-RUDOLF *et al.* (Hrsg.). *Migration und die Schweiz.* Zürich: Seismo Verlag: 371-398.

CLIFFORD, JAMES & MARCUS, GEORGE (eds.) 1986. *Writing Culture: the Poetics and Politics of Ethnography.* Berkley, California.: University of California Press.

DIEHM, ISABELL & RADTKE, FRANK-OLAF 1999. *Migration und Erziehung. Eine Einführung.* Stuttgart: Kohlhammer.

EICKE, MONIKA & ZEUGIN, BETTINA 2007. *Transkulturell handeln – Vielfalt gestalten. Zur Bedeutung der transkulturellen Kompetenzen in einer Gesellschaft der Diversität.* Luzern: Caritas Verlag.

4. Nationales Forschungsprogramm 39 „Migration und interkulturelle Beziehungen".

DOMENIG, DAGMAR 2001. *Das Konzept der transkulturellen Kompetenz*. In: DOMENIG, DAGMAR (Hg.). *Professionelle transkulturelle Pflege. Ein Handbuch für Praxis und Lehre*. Bern: Hans Huber Verlag:165-189.

FISCHER, HANS 1980. *Zur Theorie der Feldforschung*. In SCHMIED-KOWARZIK, WOLFDIETRICH & STAGL, JUSTIN (Hg.) 1980. *Grundfragen der Ethnologie: Beiträge zur gegenwärtigen Theorie-Diskussion*. (Ethnologische Paperbacks). Berlin: Dietrich Reimer Verlag: 63-77.

HANSEN, KLAUS P. 2003. *Kultur und Kulturwissenschaft*. Tübingen: A. Francke Verlag.

MARSCHALL, WOLFGANG 1999. Wozu die Kulturwissenschaften da sind. In J. ANDEREGG, & E.A. KUNZ (Hg.), *Kulturwissenschaften. Positionen und Perspektiven*. Bielefeld: Aisthesis Verlag: 19-30.

MARSCHALL, WOLFGANG 1991. Die zweite Natur des Menschen. Kulturtheoretische Positionen. *Neue Zürcher Zeitung* 16./17. November 1991:25.

SCHUSTER, MEINHARD 1994. Kultur als System und Konstrukt. *Uni nova* 70/94. Basel: Wissenschaftsmagazin der Universität Basel:21-25.

SILVERSTEIN, PAUL 2005. Immigrant Racialization and the New Savage Slot: Race, Migration, and Immigration in the New Europe. *Annual Review of Anthropology* 34(2005): 363-384.

SÖKEFELD, MARTIN 2007. Problematische Begriffe: „Ethnizität“, „Rasse“, „Kultur“, „Minderheiten“. In: SCHMIDT-LAUBER, BRIGITTA (Hg) 2007. *Ethnizität und Migration*. Berlin: Reimer: 31-50.

WICKER, HANS-RUDOLF 1996. Von der komplexen Kultur zur kulturellen Komplexität. In: WICKER, HANS-RUDOLF *et al.* (Hrsg.). *Das Fremde in der Gesellschaft. Migration, Ethnizität und Staat*. Zürich: Seismo: 373-392.

WIMMER, ANDREAS 1996. Kultur: zur Reformulierung eines sozialanthropologischen Grundbegriffs. *Kölner Zeitschrift für Soziologie und Sozialpsychologie* 48 (3): 401-425.

WOLF, ERIC 1999. *Envisioning Power: Ideologies of Dominance and Crisis*. Berkley and Los Angeles: University of California Press.

Autorin:

Dr. REBEKKA EHRET, Dozentin und Projektleiterin im Kompetenzzentrum Migration und Entwicklungszusammenarbeit an der Hochschule Luzern - Soziale Arbeit und Lehrbeauftragte am Institut für Soziologie, Universität Basel (NDS Conflict Analysis and Management für den ethnologischen Bereich Interkulturelle Konflikte). Studienleiterin für den Masterstudiengang "Managing Diversity", Beraterin (Consultant) im Bereich Umgang mit Vielfalt und Chancengleichheit.

Hochschule Luzern – Soziale Arbeit
Werftestrasse 1, Postfach 2945, CH-6002 Luzern
0041 41 367 49 09; 0041 76 507 34 00
e-mail: rebekka.ehret@hslu.ch

Fremd, Fremder, am fremdesten
– aber nur für unser derzeitiges Weltkonzept?

THOMAS HEISE

Einleitung

Das Wort „fremd“ kommt vom neuhochdeutschen Adverb „fram“, was soviel wie „vorwärts, weiter; von-weg“ bedeutete, ursprünglich „entfernt“ dann „unbekannt, unvertraut“.

Das inhaltliche Verständnis von „fremd“ und „den Fremden“ hängt u.a. ab vom Typus der Gemeinschafts- bzw. Gesellschaftsformation (kollektivistisch versus individualistisch, etc.)

- den gesellschaftlichen und
- individuellen kulturellen Werten und
- unterliegt dem historischen Wandel/Zeitgeist.

Zusätzlich hängt es aber auch und noch grundlegender ab von:

- der Wahrnehmbarkeit (betreffend alle Sinne)
- der Verarbeitbarkeit
- der Formulierungsfähigkeit
  - der zur Verfügung stehenden Sprache(n) generell
  - des Individuums im speziellen.

Dabei betrifft die Wahrnehmbarkeit schon als erstes die Frage, ob man neben einer physischen Welt auch eine metaphysische akzeptiert. Der Vater der Quantenphysik MAX PLANCK beantwortete dies in seinem Werk Sinn und Grenzen der Wissenschaft nach dem 2. Weltkrieg ganz eindeutig als unabdingbar. Er und HEISENBERG waren sich einig, dass man all unsere Sinne zum Ausgangspunkt der Forschung in den exakten Wissenschaften machen muß. In diese Überzeugungsreihe ließen sich noch viele weitere Nobelpreisträger der „streng-exakten“ Physik einsortieren wie EINSTEIN, BOHR und WEIZSÄCKER, während von der philosophischen Seite kommend hier JASPERS nicht vergessen werden darf. Aber leider fanden sich außer C.G. JUNG, BENZ, PFEIFFER und SCHARFETTER fast keine deutschsprachigen wissenschaftlich arbeitenden Mediziner oder Psychologen, die hier einen Schwerpunkt setzten. Lassen wir uns aber dadurch nicht entmutigen, sondern seien wir indes vielmehr mutig.

Fremdheit im transkulturellen Kontext

Bei sensiblem Einfühlen können wir hier kulturspezifische Errungenschaften aufspüren, die oft von Kulturfremden nur sehr schwer nachvollzogen werden können. Hier seien als Beispiele genannt

Seiten 57-63

- Eskimos kennen viele Arten von Schnee, der gesehen, gerochen, gefühlt und geschmeckt werden kann
- Araber haben viele Begriffe in Zusammenhang mit Pferden, Kamelen und Sand
- Chinesen, Tibeter und Inder entwickelten eine Wahrnehmung von feinenergetischen (*Qi*- u.a.) Phänomenen, die sie als einzige stark konzeptualisierten bis hin zu Trainingsprogrammen
- Zeitbegriffe der Aboriginals (Traumzeit) und Hopi Indianer, die nicht der abendländischen, linearen und teleologischen Zeitvorstellung entsprechen
- Das Abendland entwickelte eine dichotome Logik und ausgeprägte materielle Ontologie, die z.B. von indigenen Kulturen der Amerikas nicht nachvollzogen werden konnte/kann.

Hier sind transkulturelle Fallgruben verborgen. Diese tun sich dann auf, wenn die abendländische Kultur Elemente von anderen Kulturen, die sie nicht begreift, per dictum leugnet oder negiert. – Dies ist letztlich eine Art Neokolonialismus oder Hybris und Selbstüberschätzung, da jede Kultur, auch die gerade vorherrschende, zeitlich und räumlich begrenzt ist. Dies führt in der unverstandenen Kultur ggf. zu Ärger oder gar Aggression. Ein Umdeuten in bekannte Größen/ Termini oder ein Erklären als „symbolisch" oder andere Arten des Psychologisierens verschlimmern die Situation, da sie das Begreifen, daß es sich hier tatsächlich um etwas Unbekanntes und möglicherweise Kennenzulernendes handelt hinausschiebt oder unmöglich macht.

Auch hier: eine kultursensitive Haltung und keine kulturalisierende ist gefragt. Man sollte hierbei nicht nur kognitiv herangehen. Neben dem Aufspüren der interaktionellen, soziokulturellen, emotionalen und kognitiven Aspekte sind auch alle weiteren Sinne gefragt.

Körperliches, feinenergetisches und seelisches Erleben bei der chinesischen *qigong*-Therapie

Die beste Möglichkeit sich einem Teil dieses Themenkomplexes zu nähern ist mit Hilfe einer Selbsterfahrung bei feinenergetischen Übungen (mit meditativen Haltungs-, Massage- und Bewegungsanteilen – letzteres mit Faust- oder Schwertkampfkunst eingeschlossen), wie sie das indische Yoga, das chinesische *anmo*, *taiji quan/jian* und *qigong* oder das tibetische *Kum Nye* und *Gtummo* darstellen.

Qualitativ neues Erleben (*qi*-Gefühl)	Qualitativ/quantitativ veränderte/ erweiterte Körperfunktion
↓	↓
Wahrnehmen	
↓	↓
Verbalisieren	
↓	↓
Übernehmen und umsetzen in das eigene allg. Körpererleben	
↓	
Wahrnehmen des veränderten allg. Körpererlebens	
↓	
Verbalisieren des veränd. allg. Körpererl. (ggf. im Fragebogen)	
↓	↓
TCM-spezifische Wirkweise	
↓	↓
Vermehrtes Wohlbefinden	Reduktion der Psychopathologie
↓	↓
Beobachten/beachten des Körpererlebens anderer	
Vergleich mit dem eigenen Körpererleben	
Weitere Veränderungen	

Körperliches und seelisches Erleben bei der* qigong*-Therapie

Körperliches, feinenergetisches und seelisches Erleben bei einem Afrikaner aus Togo.

Zur Veranschaulichung soll hier eine psychiatrische Kasuistik vorgestellt werden, die im Rahmen einer forensischen Begutachtung entstand. Es handelt sich um den Geliebtenmord eines Togolesen an seiner verheirateten, aus England stammenden, vorübergehend in Afrika und zuletzt in Deutschland lebenden Geliebten. Es soll in diesem Rahmen nur auf das Erleben des Afrikaners in seinen Zusammenhängen eingegangen werden. Dazu gibt er folgendes an.

- Wenn er die Frau liebe, dann sorgt er dafür, daß sie nicht geht, d.h. wenn sie sich erst einmal seiner Familie angeschlossen hat, ist es ein Zeichen seiner übernatürlichen Macht („surnaturelle puissance"), daß sie dann nicht wieder weg will, nicht an andere Männer denkt, quasi sich selbst aufgibt, durch die übernatürliche, kontrollierende Energie dieses Häuptlings. Dies habe seine Ursache teilweise auch darin, daß der Marabou (= traditioneller Heiler und Wissender) mithelfe. Entweder am Hauseingang oder im Gehöftinneren, in der Mitte des Hofes werde ein Erdloch gegraben und bestimmte Präparationen darinnen versenkt und wieder zugedeckt. Das bewirkt, daß sich alle dort Lebenden nach dem Lebensrhythmus der Familie richten und daß es keine Gedanken gegen das Familienoberhaupt gibt. Es gibt auch andere Methoden des Marabous, die die energetische Macht (puissance) des Familienoberhaupts unterstützen. Zum Beispiel werden Getränke hergestellt, die man gibt, damit es unter den Frauen keine Eifersucht gibt, was unter zwei bis drei Frauen auf einem engen Raum schon leicht möglich ist.

Ein anderer Onkel väterlicherseits habe viel Energie und Macht, jedoch negative, sei also ein Zauberer. Dieser versuchte ihn zu zerstören, da er einen wichtigen Platz in seiner Familie einnehme und dieser damit nicht einverstanden war und diesen selber einnehmen wollte. Schon in seiner frühen Jugend begann dieser den Versuch, ihn aus dem Weg zu räumen. Dieser könne sich nachts in ein Tier verwandeln, zum Beispiel in einen Vampir und Blut trinken. Dieser Onkel habe magische Kräfte. Er selber habe nachts mit ihm gekämpft, da er auch einige Fähigkeiten habe und ein gutes Abwehrsystem besitze. Er sei nach den Zwillingen geboren worden. Zwillinge und das nachgeborene Kind, welches man immer Gado nenne, hätten alle besondere Kräfte. Die beiden Zwillinge seien im ersten Lebensjahr verstorben. Als er selber fünf Jahre alt war, sei er immer freitags von Sonnenaufgang bis zum Sonnenuntergang „komisch" geworden, war sehr unruhig, wollte allein sein oder schrie und niemand konnte ihn beruhigen. Schließlich habe sich eine alte Frau gefunden, die auch seine Großeltern sehr gut kannte. Sie vermochte ihn dann mit dem Singen alter Lieder, Jagdgesänge (sein Großvater war ein großer Jäger) und Rezitaten etwas zu beruhigen.

- Ein für diese Dinge spezialisierter Marabou („Teo") fand heraus, daß sich in ihm einer der beiden Zwillinge namens Alassani reinkarniert hatte, während der zweite Zwilling namens Fousenni dies nicht wollte, da er ein Problem in der Familiengeschichte entdeckt hatte. Außerdem fand der Marabou heraus, daß sein Großvater väterlicherseits von seinen Wurzeln äußerst eng mit ihm verbunden war. Sie sahen sich beide auch sehr ähnlich. Dieser liebte ihn abgöttisch und niemand durfte ihn beleidigen, als er noch dort lebte. Deswegen weinte dieser auch sehr, als er damals von seinem Vater geschlagen wurde. Zu dieser Zeit stieß sein Vater einmal den Großvater sogar so stark, daß dieser hilflos auf den Rücken fiel und seine Decke verlor. Das sei dort nicht unüblich, seine Frau zu schlagen, dies sei „nichts Besonderes". Aber er möge das nicht, da er es selber erlebt und erlitten hätte.
- Bei dieser Zeremonie mit dem Marabou damals – es wurden auch Hühner und Schafe geschlachtet (Anmerkung: das heißt, es war sehr teuer) – ließen die Zwillinge sagen, daß sie von ihm wollten, daß er sie nicht vergesse und sie dafür immer in seiner Nähe blieben und ihm

helfen würden. Es wurden dann tönerne Abbildungen von den beiden Zwillingen und ihm angefertigt und jede Woche, wenn er da war, gab er ihnen einmal Milch und Zucker und das gefiel ihnen sehr gut. Jedes Jahr erhielten sie einmal einen Hahn und Reis.

- Das helfe alles gegen seinen Onkel, der Zauberer sei. 1987 holte ihn sein Großonkel, der damals über 100 Jahre alt war, zu sich und machte ihm am Körper einige Narben, um ihn zu schützen und sagte: Das möchte er ihm geben, bevor er sterbe.
- 1996 half er einmal einem alten Mann vom Stamm der Pele und bevor er sich verabschiedete und wegging, spuckte ihm dieser in die linke Hand, sagte, er solle sie schließen und ließ ihn dann gehen. Das war ebenso ein Schutz für ihn, wie er wußte. Aber man frage in einem solchen Moment nicht nach den Details.
- Mit der von ihr zu Protokoll gegebenen Bedrohung verhalte es sich folgendermaßen: Wenn etwas in seinem (energetischen) „Feld" passiere, merke er es und so wußte er, bevor sie es ihm erzählte, daß sie zwei Tage vor einem gemeinsamen Treffen in Koblenz einmalig mit einem Deutschen, einem anderen Freund von ihrem Mann, geschlafen hatte. Er fühlte das, benutzte deswegen ein Kondom und als sie ihn deswegen zur Rede stellte, kam es zu einem Streitgespräch und er warf ihr vor, sie solle nicht so wankelmütig sein. Dennoch sei die Beziehung nicht positiv weitergegangen. Als er sie später bei sich zu Hause in Süddeutschland besuchte, sagte sie ihm, daß sie nicht mit ihm abends in die Disco gehen könne. Schließlich erklärte sie ihm, daß sie zur Zeit zwei afrikanische Freunde hätte, von denen der eine sie unbedingt haben wolle, während sie einen anderen sympathisch fände. Diese beiden würden um sie kämpfen und er selber sei nun der Dritte. Er habe darauf noch nicht einmal ärgerlich reagiert, sondern sie getröstet und sich um sie gekümmert.
- Aber statt ihn dann endgültig in Ruhe zu lassen, war sie dabei, seinen Namen in X zu zerstören. Er konnte sein (energetisches) Schutzsystem nicht wieder aufbauen, nicht arbeiten, nicht schlafen, konnte nicht mehr richtig entscheiden ohne sein vollständiges System. Es gab zu viele Verräter, sogar seine Freunde brachte sie gegen ihn auf. Er hatte keinen Grund mehr zu leben, nur einen leeren Körper.

Suizidmotive des Afrikaners aus Togo:

- Sie hätte ihn gekauft mit ihrem Geld,
- Er sei ihr Sklave gewesen und habe viel umsonst im Garten und als Chauffeur usw. gearbeitet,
- In Togo habe sie sich als seine Frau präsentiert,
- *Sein wertvoller Schutz gegen seinen Zauberonkel sei dort von ihr zerstört worden.* Er konnte dort daher nicht mit ihr schlafen (Kommentar: um sich nicht noch mehr Energie wegzunehmen). Sie habe das alles vorher gewußt und sei gegen seinen Willen nach Togo gekommen.
- In dem Café in X habe sie alle seine Freundesbeziehungen kaputt gemacht oder mit ihrem Geld gekauft,
- Sie habe mit anderen geschlafen und so zusätzlich *sein System zerstört,*
- Sie und ihre Tochter hielten ihm die Eifersucht vor, die sie selber hatte,
- Schließlich habe sie ihn sogar zu einem falschen Schwur gezwungen, was *seine Vorfahren und sein gesamtes System beleidigte.*

Versuch einer Hilfestellung zum Verständnis des hier anzutreffenden Weltbildes

Die Beschreibung des afrikanischen konzeptuellen Systems nach LAGO & THOMPSON (1996) vermittelt uns bei dem nun zu erlangenden Verständnis eine gewisse Hilfe. Es gibt der materiellen und spirituellen Ontologie die höchste Bewertung, betreffend die zwischenmenschlichen Beziehungen zwischen Mann und Frau. Selbstkenntnis sei die Basis allen Wissens, man mache Erfahrungen durch symbolische Bilder und Rhythmus. Die Logik basiere auf mitfühlender Einheit (co-unity). Die Verfahrensweise sei darauf gegründet, daß alles durch menschliche und spirituelle Verknüpfung verbunden sei. Daraus folge eine intrinsische Identität und in sich ruhendes Selbstwertgefühl

In unserem speziellen Fall haben wir ein Zusammentreffen von fünf kulturellen Hauptfaktoren in Togo:
- dem Animismus des Stammes (Kotokole)
- dem Islam
- dem französischen kolonialen Einfluß
- dem britischen (kolonialen) Denken sowie
- der deutschen Kultur.

Daher gilt es in diesem Fall als Quintessenz aus diesen fünf Komponenten
- einerseits mit den Zustandsänderungen des energetisch-spirituellen Befindens
- andererseits denen des psychologischen Befindens –
- die sicherlich auch wechselseitige Beziehungen untereinander haben – zu beschäftigen
- und dies im Laufe der Ereignisse zu berücksichtigen.
- Dies muß man tun egal ob man selber an die Existenz solcher Phänomene glaubt,
- da Gado dies sicherlich 100%ig tut und auch Frau H. davon weiß und manches zu akzeptieren scheint.

Um ein sich vervollständigendes Bild der Geschehnisse zu bekommen, müssen all diese Phänomene eine Berücksichtigung finden. Leider gelang dies trotz entsprechender Hinweise dem zuständigen Richter nicht, so dass es zu einer Verurteilung kam.

Konzeptuelle Erweiterungen in der transkulturellen Medizin

Für die transkulturelle Medizin anwendbar findet man bei dem Physiker und Nobelpreisträger WERNER HEISENBERG einige Zitate:

> „Wenn von einem Naturbild der exakten Naturwissenschaften in unserer Zeit gesprochen werden kann, so handelt es sich also eigentlich nicht mehr um ein Bild der Natur, sondern um ein Bild unserer Beziehungen zur Natur."

> „Auch in der Naturwissenschaft ist also der Gegenstand der Forschung nicht mehr die Natur an sich, sondern die der menschlichen Fragestellung ausgesetzte Natur, und insofern begegnet der Mensch auch hier wieder sich selbst."

Diese Sätze sollten unsere Hybris der Wissensgewissheit über unsere Welt etwas dämpfen und relativieren. Denn immer wieder stellt sich das Problem ein: wie klug ist unsere Fragestellung an die Natur des Menschen und des Kosmos sowie die Erforschung derselbigen; wie limitiert ist unsere Fragestellung durch den gegenwärtigen jeweiligen kulturellen Kontext und Zeitgeist; wie weit können wir mit unserer Sprache und Erfahrung das Problem fokussieren und in wiefern können wir die Antwort die wir bekommen richtig verstehen und zu unserer Ausgangsfragestellung in das richtige Verhältnis setzen.

Wenn wir dann zu einer notwendigen Kulturstärkung (sowohl in traditioneller Fortführung als auch in einem modernisierten Gewand) aufrufen, was auch eine „Ich"-Stärkung bedeutet, insbesondere, wenn sie verbunden ist mit der Vermittlung einer reifen, toleranten Haltung, so bedeutet dies auch, dass wir weiterhin den Mut haben müssen uns den schwierigen Fragen der verschiedenen kulturellen Konzepte in Gleichberechtigung zu stellen. Dazu gehört gleichermaßen die an die hier geschilderte, afrikanische Weltsicht thematisch angrenzende Rede des indianischen Häuptlings SEATTLE 1854 an den Gouverneur von Washington und der Akzeptanz ihrer Religion als der Überlieferung der Vorfahren mit den Träumen die ihre alten Männer in den feierlichen Stunden der Nacht auf den Bergen von dem Großen Geist erhielten und die Visionen der Häuptlinge, die den ganzen Kosmos in seiner Belebtheit erspürten und ihr ganzes Land heilig werden ließen.

Diesen schwierigen Phänomen gegenüber offen zu sein, ohne die Gesetzmäßigkeiten der verschiedenen Ebenen zu verwechseln, mit gesunder Kritik und Toleranz und ständigem Bemühen um ein innerliches Nachspüren und Erringen von verstehendem Fühlen auf akzeptierter irrationaler Ebene, zeigt ein vollständigeres, da *yin* und *yang* – physisches und metaphysisches – rationales und irrationales inkorporierendes und damit reiferes Weltbild, welches wir in der transkulturellen Medizin dringend brauchen.

Literatur:

HEISE, THOMAS: *Qigong* in der VR China: Entwicklung, Theorie und Praxis. Berlin, 1999.
HEISE, THOMAS: *Qigong* und Maltherapie. Komplementärtherapien Psychosekranker. Berlin, 2009.
HEISENBERG, WERNER: Das Naturbild der heutigen Physik. Hamburg, 1955. (SS. 18 & 21)
LAGO, COLIN & THOMPSON, JOYCE: Race, Culture and Counselling. Buckingham, Philadelphia, 1996.

Autor:

Priv.Doz. Dr. med. Dr. phil. THOMAS HEISE, Jg. 1953, CA der Klinik für Psychiatrie und Psychotherapie, Psychiater und Sinologe, 2-jähriges Studium der traditionellen chinesischen Medizin in der VR China (www.tradchinmed.de), mehrjähriges Vorstandsmitglied der Arbeitgemeinschaft Ethnomedizin (AGEM), mehrjähriger Leiter des Behandlungszentrums für TCM und Komplementärmedizin am Klinikum Chemnitz, Herausgeber der Buchreihe *Das transkulturelle Psychoforum* (www.vwb-verlag.com).

Klinikum Heinrich Braun gGmbH
Karl-Keil-Str. 35 • 08060 Zwickau
e-mail: thohei@gmx.de

Im Schnittpunkt von Psychotherapie und Schamanismus: Bilder im Dialog des Heilens

Michaela Frank

Es kann wohl davon ausgegangen werden, dass schamanische Methoden nicht zum Interventionsrepertoire der Psychotherapie gehören und daher auch nicht zur Anwendung kommen. Die hier ausgeführte Falldarstellung zeigt jedoch, dass es in einem Therapieverlauf ganz unvermutet zur Konfrontation mit anderen kulturellen Welten und daher auch mit anderen Heilvorstellungen kommen kann und diese dann auch vom Standpunkt der Psychotherapie aus bearbeitet werden müssen. Es ist deshalb notwendig sich mit Schamanismus und dem damit in Zusammenhang stehenden religiösen Kontext auseinander zu setzen.

Fallpräsentation

B. stand knapp vor ihrer Entlassung. Sie hatte um Aufnahme gebeten, da sie sich suizidal fühlte. Anfangs verweigert sie das Gespräch völlig. Sie will mit mir nur über kreative Arbeit kommunizieren, da sie „über die Kreativität etwas Nachholen müsse". Aus vorherigen stationären Aufenthalten gibt es damit sehr positive Erfahrungen. Knapp vor Weihnachten beginnt B. die Therapiestunde beginnt mit dem Ausspruch: „Heute weiß ich nicht was ich malen soll. Ich fühle mich über das ganze Areal in tausend Stücken verstreut" (Abb. 1). Ich frage: ist es möglich alle Teile zu sammeln und in einen Kreis zu bringen? Ich biete hier eine Form als Assoziationsfläche an und nicht ein Wort. Das Medium: „Sprache" ist nun im Austausch mit dem Medium:

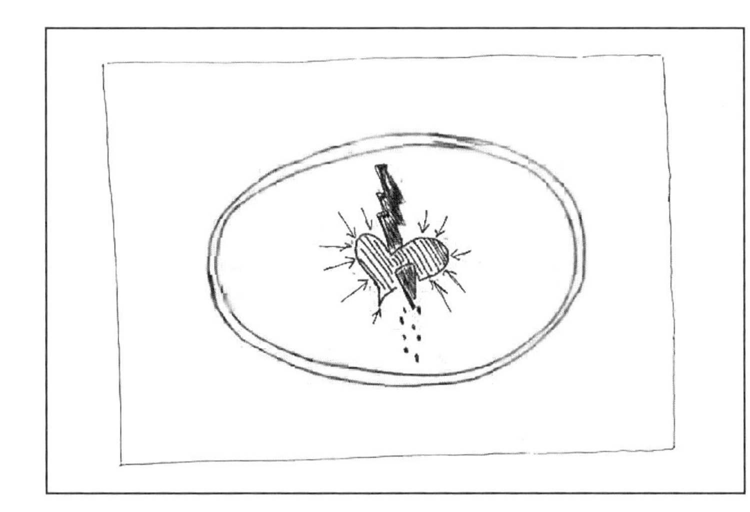

***Abb. 1:* „Ich fühle mich über das ganze Areal in tausend Stücken verstreut". Therapeutische Dokumentation zu B. Frank (1999)**

„Malen. Nachdem das Bild fertig ist, setzt sie sich auf das Bild. Sitzend fällt sie in einen wiegenden Rhythmus. B. sitzt auf ihrer Zeichnung und aus dieser Wiegebewegung heraus ergibt sich eine wippende Bewegung des Armes und in weiterer Folge der Hand. Der Einladung sich ganz auf die Bewegung der Hand zu konzentrieren, diese zu übersteigern und zu fragen, was es wohl mit dieser Bewegung auf sich hätte, wird angenommen. Sie schaut mich mit einem seltsamen Blick an und sagt: „ich kann niemals eine helfende Hand bekommen!" Ich lade sie ein das „Helfende-Hand-Bekommen" zu üben. Beim 3. Versuch sehe ich dass sich der Gesichtsausdruck verändert; ihre Gefühle finden Niederschlag in dem unten gezeigten Bild, das sie wie folgt kommentiert: „So ist es, wenn ich mich ganz fühle".

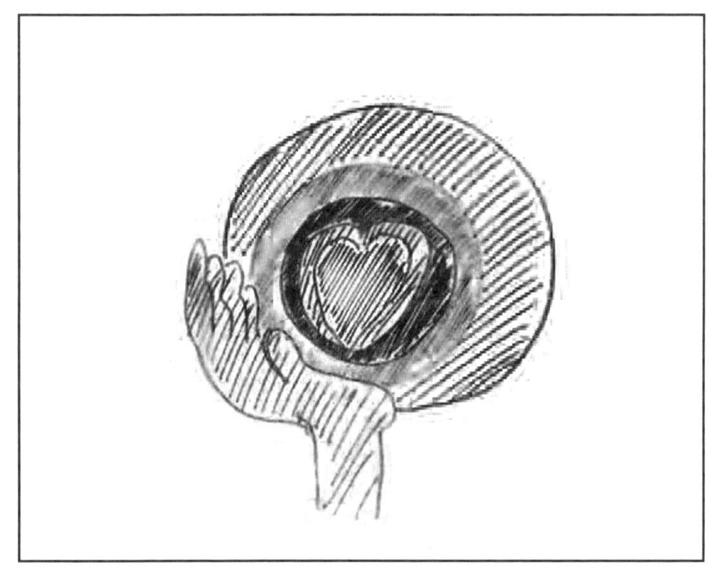

Abb. 2: „So ist es, wenn ich mich ganz fühle". Therapeutische Dokumentation zu B. Frank (1999)

Nach dieser Sitzung äußert die Patientin 8 Wochen lang keine Wahnvorstellungen und ist ab diesem Zeitpunkt offen für psychiatrische Behandlung; sie hat bis jetzt jegliche medikamentöse Behandlung abgelehnt (Bezugnahme auf das kalifornische Gesundheitssystem).

Für die theoretische Aufarbeitung stellt sich folgende Frage:

Inwieweit ist es gerechtfertigt sich hier mit indianischem/schamanischem Heilen in einem psychotherapeutischen Setting auseinander zu setzen?

Für eine solche Aufarbeitung sprechen folgende (personenbezogene) Befunde: Bereits das erste Therapiebild veranlasst zu indianischen Assoziationen. Weiters drängt sich im beschriebenen Therapieprozess eine Parallele zu den Heilungszeremonien der Navajos auf: der Kranke wird auf eine Zeichnung des Medizinmannes gesetzt, wobei der ganze Stamm im Kreis um diesen Kranken steht und nach einem vom Medizinmann vorgegebenen Ritual stundenlang singt. Hier ist die Therapeutin weder Schamanin, noch ist ihr Tun schamanisch – sondern in der Projektion der Patientin verändert sich ihre Rolle. B. selbst ist mit ihren schamanischen Wurzeln in Kontakt gekommen und kann diese auch entsprechend nützen.

Denkt man werkbezogen, so findet man folgende Fakten: Versteht man Bildkultur als anwesende Umwelt (SCHELKE 1997: 236-264), so kann man folgern, dass es sich in der Sitzung von B. nicht nur um ein zufälliges, kreatives Produkt handelt, sondern dass sich Kultur im Bild ausdrückt; hier: die Kultur der Navajos. Da nach ACHTERNBERG (1985) jedes Heilsystem – das westliche Medizin nicht berücksichtigt – als schamanisches Heilen zu betrachten ist, ist hier zusätzlich zur Psychotherapie Schamanismus als Thema gegeben.

Als Themenschwerpunkte einer weiterführenden theoretischen Diskussion bieten sich an: (1) Schamanismus und psychotherapeutisches Heilen mit ihren Weltbildern, (2) transgenerationale Transmission und (3) die Rolle der Religion in diesen Welten.

(1) Schamanismus und psychotherapeutisches Heilen

Bringt man die Theorie der Bewusstseinsmutationen (GEBSER 1973) in die Diskussion ein, so können schamanisches Heilen und psychotherapeutische Heilverfahren in ihrem gesellschaftlichen, kulturellen Zusammenhang betrachtet werden. Das bietet Entscheidungsmöglichkeiten sie aufgrund ihres Welt – und Menschenbildes klar zu unterscheiden und zu trennen. An dieser Stelle kann nicht die gesamte Theorie dargestellt werden; auf die entsprechende Literatur muss verwiesen werden. Bewusstseinsmutationen sind Integrationsvollzüge, die die jeweilige Wirklichkeitsauffassung des Menschen bestimmen (GEBSER 1986: 75). Jede Bewusstseinsmutation ist als Möglichkeit immer schon vorhanden, sie rückt nur plötzlich ins Blickfeld und sie ist aus allen anderen, die es vorher gab, hervorgegangen. Alle bis jetzt verwirklichten Bewußtseinsstrukturen sind in jedem von uns latent vorhanden; sie haben also nicht nur Vergangenheitscharakter. Die Mutationsreihe beginnt mit der archaischen aus der die magische, mythische, mentale und integrale Struktur hervorgehen.

Schamanisches Heilen ist der magischen Struktur zuzuordnen. Der Mensch, der im magischen Bewusstsein lebt, lebt in einer Raum und Zeitlosigkeit. In dieser Welt steht ein Teil fürs Ganze. Gegenstände, Geschehnisse und Taten sind beliebig austauschbar. Das gilt auch für den Umgang mit der Natur. Beschwörungen und Jagdzauber gehören zum praktischen Leben (s. auch GEBSER 1986: 87-106).

Psychotherapie ist der mentalen Struktur zuzuordnen; diese ist charakterisiert durch das Auftreten von gerichtetem Denken und rationalen Verhaltensweisen. Perspektive und Raum entstehen und werden erlebt; d.h. es gibt ein Zeit- und Raumbewusstsein. Aus der oben angeführten Mutationsreihe ist zu ersehen, dass die mentale aus der magischen Bewusstseinsstruktur hervorgegangen ist. Das lässt schließen, dass auch in Menschen mit mentaler Bewusstseinsstruktur magische Strukturen latent vorhanden sind (s. auch GEBSER 1986: 125-164).

(2) Transgenerationale Transmission

Transgenerationale Traumatransmission ist schon längst bei Holocaust Opfern beschrieben worden (KELLERMANN 1999). Es könnte sich bei B. als Frau mit indianischen Wurzeln daher auch um die Darstellung einer Traumatransmission gehandelt haben. Familiensystemisch betrachtet könnte das, woran sie gerade arbeitet ein Muster sein, das in jener Zeit seinen Ursprung hatte als ihre Familie indianisch sozialisiert war und schamanisches Heilen zu den Normen dieser Gesellschaft gehörte. In jedem Fall kann jedoch B. auf Ressourcen, die transgenerational weiter gegeben wurden zurückgreifen und auf diese Weise sich selbst heilen. Wie sehr sie sich diesem Thema nähern kann zeigt ihr Statement in der ersten Stunde: „ich habe mit Kreativität etwas Nachzuholen". Der Ablauf der psychischen Dynamik zeigt auch eine Parallele zu GEBSER`s Integrationsvollzügen. Für Möglichkeiten zu einer biologischen Weitergabe, also seelische Prozesse, die sich körperlich manifestieren und in die Gegenwart wirken, spricht Sheldrake`s Theorie der morphogenetischen Felder und der morphischen Resonanz. Die Beständigkeit der Materie wird erklärbar durch einen fortlaufenden Prozess bei dem die Felder sich mit ihrer eigenen Vergangenheit in Resonanz befinden (SHELDRAKE 1995:113). Die Fallgeschichte von B. bestätigt mich in meinen Erfahrungen, dass es nicht nur eine Traumatransmission sondern auch eine transgenerationale, kulturelle Transmission gibt, die sich auch in der Gestaltung ausdrückt, die als kulturell-ästhetische Transmission zu bezeichnen wäre. Sich dieser entsprechend zu widmen könnte helfen kulturelle Probleme erst gar nicht entstehen zu lassen bzw. Lösungsansätze anbieten.

(3) Rolle der Religion

Therapieformen, die mit Imagination, mit religiösen Inhalten zu tun haben oder die von religiös orientierten Organisationen angeboten werden, bergen ein großes Potential als „esoterische Praktiken" und damit implizit als „Kurpfuscherei" angesehen zu werden. Es ist daher dringender Handlungsbedarf in der Begriffserklärung erforderlich. Esoterik ist kein Fachgebiet sondern eine Denkform. Es ist heute eine Ansammlung verschiedenster Elemente aus den Bereichen der Anthropologie, der Religionsphilosophie, der Naturheilkunde und hat kulturelle Bezüge. Streng genommen bedeutet der Begriff: Geheimlehren. Wie eine Gesellschaft mit esoterischen Strömungen umgeht, ergibt sich aus dem Verhältnis zur vorherrschenden Religion (FAIVRE 2002: 15). Die „Geburt" der Esoterik lässt sich auf die Trennung der Naturwissenschaften und den Formen des Imaginären von der Theologie zurück verfolgen. Die Inquisition wird ins Leben gerufen. Für die heutige Wirksamkeit der Inquisition sprechen auch die Reaktionen auf das Aussprechen des Wortes: Esoterik. Die meist heftigen Reaktionen der Fachwelt sind mit Entsetzen und Schrecken besetzt. Da sitzt offensichtlich etwas, was bearbeitet gehört. Die Wahrscheinlichkeit einer transgenerationalen Traumatransmission – die Inquisition heißt – steht im Raum. Verharren in diesem Trauma lässt kein genaues Hinschauen zu; fragwürdige professionelle Praktiken boomen; Kurpfuscherei ist daher Tür und Tor geöffnet.

Schluss

Psychotherapie und Schamanismus wirken in jeweiligen gesellschaftlichen und weltanschaulichen Zusammenhängen; innerhalb dieser sind sie wirksam und effizient. Schamanische Weltbilder können jedoch auch im normalen psychotherapeutischen Alltag durch transgenerationale Transmission auftreten. Es ist wesentlich sie als Projektionen zu erkennen und als solche damit umzugehen. Für den sensiblen Umgang mit transgenerationaler, kultureller Transmission wäre es notwendig Religion auch in der Therapie wahrzunehmen und entsprechend aufzugreifen. Eine Aufarbeitung des kollektiven Traumas der Inquisition ist das Gebot der Stunde.

Literatur

ACHTERNBERG J. 1985. *Imagery in healing. Shamanism and modern medicine.* Boston and London: Shambala.

FAIVRE A. 2001. *Esoterik im Überblick. Geheime Geschichte des abendländischen Denkens.* Freiburg: Herder

GEBSER. J. 1986. *Ursprung und Gegenwart. Teil 1: Die Fundamente der aperspektivischen Welt.* Zweite Auflage (1973). München: Deutscher Taschenbuch Verlag GmbH & Co. KG.

KELLERMANN NATHAN P.F. 1999. "Diagnosis of Holocaust Survivors and their children". *Israel Journal of Psychiatry*, 36, 1: 55-65.

Sheldrake R. 1995. *The presence of the past. Morphic resonance & the habits of nature.* Rochester, Vermont: Park Street Press
Schelke A. 1997. *Die kulturelle Bedeutung von Bildern.* Wiesbaden: Deutscher Universitätsverlag.

Autorin:
Mag. Michaela Frank M.A.
Psychotherapeutin mit den Schwerpunkten multikultureller Therapie und Psychotherapie mit kreativen Medien, ÖGwG, klientenzentriert, Psychotherapiestudium am California Institute of Integral Studies (M.A.), Studium bei Natalie Rogers und Stanislav Grof und Siddharta Khich (Multikulturelle Therapie) San Francisco, Biologin (Mag), Wien, universitäres multikulturelles Training, multikulturelle Krisenintervention, Redwood City, U.S.A. Arbeit in freier Praxis und im OASIS Therapiezentrum für Flüchtlinge und MigrantInnen. Lehrtätigkeit an Universitäten im In- und Ausland, Redaktions- und künstlerische Leitung des OÖLP Links, der Verbandszeitung des OÖ Landesverbandes für Psychotherapie, Veröffentlichungen und internationale Ausstellung als Bildhauerin.

Schubertstr. 7, 4020 Linz, Österreich
e-mail: fk99@note.at

Übertragung in der transkulturellen Psychiatrie und Psychotherapie

BERNHARD KÜCHENHOFF

Der Begriff der Übertragung ist weit verbreitet und wird in den verschiedensten therapeutischen Kontexten verwendet. Wir gehen in diesem Beitrag vom psychoanalytischen Begriff aus.

SIGMUND FREUD sah die Übertragung zunächst nur als einen Widerstand gegen die Bewusstwerdung verdrängter Inhalte an. Im weiteren Verlauf seiner praktischen Tätigkeit und ihrer theoretischen Grundlegung nahm er dann aber eine Umwertung vor: die Übertragung wurde zu der zentralen Behandlungsgrundlage. Im Rahmen des Behandlungssettings kommen in der Übertragung die verinnerlichten früheren Erfahrungen in der gegenwärtigen Beziehung zum Ausdruck. Diese Übertragungsphänomene zeigen sich in der Therapie an einer verzerrten Wahrnehmung der Realität, konkret in einem unangemessenen Verhalten dem Therapeuten[1] gegenüber. Aufgabe der Arbeit mit und an den Übertragungen ist es prägende frühere Beziehungserfahrungen bewusst zu machen. Dies ist insbesondere immer dann von zentraler Bedeutung, wenn sich bestimmte eingeschliffene Beziehungsmuster in nicht mehr angemessener Weise wiederholen. Das Übertragungskonzept wurde auf Grund der therapeutischen Erfahrungen noch weiter ausgebaut. Denn es zeigte sich, dass nicht nur Gefühle und Triebregungen übertragen werden, sondern auch die Abwehrstrategien gegenüber den mehr oder weniger bewussten Konflikten. Ausserdem wird heute anerkannt, dass auch die Eigenschaften des Therapeuten (z.B. Alter, Geschlecht etc.) zum Übertragungsgeschehen beitragen.

Zu fragen ist nun, ob dieses Konzept tragfähig und tauglich ist für die spezielle transkulturelle Behandlung psychisch kranker Migrantinnen und Migranten.

Bevor darauf näher eingegangen werden kann, müssen wir aber noch weitere begriffliche Klärungen voranstellen. Denn es ist keineswegs von vorneherein klar was unter „Kultur" und „transkulturell" zu verstehen ist.

Unter transkulturell verstehen wir den wechselseitigen Austausch verschiedener Kulturen und die gegenseitige Beeinflussung der verschieden kulturell geprägten Personen. (Gelegentlich wird mit „transkulturell" auch eine Bezugnahme auf Kultur-übersteigende, universelle anthropologische Konstanten gemeint. In dieser Bedeutung wird von uns der Begriff aber explizit nicht verstanden.) Der Begriff der Interkulturalität betont dagegen das Zusammentreffen fest umrissener Kulturen. Hinter diesem Konzept der Interkulturalität steht unseres Erachtens eine essentialistische Vorstellung, die Annahme, dass es ein fest umrissenes „Wesen" der einzelnen Kultur gäbe, was wir für eine falsche Anschauung halten.

1. Im Artikel wird wegen der besseren Lesbarkeit zum Teil nur eine Geschlechtsform verwendet; selbstverständlich sind immer beide Geschlechter gemeint.

Seiten 71-75

Es gibt eine grosse und anhaltende Debatte über den Begriff der Kultur. Aus pragmatischen Gründen nehmen wir hier die Kulturdefinition der UNESCO auf, die wir leicht modifizieren:

Die Kultur kann in ihrem weitesten Sinne als die Gesamtheit der geistigen, materiellen, intellektuellen und emotionalen Aspekte angesehen werden, die eine Gesellschaft oder eine soziale Gruppe kennzeichnen. Dies schliesst Lebens- und Verhaltensformen, Rechts- und Wertsysteme, Kunst, Literatur, Traditionen und Glaubensrichtungen ein (Saur 1983).

Für uns stellt Kultur nichts Statisches dar, sondern die Kulturen stehen in einem dynamischen Austauschprozess. So ist es unsinnig von *der* Kultur der Afrikaner, *der* Kultur der Deutschen, *der* Schweizer etc. zu sprechen. Konsequenterweise verstehen wir unter der transkulturellen Psychiatrie einen Aushandlungsprozess in der therapeutischen Praxis, der die Anamnese, die Diagnosestellung und die Behandlung betrifft. Konkret heisst dies, dass anstelle eines allgemeinen Wissens über die Kultur der Anderen, was mit der Gefahr von Stereotypienbildung und Vorurteilen behaftet ist, die Erforschung der Biographien, der Lebensentwürfe und der Vorstellungen bei der einzelnen erkrankten Person in ihrem sozialen Kontext steht.

Unser therapeutisches Vorgehen an der Psychiatrischen Universitätsklinik Zürich

Schwerpunkt unserer Behandlung stellt die ethnopsychiatrische Gruppenpsychotherapie dar (vgl. Küchenhoff & Schär Sall 2009). Um Missverständnisse zu vermeiden sei gleich betont, dass mit Gruppe dabei nicht eine Gruppe von Patientinnen und Patienten gemeint ist, sondern dass es sich um eine Gruppe unterschiedlicher Therapeutinnen und Therapeuten (Ethnologin, Psychiater, Psychologinnen, Sozialarbeiterinnen und Pflegepersonal) handelt, die sich mit *einer* erkrankten Patientin oder *einem* erkrankten Patienten zusammensetzen, wobei allenfalls zusätzlich Angehörige dieser Patientin/dieses Patienten teilnehmen und gegebenenfalls eine Dolmetscherin. In dieser Art des Vorgehens beziehen wir uns auf die Ansätze der französischen Ethnopsychiatrie und Ethnopsychoanalyse, wie sie von T. Nathan (u.a. Nathan 1986, 2006) und Frau M.R. Moro (u.a. Moro 1999; Moro & Sturm 2006) in Frankreich entwickelt wurden. Ein nicht unwesentlicher Grund für diese Gruppentherapiegespräche liegt darin, dass von vielen unserer Patientinnen und Patienten mit einem Migrationshintergrund die Einzeltherapiegespräche, also das duale Setting, oft als zu intim erlebt werden. Bei der Durchführung dieser speziellen Gruppenpsychotherapie ist jeweils sicherzustellen, dass die Gesprächsführung bei einer Fachperson liegt und dass nicht etwa alle anderen therapeutischen Teilnehmer in gleicher Weise den betroffenen Patienten befragen. Denn dies würde nur zu einer Einschüchterung des Patienten führen und den Gesprächsablauf blockieren. Die anderen therapeutischen Teilnehmer haben dagegen die Aufgabe, ihre Assoziationen und Hypothesen zu äussern, die sich aus der Interaktion zwischen der Moderatorin und dem Patienten ergeben. Diese Assoziationen und Hypothesen sollen daher indirekt in die Gruppe gebracht und zur Diskussion gestellt werden, also etwa eingeleitet mit den Worten „Ich frage mich …, ich stelle mir vor …"

In dem genannten Gruppensetting ergeben sich vielfältige Beziehungen und Übertragungen. So können sich z.B. in einer Gruppe, in der sich die verschiedenen Geschlechter, Funktionen und Lebensalter mischen, Eltern- und Geschwisterübertragungen einstellen. Auch gegenüber den Dolmetschern werden vom Patienten verschiedene Beziehungsangebote und Übertragungsbeziehungen ausgebildet. So können z.B. Dolmetscher als Bündnisgenossen vereinnahmt werden oder es kann im Gegenteil den Dolmetschern misstrauisch begegnet werden aus der Angst, dass diese die gewonnen Informationen in der Sprachgemeinschaft der Patientinnen verbreiten könnten.

Überlegungen zum Übertragungskonzept in der transkulturellen Psychotherapie

Unsere Eindruck[2] ist, dass wir in der transkulturellen Psychotherapie das psychoanalytische Übertragungskonzept nicht einfach übernehmen können. Wir müssen uns fragen, was jeweils die Übertragungsbeziehungen prägt und was die Übertragungsbeziehungen behindert.

Die klassische Psychoanalyse geht davon aus, dass vor allem eine längere und hochfrequente (d.h. etwa 2-4 Stunden pro Woche) Behandlung die Entwicklung der Übertragungsbeziehung ermöglicht. Demgegenüber sind unsere transkulturellen psychotherapeutischen Behandlungen (beginnend im stationären Rahmen mit der Möglichkeit die Therapie ambulant fortzusetzen) oft relativ kurz. Das liegt vor allem daran, dass nach Abklingen der aktuellen Störungen, der psychischen und sozialen Probleme, eine weitere Behandlung von den Patientinnen und Patienten oft für nicht mehr nötig oder sogar als unsinnig angesehen wird. Auch werden in der ambulanten Nachbehandlung von den Patienten häufig grössere zeitliche Abstände zwischen den Stunden angestrebt. Diese, von den Patienten bestimmte, niederfrequente Stundenfrequenz ist möglicherweise selbst auch durch Übertragungen geprägt. Z.B. führt ein Aufwachsen in einem grösseren Familienverband nicht zu so engen Beziehungen wie in der Kleinfamilie.

Eine Schwierigkeit für längerfristige Behandlungen von therapeutischer Seite ergibt sich, wenn für die Therapie Dolmetscher erforderlich sind. Während bei uns von der Klinik die Kosten für die Dolmetscher übernommen werden, ist dies für die (Weiter)Behandlungen in der freien Praxis bisher oft nicht geregelt.

Eine aus der Arbeit mit psychisch kranken Migrantinnen und Migranten gewonnene Einsicht ist, dass die Übertragungsbeziehungen nicht nur durch die frühkindlichen Erfahrungen getriggert und beeinflusst werden, sondern auch durch die Gründe, die zur Migration führten, wie politische Verfolgung, wirtschaftliche Not, Hoffnung auf bessere Lebensbedingungen etc. Dabei haben wir, gerade auch wenn wir in einer psychiatrischen Institution tätig sind, hinsichtlich der Übertragungen die bisherigen Erfahrungen der Patientinnen und Patienten mit anderen Institutionen zu bedenken, wie zum Beispiel ihre Befragungen durch Asylbehörden etc..

Erschwert oder behindert werden können die Übertragungsbeziehungen, wenn sehr unterschiedliche kulturelle Hintergründe zwischen Patient und Therapeuten bestehen. Schon eine unterschiedliche Geschlechterkonstellation kann ein Hindernis darstellen. Auch die politisch-gesetzlichen Rahmenbedingungen können im Einzelfall eine kaum zu überbrückende Behinderung darstellen, so z.B. wenn jede Besserung des Befindens bei einem psychisch kranken Asylbewerber mit der Ausweisung bedroht wird. Auch wenn die Einweisung in die Klinik gegen den Willen des Betroffenen erfolgte, wird die Beziehungsgestaltung und Übertragungsentwicklung blockiert.

Ansätze zu einer Neufassung des Übertragungskonzeptes

Aus den genannten Erfahrungen und Überlegungen ergibt sich für uns die Überzeugung, dass die Übertragungsbeziehung im transkulturellen Kontext neu konzeptualisiert werden muss.

An erster Stelle steht – wie dies auch für die anderen Psychotherapien gilt – der Aufbau einer positiven (Übertragungs)Beziehung. Während im sogenannten klassischen psychoanalytischen Setting angenommen wird, dass die abstinente Haltung des Analytikers die Entwicklung der

2. Die Überlegungen beziehen sich auf die eigenen Erfahrungen mit psychisch kranken Migrantinnen und Migranten vor allem aus Südosteuropa, Afrika, Südamerika, Indien und Sri Lanka, die auf Grund der Schwere ihrer Erkrankungen hospitalisiert werden mussten.

Übertragungsbeziehung fördert, kann die abstinente Haltung in der Behandlung von Migrantinnen und Migranten geradezu den Aufbau einer therapeutischen Beziehung basal in Frage stellen, eine negative Übertragung bewirken und zum Beziehungsabbruch führen. Die konkreten Fragen und der Wunsch nach einer direkten Antwort bedeuten von Seiten der Migrantinnen und Migranten oft eine vorsichtige Annäherung und Abklärung, ob über die belastenden, oft tabuisierten Themen, überhaupt gesprochen werden kann (z.B. über eine Vergewaltigung). Die therapeutischen Beziehungen zu psychisch kranken Migrantinnen und Migranten werden sehr oft bestimmt durch aktuelle Probleme und Nöte, so dass die therapeutischen Aufgaben zunächst ganz in der Hilfe, Unterstützung und Lösung gegenwärtiger psychischer und sozialer Schwierigkeiten liegen. Ein Ausweichen vor diesen oft bedrückenden Schwierigkeiten von therapeutischer Seite, wäre als eine Abwehr von Seiten der Therapeuten anzusehen. Die Durchführung der Behandlung hat deshalb einerseits die Aufgabe Übertragungen zu ermöglichen, andererseits muss der Behandelnde sich ganz konkret und präsent der Beziehung stellen.

Eine weitere Schwierigkeit in der psychotherapeutischen Behandlung liegt in dem Spannungsfeld zwischen technisch geforderter Neutralität versus der von den Patienten angestrebten bzw. gewünschten Parteilichkeit. Wenn man die Geschichte der posttraumatischen Belastungsstörung und anderer Traumatheorien bedenkt, so zeigt sich, pointiert ausgedrückt, die Hintergrundannahme, dass das Böse von aussen kommt und die oder der Betroffene als Opfer anzusehen ist. Dass die Patientinnen und Patienten häufig Opfer sind, steht ausser Zweifel. Hier wollen wir nur darauf hinweisen, dass eine Generalisierung dieser Annahme zu therapeutischen Schwierigkeiten führen kann. Denn aus den genannten Hintergrundannahmen erwächst nicht selten der Wunsch, dass sich der Therapeut/die Therapeutin parteilich auf die Seite des Opfers stellen soll. Dies kann aber z.B. bei Personen, die in aktive Kriegshandlungen verwickelt waren, in therapeutische Sackgassen führen, wenn ein Patient/eine Patientin nicht nur Opfer, sondern auch Täter war. Diese Behandlungen stellen eine besondere Herausforderung dar. Unseres Erachtens kommen in einer Therapie die Opfer- *und* Täterseite nur dann zur Sprache und werden für eine Bearbeitung zugänglich, wenn der Therapeut eine unparteiliche Position einnimmt.

Ein zusätzlicher Gesichtspunkt in der Psychotherapie von traumatisierten Migrantinnen und Migranten, der beachtet werden muss, besteht darin, dass für die Traumatisierten der Therapeut oft als Zeuge der überwältigenden Erlebnisse wichtig ist. Der Therapeut ist oft der Erste – und gilt dabei nicht selten als Vertreter der Anderen –, der von diesen Traumatisierungen zu hören bekommt. In dieser Rolle als Zeuge ist es dann für den Therapeuten nicht notwendig, Deutungen zu geben.

Schwierig kann die Wahrnehmung und Handhabung des Übertragungsgeschehens werden, wenn bei einer fehlenden gemeinsamen Sprache, Übersetzerinnen oder Übersetzer für die Therapie beigezogen werden müssen. Übersetzerinnen und Übersetzer ermöglichen auf der einen Seite erst den sprachlichen Austausch, erschweren aber zugleich den direkten therapeutischen Rapport. (So teilte mir Otto Kernberg in einem persönlichen Gespräch im Frühjahr 2008 mit, dass er noch nie eine Therapie mit einem Übersetzer durchgeführt habe.) Ausserdem ist zu beachten, dass Übersetzerinnen und Übersetzer ihre eigene Lebens- und oft Migrationsgeschichte mitbringen, was sich z.B. in Identifikationen und fehlender Abgrenzung bemerkbar machen kann.

Ausser diesen praktischen Erfahrungen müssen wir noch grundlegendere Fragen an das Konzept der Übertragung stellen: Ist dieses überhaupt als universell gültig anzusehen oder ist es kulturabhängig?

So wird z.B. in einzelnen Kulturen die Übertragung ganz konkretistisch verstanden als „Ansteckung", als Übertragung von zumeist schlechten Einflüssen durch Geister oder Ahnen.

Können wir aber anders als mit Übertragungsgefühlen auf den Patienten reagieren? Beziehungsweise wie könnte unser Erleben in der therapeutischen Beziehung anders beschrieben und gefasst werden? Wir sollten zumindest immer wieder reflektieren, dass unsere jeweiligen psychotherapeutischen Ausbildungen, Theorien und Konzepte, zu denen auch die Übertragung gehört, aus einem bestimmten kulturellen Kontext erwachsen und insofern kulturgebunden sind, und wir können nicht von vornherein eine universelle Gültigkeit in Anspruch nehmen. D.h. wir müssen ständig überprüfen, ob wir die Übertragungsangebote richtig verstehen oder uns fragen inwiefern diese durch die kulturellen Unterschiede verzerrt sein könnten.

Literatur

Küchenhoff B., Schär Sall H. 2009 Transkulturelle Psychiatrie an der psychiatrischen Universitätsklinik Zürich. Schweizer Archiv für Neurologie und Psychiatrie, 160: 124-125

Moro M.R. 1999 Aufwachsen im Exil: Ethnopsychoanalyse mit Eltern und Kindern. In Pedrina *et al.*(Hg) 1999 Kultur, Migration, Psychoanalyse. Tübingen: Edition Diskord: 148-188

Moro M.R., Sturm G. 2006 Die Differenzierung der therapeutischen Räume in der Therapie von Migranten. In Machleidt W. *et al.* 2006 Sonnenberger Leitlinien. Integration von Migranten in Psychiatrie und Psychotherapie. Berlin: VWB – Verlag für Wissenschaft und Bildung: 141-149

Nathan T. 1986 La Folie des Autres. Traité d'ethnopsychiatrie clinique. Paris: Dunod

Nathan T. 2006 Die Ethnopsychiatrie, eine Psychotherapie für das 21. Jahrhundert. In Wohlfahrt E., Zaumseil M. (Hg) 2006 Transkulturelle Psychiatrie – interkulturelle Psychotherapie. Heidelberg: Springer: 113-126

Autor:

Dr. med. Bernhard Küchenhoff; nach dem Medizinstudium, Zweitstudium in Philosophie und Germanistik; Facharzt für Psychiatrie, Psychotherapie und Neurologie; seit 1989 an der Psychiatrischen Universitätsklinik Zürich; Arbeits- und Forschungsschwerpunkte, neben der täglichen klinischen Tätigkeit, transkulturelle Psychiatrie und Psychotherapie, Geschichte der Psychiatrie; Psychiatrie und Philosophie.

Stv. Klinikdirektor
Psychiatrische Universitätsklinik
Lenggstrasse 31, CH 8008 Zürich,Schweiz
e-mail: Bernhard.Kuechenhoff@puk.zh.ch

„Chronizität“ im interkulturellen Vergleich – Implikationen für die Arbeit vor Ort

Sebastian von Peter

Einleitung

Die Klassifizierung „chronisch psychisch krank“ ist nach wie vor ein Kernbegriff der psychiatrisch-psychotherapeutischen Arbeit. Auch Jahre nach Auflösung der Anstaltspsychiatrie und trotz Einführung von Konzepten, wie *recovery* (Amering 2007) und *empowerment* (Knuf 2007) eröffnet sie den Zugang zu medizinischen, sozialtherapeutischen und finanziellen Ressourcen. Darüber hinaus bestimmt die Kategorie „chronisch“ Erwartungshaltungen von Klinikern und das Selbst- und Krankheitsverständnis von Patienten. Denn Kategorien *bezeichnen* nicht nur, sie *machen* auch etwas (Hacking 2006); so macht die Kategorie „chronisch“ Menschen krank – dieses zeigt die Stigmaforschung seit Jahrzehnten. Durch Prozesse der Fremd- und Eigenetikettierung (Goffman 1961; Link 1992; Scheff 1984; Thoits 1985) bekommt das Stigma „chronisch krank“ einen lähmenden „Masterstatus“ und wird so zu einer dominierenden Selbsterzählung der betroffenen Person: die Krankheit bestimmt das Sein, so dass gesunde Anteile aus dem Fokus geraten und therapeutisch nicht mehr nutzbar sind.

Ab wann eine seelische Krankheit als „chronisch“ bezeichnet wird und wie dieser Begriff definiert werden kann, ist jedoch nur schwer zu fassen. Früher war mit dem Terminus „chronisch“ psychisch krank vor allem diejenige Patientengruppe gemeint, die in den psychiatrischen Langzeiteinrichtungen lebte. Nach der Psychiatrieenquete 1975 und der Auflösung der Anstalten war eine solche – eher pragmatische denn wissenschaftliche – Definition nicht mehr möglich (Goldman 1981). So bedurfte die Begrifflichkeit der „Chronizität“ einer genaueren Bestimmung, zunächst vor allem, um “public health” Programmen zu einer adäquaten Ausrichtung und einem geeigneten Zuschnitt zu verhelfen (Bachrach 1997; Talbott 1978). Inzwischen gibt es eine Vielzahl verschiedener Definitionen. Unterschiedliche Faktoren, wie Schwere der Erkrankung und Persistenz oder Unveränderbarkeit von Symptomen fließen in die Kategorie hinein (Bachrach 1992; Längle 2001).

Im Folgenden soll gezeigt werden, dass spezifische kulturelle Vorannahmen die Kategorie „chronisch“ im psychiatrisch-klinischen Alltag erst möglich machen. So setzt diese Klassifikation das Konzept einer einheitlichen Identität und eines absoluten Zeitbegriffes voraus. Diese kulturabhängigen Vorannahmen bergen jedoch die Gefahr, „chronisch“ kranke Menschen erst zu produzieren. Um dieses zu verdeutlichen, wird im Folgenden zunächst auf die Interdependenz von „Chronizität“ und Kultur eingegangen. Im Anschluss soll Hacking’s (2006) Konzept des *biolooping* dazu dienen, beide Phänomene in einen Zusammenhang zu bringen. Es bildet den theoretischen Rahmen, um Zeit- und Identitätskonzepte verschiedener Stämme aus Papua Neu

Seiten 77-84

Guinea auf ihr „chronifzierendes" Potential hin zu sichten. Konkrete Handlungsstrategien, die sich daraus für unsere klinische Arbeit mit „chronisch" Kranken ergeben, bilden den Abschluss des Vorhabens.

Gibt es eine Interdependenz von „Chronizität" und Kultur?

Verschiedene Studien haben in den letzten Jahrzehnten gezeigt, dass psychiatrische Erkrankungen in Schwellen- und Entwicklungsländern weniger „chronisch" ausfallen (BHUGARA 2006; COHEN 2007; HARRISON 2001; HOPPER 2007; JABLENSKY 1992; MUESER 2004; WHO 1973, 1979): so treten sie dort seltener auf und sind deutlich weniger virulent. Darüber hinaus sind in anderen Kulturen die jeweiligen Krankheitsepisoden kürzer, die Prognose zu gesunden ist deutlich besser und die funktionelle Beeinträchtigung geringer ausgeprägt. Am deutlichsten hat dies eine Abfolge von sich aufeinander beziehenden Studien gemacht, die über den Zeitraum von 1973 bis 2007 den Grad der funktionellen Beeinträchtigung und die Rückfallwahrscheinlichkeit schizophrener Erkrankungen in neun bis elf Ländern beobachteten (HARRISON 2001; HOPPER 2007; JABLENSKY 1992; WHO 1973, 1979). Trotz methodischer Schwierigkeiten der Studien (COHEN 2007), zeigten die Ergebnisse sowohl 1979, als auch 1992, 2001 und 2007, dass die Verläufe schizophrener Erkrankungen interkulturell erheblich variieren, wobei das Leben in einem industrialisierten Land einen starken Prädiktor darstellte, keine vollständige Remission der Symptome zu erreichen.

Für diesen unterschiedlichen Verlauf seelischer Erkrankungen gibt es in der Literatur drei Erklärungsansätze (JABLENSKY 1992; LEFLEY 1987, 1990): der erste Ansatz hinterfragt, ob eine Varianz von biologischen Faktoren, im Sinne einer genetischen Heterogenität, verantwortlich ist (*körperbezogenes Erklärungsmuster*). Hierauf soll im Folgenden nicht eingegangen werden, weil die Literatur hierauf zu wenig eingeht. Die Studien betonen aber, dass diese Faktoren, nur zu einem geringen Umfang an den interkulturell variierenden Verläufen beteiligt sind (LEFLEY 1990). Der zweite Erklärungsansatz stellt in Frage, ob die Studienteilnehmer in Bezug auf die Erkrankungsformen überhaupt vergleichbar sind (*klassifikatorisches Erklärungsmuster*). Eine solche Fragestellung bezieht sich auf diejenigen Debatten, welche die universelle Validität der diagnostischen Einheiten von DSM oder ICD anzweifeln (ROSENFIELD 1997; ROBINS 2006). Sie umgreift darüber hinaus dekonstruktive Vorhaben und Arbeiten, die Fragen der Selbst- und Fremdetikettierung untersuchen (GOVE 1975; BURY 1991), sowie anthropologische Studien zu *culture bound syndromes* (LEFLEY 1990) und anderen kulturellen Eigenheiten von seelischen Erkrankungen (MURPHY 1971; KLEINMANN A. 1985).

Eine dritte Argumentationsweise macht sozio-kulturelle Variablen für die unterschiedlichen Chronifzierungstendenzen seelischer Erkrankungen verantwortlich (*sozio-kulturelles Erklärungsmuster*) (LEFLEY 1990). Hierbei wird nach vornehmlich phenomenologischen Gesichtspunkten untersucht, wie eine Erkrankung von den jeweiligen Menschen wahrgenommen und verstanden wird, und wie sich dieses Verständnis aus den jeweiligen kulturellen Besonderheiten herleitet. Um die interkulturell variierenden Verläufe seelischer Erkrankungen zu erklären, werden zum einen externe Krankheitsattributionen in anderen Kulturen angeführt, die durch ihr geringeres soziales Stigma zu weniger Ausschluss und Entwertung von seelisch Kranken führen. Andere Kulturen werden zum anderen als stressfreier beschrieben und scheinen außerdem mehr Möglichkeiten zu bieten, in normalisierenden Umgebungen einer Arbeit nachgehen zu können. Familiäre und metaphysische Bezüge sollen darüber hinaus in diesen Kulturen als natürliche Unterstützungssysteme wirken und hierdurch den Verlauf der jeweiligen Erkrankungen mildern. Insbesondere die Rolle der Familie scheint ausschlaggebend zu sein, denn sie wird in anderen Kulturen oft als Alliierte und integraler Bestandteil einer Behandlung angesehen, anstatt von dieser als „toxischer Agent“ (LEFLEY 1990) ausgeschlossen zu werden.

Ist „Chronizität“ ein kulturelles Artefakt?

Mit dem Konzept des *biolooping* des Wissenschaftstheoretikers IAN HACKING (2006) lassen sich alle drei Erklärungsmuster – der körperbezogene, der klassifikatorischen und der sozio-kulturellen Ansatz – miteinander vereinen. HACKING untersucht, wie Kategorien Menschen ändern können und, umgekehrt, wie eine bestimmte Seinsart wiederum eine Kategorie zu beeinflussen vermag. Seine Kernhypothese ist, dass wissenschaftliche Klassifikationen neue Arten von Menschen zustande bringen, die in dieser Form vorher noch nicht existiert haben. Hierbei versucht HACKING, eine Unterscheidung zwischen „real“ und „konstruiert“ zu vermeiden: im Gegensatz zu rein konstruktivistischen Ansätzen, die lediglich eine einseitige Beziehung zwischen Gesellschaft und Erkrankungen betonen (der Mensch konstruiert eine Erkrankungskategorie), sind im *biolooping*-Konzept beide rückkoppelnd miteinander verbunden (Erkrankungskategorien „machen“ auch menschliche Körper). Eine Differenz zwischen „sozial“ und „materiell“ wird also aufgehoben, indem der Fokus auf die klassifikatorische Dynamik gelenkt wird.

Von „Chronizität“ als einem kulturellen Artefakt – im Sinne einer Konstruktion – kann also nicht die Rede sein. Wie HACKING zeigt, sind Konzepte immer auch verkörpert, also konkret und performiert. Umgekehrt sind Körper immer auch reflektiv, also durch Gedanken und Konzepte beeinflusst. Die ideelle Welt ist mit der materiellen Welt in Form einer Rückkoppelung verbunden. Körper, Klassifikation und Soziales interagieren substantiell, so dass eine Trennung der drei Sphären die Wirklichkeit nicht abbildet. HACKING's Konzept hat also den Anspruch, das Werden von Realität, auch von materieller Realität, zu beschreiben. Es soll deshalb im Folgenden dazu genutzt werden, die oben beschriebenen interkulturell unterschiedlichen Verläufe seelischer Erkrankungen zu erklären. Gemäß seiner Methode soll von der Klassifikation „chronisch“ ausgegangen und insbesondere die latenten Vorannahmen dieser Begrifflichkeit geklärt werden. Denn wenn man HACKING Glauben schenkt, bilden diese ein implizites Denksystem, welches den menschlichen Körper in substantieller Art und Weise beeinflusst.

In den meisten Studien, die sich mit der Interdependenz von Kultur und „Chronizität“ befassen, wird Kultur als lediglich im *Fremden* verortet, was dazu führt, dass „chronifizierende“ Bedingungen *unserer* Lebenswelten zumeist übersehen werden. Im Folgenden sollen deshalb zwei Konzepte *unserer* psychiatrisch-psychotherapeutischen Kultur(en) auf ihr „chonifizierendes“ Potential hin untersucht werden – einerseits die Idee einer einheitlichen und umschlossenen Identität und andererseits die eines statischen Zeitbegriffes. Beide Konzepte finden sich auch in der Klassifikation „chronisch“ wieder und werden deshalb kulturellen Entwürfen aus Papua Neu Guinea gegenübergestellt. Dort wird Zeit und Identität anders gedacht, so dass hierdurch möglicherweise ein anderer Umgang mit seelischen Erkrankungen möglich wird. Im Schlussteil wird die Argumentation erneut mit HACKING's *biologing*-Konzept in Verbindung gebracht und hierdurch ein theoretischer Rahmen gespannt, der eine interdependente Beschreibung von Klassifikation, Körper und Sozialem erlaubt.

Das „chronische“ Selbst

Verschiedene Autoren (WEN-SHING 1975; SÖKEFELD 1999; WAMPOLD 2001; KIRMAYER 2007) haben Faktoren extrahiert, die *unser* psychotherapeutisches Arbeiten von Heilmethoden *anderer* Kulturen unterscheidet. Sie haben insbesondere auf ein transkulturell variierendes Konzept des Selbst hingewiesen. So sind unsere psychotherapeutischen Interventionen auf die Herstellung einer in sich konsistenten und abgegrenzten Identität gerichtet – auf eine Einheit im Erleben und Fühlen. Sie nutzen das Bild eines zwiebelschalenartig aufgebauten Selbst, in dessen Zentrum die „Wahrheit" der Psyche schlummert. Die Grenze des Selbst ist die Haut, die das Fremde vom Eigenen trennt. Inkonsistenzen des Selbst werden pathologisiert in Form von multipler Persönlichkeit, Borderline-Syndrom, Psychose und Dissoziation.

Ein solcher Identitätsbegriff liegt auch dem Konzept der „Chronizität" zu Grunde: „Chronizität" wird als *der* wesentliche Faktor gesehen, der dem Selbst anhaftet und seine gesamte Struktur durchzieht und bestimmt – als würde „Chronizität" im Zentrum des Selbst sitzen und von dort aus jeden Teilbereich einer Person bestimmen. Aus der Idee einer „chronischen" Identität leitet sich die einer „chronischen" Kultur ab: wenn „Chroniker" klar umgrenzte Eigenschaften aufweisen, folgt daraus, dass man sie leicht zu einer Gruppe zusammenfassen kann. Die Gefahr einer „chronischen" Kultur ist jedoch, dass sie sich zu einem eigenen Lebensstil auswächst, der sich in Vielem, wenn nicht gar Allem von dem anderer Menschen unterscheidet. Ein umgrenzter und in sich konsistenter Identitätsbegriff riskiert also, dass „Chronizität" zu einem allumfassend bestimmenden Faktor des Selbst wird. Folglich stellt sich die Frage, ob Identitätsbegriffe aus anderen Kulturen ein geringeres Risiko aufweisen, dem „chronischen" Verlauf seelischer Erkrankungen Vorschub zu leisten.

Bei den Wantoat aus Papua Neu Guinea, zum Beispiel, hat Identität vor allem mit Offenheit und Permeabilität des Selbst nach Außen zu tun, was unserer Idee einer in sich abgeschlossenen Kultur oder Identität widerspricht (STRATHERN 1991). So beschreibt die Ethnographin MARYLIN STRATHERN (1991), wie die Wantoat während der Jagd in einem Kanu sitzen, das geformt und dekoriert ist, als wäre es ein festlich geschmückter junger Mann. Sie zeigt, dass das Kanu für die Wantoat gleichzeitig eine einzelne Person, wie auch eine Gruppe-als-einzelne-Person symbolisiert. Außerdem rotiert das Kanu zwischen benachbarten Stämmen, ist also Ausdruck von Verbindungen zu anderen Gruppen, sowie zu deren Land und Eigentum. Bei den Wantoat enthält also eine singuläre Einheit – imaginiert als Kanu, Gruppe oder Person – in sich ein Vielfaches von Einheiten, d.h. eine Einheit ist eigentlich Einheit und Vielheit zugleich.

STRATHERN zeigt in ihrer Ethnographie, dass bei den Wantoat *innerhalb* des Selbst immer vielfältige Anteile gleichzeitig existieren. Darüber hinaus zeigt sie, dass für die Wantoat die Grenzen zwischen *Innen* und *Außen* einer Person durchlässig sind: so sind die Identitätsfacetten in Form von "prosthetic extensions" (STRATHERN 1991) mit Subjekten und Objekten der Umwelt verbunden. Selbstanteile werden nicht als klar umgrenzte Einheiten begriffen, sondern überlappen und gehen ineinander über. Auf diese Weise steht das Selbst bei den Wantoat im beständigen Austausch mit der Umgebung und kann nicht isoliert und aus sich heraus begriffen werden. Auf der Grundlage von HACKING's *biolooping* verhindert ein solcher Identitätsbegriff, dass „Chronizität" zu einem, die gesamte Person umfassenden Charakteristikum gemacht werden kann. *Innere* Komplexität und Vielfältigkeit sind systematisch angelegt, so dass Gesundheit und Krankheit immer gleichzeitig in einer Person existieren. Außerdem ermöglicht die Idee eines nach *außen* durchlässigen Selbst, dass Verbindungen und Übergänge zur gesunden Umwelt wahrgenommen und genutzt werden können. Umgekehrt betrachtet, entsteht „Chronizität" in einer solchen Sicht auch immer in Abhängigkeit von kranken Anteilen und Gegebenheiten in der Umwelt einer Person.

Die Zeitlichkeit von „Chronizität"

Das Konzept der „Chronizität" ist also mit einem bestimmten Identitätsbegriff verknüpft, der in seiner Statik und Einheitlichkeit Veränderung entgegenwirkt. Ähnlich sieht es mit dem Zeitkonzept aus, das wir in der psychiatrisch- psychotherapeutischen Arbeit vornehmlich nutzen (ADAM 1992). Wir begreifen in therapeutischen Zusammenhängen Zeit oft als absolut, also unabhängig von den jeweiligen Ereignissen, die sie umspannt. Sie wird als objektiv messbare Struktur aufgefasst, als neutrale Quantität, innerhalb derer sich Ereignisse abspielen (ADAM 1990; ADAM 1992). So definiert auch das Konzept der „Chronizität" einen starren und unveränderlichen Zeitrahmen, innerhalb dessen die jeweilige Symptomatik persistiert: Symptome dauern über eine gewisse Zeit an, was eine Krankheit zu einer „chronischen" macht. Zeit und Veränderungsprozesse werden somit voneinander entkoppelt gedacht (HERZOG 1988; HICK 2000), was die Gefahr mit sich bringt, dass Zeit einen statischen und stagnierenden Charakter erhält und hierdurch riskiert, Veränderungen entgegenzuwirken.

Auch hier lohnt es sich, ethnographische Beispiele aus Papua Neu Guinea zu bemühen, denn die Art und Weise, wie Zeit gedacht wird, hat unmittelbare Konsequenzen für das Verständnis dafür, wie Veränderung passiert. Die Stämme der Tobriander, Abelam und Iatmul bedienen sich beispielsweise eines nicht-linearen, zyklischen und prozessuralen Konzepts von Zeit, welches fundamental von der oben beschriebenen absoluten Zeitstruktur unseres therapeutischen Arbeitens abweicht (MOERMANN 1979; SILVERMANN 1997; Scaglion 1999). Kinder erhalten beispielsweise regelmäßig die Namen ihrer verstorbenen Vorfahren, wobei sie als eine Art Wiedergänger dieser Vorfahren gelten. Diese Zyklen sind bei den Stämmen in Papua Neu Guinea jedoch immer auch asymmetrisch, im Gegensatz zu der Idee monotoner Wiederholungen ein und desselben ohne jegliche Modifikation, welches der Klassifikation „Chronizität" zu Grunde liegt. Denn die Namensweitergabe leitet jeweils eine neue Phase des Clans ein, so dass die jeweiligen Zyklen nicht zu ihrer Ausgangsposition zurückkehren. Auf diese Weise erhalten Wiederholungen immer auch transformative Aspekte; sie werden zu Momenten des Fortschritts und der Entwicklung, und sind nicht bloß Stagnation.

Gleichzeitig jedoch ist die durch Zyklen vermittelte Entwicklung keine lineare Form des Fortschritts, wie sie in der „westlichen" psychiatrisch-psychotherapeutischen Kultur für Veränderung steht (SILVERMANN 1997; SCAGLION 1999). Obgleich neue Phasen durch die Namensweitergabe eingeleitet werden, fehlt bei den oben genannten Stämmen die explizite Idee einer Vorwärtsbewegung, eines Vorankommens, eines linearen Fortschrittes. Zeit ist dort nicht unidirektional im Sinne eines Zeitstrahls, sondern erhält durch ihre Zyklizität eine reversible Struktur, ist also wiederholbar. Hingegen setzt das Konzept der „Chronizität" einen Begriff von Zeit als linearen Prozess voraus: wenn sich ein Mensch nicht vorwärts in eine Richtung entwickelt, ist er „chronisch". Wenn man aber einen nicht-linearen Zeitbegriff nutzt, müssen Veränderungen nicht nur in eine Richtung laufen – sie können sich vielmehr aus widersprüchlichen und ambivalenten Mustern von Vor- und Rückwärtsschritten ergeben. Zum anderen erlaubt die Reversibilität eines solchen Zeitbegriffes, dass Wiederholungen immer wieder möglich sind, und zwar immer auf neue Art und Weise.

Darüber hinaus entspricht bei den Tobriander, Abelum und Iatmul Zeit keiner abstrakten von außen auferlegten Struktur, innerhalb der sich gewisse Ereignisse abspielen, sondern es sind die Ereignisse selber, die den Verlauf der Zeit bestimmen (SCAGLION 1999). Beispielsweise werden Anfang und Ende der Yam-Wurzel Ernte, eines der Hauptnahrungsmittel der oben genannten Stämme, dort nicht entsprechend eines äußeren zeitlichen Rahmens koordiniert, sondern – umgekehrt – die Abläufe der Ernte gliedern dort Zeit in bestimmte Abschnitte. Ein Arbeits- oder

Entwicklungsprozess wird somit nicht von einer abstrakten Zeitstruktur determiniert, sondern der Prozess selber bestimmt den Verlauf der Zeit. Zeit ist also relational, d.h. immer nur innerhalb des Bezugsrahmens eines entsprechenden Prozesses zu bestimmen. Die Idee von „Chronizität", hingegen, impliziert einen Stillstand innerhalb eines objektiven Zeitrahmens – Nicht-Veränderung trotz Ablauf von Zeit. Wenn man Zeit jedoch prozessural begreift, kann sie ohne Veränderung gar nicht ablaufen, so dass Nicht-Veränderung immer nur mit Nicht-Zeit verbunden sein kann. Der Begriff „chronisch" verliert so an Bedeutung.

Schlussbemerkungen

IAN HACKING (2006) zeigt, dass Klassifikationen die Eigenschaft haben, sich zu *verleiblichen*, also menschliche Körper in substantieller Weise zu prägen. Deshalb ist es so wichtig, sich über die Vorannahmen unserer klinischen Klassifikationen bewusst zu werden, um deren Wirkungsmacht einschätzen und gegebenenfalls eindämmen zu können. Es wurde gezeigt, dass ein abgegrenzter und in sich konsistenter Identitätsbegriff, sowie ein statisches und absolutes Konzept von Zeit die Macht haben können, „chronische" Menschen zu produzieren. Denn durch jede Klassifikation wirken Kräfte, die den oder die Klassifizierte(n) ganz konkret verändern. Hierbei muss die Klassifikation nicht einmal explizit genannt werden. So wirkt auch die Kategorie „chronisch" vorwiegend aus dem Verborgenen – in Form einer impliziten Denkstruktur, welche unsere therapeutische Perspektive in oben genannter Weise einengt und/oder einseitige Entscheidungsmöglichkeiten vorgibt.

Zur Verdeutlichung dieser These wurden kulturelle Schablonen geschaffen, die Vorannahmen *unsres* therapeutischen Arbeitens mit *anderen* Arten und Weisen zu Denken kontrastierten. Sicherlich gibt es nicht nur eine einzige psychiatrische Kultur, ebenso wenig, wie es in Papua Neu Guinea nur eine Art und Weise gibt, Zeit und Identität zu verstehen. Dementsprechend lassen sich die vorgestellten zeitlichen Konzepte aus Papua Neu Guinea beispielsweise auch in phänomenologischen Betrachtungen über Zeit in „unserer" Kultur wiederfinden (HUSSERL 1928/1991; ADAM 1992; HEIDEGGER 1993). Gleichermaßen hat MARILYN STATHERN (1991) ihre Arbeit in Hinblick auf einen „westlichen" postmodernen Identitätsdiskurs entworfen, genauso wie multiple Identitätsbeschreibungen sich auch in einigen „westlichen" psychotherapeutischen Schulen wiederfinden lassen (GERGEN 1991; GREGG 1995; RAPPOPORT 1999; HERMANNS 2003). Kulturen sind also nie in sich geschlossen oder homogen strukturiert, so dass die oben vorgenommene Dichotomisierung in zwei kulturelle Schnittmuster sicherlich vergröbert. So sollten die kulturellen Schablonen weniger (auf essentialistische Weise) Wirklichkeit beschreiben, sondern dazu dienen, eine klare Argumentation zu befördern.

So können sich Vor- und Einstellungen innerhalb einer Kultur sehr voneinander unterscheiden – oder sich interkulturell stark ähneln. Trotz alledem gibt es gewisse Sichtweisen in Kulturen, die regelmäßig in den Vordergrund gestellt oder akzentuiert, also tendenziell/ös gefördert werden. In diesem Sinne sollte in dieser Arbeit gezeigt werden, dass es auch in der psychiatrisch-psychotherapeutischen Praxis als Mikrokultur Sichtweisen gibt, die gewissermaßen als rigide Vorstellungen und Subtexte die Kategorie „chronisch" ermöglichen. Diese kulturelle Vorannahmen und Konzepte bestimmen unser therapeutisches Arbeiten und sind hierdurch ganz konkret an der Entstehung und dem Verlauf von seelischen Erkrankungen beteiligt. So liegt es in unserer Verantwortung, die handlungsleitenden Vorannahmen unserer wissenschaftlichen und klinischen Klassifikationen zu verstehen, um diesbezüglich festgefahrene Denkstrukturen zu flexibilisieren, die immer in Gefahr laufen, zu Persistenz und Nicht-Veränderung beizutragen.

Literatur

ADAM. (1990). *Time and social theory*. Padstow, Cornwall: T.J. Press.

ADAM. (1992). Time and health implicated: a conceptual critique. In R. FRANKENBERG (Ed.), *Time, health and medicine*. London: Sage Publication.

BACHRACH, L. (1992). The chronic patient: in search for a title. *Hospital and Community Psychiatry, 43*, 867- 868.

BACHRACH, L. (1997). Breaking down the barriers: commentary on a conference theme. *Psychiatric Services, 48*, 281-294.

BHUGARA, D. (2006). Severe mental illness across cultures *Acta Psychiatrica Scandinavia Suppl., 113* 17-23.

BURY, M. (1991). The sociology of chronic illness: a review of research and prospects. *Sociology of Health and Illness, 13*, 451-468.

COHEN, A., PATEL, V., THARA, R. & GUREJE, O. (2007). Questioning an axiom: better prognosis for schizophrenia in the developing world?. *Schizophrenia bulletin, 176*, 1-16.

GERGEN, K. (1991). *The saturated self: dillemmas of identity in contemporary life*. London: Basic Books.

GOFFMAN, E. (1961). *Asylums*. New York: Anchor.

GOLDMAN. (1981). Defining and counting the chronically mentally ill. *Hospital and Community Psychiatry, 32*, 21- 27.

GOVE, W. (1975). *The labeling of deviance: evaluating a perspective,* New York: Sage.

GREGG, G.S. (1995). Multiple identities and the integration of personality. *Journal of Personality, 63*(3), 617-641.

HACKING, I. (2006). Kinds of people: moving targets, British Academy Lecture. Retrieved 13th of april, 2006

Harrison, G., Hopper, K., Craig, T. . (2001). Recovery from psychotic illness: a 15- and 25-year international follow-up study *British Journal of Psychiatry 178* 506-517.

HERMANNS, J.M. (2003). The construction and reconstruction of a dialogical self. *Journal of Constructivist Psychology, 16*, 89-130.

HERZOG, W. (1988). Das Verständnis der Zeit in psychologischen Theorien der Entwicklung. *Schweizerische Zeitschrift für Psychologie, 47*, 135-145.

HICK, C. (2000). Zeit-Leben und Zeit-Leiden. In C.K.M. HEINZE (Ed.), *Zeit und Zeitlichkeit* (pp. 75-100). Würzburg: Verlag Königshausen & Neumann GmbH.

HOPPER, K., HARRISON, G. & JANCA, A. (Hrsg) (2007). *Recovery from Schizophreniea: an international perspective* Oxford Oxford University Press

JABLENSKY, A., SARTORIUS, N, ERNBERG, G., ANKER, M., KORTEN, A, COOPER, J., DAY, R & BERTELSEN, A. (1992). Schizophrenia: manifestations, incidence and course in different cultures. *Psychological Medicine Suppl. 20*, , 1-97.

KIRMAYER, L. (2007). Psychotherapy and the Cultural Concept of the Person. *Transcultural Psychiatry, 44*, 232257.

KLEINMANN A.G.B. (1985). *Culture and depression*. Berkeley: University of California Press.

KNUF, A., OSTERFELD, K. & SEIBERT, U. (2007). *Selbstbefähigung fördern. Empowerment und psychiatrische Arbeit* Bonn: Psychiatrie Verlag.

LÄNGLE, G., MAYENBERGER, M. & GÜNTHER, A. (2001). Gemeindenahe Rehabilitation für schwer psychisch Kranke? *Rehabilitation, 40*, 21-27.

LEFLEY, H. (1987). *Culture and mental illness*. New York: Guilford.

LEFLEY, H. (1990). Culture and chronic mental illness. *Hospital and Community Psychiatry, 41*, 277-286.

LINK, B. &. C. FRANCIS (1992). *The labeling theory of mental disorders: a review of evidence*. Greenwich: JAI.

MOERMANN, D. (1979). Anthropology of symbolic healilng. *Current Anthropology, 20*, 59-80.

MUESER, K., MCGURK, S. (2004). Schizophrenia. . *Lancet 363* 2063-2072

MURPHY, H., RAMAN, A. (1971). The chronicity of schizophrenia in indigenous tropical people. *British Journal of Psychiatry, 119*, 489-497.

RAPPOPORT, L., BAUMGARNDER, S. & BOONE, G. (1999). Postmodern culture and the plural self. In J. Rowan, Cooper, M. (Ed.), *The Plural Self.* London, Thousand Oaks, New Dehli: Sage Publication.

ROBINS, E. (2006). Diagnosis and mental illness. *Health affairs, 25*, 737-749.

ROSENFIELD, S. (1997). Labeling mental illness: the effects of received services and perceived stigma on life satisfaction. *American Sociological Review, 62*, 660-672.

SCAGLION, R. (1999). Yam cylces and timeless time in Melanesia. *Ethnology*(211-225).

SCHEFF, T. (1984). *Being mentally ill: a sociological theory*. New York: Aldine.

SILVERMANN, E. (1997). Politics, gender, and time in Melanesia and aboriginal Australia. *Ethnology, 36*, 101-121.

SÖKEFELD, M. (1999). Debating self, identity, and culture in anthropology. *Current Anthropology, 40*, 417-447.

STRATHERN, M. (1991). *Partial Connections*. London and New York: Rowman & Littlefield Publishers inc.

TALBOTT, J.A. (1978). *The chronic mental patient.* Washington D.C.: American Psychiatric Association.

THOITS, P. (1985). Self- labeling processes in mental illness: the role of emotional deviance *American Journal of Sociology, 91*(2), 221-249.

WAMPOLD. (2001). Contextualizin psychotherapy as a healing practice: culture, history and methods. *Applied and Preventive Psychology, 10*, 69-86.

WEN-SHING, T., MCDERMOTT, J.F. (1975). Psychotherapy: historical roots, universal elements, and cultural variations. *American Journal of Psychiatry, 132*, 378-384.

WHO. (1973). *International pilot study of schizophrenia (IPSS)*. Genf.

WHO. (1979). *Schizophrenia. An international follow-up study* Chichester, UK: Wiley and Sons.

Autor:

SEBASTIAN VON PETER; Arzt im Vivantes Klinikum Neukölln, in der Weiterbildung zum Psychiater und Psychotherapeuten, Mitglied der Forschungsgruppe des Ethnologischen Institutes der Humboldt Universität.

Strelitzer Strasse 61, 10115 Berlin
e-mail: vonpeter@hotmail.com.

Migration und psychiatrische Behandlung – Einflussfaktoren der Behandlungsdauer und der Wiederaufnahme. Eine vergleichende retrospektive Querschnittsstudie zwischen deutschen und ausländischen psychiatrischen Patienten.

ANDREAS HATALAK, SOLMAZ GOLSABAHI & KARL H. BEINE

Zusammenfassung

Die Arbeit vergleicht die Behandlungsdauer und die Wiederaufnahmerate zwischen deutschen und ausländischen psychiatrischen Patienten. Es handelt sich um eine vergleichende retrospektive Querschnittstudie mit einem Messzeitpunkt. Die Daten wurden mit einer mehrfaktoriellen multivariaten Kovarianzanalyse untersucht. Die in unserer Studie gefundenen Einflussfaktoren hinsichtlich der Behandlungsdauer und der Wiederaufnahme in der Psychiatrie gelten für alle Patienten in der Untersuchungsstichprobe gleichermaßen. Die Migranten unterscheiden sich nicht bedeutsam von den deutschen Patienten mit psychischen Störungen hinsichtlich der Behandlungsdauer und der Wiederaufnahmerate in die Psychiatrie.

Einleitung

Die psychische Gesundheit und die Behandlungen von Migranten werden zunehmend Gegenstand der wissenschaftlichen Forschung. Noch ungeklärt ist z.B. die Frage, ob Migranten besonders anfällig für psychische Erkrankungen sind (GAVRANDIO 2007). Insgesamt sprechen die bisherigen Befunde für die von BRUCKS (1994) formulierten Thesen, dass Migration sowohl als Chance wie auch als Bedrohung und nicht per se als krankmachend zu betrachten ist (BRUCKS 1994). Aus den wenigen epidemiologischen Studien folgt, dass bei Migranten häufiger somatoforme Störungen, Depressionen und Persönlichkeitsstörungen vorliegen (ROSS *et al.* 2004). Die Migrantenkinder und -jugendliche werden häufiger als aggressiv, delinquent und mit einer Suchtproblematik beschrieben (BOOS-NÜNNING & SIEFEN 2004). Die vorliegende Versorgungsstudien deuten auf eine Fehlversorgung von Migranten mit psychischen Erkrankungen hin. Die Migranten sind bezüglich ambulanter Arztbesuche, wie auch apparativer Diagnostik und medikamentöser Behandlung überversorgt. Gleichzeitig werden psychiatrische und psychotherapeutische Behandlungsangebote von den Migranten nur unterdurchschnittlich genutzt (KOCH 2005). Die Fachleute in unserem Gesundheitssystem stehen den Migranten häufig verständnislos und hilflos gegenüber und die Migranten werden dann als „sehr schwierig“ in der Behandlung bezeichnet

Seiten 85-88

(Branik & Mulhaxha 2000). In unserer Studie wurde nach Einflussfaktoren gesucht, die mit der Behandlungsdauer und mit der Wiederaufnahmerate von stationären und teilstationären psychiatrischen Patienten zusammenhängen. Des Weiteren wurde untersucht, ob sich die Einflussfaktoren bedeutsam zwischen den deutschen und den ausländischen Patienten unterscheiden.

Methodik

Es handelt sich um eine vergleichende Querschnittstudie mit einem Messzeitpunkt.

Die Grundlage für die retrospektive statistische multivariate Kovarianzanalyse der Behandlungsdauer und der Wiederaufnahmerate sind die Daten der in der Klinik für Psychiatrie und Psychotherapie Hamm (St. Marien-Hospital) durchgeführten Studie aus dem Jahre 2004/2005. Insgesamt konnten N=581 teil-/stationäre Patienten in die Kovarianzanalyse aufgenommen werden, davon N=137 ausländische Patienten. Die Messwerte wurden mittels Fragebogen von dem aufnehmenden Arzt für jeden Patienten bei der Aufnahme erhoben. Dieser Fragebogen wurde in Zusammenarbeit mit der Spezialambulanz für transkulturelle Psychiatrie und migrationsbedingte psychische Störungen, AKH- Wien (Leitung: Prof. A. Friedmann), entwickelt. Neben den soziodemografischen Daten wurden Aufnahmemodus, Erkrankungsdauer, Anzahl der Behandlungsepisoden, Diagnosen, Therapiearten und spezifische Migrationsdaten erfasst (z.B. Sprache, Dolmetscher bei Aufnahme, Status, Religionsausübung, Kulturkreis, Migrationsbewegung usw.). Mit diesem Fragebogen wurden insgesamt 55 Variablen erfasst. Nach den Auswertungen der deskriptiven Statistik wurden aus den 55 unabhängigen Variablen analog der Fragestellung 15 erfolgversprechende unabhängige Variablen (Faktoren) für die Kovarianzanalyse ausgewählt. Die abhängigen Variablen sind die Behandlungsdauer und die Wiederaufnahmerate (Anzahl der bisherigen stationären psychiatrischen Behandlungen).

Ergebnisse

Die Kovarianzanalyse für die Behandlungsdauer für alle Patienten ergab 3 Einflussfaktoren: die Diagnosegruppen F10 (Psychische und Verhaltensstörungen durch psychotrope Substanzen), F20 (Schizophrenie, schizotype und wahnhafte Störungen) und F30 (Affektive Störungen).

Die Kovarianzanalyse für die Behandlungsdauer für die ausländischen Patienten ergab keine bedeutsamen Einflussfaktoren.

Die Kovarianzanalyse für die Wiederaufnahme für alle Patienten ergab 6 Einflussfaktoren: die Diagnosegruppen F00 (Organische, einschließlich symptomatischer psychischer Störungen), F20 (Schizophrenie, schizotype und wahnhafte Störungen), F30 (Affektive Störungen), F40 (Neurotische, Belastungs- und somatoforme Störungen), Erkrankungsdauer und Anzahl der Diagnosen (Komorbidität).

Die Kovarianzanalyse für die Wiederaufnahme für die ausländischen Patienten ergab 2 Einflussfaktoren: Diagnosegruppe F40 (Neurotische, Belastungs- und somatoforme Störungen) und Erkrankungsdauer.

Diskussion

In unserer Studie hatten neben der Erkrankungsdauer und Komorbidität vor allem die wichtigsten psychiatrischen Diagnosegruppen signifikanten Einfluss auf die Behandlungsdauer und die Wiederaufnahmerate. Dies gilt für alle untersuchten Patienten. Die Herkunft der Patienten hatte weder auf die Behandlungsdauer noch auf die Wiederaufnahmerate einen nachweisbaren Einfluss. Die überwiegenden Untersuchungen in diesem Bereich gehen davon aus, dass die Herkunft der Patienten bzw. die kulturellen Besonderheiten eine wichtige und besondere Rolle bei psychischen Erkrankungen spielen kann und somit auch entsprechend bei der Behandlung berücksichtigt werden muss. Was nicht heißen muss, dass es sich dann auch bedeutsam auf die psychiatrischen Behandlungszeiten und Wiederaufnahmeraten auswirkt (Figueroa *et al.* 2004). Es ist auch anzunehmen, dass die Ergebnisse von den untersuchten psychiatrischen Einrichtung abhängig sind (Richter 2001). In der untersuchten Klinik wurden bereits einige Studien zum Thema Migration und seelische Gesundheit durchgeführt, so dass man eher davon ausgehen kann, dass in dieser Einrichtung eine kultursensitive Einstellung gegenüber Migranten besteht.

Auch weitere spezifische Variablen, die nur die Migranten betreffen (z.B. Status, Sprache, Religionszugehörigkeit), hatten in unserer Studie keinen Einfluss auf die beiden abhängigen Variablen der Behandlungsdauer und Wiederaufnahme. Unsere gefundenen Einflussfaktoren konnten nicht die Gesamtvarianz aufklären. Neben den methodischen Grenzen gehen wir davon aus, dass auch andere spezifische unabhängige Variablen, die wir in unserer Untersuchung nicht berücksichtigt haben, Einfluss auf die beiden abhängigen Variablen haben. Dies und der Einfluss der Einrichtung auf das Ergebnis könnte in zukünftigen Forschungsansätzen noch genauer evaluiert werden.

Literatur

Boos-Nünning U., Siefen R.G. 2004. Suchtprobleme bei Jugendlichen mit Migrationshintergrund. In H.-J. Assion (Hg). Migration und seelische Gesundheit. Berlin: Springer: 85-94.

Branik E., Mulhaxha A. 2000. Zur Rehabilitation von Patienten aus dem ehemaligen Jugoslawien in der Hochschwarzwald-Klinik St. Blasien. In Heise T. (Hg). Transkulturelle Beratung, Psychotherapie und Psychiatrie in Deutschland. Berlin: VWB: 185-199.

Brucks U. 1994. Psychosoziale und gesundheitliche Probleme der Migration. In Croplay u. a. (Hg). Probleme der Zuwanderung. Bd. 1. Göttingen, Stuttgart.

Figueroa R., Harman J., Engberg J. 2004. Use of claims data to examine the impact of length of inpatient psychiatric stay on readmission rate. Psychiatr Services 55: 560-565.

Gavranidou M., Abdallah-Steinkopff B. 2007. Brauchen Migrantinnen und Migranten eine andere Psychotherapie? Psychotherapeutenjournal 4: 353-361.

Koch E. 2005. Institutionelle Versorgung von psychisch kranken Migranten. In H.-J. Assion (Hg). Migration und seelische Gesundheit. Heidelberg: Springer: 167-168.

Richter D. 2001. Die Dauer der stationären Behandlung. Fortschr Neurol Psychiat 69: 19-31.

Ross T., Malanin A., Pfäfflin F. 2004. Stressbelastung, Persönlichkeitsstörungen und Migration. Verhaltenstherapie und Verhaltensmedizin. 3: 345-363.

Tuna S., Salman R. 1999. Phänomene interkultureller Kommunikation im Begutachtungsprozess. In Collatz J., Hackhausen W., Salman R. (Hg). Begutachtung im interkulturellen Feld. Zur Lage der Migranten und zur Qualität ihrer sozialgerichtlichen und sozialmedizinischen Begutachtung in Deutschland. Berlin: VWB: 179-188.

Autor:

Dipl.-Psych. Andreas Hatalak, geb. in Backa-Topola (Jugoslawien), Volkszugehörigkeit: Ungarn.
Institution: Die Studie stammt aus der Klinik für Psychiatrie, Psychotherapie und Psychosomatik St. Marien-Hospital Hamm Klinik der Universität Witten Herdecke. Doktorand an der Universität Witten-Herdecke/FB

Medizin. MentorInnen: Prof. Dr. Karl H. Beine und Frau Dr. S. Golsabahi. Wissenschaftliche Schwerpunkte: Migration und psychische Störungen.
1991-1998 Ausbildung zum Gesprächspsychotherapeuten und in tiefenpsychologisch orientierter Psychotherapie; 1999 Approbation als Psychologischer Psychotherapeut; 2003 Annerkennung als Fachpsychologe für Psychiatrie; 2007 EMDR Ausbildung; seit 1993 Lehrtätigkeit an der Fachkrankenpflegeschule der Psychiatrie in Lohr am Main; seit 1993 angestellt als Diplom-Psychologe/Psychologischer Psychotherapeut im Bezirkskrankenhaus Lohr am Main. Klinik für Psychiatrie, Psychotherapie und Psychosomatische Medizin.

Rodenbacherstrasse 24 a
97816 Lohr am Main
Tel. 09352-503-473
e-mail: dr.hatalak-rauscher@t-online.de

Ganzheitliche Gesprächskompetenz auch in der transkulturellen Medizin*[1]

Alfred Drees

Ganzheitliche Gespräche ermöglichen die Leidenfixierung von Patienten zu verringern. Unsere Wahrnehmungs- und Gesprächskompetenz wird dabei getragen von Einsichten in unser Eingebundensein in berufliche, familiäre, soziale und kulturelle Komplexe sowie in ästhetische religiöse ethische und Sinnfragen. Das Wahrnehmen und Einbringen von Empfindungen und Stimmungen im Gespräch ermöglicht, sich sinnlich-resonant auf Patienten einzustellen, blockierte Erlebensbereiche ganzheitlich zu öffnen und damit partnerschaftlich getragene Akzeptanz zu ermöglichen. Die eigene religiöse und politische Einstellung kann dabei zurücktreten, um bindungsentlastet erweiterte Beziehungsmöglichkeiten zu entfalten.

In therapeutischen und Beratungssituationen gibt es eine Vielzahl von Anwendungsbeispiele, die sich als ganzheitlich verstehen. Religiöse und spirituelle Orientierungen suchen seit unserer Frühzeit Leidenzustände, Konflikte und Probleme durch die Zentrierung auf Glaubensinhalte und Rituale zu lösen. Heutige schamanistische Techniken und spirituelle Versenkungsstrategien entsprechen dieser Orientierung. Hierbei ist jedoch zu beachten, dass sie ihre ganzheitliche Offenheit zurücklassen, da sie gesellschaftliche Bewältigungsstrategien in der Regel ausblenden. Tiefenpsychologen suchen ebenfalls durch die Bearbeitung unbewusster Konfliktbereiche eine ganzheitliche Orientierung. Wenn sie jedoch ausschließlich auf verdrängte familiäre Beziehungskonflikte zentrieren, reduzieren sie ihren ganzheitlichen Anspruch. Die Prismatik hingegen ermöglicht die volle Entfaltung ganzheitlicher Gesprächskompetenz.

Von der Palliativmedizin ausgehend wird inzwischen eine ganzheitliche Grundeinstellung des Arztes angestrebt. Wobei es jedoch nicht einfach ist, die Komplexität technisch-aparativer Untersuchungs- und Behandlungsmethoden mit prismatischen Gesprächen anzureichern. Ich möchte nachfolgend einige Vorstellungen und Anwendungsbeispiele prismatischer Gesprächsoffenheit vorstellen.

Prismatisch öffnende Gespräche

Die Entwicklung der technisch-apparativen Medizin sowie der zunehmende Wunsch unserer Patienten nach mehr Aufklärung und Akzeptanz, führt zu partnerschaftlich tragenden Gesprächen, in denen die klassische Arztrolle eine neue Ausformung gewinnt. Eine spezielle Form dieser Neuorientierung ist die prismatisch öffnende Gesprächsmethode. Sie wurde in der Psychiatrie geboren und entwickelte sich in Psychotherapien zu einer erstaunlichen Neuorientierung. Schrittweise gelang es, prismatische Gesprächs- und Beziehungsformen in Therapien, Beratungen und

1. Erweiterter Vortrag 26.9.08 in Wien auf dem internationalen Kongress für transkulturelle Medizin.

Seiten 89-98

Supervisionen einzusetzen. Patienten gewinnen hierbei die Möglichkeit ihre organischen und psychischen Leidenszustände zu reduzieren. In Gesprächen mit Krebskranken und Sterbenden sowie mit gewalttraumatisierten Patienten gewann die Prismatik eine besondere Entlastungsfunktion. Teamkonflikte und Gesprächsblockaden sowie burn-out-Symptome lassen sich prismatisch auflösen.

Prismatisch nennen wir diese Gesprächsform, in einen Vergleich mit dem Sonnenlicht, das nach dem Durchgang durch ein Prisma seine Vielfarbigkeit sichtbar macht. Sie öffnet die Identitätsvielfalt des Menschen. Sinnliche Resonanz und deutungsfreie Phantasien bilden die Basis der Prismatik. Entsprechende Gespräche wurden inzwischen erprobt mit Ärzten, Pflegekräften und Patienten, mit Psychotherapeuten, Sozialpädagogen und Juristen, mit Führungskräften, Lehrern und Schülern sowie mit Seelsorgern und freiwilligen Helfern.

Die Entwicklung prismatischer Gespräche gelang Anfang der 70er Jahren in der Medizinischen Hochschule Hannover. Hier entwickelten wir sozialpsychiatrische Strukturen und partnerschaftliche Begegnungsformen. In einem nächsten Schritt konnten diese Erfahrungen auf andere Behandlungsbereiche übertragen werden.

So wurde in der Onkologie, in der Dialyse sowie auf Intensivstationen nach Wegen gesucht, wie sich entlastende Gespräche mit Sterbenden und ihren Angehörigen prismatisch entfalten lassen.

Sinnliche Resonanz und intuitive Wahrnehmungen ermöglichen, Symptom- und Übertragungsdeutungen zurückzulassen, um bindungsfreie Gefühle und deutungsfreie Phantasien zu entfalten, mit denen sich kreative Resourcen öffnen lassen und unsere Bindungsfähigkeit sich erweitern läßt.

Prismatische Gespräche entfalten Erlebensbereiche, wie sie WINNICOTT (1984) für den potentiellen Übergangsraum beschreibt. Entspannende Kontakte mit Freunden und gemeinsame Aktivitäten in Vereinen sowie die Teilnahme an kulturellen Veranstaltungen haben eine vergleichbare Funktion. Gestalt- und kunsttherapeutische Aktivitäten ermöglichen ebenfalls Einsichten in ganzheitliche Erlebensprozesse. THURE VON UEXKÜLL entwickelte theoretische Antworten für die erstaunlichen Prozesse, die er in prismatischen Balintgruppen erleben konnte. (1982)

Zahlreiche postmoderne Philosophen und Sozialpsychologen suchen inzwischen die Vielfalt unserer Individualität als Ausdruck unseres ganzheitlichen Erlebens zu verstehen. So beschreibt RICHARD PRECHT in seinem Buch „Wer bin ich" die vielfarbigen Facetten der Ich-Identität in ihren sozio-kulturellen Spannungsfeldern (2007). WERNER SIEFER und CHRISTIAN WEBER schrieben in ihrem Buch „ICH – Wie wir uns selbst erfinden" (2006) eine hervorragende Studie über die Entwicklung des Ichs im Tierreich sowie über die „Baustelle Ich" mit ihren Wünschen und Illusionen und ihrer Wandlungsfähigkeit im Wir. Besonders angesprochen haben mich seine Vorstellungen zum Selbstmodell und damit zur Relativierung von Selbstvorstellungen nach THOMAS METZINGER.

Die Hirnphysiologie beschreibt inzwischen erstaunliche Persönlichkeitsveränderungen nach dem Verlust bestimmter Hirnareale. Hirnphysiologische Forschungen über die Funktion von Zwillingsneuronen belegen, dass ein Informationsaustausch über averbale Signale zwischen Gesprächspartnern stattfindet, ohne bewusst wahrgenommen zu werden. G. ROTH (2000) beschreibt detailliert entsprechende Beispiele heutiger Hirnforschung. Die erstaunliche Vielfalt von Placebo-Effekten wird inzwischen ebenfalls hirnphysiologisch untersucht.

Die Vernetzung familiär gebundener Ichbereiche, mit sozialen, kulturellen und religiösen Vorstellungen sowie mit gruppendynamisch erklärbaren Rollenzuschreibungen lassen sich als unbewusste Aufladungen verstehen. Sie sind Ausdruck unserer komplex strukturierten Individualität. Mit dieser Einsicht in die vielfarbige Abhängigkeit gewinnt unser Ich erweiterte Wahrnehmungs- und Handlungskompetenzen. Mit Hilfe deutungsfreier Phantasien gewinnt unser Ich erweiterte Wahrnehmungskompetenzen und Begegnungsformen, die eine erweiterte Akzeptanz des jeweils anderen ermöglicht.

Quantenphysikalischen Vorstellungen, nach denen im subatomaren Bereich, die zu untersuchenden Elemente, je nach wissenschaftlicher Fragestellung, entweder eine Teilchen oder eine Wellennatur besitzen, gewinnen als Vergleichsmodell zunehmend an Bedeutung. Hiermit wurde u.a. die eigenartige Resonanz von Zwillingsphotonen erklärbar. In Therapien, Beratungen und Lernprozessen können die unterschiedlichen Gesprächseinstellungen als unterschiedliche Dimensionen der Wellen- und Teilchennatur verstanden werden. Meditationsformen sowie Gestalt-Musik- und Kunst-Therapien gewinnen hiermit eine erweiterte Erklärungsbasis.

Die Funktion intuitiv gewonnener Einfälle als eine Erweiterung unserer rationalen Vorstellungswelt und als Basis künstlerischen Gestaltens läßt sich damit verstehen. Benedetto Groce schreibt: „Die intuitive Erkenntnisart ist das entscheidende Bestimmungs-merkmal der Kunst." Auch Freud beschrieb die Intuition zur Begründung von Übertragungsphänomenen. Wir suchen prismatisch diese intuitiven Fähigkeiten zu reaktivieren. Im Unterricht und im Studium kann diese Orientierung Lernprozesse optimieren, indem sie emotional gebundene Lern-Blockaden aufzulösen vermag. Albert Einstein beschrieb seine Theorien als intuitiv gewonnene Einsichten in ganzheitliche Zusammenhänge. In der Seelsorge sowie in stützenden und Beratungsgesprächen kann diese intuitive Orientierung Sinnfragen und Glaubensinhalte öffnen helfen. Sprachwissenschaftler und Soziologen finden praxisrelevante Beispiele zur Dekonstruktion von einengenden Subjekt-Vorstellungen.

Die Entfaltung der Intuition im Gespräch basiert darauf, dass sich gebundene Gefühle in körperliche Empfindungen und in bindungsfreie Gefühle umwandeln lassen. Sinnlich, mimetisch und resonant erlebte Wahrnehmungen suchen hierbei bildsprachlich ihren Ausdruck. Die Erweiterung logisch kausaler Denkformen um ihre körperlich-sinnlichen und metaphorischen Inhalte bewirkt dabei eine Entfaltung von Ich-Funktionen und damit eine Zunahme von Kreativität und Toleranz in prismatischen Behandlungsspielräumen.

Die psychotherapeutische Mobilisierung von Phantasien ist eine bis ins Altertum zurückreichende Behandlungsmethode. Die Heilkraft von Phantasien im Rahmen sinnlicher Erlebensoffenheit wird in den heutigen Therapien jedoch nur unzureichend in ihrem Eigenwert verstanden. Jerome L. Singer beschreibt (1978) über 200 unterschiedliche Phantasie- Tagtraum- und Imaginationstechniken. Wir haben bildsprachliche Metaphern als deutungsfreie Phantasien beschrieben Drees (1995).

Körperlich sinnliche Erlebensbereitschaft ist meines Erachtens eine Voraussetzung, um resonant empathisch den jeweils Anderen zu erreichen und metaphorische Austauschprozesse zu ermöglichen. Körperlich-sinnliches Erleben als psychotherapeutisches Begegnungsszenarium hat eine Flut neuer Therapieschulen und Methoden ins Leben gerufen. In Psychotherapien wurden damit gewohnte subjektzentrierte Orientierungen relativiert und der Therapeutik neue Wahrnehmungs- und Handlungsbereiche eröffnet. Freuds Hinweis, daß der Therapeut dem Patienten sein Unbewusstes wie ein Instrument zur Verfügung stellen solle, lässt sich auf die körperlich-sinnliche Instrumentalisierbarkeit des Menschen übertragen und therapeutisch nutzen.

Lähmende und aggressiv erlebte Gegenübertragungen von Therapeuten lassen sich durch das Fokussieren auf sinnlich-körperliches Erleben und auf das Zurücklassen von Beziehungsgefühlen und Deutungen auflösen. Die Beziehungs-zentrierte Fixierung auf Übertragungsphänomene blockiert Gespräche vor allem mit psychotischen, gefolterten und sterbenden Patienten. Ich suchte für diese Patienten entlastende Gesprächsstrategien. Freud (1975) hatte bereits unbewusste Prozesse in ihrer irrationalen Komplexität beschrieben. Da er jedoch, trotz seiner Einsichten in die Bedeutung kultureller und historischer Wirkfaktoren, den archaischen Triebimpulsen und den Übertragungsprozessen in ihren familiären Ich-Du-Beziehung verhaftet blieb, konnte dieser einengende Vorstellungsrahmen nur unzureichend zurückgelassen werden.

Meine psychoanalytische Ausbildung hatte mir vermittelt, wie sich Leidenszustände im Rahmen von Übertragungsvorstellungen als Ergebnis frühkindlicher Beziehungsprobleme verstehen und aufarbeiten lassen. Ich gelangte jedoch an die Grenzen dieser Behandlungsorientierung und suchte deshalb nach neuen Gesprächsformen und Behandlungsverfahren.

Die systemische Familientherapie wurde für mich schließlich ein wichtiger Schritt zur Entwicklung prismatischer Gespräche. Gemeinsame prismatische Balintgruppen mit H. STIERLIN sowie eigene Vorträge und Gruppen auf systemischen Tagungen belegen diese Nähe. Wichtige Hilfen waren für mich u.a.: H. STIERLIN (1975,1992) F. SIMON (2006, A. RETZER (1993).

Prismatisch konnte ich schließlich erproben, wie Leidenszustände sich rascher verringern und Konflikte reduzieren lassen, wenn systemisch erweitert, über intuitiv gewonnene Einfälle Beziehungs-übergreifende Erlebensbereiche eines Patienten reaktiviert werden. Ich bringe nachfolgend einige Beispiele aus jeweils unterschiedlichen Anwendungsbereichen, die nicht selten Erstaunen über die Wirkung deutungsfreier Phantasien vermitteln.

Emigranten

Die Individualisierung gesellschaftlicher Probleme läßt sich vor allem bei Emigranten studieren. Erste Einsichten in die Vernetzungsvielfalt von Kulturen und Identitäten können das Ich entlasten, die Vorstellungswelt erweitern helfen und damit eine humanere Grundeinstellung ermöglichen. Nachfolgend ein Beispiel psycho-sozio-kultureller Verzahnung:

Eine 26jährige islamische Patientin mit Panikzuständen und psychosenahen Verfolgungs- und Entfremdungserlebnissen sowie mit ausgeprägten Bindungs-komplexen schildert, wie sehr sie von ihrer Mutter bereits in ihrer Kindheit auf ihre Rolle als muslimische Frau fixiert worden sei. Ihre Haltungen und Einstellungen wurden entsprechend festgelegt. Das hieß 11jährig, keine Tampons, um die Schamlippen nicht zu verletzen und später, auf keinem Fall einen Ausländer oder einen Nichtgläubigen zu lieben oder zu heiraten. Vor einigen Jahren sei sie nach Frankreich geflohen, um sich dem Druck ihren Eltern zu entziehen. Als Sie denen jedoch von ihrer Liebesbeziehung zu einem christlichen Franzosen berichtet habe, hätten die Eltern in ihr chaotische Ängste ausgelöst. Sie habe sich vor bewaffneten Banden bedroht gefühlt, die sie in die Heimat ihrer Eltern entführen wollten. Der Bürgermeister der Stadt sei in ihren Vorstellungen aufgetaucht, um ihre Aufenthaltsberechtigung und Ihren Einstellungen zu überprüfen. Die Detailschilderungen ihrer Panikzustände enthielten regelhaft das Gefühl eines schlechten Gewissens. Die geringste Infragestellung ihres familiär gebundenen Selbstwertgefühls lösten Panikzustände aus.

Ich schildere der Patientin meine erstaunlich lustvolle Stimmung, die eine Schilderung ihrer Panikzustände in mir ausgelöst hätten und dass dabei das Bild eines riesigen bunt bemalten Topfes in mir wachgeworden sei, auf dem ein kleiner nackter Po krampfhaft Halt zu finden sucht. Der Patientin fallen darüber hilflose Situationen aus ihrer Kindheit ein, vor allem bei Konflikten der Eltern. Sie habe sich dabei wohl mit ihrem Vater gegen die ständig dominierende Mutter verbündet. Hiernach bringt sie Gedanken der Mutter zur gegenwärtigen Situation ihres bedrohten Heimatlandes und abwertende Vorstellungen gegenüber einem Nachbarland. Wir diskutieren daraufhin die politische Situation in ihrem Land. Von diesen Problemen werde sie noch immer sehr stark beeinflusst, von den aktuellen Geschehnissen und den unterschiedlichen Bewertungen der Eltern hierzu. Im Anschluss hieran diskutieren wir die Vorstellung, ob ihr Leiden möglicherweise eine Entlastung der Eltern und deren unbewusste Verarbeitung gesellschaftlicher Ängste und religiöser Abwehrhaltungen sei. Ich berichte ihr von vergleichbaren Erlebens-komplexen bei Flüchtlingen, vor allem der zweiten

Generation. Die Patientin sucht danach eine distanzierende und gleichzeitig akzeptierende Haltung zu ihren Eltern in sich zu entfalten.

Die Patientin gewann schließlich eine erweiterte Ich-Kompetenz in ihrer Arbeitswelt durch die Anwendung der Prismatik. In einer spannungs-geladenen Teamkonferenz, in der sie sich ständig persönlich angegriffen fühlte, konnte sie ihre bedrohlich erlebten Beziehungsideen durch die fantasievolle Vorstellung eines orientalischen Bauchtanzes auflösen.

Ein halbes Jahr später fährt sie für 3 Monate in die arabische Heimat ihrer Eltern, um dort zu studieren. Hier gewinnt sie engen Kontakt zu moslemischen Freundinnen. Über deren Lebensweise und Vorstellungswelt beginnt sie zunehmend Ihre westlich orientierten Einstellungen und Verhaltensweisen als minderwertig abzuwerten und gerät in eine tiefe depressive Krise, die sie zur Rückkehr nach Deutschland zwingt. In der prismatischen Therapie suchen wir jetzt verstärkt auf die Internalisierung kultureller Konfliktbereiche zu fokussieren. Ihre Depression wird hierbei im Vergleich zu ihrer vorherigen psychotischen Symptomatik als Forschritt verstanden. Bereits nach 3 Gesprächen ist sie wieder arbeitsfähig.

Ein iranischer Schüler

beseitigt die Blockade zu seiner Lehrerin nach nur zwei Behandlungsstunden, durch die Akzeptanz der persischen Kultur und durch ein iranisches Geheimwort, dass er in sich wachruft, wenn die Blockade ihn lähmt.

Prismatische Schmerzentlastung

Die Psychosomatik belegt, dass körperliche Verspannungen und Schmerzen nicht selten Ausdruck seelischer Leidenszustände sind. Aber auch organisch bedingte Schmerzen werden nicht selten psychisch aufgeladen, mit abgewehrten Konflikten und Angstzuständen. Am nachfolgenden Beispiel aus einer prismatischen Kurztherapie eines Magenpatienten möchte ich eine Facette der sinnlich-resonanten, intuitiv und imaginativ orientierten Schmerz-entlastenden Gesprächsform darstellen:

Ein Patient berichtet über erhebliche Magenbeschwerden, die sich erneut eingestellt hätten, nachdem seine Mutter wieder verstärkt in sein Leben eingegriffen habe. Über detailliertes Nachfragen über die Form seiner Schmerzen schildert er schließlich, dass auf seinem Magen etwas liege wie ein kalter, ekeliger grün-grauer Stein mit rauher, glitschiger Oberfläche, der unter dem Rippenbogen nach oben drücken würde. Nachdem sich auch bei mir ein unangenehmer Magendruck und erstaunlicherweise eine beruhigende, beinahe weihevolle Stimmung eingestellt hat, gewinne ich intuitiv das Bild einer Kirche. Ich forme in mir das Bild einer kleinen Wallfahrtskirche und schildere dem Patienten detailliert die Landschaft, eine kleine Anhöhe und eine breite Wiese, auf der ein Prozessionszug mit schwarz gekleideten Nonnen und einem Priester im weißen Kleid zur Kirche emporsteigt. Es sei sonnig und Herbst.

Der Patient berichtet daraufhin, dass seine Magenbeschwerden schon weniger geworden seien, nachdem er seinen ekeligen Stein auf einer Wiese abgelegt habe. Er sei aber wirklich erstaunt darüber, wie ich zu meiner Phantasie gekommen sei. Er habe vor etwa 4 Jahren auch unter erheblichen Magenbeschwerden gelitten. Aber damals habe seine Mutter überhaupt keinen Anteil daran gehabt. Er wolle über die Zusammenhänge ein anderes Mal sprechen. Wichtig sei ihm, dass er damals über eine Ordensschwester zu einer kleinen Wallfahrtskirche gekommen sei und eine Wallfahrt mitgemacht habe. Diese Kirche, in der Nähe von Koblenz, sei so ähnlich gewesen, wie ich sie geschildert hätte. Auf Nachfrage schildert er schließlich, dass er dort seine Beschwerden verloren habe. Er habe seinen Glauben in der letzten Zeit wohl vernachlässigt. Vielleicht solle er erneut eine Wallfahrtskirche besuchen, die hier im Rheinland von dem gleichen Orden unterhalten werde. Seine Magenprobleme seien wohl nicht nur Mutter bedingt. In den nachfolgenden zwei Stunden ließen sich Sinnfragen, seine religiös getragene Kindheit, seine religiösen und Selbstwertzweifel und die Rolle der heutigen Kirche ins Gespräch bringen.

Prismatische Arbeit mit Gewaltopfern

Die Bedeutung prismatisch gewonnener freier Phantasien lässt sich vor allem in der Behandlung von Folteropfern verstehen. Die Zuname von Gewalt in den Schulen, auf den Straßen, in den Familien und in den Medien bewegt Soziologen, Politiker und Pädagogen. Sie stellt Hilfswillige, Berater und auch Psychotherapeuten vor zum Teil unlösbare Aufgaben. Es zeigt sich, daß mitmenschliches Einfühlen in das Leiden der Gewaltopfer, seine Grenze in der Tatsache findet, daß das Ausmaß des durchlittenen Schreckens nicht übertragbar ist in nachvollziehbare mitmenschliche Gefühle und dass die empathische Offenheit der Helfenden regelhaft überfordert wird. Ziel sollte sein, Patienten aus den inneren Käfigen individualisierter Gewalt zu befreien, hierbei erweiterte Behandlungs- und Betreuungskompetenz zu gewinnen und damit eigene Überforderungen und burn-out Symptome zu verringern.

Eine kurdische Patientin ist seit 6 Monaten in Deutschland. In der zweiten Stunde der prismatischen Behandlung berichtet sie von der Folter eines 10jährigen Jungen, die sie miterleben musste. Wir hatten vereinbart, dass wir heute Phantasie-orientiert ihre Foltererlebnisse besprechen würden. Die Patientin sitzt bei ihrem Bericht total verspannt in ihrem Sessel. Ich schildere Ihr, das ich nach der anfänglichen Überforderung durch ihren Bericht jetzt auf die Phantasieebene umschalten würde. Tatsächlich fühle ich mich daraufhin entspannt und schildere ihr, dass ich innerlich eine herrliche Hügellandschaft ausmalen würde. Weiße Schwäne zögen darüber hinweg. Ein blauer Himmel. Es sei vielleicht Hochsommer. Eigenartige Bäume an den Hängen. Auf dem Höhenweg eines Hügels gingen Menschen spazieren. Darauf unterbricht mich die Patienten mit einer erstaunlich veränderten Stimme und Haltung mit dem Satz, das sei ja wirklich toll, das sei ja wie ihre Heimat. Sie beschreibt jetzt im Detail, woher sie komme und dass ihr Dorf in einer Hügellandschaft liege und dass sie zum Einkaufen mit ihrer Schwester immer über einen Hügel, den ich geschildert hätte, zum Nachbardorf gegangen seien. Ich bin überrascht von ihrer Stimmungsänderung und über die detaillierten Schilderungen, die sie jetzt von ihren Eltern und ihrer Kindheit berichten kann. Ihre Traumafixierung konnte nach 7 weiteren prismatischen Sitzungen aufgelöst werden und ich konnte mich der Einladung zu ihrer Hochzeit, die vor der Therapie Trauma-bedingt blockiert war, nicht entziehen.

Prismatische Gespräche mit gewalttraumatisierten Patienten besitzen eine besonders hilfreiche Lösungsfunktion, da Patienten hiermit wieder Zugang zu ihren prätraumatischer Gefühlen und Erlebensbereichen zurückgewinnen und ihre traumatischen Erlebnisse Distanz-suchend, abspeichern können. Ich sollte zu dieser Problematik noch von einer prismatischen Balintgruppentagung in Kuwait berichten, in der sich nach dem barbarischen Einfall der Iraker auch traumatische Leidenszustände in der Helfergruppe prismatisch aufarbeiten ließen.

Als Beispiel kann die Symptomlinderung eines Gruppenmitgliedes gleich zu Beginn der Tagung in Kuwait dienen. Er berichtete, dass er als Sozialarbeiter zahlreiche Patienten betreue, die seit dem Krieg unter ausgeprägten depressiven und Angstsymptomen sowie unter Schlafstörungen und Antriebslähmungen litten. Er schildert dabei die Qualen einer etwa 50jährigen Frau, die erleben musste, wie vor ihren Augen ihr Mann und ihr 16jähriger Neffe mit dem Beil erschlagen wurden. Das Blut, der Anblick und ihre lähmende Verzweiflung gingen ihr wohl nicht mehr aus dem Kopf. An dieser Stelle beginnt er stockend in arabischer Sprache von seinem eigenen Leiden zu berichten. Er habe seit vielen Monaten starke Magenschmerzen und Schlafstörungen. Bei ihm sei es wohl der Verlust der Mutter während des Krieges. Darüber wolle er hier jedoch nicht reden. Ihm ging es darum – und jetzt wieder in englischer Sprache – er wolle fit sein für seine Aufgabe. "My job is my life, you know", und energisch: "you have to know doctor."

Die Gruppe reagiert betroffen, stellt sich jedoch rasch auf das bereits trainierte sinnliche und Phantasie-Setting ein. Lähmende, lustlose und ekelerregende Empfindungen und Stimmungsbilder werden wach. Eine abgeschlagene blutende Hand tanzt durch ein Gewirr von Schiffsmasten, „wie ein Derwisch mit wehendem Schweif." „Die Blutstropfen tanzen mit, färben das Meer." Kopfschmerzen und Magenbeschwerden stellen sich ein. Dann folgen Erlebnisse und Bilder von brennenden Ölfeldern, „die wie Kerzen eine Hochzeitsfeier beleuchten". Viel Volk, Tanz und lustige Musik. Die Stimmung öffnet sich jetzt für friedliche Kamelkaravanen im Gegenlicht der untergehenden Sonne. Verträumte Meeresstimmungen und zärtliches Wiegen eines Säuglings kontrastieren mit grauen Nebelfeldern. Eine riesige Moschee ragt in den Himmel, in vorbeijagende Wolken, "it's like a sword, or a bow of a ship." "On the trip in a nowhere land", ergänzt lachend eine Psychologin, die als Religionslehrerin tätig ist.

Der Sozialarbeiter greift die einzelnen Stimmungsbilder auf und sucht sie assoziativ mit eigenen familiären Erlebnisfeldern zu verknüpfen. Damit gelingt es dem Gruppenmitglied, das wechselseitig sich tragende Leiden zwischen seiner 50jährigen Klientin und dem eigenen familiären Belastungshintergrund zu verstehen und es im Kontext eines gemeinsamen soziokulturellen und religiösen Eingebundenseins zu mildern. In der letzten Gruppensitzung, vier Tage später, berichtet der Sozialarbeiter, dass seine Magenschmerzen bereits seit Tagen verschwunden seien. "They just flew away." Wichtig sei ihm jedoch zu berichten, dass er bei seiner Klientin eine ganz neue Gesprächsbasis gefunden habe. Er sei jetzt lockerer und könne mit ihr über familiäre und lebenspraktische Fragen sprechen.

In meinem Buch „Folter, Opfer, Täter, Therapeuten" (1996) habe ich die spezifische Problematik von Gewalt und Folter in unserer Gesellschaft sowie prismatische Behandlungsstrategien für gewalttraumatisierte Patienten näher beschrieben.

Prismatische Sterbe- und Trauerbegleitung

Sterbende und krebskranke Patienten finden in unserer Gesellschaft, so auch in der heutigen Medizin, kaum Gesprächspartner. Die Palliativmedizin sucht dieses Dilemma zu überwinden. Auch Psychotherapeuten tun sich noch schwer mit dem Trauma des „sterben müssen". Dieses Trauma zu überwinden, gelingt im Rahmen prismatisch orientierter Gespräche, mit deren Hilfe Facetten gelebten Lebens wieder erinnert und den Patienten „erwachsenes Sterben" ermöglicht wird. Hierüber läßt sich die blockierte Kommunikation zwischen Patienten, Angehörigen, Therapeuten, Seelsorgern und Helfern in der Sterbeszene auflösen. Der Horizont bisher gelebten Lebens sterbender Patienten kann sich entfalten. Die prismatische Gesprächsorientierung kann darüber hinaus Konfliktspannungen und „burn-out-Symptome" bei Mitarbeitern verringern helfen und hierbei Einsichten in sinnlich imaginative Kommunikationsformen vermitteln. In prismatischen Trainingsgruppen für Ärzte unterschiedlicher Fachbereiche und Seelsorgern konnte ich diese Kompetenz vermitteln. Pastoralreferent R. Keimer beschreibt unsere gemeinsame prismatische Gruppenarbeit in der Kinderkrebsstation der Uni Gießen (2005). Frau Backhaus beschreibt die Kombination prismatischer Gespräche mit Entspannungsübungen im „Anna-Haus" an zahlreichen Beispielen (2008). In meinem Buch „Intuition in der Sterbegleitung" (2001) habe ich weitere Anwendungsbereiche vorgestellt, vor allem die prismatische Supervision in Hospizgruppen.

Prismatische Stationsvisite bei einer sterbenden Patientin.

Der Stationsarzt einer benachbarten Klinik hatte von mir einen Vortrag gehört und bittet mich telefonisch mit meiner eigenartigen Phantasiemethode ihn einmal zu besuchen. Es ginge um eine 54jährige krebskranke Patienten, die seit 3 Wochen nicht mehr sprechen würde. Er habe alles versucht. Die Patientin wisse um ihre unheilbare Erkrankung. Sie habe jedoch noch mit niemandem über ihre Ängste sprechen können. Auch die Angehörigen hätten Angst vor dieser Aussprache. Er sei regelrecht gehemmt „bei dieser sprachlosen Frau, eine Visite zu machen". Ich besuche ihn mit einer prismatisch trainierten Krankenschwester:

> Der Stationsarzt versucht mich der Patientin vorzustellen. Ich suchte den Blick der Patientin und frage, wie es ihr geht, wie sie sich fühle. Die Patientin starrt mit leerem Blick wie ins nichts. Keine Antwort. Es folgt eine bedrückende Stille. Ich äußere mein Erschrecken über die Kargheit des Zimmers und meine Ratlosigkeit. Keine Bilder, nicht einmal Blumen, es sei alles trostlos. Auch draußen sei das Wetter trostlos und traurig. Ich erkläre der Patientin, daß ich von der Schwere ihrer Krankheit erfahren habe und auch von ihrer Sprachlosigkeit und deshalb sei ich hier. Ich sähe, wie blass und grau und erstarrt ihr Gesicht sei. Ich fühle mich davon regelrecht angesteckt. Und nach einer kurzen Pause: „Ich möchte Ihnen meine Phantasieeinfälle schildern, die durch diese Stimmung hier in mir wach geworden sind. Ich sähe in meiner Phantasie einen langen Zug von Menschen in grauen Kutten durch eine weite Ebene ziehen, vielleicht wie ein Wallfahrtszug. Beim genaueren Hinsehen sähe ich, daß sie an einem langen Stacheldrahtzaun vorbei ziehen würden. Dahinter ständen Holzkreuze, ohne Namen, grau. Eine Unzahl von Holzkreuzen, ganz ungeordnet."
>
> An dieser Stelle unterbricht mich die Krankenschwester. In einem fröhlichen, fast sprudelndem Ton bringt sie sich ein: Eigenartig. Bei ihr sei es am Anfang auch dunkel und grau und neblig verhangen gewesen. Dann habe sie sich jedoch an ihren letzten Urlaub erinnert. Sie sei damals mit ihrem Mann und ihren zwei Kindern im Gebirge in ein Gewitter geraten und sie hätten Schutz unter einem Felsvorhang gesucht. Es sei wirklich bedrohlich gewesen. Sie hätten sich aneinander gepresst. Aber nach wenigen Minuten sei das Gewitter vorbeigezogen. Sie seien nur wenig nass geworden und sie hätten dann einen herrlichen Blick tief in das Tal gehabt. Sie hätten ...
>
> An dieser Stelle beginnt die Patientin zu sprechen. Ihr laufen die Tränen herunter und gleichzeitig lächelt sie. Sie berichtet, wie sie mit ihrem Mann jedes Jahr in die Berge gefahren sei: „Ja, damals – bis vor vier Jahren ..."
>
> Auf Nachfrage erzählt sie, daß ihr Mann vor vier Jahren an einem Herzinfarkt gestorben sei. Seit dieser Zeit sei sie nicht mehr in den Bergen gewesen. Sie habe hier noch mit niemanden darüber sprechen können. Sie habe seinen Tod wohl noch nicht richtig verarbeitet. Sie schildert jetzt zunehmend lebendiger ihre Erlebnisse in Udorf. Sie beschreibt im einzelnen ihre gute Beziehung zu der Wirtin, zu der sie seit Jahren gefahren seien. Der müsse sie endlich einmal schreiben. Noch immer laufen die Tränen über ihre Wangen. Gleichzeitig strahlt ihr Gesicht in glücklichen Erinnerungen. Dem Stationsarzt fällt vor Überraschung der Schlüsselbund auf den Boden. Daraufhin lächelt die Patientin und berichtet, wie ihr Mann bei einer Bergwanderung die Autoschlüssel in eine Schlucht habe hinunterfallen lassen. Das hätte den Urlaub um zwei Tage verlängern helfen. Die Stimmung im Krankenzimmer hat sich fühlbar entspannt. Die Patientin wirkt erschöpft, aber dankbar. Sie bittet den Stationsarzt, er könne ihr doch den Priester schicken: „Wissen Sie, den Kurzhaarigen, der immer so ein verschmitztes Lächeln im Gesicht hat".

Der Stationsarzt berichtet später, er sei schon erstaunt über unsere Phantasie Methode. Er habe auf die Uhr geschaut. Es habe genau 7 Minuten gedauert, bis die Patientin zu sprechen begonnen habe. Er könne das noch immer nicht richtig verstehen. Er habe übrigens in den nachfolgenden Gesprächen mit der Patientin den Tod ihres Mannes besprechen können. Die dort frei werdende Trauer habe dann den Weg gebahnt, für ein Gespräch über den eigenen Tod. Vor allem jedoch, das Gespräch sei in Gang gekommen. Auch die Angehörigen seien entlastet.

Die prismatische Lösung von Trauerfixierungen bei Angehörigen, Ärzten, Pflegegruppen, Seelsorgern, Betreuern und Helfern wurde in den letzten Jahren ein besonderes Anliegen prismatisch-öffnender Gespräche. Die Lösung von Trauerfixierungen wurde auch in prismatischen Balintgruppen mit Ärzten trainiert. In diesem Rahmen konnte ich in den letzten 18 Jahren prismatisch orientierte Ausbildungsinhalte auch für Hausärzte anbieten. Siehe: Drees & Huhn-Gathmann (1994). Diese Gespräche ermöglichen es den Hausärzten Repräsentanten eines Wir-Gefühls zu sein, kulturell-ästhetische Erlebensprozesse anzustoßen und Gefühls-verstrickungen zwischen Patienten, Angehörigen und Ärzten zu verringern und aufzulösen. Bei Krebskranken und sterbenden Patienten sucht der Hausarzt die jeweils vorherrschende Stimmung zu erfassen und in sich eine bildhafte Vorstellung zu entwickeln, diese ins Gespräch einfließen zu lassen und Patienten damit anzuregen, über freie Assoziationen vergessene und verdrängte Erlebensbereiche wachzurufen.

Ich bin immer wieder erstaunt über die Funktion befreiender Phantasien, die sich einstellen, wenn körperlich-sinnliche Resonanz zum Patienten gewonnen werden konnte. Patienten finden auf diesem Weg wieder Zugang zu vergessenen bzw. abgewehrten Anteilen ihres Erlebens. Sie finden Zugang zu ihrem „in der Welt sein". Prismatisch-öffnende Gespräche ermöglichen Leidenszustände zu reduzieren. In prismatischen Kriseninterventionen können Symptome, zum Teil wie durch Zauberhand, beseitigt werden. Ärzte, die diese Ergebnisse erstmals erlebt haben, berichten nicht selten voller Begeisterung von dieser entlastenden ganzheitlich orientierten Kompetenz. Aus der Vielfalt von weiteren Anwendungsbereichen möchte ich abschließend eine prismatische Kurzintervention aus einer Schulklasse berichten.

Abschließende Fragen

Ob mit der prismatischen Orientierung unsere Wahrnehmungs- und Handlungseinschränkungen überwunden werden, ob generell unsere Beziehungsfähigkeit und Ich-Erweiterung zunimmt und ob sich damit mehr Akzeptanz und Toleranz in unserer Gesellschaft entfalten können, wird uns die Zukunft zeigen.

Zahlreiche Elemente historisch gewonnener Bindungserfahrungen bestimmen weiterhin unsere Haltungen und Entscheidungsfindungen. Postmoderne Ich-Vorstellungen kontrastieren heute mit Glaubensvorstellungen und ihren mystischen Wurzeln sowie mit Fixierungen auf das wahre Selbst. Gleichzeitig beinhalten Geld-fixierte Machtvorstellungen, das Zurücklassen moralisch-ethischer Verantwortungsgefühle und den weiteren Ausbau eines egozen-trischen Zeitalters. Wohin also wird unsere Reise gehen?

Die befreienden Möglichkeiten unserer heutigen Ich-Kompetenz zeigen uns, dass wir nach einer Phase der Ich-Bindung an Stammesregeln und Ritualen, wie wir sie bei Naturvölkern studieren können, in einem nächsten Schritt, über familiäre und nationalstaatliche Bindungen, mit ihren Halt gebenden, kriegerischen und neurotischen Ausformungen, Beziehungskompetenzen und Begegnungsformen entfalten, in denen ein humanes Zeitalter aufleuchtet.

Literatur:

Backhaus I.: (2008) Wenn eine Tür sich öffnet. Das Anna Haus. Prismatische Gesprächsführung in Verbindung mit meditativen Methoden. Re Di Roma-Verlag

Balint E.: (1975) Fünf Minuten pro Patient. Frankfurt

DREES A. & HUHN-GATHMANN, M. (1994): Freie Phantasien in der Sterbebegleitung durch den Hausarzt. Der Allgemeinarzt 6, S. 480-486
FREUD S.: (1975) Gesamtausgabe S. Fischer Frankfurt
KEIMER R.: (2005) Phantasien im Seelsorgegespräch. Systema Heft 3/05
LEUNER H.C.: (1980) Katathymes Bilderleben. Huber, Bern
MOSER T.: (1993) Politik und seelischer Untergrund. Suhrkamp Tb 2258
PRECHT R.D.: (2007) Wer bin ich und wenn ja, wie viele? Goldmann
RETZER, A.: (1993) Zur Theorie und Praxis der Metaphern. In: Familiendynamik
ROTH G.: (2000) Aus Sicht des Gehirns. Frankfurt, Suhrkamp,
SCHMID W.: (1998) Philosophie der Lebenskunst. Suhrkamp Tb.
SIEFER W. & WEBER CHR.: (2006) ICH – Wie wir uns selbst erfinden. Campus Verlag
SIMON, F.: (2006) Meine Psychose, mein Fahrrad und Ich
SINGER, J.L.: (1978) Phantasie und Tagtraum, Pfeifer München
STIERLIN, H.: (1975) Von der Psychoanalyse zur Familietherapie. Klett Verlag
STIERLIN, H.: (1994) ich und die anderen. Klett Verlag
UEXKÜLL v. Th.: (1982) Sprechen und Sprachformen in der Medizin: In: A. Drees Patientenbez. Medizin,5
WINNICOTT, D.W.: (1984) Reifungsprozesse und fördernde Umwelt. Fischer Tb. Frankfurt.

Anwendungsbeispiele prismatischer Gespräche und ihre theoretische Fundierung finden sich in meinen Veröffentlichungen, in meiner homepage sowie in folgenden Büchern.

DREES, A.: (1995) Freie Phantasien. Vandenhoeck u. Ruprecht Göttingen
DREES, A.: (1996) Folter: Opfer, Täter, Therapeuten. Psychosozialverlag Gießen
DREES, A.: (1997) Innovative Wege in der Psychiatrie. Psychosozialverlag Gießen
DREES, A.: (2001) Intuition in der Sterbebegleitung. Pabst Science Publishers Lengerich
DREES, A.: (2002) Prismatische Balintgruppen. Pabst Science Publishers Lengerich
DREES, A.: (2004) Prismatische Poesie. Pro Business GmbH
DREES, A.: (2004) Prismatisch-defokussierende Gespräche in der Psychiatrie. Pabst Science
DREES, A.: (2006) Prismatisieren. Eigenverlag: Prismengespräche
DREES, A.: (2008) Du kannst Deine Türen öffnen. Pro Business GmbH
DREES, A.: (2009) Ganzheitliche Gesprächskompetenz. Im Druck beim VWB – Verlag für Wissenschaft und Bildung

Autor:
Prof. Dr. med. ALFRED DREES.
Geboren 1930 in Osnabrück. Nach Lehre und Tätigkeiten als Elektriker, Bergarbeiter und Bühnenbeleuchter 1960-1965 Medizinstudium. 1966/1967 Landeskrankenhaus Heppenheim. 1967 Rot Kreuz Arzt im Biafra-Konfikt in Nigeria. 1968-1975 Assistent der Psychiatrischen Klinik und 1975-1980 Oberarzt der Psychosomatischen Klinik der Medizinischen Hochschule Hannover. Psychoanalytische Ausbildung in der DPG Hannover. 1980 Psychoanalytiker und Lehrauftrag Psychosomatik an der Medizinische Hochschule Hannover. 1980-1982 Chefarzt im Rhön-Klinikum Bad Neustadt/Saale. 1982-1995 Chefarzt der Psychiatrischen und Psychosomatischen Klinik in Duisburg. 1995 Bundesverdienstkreuz. Seit 1990 Ausbildungsleiter in der Akademie für ärztliche Fort- und Weiterbildung der Landesärztekammer Nordrhein in Düsseldorf. Seit 1996 private Praxis und Leiter des Zentrums für prismatische Kommunikation in Krefeld.

Friedrich Ebert Str. 26 • 47799 Krefeld
Telefon: 02151/503922 • Fax: 02151/503955
e-mail: info@alfred-drees.de • www.alfred-drees.de

Wie „kulturell“ ist die transkulturelle Psychotherapie? – Dolmetschen als Dreh- und Angelpunkt in der Kommunikation zwischen Psychotherapeuten und Patienten

Mascha Dabić

1. Einleitende Bemerkungen

Zwischen Krieg und Trauma besteht ein enger Zusammenhang. Daher benötigen viele Flüchtlinge, die aus Kriegsgebieten nach Österreich kommen, dringend psychiatrische oder psychotherapeutische Betreuung: kurzfristig, um ihre Lebenssituation in Österreich besser zu bewältigen, und langfristig, um ihre traumatischen Erlebnisse zu verarbeiten und ein neues Leben aufbauen zu können. Die Bedeutung einer rechtzeitig erfolgten Krisenintervention oder Psychotherapie für einen traumatisierten Menschen in einem fremden Land kann gar nicht hoch genug eingeschätzt werden. So kann etwa die Fähigkeit, eine neue Sprache zu erlernen, durch eine Posttraumatische Belastungsstörung (PTBS) erheblich eingeschränkt sein. Es ist nicht übertrieben zu sagen, dass Psychotherapie zu den wichtigsten integrativen Maßnahmen zu zählen ist.

Bei der transkulturellen dolmetscherunterstützten Psychotherapie handelt es sich um ein relativ neuartiges und noch wenig erforschtes Arbeitsgebiet. Die Arbeitsweise in der Triade (PsychotherapeutIn – DolmetscherIn – PatientIn) entstand aus der Notwendigkeit heraus, mit fremdsprachigen PatientInnen zu arbeiten, und wurde zunächst vielfach als eine unbefriedigende Notlösung abgetan, oder gar als unmöglich angesehen. Inzwischen hat sich aber diese nicht immer unproblematische Praxis im Großen und Ganzen bewährt, beziehungsweise gibt es oft keine Alternative, als mit Hilfe von DolmetscherInnen zu arbeiten.

Alle Formen der Psychotherapie sind stark an Sprache gebunden. Die Schwierigkeit, sich in einer fremden Sprache zu verständigen, wird durch die universale Problematik, im Rahmen einer Psychotherapie über traumatische und intime Erlebnisse zu sprechen, zusätzlich verschärft. Qualifizierte PsychotherapeutInnen, die sich mit ihren KlientInnen in deren Sprache unterhalten können, bilden die Ausnahme. Dass Freunde oder Verwandte psychotherapeutische Gespräche dolmetschen, ist inakzeptabel. Daher können PsychotherapeutInnen mit Flüchtlingen, deren Deutschkenntnisse nicht ausreichend sind, nur arbeiten, wenn sie einen Dolmetscher oder eine Dolmetscherin hinzuziehen.

Die transkulturelle Psychotherapie als Einsatzfeld für DolmetscherInnen ist eine bislang wenig erforschte Arbeitssituation, in der zwei Berufsgruppen – PsychotherapeutInnen und DolmetscherInnen – auf eine außerordentlich intensive Weise zusammenarbeiten und aufeinander angewiesen sind. Die im Weiteren beschriebene Dolmetschtätigkeit in der Psychotherapie ist durchwegs im Asyl- und Migrationsbereich angesiedelt. Bei den KlientInnen, für die gedolmetscht wird,

Seiten 99-105

handelt es sich also um AsylwerberInnen, anerkannte Flüchtlinge und MigrantInnen, z.T. mit der Diagnose PTBS (Posttraumatische Belastungsstörung).

Die Anwesenheit des Dolmetschers bricht die Zweierbeziehung zwischen PsychotherapeutIn und KlientIn auf und erweitert das Setting zu einer Dreieckskonstellation. Diese Veränderung mag für alle Beteiligten anfangs gewöhnungsbedürftig sein, bedeutet aber nicht zwangsläufig, dass in der Therapie oder in der Kommunikation Qualitätseinbußen entstehen. Im Gegenteil hört man oft von PsychotherapeutInnen die Rückmeldung, das Arbeiten mit DolmetscherInnen verschaffe ihnen mehr Zeit, die Körpersprache des Klienten zu studieren und über die nächste Intervention nachzudenken[1]. Die Beteiligung des Dolmetschers gilt es jedoch zu reflektieren, um mögliche Problemfelder zu lokalisieren und optimale Arbeitsweisen herauszufiltern und als Empfehlungen festzuhalten.

2. Dolmetschen im Asylbereich: Kontext und Spezifika

Unter dem Oberbegriff *Community Interpreting* (Kommunaldolmetschen) werden in der Translationswissenschaft all jene kommunikativen Situationen zusammengefasst, in denen DolmetscherInnen mit AsylwerberInnen, Flüchtlingen und MigrantInnen arbeiten (vgl. CARR *et al.* 1997 und PÖCHHACKER 2004: 16f). Die Rede ist vom Dolmetschen im administrativen, medizinischen und juristischen Bereich (Behörden, Gefängnis, Flüchtlingslager, Arztpraxis, Krankenhaus, Gericht, Schule etc.). In diesen Kontexten werden aus finanziellen und organisatorischen Gründen häufig Kinder und Verwandte der KlientInnen zum Dolmetschen herangezogen, was für die betroffenen LaiendolmetscherInnen belastend sein kann, weil der professionelle Abstand zur Arbeit nicht gegeben ist. Fehlende Rollenkonzepte führen nicht selten dazu, dass die LaiendolmetscherInnen auch als BetreuerInnen, AnwältInnen oder einfach FreundInnen ihrer KlientInnen fungieren. Mitunter wird diese Rollenkonfusion von den Behörden dankbar akzeptiert und gefördert, weil Verantwortung an den Dolmetscher bequem weitergegeben werden kann.

Im Asylbereich findet der Dolmetscher eine spezifische Klientel vor: Es handelt sich um Menschen, die sozial sehr viel schlechter gestellt sind als der Durchschnittsbürger und zusätzlich mit gesundheitlichen und/oder psychischen Problemen zu kämpfen haben. In den gedolmetschten Gesprächssituationen wird die Privatsphäre der KlientInnen berührt. Dies ist insbesondere in der Psychotherapie der Fall, wo mitunter sehr intime Gesprächsinhalte in einer emotional aufgeladenen Atmosphäre zur Sprache kommen. Aber auch bei Gericht, beim Arzt oder beim Arbeitsamt geht es immer darum, dass der Klient zutiefst als Mensch mit seinen persönlichen Anliegen (und auch Ängsten und Problemen) betroffen ist, während sein Gesprächspartner (Arzt, Psychotherapeutin, Beraterin, Richterin) in seiner Funktion als professioneller Dienstleister beteiligt ist (vgl. PÖCHHACKER 2004: 17). Daraus ergibt sich zwangsläufig eine hierarchisch asymmetrische Grundstruktur der Gesprächssituation, wobei der Dolmetscher „dazwischengeschaltet" ist und durch seine bloße Präsenz auch unweigerlich das soziale Gefälle gewissermaßen auszugleichen versucht. Dagegen spielen soziale Unterschiede aus Dolmetschersicht bei internationalen Kongressen und Fachtagungen keine Rolle, denn hier begegnen sich die Gesprächspartner (mehr oder weniger) auf Augenhöhe. Wenn noch dazu simultan, also in der Kabine, gedolmetscht wird, ist

1. Die im Folgenden angeführten Angaben von PsychotherapeutInnen, DolmetscherInnen und KlientInnen zum Thema Psychotherapie stammen aus leitfadengestützten Interviews, die ich im Rahmen meiner Dissertation zum Thema Dolmetschen in der Psychotherapie bislang durchgeführt habe. M.D.

der persönliche Kontakt mit den KlientInnen für den Dolmetscher ohnehin auf ein Mindestmaß reduziert (vgl. HALE 2007: 31f).

Der soziale Status der Klientel scheint auf die Dolmetscher „abzufärben" (vgl. HALE 2007: 27): Während Konferenzdolmetschen gemeinhin als eine gut bezahlte, glamouröse, abwechslungsreiche und herausfordernde Arbeit wahrgenommen wird, genießt die schlecht entlohnte und prekäre Tätigkeit der KommunaldolmetscherInnen geringes soziales Prestige. Auch der unreflektierte Einsatz von LaiendolmetscherInnen führt dazu, dass das Dolmetschen an sich keine Anerkennung als eine professionelle Tätigkeit erfährt (PÖLLABAUER 2003: 290). Bestrebungen, in diesem Bereich durch den Einsatz ausgebildeter DolmetscherInnen eine Professionalisierung voranzutreiben, scheitern meist an unzureichenden Finanzierungsmöglichkeiten, aber auch am mangelnden Bewusstsein für die Bedeutung einer qualitativ hochwertigen Dolmetschtätigkeit. Dabei ist die gesamtgesellschaftliche Relevanz des Kommunaldolmetschens nicht zu unterschätzen. Zwar entscheiden DolmetscherInnen nicht darüber, welche Dienstleistungen die KlientInnen erhalten, sehr wohl aber sind sie maßgeblich daran beteiligt, in welcher Qualität die jeweilige Dienstleistung erbracht werden kann (dies betrifft gerade den Bereich Psychotherapie, wie im Folgenden näher erörtert wird). Es sind die DolmetscherInnen, die an der Schnittstelle zwischen den Institutionen des Aufnahmelandes und den Flüchtlingen/MigrantInnen stehen. Von ihrer Tätigkeit hängt es ab, ob und in welchem Ausmaß einem Individuum eine Stimme verliehen und Gehör geschenkt wird.

3. Dolmetschen in der transkulturellen Psychotherapie

Die transkulturelle Psychotherapie stellt aus Sicht der DolmetscherInnen eine besondere kommunikative Situation dar. In erster Linie beruht diese Besonderheit auf dem Umstand, dass in der Psychotherapie Sprache nicht nur Kommunikationsmittel ist, sondern auch diagnostisches Mittel: Sprache dient also zum Informationsaustausch, ermöglicht es aber darüber hinaus der Psychotherapeutin, sich ein umfassendes Bild über den Klienten zu machen, über seinen Bildungshintergrund, seine Ausdrucksweise, sein Gesprächsverhalten. Daher sind DolmetscherInnen in der Psychotherapie angehalten, möglichst genau zu dolmetschen[2], um so den Aufbau einer tragfähigen therapeutischen Beziehung zu ermöglichen.

Ein weiteres Charakteristikum betrifft die ausgeprägte Sichtbarkeit und Exponiertheit des Dolmetschers im psychotherapeutischen Setting. In einer Therapiestunde befinden sich in der Regel drei Personen im Raum, und der Klient ist mit der Anwesenheit des Dolmetschers im gleichen Maße konfrontiert wie mit der Anwesenheit der Psychotherapeutin. Im Gegensatz dazu ist die „Unsichtbarkeit" des Übersetzers und Dolmetschers eines der Haupdesiderata schriftlicher wie mündlicher sprachmittlerischer Tätigkeit (vgl. HALE 2007: 47f). Vereinfacht gesagt bedeutet das, dass eine Übersetzung dann als gelungen empfunden wird, wenn man das Gefühl hat, man lese unmittelbar die Gedanken des Autors, und eine Dolmetschung dann als professionell wahrgenommen wird, wenn die Gesprächspartner vergessen, dass ein Dolmetscher überhaupt dabei war.

2. Damit ist gemeint, dass nichts hinzugefügt, hineininterpretiert, glattgebügelt, zusammengefasst oder unterschlagen werden soll. Wenn ein Klient (aus emotionalen, kognitiven oder sonstigen Gründen) in unzusammenhängenden Sätzen oder Halbsätzen spricht, sollte das aus der Dolmetschung hervorgehen, denn jede Information über den Sprachgebrauch und -duktus des Klienten ist wertvolles Arbeitsmaterial für den Psychotherapeuten. Der Dolmetscher muss also in der Psychotherapie mehr als in jedem anderen Kontext der Versuchung widerstehen, den Zieltext stilistisch oder inhaltlich aufzuwerten.

In der Psychotherapie ist diese Art der „Unsichtbarkeit" kaum denkbar. Der Dolmetscher wird vom Klienten in der Regel ganz und gar als Person wahrgenommen, mit allen Attributen, Eigenschaften und Kommunikationsmustern. In der Regel bestehen KlientInnen in der Psychotherapie darauf, langfristig mit einem Dolmetscher ihres Vertrauens zu arbeiten, was darauf hinweist, dass der Dolmetscher nicht als ein austauschbarer Dienstleister wahrgenommen wird, sondern als eine Vertrauensperson – ebenso wie der Psychotherapeut.

Ein wichtiger Aspekt in der Arbeit mit Kriegs- und Folterüberlebenden ist die emotionale Belastung, der DolmetscherInnen unmittelbar ausgesetzt sind. Der Dolmetscher erlebt in der Psychotherapie Menschen in emotionalen Ausnahmesituationen, die in ihrer Muttersprache über traumatische und traumatisierende Erlebnisse sprechen, ohne selbst ins Gespräch eingreifen zu dürfen. Im Gegensatz zu PsychotherapeutInnen sind DolmetscherInnen in der Regel nicht geschult, mit solchen Situationen und Inhalten umzugehen und können daher von Burnout, Sekundärtraumatisierung oder Retraumatisierung betroffen sein (vgl. Salman 2001: 175). Ein solides kollegiales Verhältnis zu den PsychotherapeutInnen kann diesbezüglich Abhilfe schaffen.

Verglichen mit anderen Kontexten des Asylbereichs stellt die transkulturelle Psychotherapie eine „geschütztere" kommunikative Situation dar. Insofern geschützt, als jedem Klienten von vornherein eine volle Therapiestunde zusteht und somit ohne Zeitdruck gearbeitet (und also gesprochen) werden kann.

4. DolmetscherInnen als KulturexpertInnen: Berufsbild oder Wunschdenken?

Sprache und Kultur sind untrennbar miteinander verbunden. Die Kultur findet in der Sprache ihren Ausdruck, und Sprache formt wiederum die Kultur. Somit geht das Erlernen einer Sprache unweigerlich mit dem Kennenlernen kultureller Gegebenheiten einher. Vor diesem Hintergrund ist es nachvollziehbar, wenn von DolmetscherInnen eine gewisse Kulturexpertise erwartet wird (vgl. Bot 2005: 64f). Sprache und Kultur bilden aber nur in den seltensten Fällen eine Einheit. Gerade Weltsprachen wie Russisch werden von vielen Völkern gesprochen, die unterschiedlichsten Kulturkreisen zugeschrieben werden können. Wie gerechtfertigt ist es dann, von einem professionellen und umfassend informierten Russisch-Dolmetscher, der in Österreich im Asylbereich arbeitet, Hintergrundinformationen über die tschetschenische Kultur einholen zu wollen? – Die Kompetenz in einer Fremdsprache ist also nicht zwingend mit *Kulturkompetenz* gleichzusetzen, wobei auch der Begriff Kulturkompetenz problematisch ist.

Insgesamt finden Begriffe wie *Kultur*, *kulturspezifisch*, *Kulturkompetenz* oder *interkulturelle Kommunikation* als Modewörter vermehrt Eingang in den gesellschaftlichen Diskurs. Dieses grundsätzlich zu begrüßende Interesse an Kultur birgt jedoch in sich die Gefahr unreflektierter Reproduktion positiv und negativ konnotierter Klischees, wie in Abschnitt 5 anhand eines Beispiels aus dem psychotherapeutischen Kontext illustriert wird. Kultur wird mitunter pauschal als Erklärungsmuster für unverständliches oder befremdliches Verhalten von Menschen aus anderen Ländern herangezogen, ohne dass dabei differenziert wird, ob eine solche Verhaltensweise in der jeweiligen Kultur überhaupt sozial erwünscht, akzeptiert oder geächtet ist.

Was aber bedeutet überhaupt *Kultur?* Was meinen wir landläufig, wenn wir sagen, dieses oder jenes Verhalten sei *kulturspezifisch*? Es wäre anmaßend zu versuchen, an dieser Stelle eine befriedigende Antwort zu geben. Sehr wohl macht es aber Sinn, im Kontext transkultureller Psychotherapie und gedolmetschter Kommunikation unsere Denkschablonen und Erwartungshaltungen bezüglich Kultur einer kritischen Prüfung zu unterziehen.

Man kann sich dem Kulturbegriff mit dem Ausschlussverfahren nähern: Was ist Kultur *nicht*? – Kultur ist sicherlich kein monolithisches oder homogenes Konzept. Auch im Fall einer Volksgruppe, in der rigide Bräuche tradiert werden und ein hohes Maß an sozialer Kontrolle besteht und damit verbunden ein starker Druck herrscht, die überlieferten Normen einzuhalten, ist es falsch anzunehmen, *alle* TrägerInnen dieser Kultur würden gleich oder ähnlich agieren. Kultur ist außerdem kein statischer Begriff. Kulturelle Normen sind einem ständigen Wandel unterworfen, und das gilt auch für oben beschriebene Volksgruppen, die aus unterschiedlichen Gründen Fremdeinflüssen tendenziell ablehnend gegenüberstehen. Schließlich ist zu berücksichtigen, dass die VertreterInnen einer Diaspora im Aufnahmeland die Normen ihrer Interaktion miteinander und mit der neuen Umgebung verändern, anpassen, weiterentwickeln, und manchmal aus Angst, ihre kulturelle Identität zu verlieren, sogar rigider und konservativer agieren, als es in ihrem Herkunftsland üblich ist.

5. Der Stellenwert kultureller Aspekte in der transkulturellen Psychotherapie

Aber zurück zur Psychotherapie: Häufig werden wir DolmetscherInnen gefragt, wie wir es denn schaffen, Bilder und Gefühle zu dolmetschen. Dabei gehen die Fragenden offenbar davon aus, Menschen aus anderen Kulturen würden ihre Erlebnisse und Emotionen radikal anders ausdrücken als „wir". Ausgehend von meiner Erfahrung in der Arbeit mit TschetschenInnen und anderen russischsprachigen Volksgruppen der ehemaligen Sowjetunion kann ich diese Annahme nicht bestätigen. Gerade Bilder stellen eine universale Form der Kommunikation dar, und was das Dolmetschen von Gefühlen betrifft, so werden Gefühle ohnehin großteils nonverbal ausgedrückt. Gewiss gibt es unterschiedliche Ausdrucksweisen und schwer übersetzbare Wörter und Konzepte.[3] Um Missverständnisse zu vermeiden und Klarheit zu schaffen, kann es notwendig sein, dass die DolmetscherIn die PsychotherapeutIn in einem Nachgespräch auf diese Nuancen in der Bedeutung und die Problematik im sprachlichen Transfer hinweist. Die meisten von mir befragten DolmetscherInnen und PsychotherapeutInnen äußern sich sehr positiv über Nachgespräche im Anschluss an die Therapiestunde, in denen sprachliche und andere Aspekte, den Therapieverlauf betreffend, besprochen werden können. Solche Nachgespräche können dem Aufbau einer soliden vertrauensvollen Arbeitsbeziehung zwischen PsychotherapeutIn und DolmetscherIn sehr zuträglich sein.

In der Psychotherapie geht es in erster Linie um das individuelle Erleben und Bewältigen von Leid. Der kulturelle Hintergrund des Klienten kann dabei eine entscheidende Rolle spielen: Etwa ist sexuelle Gewalt in der tschetschenischen Gesellschaft mit Schande für die Frau behaftet; eine vergewaltigte Frau muss mit Ächtung im sozialen und familiären Umfeld rechnen, und diese kulturspezifische Facette muss in der transkulturellen Psychotherapie Berücksichtigung finden. Der beste Informant über seine Kultur ist aber der Klient selbst, der, indem er über sich und sein Leben spricht, zwangsläufig auch über seine Stellung innerhalb seiner Kultur erzählt. Diese individuelle Positionierung innerhalb der Kultur ist es, was der Psychotherapeut in Erfahrung bringen muss, und für diesen Austausch braucht es sprachkompetente DolmetscherInnen, die mit dem Gesagten sorgfältig umgehen.

3. Z.B. bedeutet im Russischen *nervnyj* und *na nervah* nicht nur *nervös*, sondern schließt auch *jähzornig, leicht reizbar* mit ein. *Pereživat'* kann *leiden, traurig sein* bezeichnen, aber auch *sich Sorgen machen* oder *trauern*.

Ein Beispiel aus der psychotherapeutischen Praxis soll illustrieren, warum es manchmal nur ein kleiner Schritt ist zwischen Kulturkompetenz und Kulturklischees, und wie Informiertheit über die kulturellen Gepflogenheiten einer Volksgruppe zu Fehlschlüssen verleiten kann:

> Eine Tschetschenin erzählt der Psychotherapeutin von einer Freundin, die, ebenfalls Tschetschenin, 19 Jahre alt ist und einen zweijährigen Sohn hat. Sie will sich von ihrem Mann trennen, mit dem sie seit ihrem 14. Lebensjahr verheiratet ist. Die Psychotherapeutin bringt ihre Betroffenheit zum Ausdruck („So jung! In Österreich heiratet niemand in diesem Alter"). Die Klientin ist einverstanden („Sehr jung. Mit 14 ist man wirklich noch ein Kind."). Die Therapeutin weiß, dass Zwangsehen in Tschetschenien keine Seltenheit sind und vermutet: „Die Frau wurde zwangsverheiratet, nehme ich an?" - Die Klientin erzählt: „Nein, mit 14 ist sie von zu Hause ausgerissen. Sie war verliebt, er war damals Ende zwanzig, ein Kämpfer. Das hat ihr imponiert. Ihre Familie war strikt dagegen, sie hat deshalb große Probleme bekommen."

6. Abschließende Bemerkungen

Es ist nicht nur der Klient, der in der Psychotherapie seinen kulturellen Hintergrund mitbringt, sondern auch der Psychotherapeut und der Dolmetscher. In der einschlägigen Literatur wird z.T. empfohlen, in der Psychotherapie Angehörige verfeindeter Bürgerkriegsparteien nicht zusammenzubringen[4]. Ein solcher Ansatz ist wohl vom Wunsch, den Klienten zu schützen, geleitet, und mag in manchen Fällen berechtigt sein. Dennoch wird auf diese Weise die jeweilige (nationalistische) Kriegslogik kommentarlos aufgegriffen und im Aufnahmeland fortgesetzt, es wird also das reproduziert, was von Kriegstreibern überall und zu allen Zeiten propagiert wird, dass nämlich diese Volksgruppe mit jener Volksgruppe a priori und per se „nicht kann". Meine bisherigen Untersuchungen legen aber den Schluss nahe, dass nicht die Herkunft oder die nationale Zugehörigkeit des Dolmetschers entscheidend für den Aufbau einer vertrauensvollen Beziehung zum Klienten ist, sondern seine Weltanschauung[5] und der respektvolle Umgang mit den KlientInnen. Der Dolmetscher ist in der Psychotherapie für den sprachlichen Transfer zuständig. Darüber hinaus kann er in einem Nachgespräch mit dem Psychotherapeuten auch kulturbezogenes Wissen weitergeben.

Im Asylbereich und also auch in der transkulturellen Psychotherapie sind es mehr die sozialen Differenzen (s. Abschnitt 2), die eine Schieflage entstehen lassen, als kulturelle Unterschiede: Die Kluft zwischen einem Flüchtling und einem sesshaften Inländer muss nicht ausschließlich darauf zurückzuführen sein, dass der eine der tschetschenischen Kultur und der andere der mitteleuropäischen Kultur zugehörig ist bzw. zugeschrieben werden kann. Jedenfalls ist in der Psychotherapie (wie auch in anderen Kontexten) die Neugierde auf eine andere Kultur zielführender als vermeintliche Kulturkompetenz und festgefahrene Wissensbestände.

Literaturangaben

BOT, H. 2005 *Dialogue Interpreting in Mental Health*. Amsterdam/New York: Editions Rodopi.

4. z.B. keine russischstämmigen Dolmetscher mit tschetschnischen Klienten arbeiten lassen, oder keine türkischstämmigen Dolmetscher mit kurdischen Klienten.

5. Ein Dolmetscher mit ausländerfeindlicher oder rassistischer Gesinnung ist □ ganz unabhängig von seiner eigenen Herkunft und seiner Sprach- und Dolmetschkompetenz □ für das Arbeiten im Asylbereich nicht geeignet.

CARR, S., ROBERTS, R., DUFOUR, A. & STEYN, D. (Hg) 1997 *The Critical Link: Interpreters in the Community.* Papers from the first international conference on interpreting in legal, health, and social service settings (Geneva Park, Canada, June 1-4, 1995). Amsterdam/Philadelphia: John Benjamins Publishing Company.

HALE, S. 2007 *Community Interpeting.* Hampshire/New York: Palgrave Macmillan.

HEGEMANN, T. & SALMAN, R. (Hg) *Transkulturelle Psychiatrie – Konzepte für die Arbeit mit Menschen aus anderen Kulturen.* Bonn: Psychiatrie-Verlag.

PÖCHHACKER, F. 2004 *Introducing Interpreting Studies.* London/New York: Routledge.

PÖLLABAUER, S. & PRUNČ, E. (Hg) 2003 *Brücken bauen statt Barrieren. Sprach- und Kulturmittlung im sozialen, medizinischen und therapeutischen Bereich.* Graz Translation Studies, Band 7. Graz: Selbstverlag ITAT.

SALMAN, R. 2001 *Sprach- und Kulturvermittlung. Konzepte und Methoden der Arbeit mit Dolmetschern in therapeutischen Prozessen.* In HEGEMANN, T. & SALMAN, R. (Hg) Transkulturelle Psychiatrie – Konzepte für die Arbeit mit Menschen aus anderen Kulturen. Bonn: Psychiatrie-Verlag, 169-190.

Die Autorin:

MASCHA DABIĆ ist Übersetzerin und Konferenzdolmetscherin für die Sprachen Englisch, Russisch und Serbokroatisch. Seit 2005 ist sie in einem Zentrum für psychotherapeutische Betreuung von Kriegs- und Folterüberlebenden als Dolmetscherin tätig. Im Rahmen eines Doktoratsstudiums an der Universität Wien untersucht sie die Rolle des Dolmetschers in der transkulturellen Psychotherapie.

Verein Hemayat, Engerthstraße 161, 1020 Wien
e-mail: mascha.dabic@gmx.at

Frauengesundheitszentrum FEM-Süd und Männergesundheitszentrum MEN: Transkulturelle Aspekte der muttersprachlichen Gesundheitsberatung mit Frauen und Männern

Hüseyin Kalayci & Ekim San

Das Frauengesundheitszentrum FEM-Süd und das Männergesundheitszentrum MEN in Wien befassen sich mit spezifischen Interessen und Bedürfnissen der MigrantInnen im Gesundheitsbereich.

MigrantInnen wissen oft über psychosoziale Versorgungssysteme nicht genügend Bescheid. Hinzu kommt, dass vielen Ratsuchenden Gespräche über familiäre und persönliche Probleme sehr schwer fallen. Sie brauchen Vertrautheit und Angebote, welche ihrer Kultur entsprechen. Grundeinstellungen der Ratsuchenden zu Nähe und Distanz müssen in der Beratung besonders berücksichtigt werden. Die Möglichkeit einer situationsgerechten Kommunikation der KlientInnen ist wesentlicher Bestandteil der psychosozialen Beratung und Betreuung. Die muttersprachliche Beratung und Therapie in unseren Zentren ist ein essentieller Bestandteil einer bedarfs- und zielgruppengerechten Versorgung der MigrantInnen. Jedoch ist der sprachliche Aspekt dieser kommunikativen Arbeit mit MigrantInnen nur ein Teil der Funktion der Fachpersonen, welche eine umfassende kulturelle Vermittlungsfunktion einnehmen. Durch eine transkulturelle Orientierung können Zugangsbarrieren überwunden werden. FEM-Süd und MEN sind zwei gelungene Praxis-Beispiele für eine interkulturelle Öffnung von Gesundheitseinrichtungen. Beide Teams sind interkulturell und multidisziplinär zusammengestellt, mehrere Mitarbeiter haben Migrationshintergrund oder Migrationserfahrungen. Die Teams werden mit interkulturellen Fortbildungen und Supervisionen begleitet. Die Daten über die Inanspruchnahme der muttersprachlichen Beratungen im FEM-Süd und MEN zeigen, dass sprachliche oder kulturelle Barrieren im Zugang zur Gesundheitsversorgung durch ein interkulturelles Angebot deutlich gesenkt werden können. Dadurch eröffnet sich Betroffenen oft erstmals eine ihren Bedürfnissen angepasste, optimale Beratungs- und Behandlungsmöglichkeit.

Kulturelle Identität, kulturspezifische Erklärungen für Probleme und Krankheiten, Umgang mit Krankheitsbewältigung und Medikamenten, Erfahrungen mit religiösen Heilern und volksmedizinische Heilpraktika, kulturell und religiös relevante Interpretationen, soziale und familiäre Belastungsfaktoren, Reflektieren kultureller Normen und Werthaltungen, Streben nach Autonomie und Selbstbestimmung, verfügbare soziale und familiäre Unterstützung, Einbettung in soziale Netzwerke sind wichtige transkulturelle Beratungsinhalte. In der geschlechtsspezifischen Gesundheitsberatung werden biologische und soziale Geschlechtsunterschiede berücksichtigt. Unterschiedliche Geschlechterrollen, geschlechtsrelevante Betrachtungen von Problemen sowie frauen/männerspezifische Bewältigungsstrategien werden als Ausgangspunkt neben kulturellem Hintergrundwissen in die Beratung eingeschlossen.

Seiten 107-109

Zugangswege der KlientInnen

Die meisten KlientInnen kommen auf Empfehlung von Familienangehörigen, FreundInnen, Vereinen und Institutionen in die Gesundheitszentren und werden von niedergelassenen ÄrztInnen, Krankenhäusern und Ämtern überwiesen. Nach telefonischer oder persönlicher Kontaktaufnahme wird mit den KlientInnen ein Erstgespräch vereinbart. Die weiteren Sitzungen werden während des Erstgesprächs besprochen und geplant.

Störungsbilder

Die Erkrankungen und Probleme, mit denen wir uns befassen sind vielfältig. Psychologische/ psychotherapeutische Beratung wird insbesondere aufgrund von psychischen Störungen, psychosomatischen Erkrankungen mit akuten oder chronischen Verläufen, organischen Krankheiten und Lebens- und familiären Krisen in Anspruch genommen. Am häufigsten suchen uns KlientInnen mit depressiven Störungsbildern, Panikattacken, Angststörungen, posttraumatischen Belastungsstörungen, somatoformen Störungen und Psychosen auf. Faktoren, die zur Entstehung dieser Krankheiten führen sind familiäre Probleme, Partner- und Generationenkonflikte, Gewalterfahrungen, kulturell und traditionell bedingte Selbstwert- und Abgrenzungsprobleme, belastende Wohn- und Arbeitssituationen, mangelnde Berufsausbildung, finanzielle Schwierigkeiten, migrationsspezifische Belastungen, Folter, Flucht, rigide Lebenseinstellungen und ungünstige Lebensbedingungen, Entwurzelungs- und Trennungserlebnisse, Isolation und Einsamkeit, Fremdheitsgefühl sowohl im Herkunftsland als auch in Österreich.

Mangelnde transkulturelle und sprachliche Kompetenzen stellen zusätzlich einen bedeutsamen Belastungsfaktor für KlientInnen dar.

Muttersprachliche Gesundheitsberatung

In Rahmen der muttersprachlichen Gesundheitsberatung bieten wir folgende Angebote an:

- psychosoziale Gesundheitsberatung in Muttersprache für Einzelne, Paare, in dringenden Fällen für Familien
- Vermittlung an ÄrztInnen unterschiedlichster Fachrichtungen
- Erläuterungen der ärztlichen Behandlungsvorschläge
- Erklärungen von Medikamenten, Rezepten
- Erörterung von Krankheitsbildern
- Sozialberatung bei Fragen zu Aufenthalt, Arbeitslosigkeit, Wohnungsproblemen etc.
- Kontaktvermittlung zu gesetzlichen Krankenkassen und anderen Einrichtungen
- Präventionsangebote, themenspezifische Informationsveranstaltungen in Kooperation mit Vereinen, Kirchen und Moscheen
- Workshops mit Jugendlichen über Sexualität und Partnerschaft
- Gesundheitsfördernde Gruppenarbeiten
- Themenspezifische und multidisziplinäre Projekte mit Frauen und Männern

Diskussion

In der Diskussion des Workshops wurde betont, dass die psychologisch-medizinische Situation der MigrantInnen ihre soziale und gesellschaftliche Wirklichkeit widerspiegelt. Durch die Rollenverschiebungen in der Familie, den Autoritätsverlust gegenüber den eigenen Kindern und Entfremdung der Generationen voneinander entstehen Spannungen in den Familien, mit denen sie nicht fertig werden können. Aus Sprachschwierigkeiten und starkem Verhaftetsein in religiösen und kulturellen Traditionen des Herkunftslandes resultieren Kommunikationsschwierigkeiten, Unsicherheit, Gewissenskonflikte, die durch Reaktionen der Umwelt aufgrund kultureller Unterschiede verstärkt werden. Gleichzeitig gelingt es oft nicht, die Möglichkeiten und Chancen der neuen Lebensweise aufgrund häufig vorhandener sozioökonomischer Belastungsfaktoren und Ungleichheiten zu nutzen. Die Lebensbedingungen der MigrantInnen in Österreich lösen in Folge psychosomatische und depressive Reaktionen aus, wie Passivität, Resignation, Isolation, Unfähigkeit, selbst Entscheidungen zu treffen. Vielfach werden Konflikte am Körper ausgetragen und somatoform ausgedrückt. Viele MigrantInnen leiden unter Kulturkonflikten, Einsamkeit, Minderwertigkeitsgefühlen und Unausgewogenheit. Um abweichende Verhaltensweisen der MigrantInnen positiv beeinflussen zu können, müssen äußere Faktoren, wie die politische, soziale und wirtschaftliche Lage verbessert, aber auch die bisherigen Lebensumstände wie Kultur, Identität, Sprache geschützt und gepflegt werden. Sehr bedeutsam ist in dieser Hinsicht, MigrantInnen einen die herkunftsbedingten Unterschiede und mangelnden sprachlichen Ausdrucksmöglichkeiten berücksichtigenden Rahmen zu bieten, in welchem eine entlastende Auseinandersetzung mit vorhandenen Problemen und Bedürfnissen stattfinden kann, indem die Beschwerden aufrechterhaltenden Faktoren und Sichtweisen hinterfragt und neue Problemlösungsansätze eruiert werden können. Durch ein sensibles, schrittweises Herausarbeiten und Ausbauen von Ressourcen und Bewältigungsstrategien unter Berücksichtigung des jeweiligen individuellen und soziokulturellen Handlungsspielraumes werden so eine Stärkung der Kompetenz zur Selbstorganisation und aktive Problemlösungen angestrebt.

Autoren:
Dr. Hüseyin Kalayci, stellvertretende Leitung MEN.
Geboren 1960 in der Türkei, Studium der Pädagogik, Soziologie und Psychologie in Bielefeld und Düsseldorf. Im Team des MEN seit 2004, derzeit Psychotherapeut in Ausbildung.

Männergesundheitszentrum MEN, Kundratstraße 3, 1100 Wien, Österreich. www.men-center.at
e-mail: Hueseyin.Kalayci@wienkav.at

Mag. Ekim San, Beratung, Projektleitung.
Geboren 1981 in Österreich, Studium der Psychologie, postgraduelle Ausbildung zur Klinischen und Gesundheitspsychologin in Wien, seit 2006 im FEM Süd.

Frauengesundheitszenrum FEM Süd, Kundratstraße 3, 1100 Wien, Österreich. www.fem.at
e-mail: Ekim.San@wienkav.at

Jüdische Kontingentflüchtlinge aus der GUS. Konzepte und Praxis einer muttersprachlichen Ambulanz in Berlin

Marina Chernivsky & Werner E. Platz

Einführung

Menschen aus anderen Ländern erweitern zunehmend die soziokulturelle Landschaft der Bundesrepublik Deutschland und leisten einen hervorragenden Beitrag für die Weiterentwicklung einer pluralistischen und multikulturellen Gesellschaft. Die Integration dieser Vielfalt setzt jedoch die Bereitschaft der Aufnahmegesellschaft voraus, die Kultur und die Identität des anderen, sei es des einzelnen oder einer Gruppe, anzuerkennen. „Unsere Identität werde teilweise von der Anerkennung oder Nicht-Anerkennung oft auch von der Verkennung durch die anderen geprägt, so dass ein Mensch oder eine Gruppe von Menschen wirklichen Schaden nehmen (…), wenn die Umgebung oder die Gesellschaft ein einschränkendes, halbwürdigendes oder verächtliches Bild ihrer selbst zurückspiegelt" (Tylor 1993: 13; in Novikov 2005: 98).

Das Anliegen dieses Beitrages ist also nicht nur fachlich sondern auch sozialpolitisch begründet. Im Zusammenhang mit der Vorstellung des therapeutischen Settings der psychiatrischen Institutambulanz am Vivantes Humboldt-Klinikum (Berlin) möchten wir auf einige Aspekte bei der Bewältigung von interkulturellen Herausforderungen im psychiatrischen Alltag aufmerksam machen und zur Einsicht in die Notwendigkeit einer kultur- und migrationssensiblen Therapieform beitragen. Exemplarisch wird die Bedeutung dieses Themas am Beispiel der Gruppe der russischsprachigen, jüdischen ZuwanderInnen aufgezeigt und verdeutlicht.

Problembeschreibung

Vor dem Hintergrund der Einwanderung wird die bundesweite medizinische Versorgung, insbesondere im psychologischen, psychosomatischen, psychotherapeutischen und psychiatrischen Bereich, vor Herausforderungen gestellt. Obwohl die Migration in Deutschland (9% der Gesamtbevölkerung) einen dauerhaften und zunehmenden Prozess darstellt, ist die Integration der MigrantInnen in das bestehende psychiatrisch-psychotherapeutische Versorgungssystem nach wie vor defizitär. Bisher werden nur in wenigen Einrichtungen integrierte transkulturelle Behandlungskonzepte im ambulanten sowie im stationären Setting bereitgestellt. Es existieren zwar einige Kliniken, die ein spezielles muttersprachliches Therapiekonzept für MigrantInnen anbieten. Doch diese Angebote reichen bei weitem nicht aus, um EinwanderInnen bundesweit mit dem gleichen Standard wie die Angehörigen der Mehrheitsgesellschaft zu versorgen (Platz & Rubinstein 2007).

Seiten 111-120

Vor diesem Hintergrund bietet es sich an, an der Entwicklung einer kultur- und migrationssensiblen Gesundheitsversorgung zu arbeiten, um die Bedeutung von soziokulturellen Besonderheiten bei MigrantInnen in das Bewusstsein der in der Psychiatrie und Psychotherapie tätigen Professionellen zu rücken. Damit ist vor allem ein struktureller Wandel gemeint: die Senkung von sprachlichen und rechtlichen Zugangsbarrieren, die Integration der transkulturellen Psychiatrie und Psychotherapie in Aus- und Weiterbildungssysteme sowie eine aktive Auseinandersetzung mit kulturell verankerten und tradierten Vorurteilen gegenüber Einwanderern und Einwanderergruppen. So sollen nicht nur MigrantInnen als „Fremde" „studiert" werden; vielmehr erweist es sich als notwendig, die ethno-fokussierten Wahrnehmungs- und Integrationsmuster der aufnehmenden Gesellschaft zu hinterfragen, die in Anbetracht der Einwanderung häufig überfordert ist, und sich vorwiegend an „vertrauten" Zuschreibungen gegenüber der aufgenommenen Gruppe orientiert.

Migration und psychische Gesundheit

Für viele EinwandererInnen bringt die Migration große Veränderungen mit sich. Nicht nur neue Lebensumstände, sondern die Folgen der politischen, sozialen und rechtlichen Situation ihrer Heimatländer können pathogene Folgen für die körperliche und seelische Integrität der MigrantInnen nach sich ziehen. Dabei geht es häufig um die extreme Traumatisierung, die als Prozess der Auseinandersetzung mit einem (extrem)traumatischen Ereignis verstanden wird, das Menschen sowohl körperlich als auch psychisch unvorbereitet trifft und bei ihnen eine breite Palette von posttraumatischen Reaktionen hervorruft (Shalev *et al.* 2004). Die (extrem)traumatischen Ereignisse sind – im Gegensatz zu gewöhnlichen psychosozialen Belastungen, wie etwa Stress am Arbeitsplatz – dadurch gekennzeichnet, dass sie die Betroffenen mit existenziellen Bedrohungen konfrontieren, wie das Erleben von körperlicher und psychischer Gewalt, Geiselhaft, Krieg oder Terror. Neuerdings werden auch körperliche Erkrankungen, medizinische Eingriffe, Unfälle oder plötzlich auftretende einschneidende Lebensereignisse als potenziell traumatisierend eingestuft.

Zu den typischen Reaktionsmustern auf die extreme Traumatisierung zählen, neben körperlichen Beeinträchtigungen, eine massive Erschütterung des Selbst- und Weltbildes, Überforderung der Adaptionsfähigkeiten, kurz- und langfristige psychische Morbidität sowie die Entwicklung von posttraumatischen Belastungsstörungen (Shalev *et al.* 2004). Im besten Fall wird bei den Betroffenen – wenn der Schaden nachgewiesen werden konnte – die Diagnose „Posttraumatische Belastungsstörung" (PTBS; engl. PTSD) gestellt, da diese eine der wenigen Störungen ist, deren Ätiologie auf einen externen traumatischen „Auslöser" zurückgeführt wird. Nach dem neuesten Forschungsstand kann jedoch eine prolongierte Traumaexposition wie lang anhaltender körperlicher Missbrauch, persistierender Kriegszustand, existenzielle Angst um die körperliche, seelische oder materielle Integrität, dauerhafte Sperrung von materiellen und geistigen Ressourcen zu einer komplexeren Symptomkonstellation führen, als die „klassische" PTBS Symptomatik. Dazu gehören laut umfangreicher Forschungsgrundlage folgende Symptome: Störungen der Affektregulation, Störungen des Gedächtnisses und der Konzentration, dissoziative Symptomatik, gestörtes Identitätsgefühl, verinnerlichte Unterdrückung, langanhaltende Beziehungsprobleme und nachhaltige Veränderungen im Wertesystem (van der Kolk *et al.* 2005).

Über diese (extrem)traumatischen Zustände hinaus, stellen die mit der Migration verbundenen räumlichen und psychosozialen Umstellungen eine anomische Lebenssituation dar, die den gewöhnlichen Lebenslauf einer Person für immer verändern kann und sich auf die psychische Gesundheit auswirken. Aus dieser Sicht sind neben den psychischen Folgen der Migration soziokulturelle und individuell-biographische Faktoren – Veränderung der sozialen Struktur und des gewöhnten Umfeldes, kulturbedingte Irritationen, Rollen- und Statusverlust, Veränderung von Familienzusammensetzungen – besonders zu beachten. Betrachtet man im Allgemeinen die üblichen ätiologischen Risikokonstellationen für das Auftreten psychischer Störungen, so ist bei MigrantInnen statistisch gesehen von einem stark erhöhten Risiko auszugehen (FRIEDMANN 2003). Das Risiko infolge der Migration in eine seelische Krise zu geraten, ist also von den Sozialisationsbedingungen im Heimatland, von den Auswirkungen der Migration und von den Lebensbedingungen in der Aufnahmegesellschaft wesentlich abhängig.

Kultursensitive Therapie

Die Erscheinungsformen vielerlei psychischer Erkrankungen sind sozio-kulturell geprägt und bedürfen eines kultursensiblen Zuganges. Zugleich ist es jedoch von besonderer Bedeutung zwischen einer kultursensiblen und einer kulturalisierenden Sicht zu unterscheiden. Das Resultat der letzteren könnte sowohl zu Verallgemeinerungen als auch zu Konstruktionen stabiler kultureller Zuschreibungen führen. Die Kulturalisierungstendenzen können beispielsweise dazu beitragen, dass PatientInnen, aufgrund ihrer Zugehörigkeit zu einer bestimmten Herkunftsgruppe, quasi per se „erkennbare" Merkmale zugeordnet bekommen. Alternativ stellt sich ein multikulturell-pluralistischer Ansatz zur Verfügung, der sich als Gegensatz zu der oben beschriebenen Wahrnehmungstradition versteht. Aus dieser Perspektive gesehen, schreibt nicht länger die Aufnahmegesellschaft alleine die normativen kulturellen Bewertungsmuster vor, sondern ist verpflichtet die Identität jedes einzelnen Migranten zu würdigen und anzuerkennen, ausgehend von seiner Biographie, mit oder ohne erkennbare soziokulturelle Zugehörigkeit zu seiner Gruppe (KIESEL 2004).

Versuchen wir diese Überlegungen auf die therapeutische Praxis zu übertragen, so ergeben sich viele offene Fragen und Unsicherheiten. Für viele Professionelle stellt gerade die Bewältigung der so genannten „soziokulturellen" Besonderheiten ihrer Patienten, immer noch eine Herausforderung dar. Durch Sprachbarrieren, kulturelle Befremdung, mangelnde Empathie und innere Vorbehalte kann die Qualität ihrer Arbeit erheblich beeinträchtigt werden. Als Beleg dafür kann die Inanspruchnahme psychiatrischer Einrichtungen durch MigrantInnen herangezogen werden, die deutlich niedriger liegt als die der einheimischen Bevölkerung. Die Gründe dafür sind: Informationsmangel, unzureichende Kenntnisse über die Strukturen des Gesundheitssystems, Angst vor Stigmatisierung, Scham- und Schuldgefühle sowie die unzureichende migrationsspezifische Sensitivität des behandelnden Personals.

Die psychiatrische Institutambulanz im Rahmen des Vivantes Humboldt-Klinikums hat diese Schieflage erkannt und bietet demnach seit mehr als 15 Jahren einen Behandlungsansatz im transkulturellen, muttersprachlichen Setting an. Die PatientInnen der Ambulanz, überwiegend aus dem osteuropäischen Raum, werden von ÄrztInnen, PsychologInnen, PsychotherapeutInnen und SozialarbeiterInnen interdisziplinär und möglichst in ihrer Muttersprache behandelt. Das muttersprachliche Angebot und der Einbezug migrationsspezifischer und soziokultureller Aspekte der PatientInnen begründen somit die Grundhaltung der Institutambulanz als einer Einrichtung für kultursensible Psychiatrie und Psychotherapie.

Die jüdischen Zuwanderer: Was ist dabei zu beachten?

Nach dem Auseinanderfallen der ehemaligen UdSSR hat die Migration aus Osteuropa noch nie dagewesene Ausmaße erreicht. Inoffizielle Schätzungen gehen davon aus, dass sich allein in Berlin etwa 300.000 russischsprachige MigrantInnen aufhalten. Dabei handelt es sich um russischsprechende Flüchtlinge und Asylbewerber aus den Kriegsregionen, deutsche Spätaussiedler sowie jüdische Kontingentflüchtlinge aus dem gesamten Gebiet der GUS Staaten, einschließlich der Ukraine und Weißrussland (PLATZ & RUBINSTEIN 2007).

Zunächst unabhängig von der Unterteilung der russischsprechenden Migranten in Migrantengruppen haben all die Mitglieder dieser Gruppen ein geteiltes Merkmal – sie werden in dem Aufnahmeland als „Russen“ wahrgenommen und bezeichnet (RAHN 2002). Ein weiteres übergreifendes Merkmal dieser Migrantengruppen ist das ursprüngliche Leben in derselben totalitären Gesellschaft und der Wunsch nach Emigration (NOVIKOV 2002). Die russischsprachigen Migranten zeichnen sich zwar durch die gemeinsame Sprache und viele Ähnlichkeiten aus und dennoch gibt es erhebliche soziokulturelle Unterschiede.

Die Migration sowjetischer Juden nach Deutschland ist ein komplexes Phänomen. Neben anderen Migrantengruppen haben auch die jüdischen Flüchtlinge ihren Heimatort gezwungener Weise verlassen, um für sich und ihre Kinder würdige und sichere Lebensbedingungen zu finden. Somit stellen auch für sie der Verlust von Heimat, die neuen soziokulturellen und politischen Besonderheiten der Aufnahmegesellschaft, in der sie rechtlich geduldet aber nicht zwingend erwünscht sind, die eingeschränkte gesellschaftliche Partizipation und die reduzierten Handlungsspielräume im Zielland, erhebliche Belastungen dar (NOVIKOV 2005).

Auch die Motive der jüdischen Auswanderung dürfen im Kontext dieser Analyse nicht unberücksichtigt bleiben. Die Angst vor antisemitischen Stimmungen und gar Ausschreitungen, wogegen sie die geschwächte Staatsmacht nicht schützen kann oder will, ist einer der Hauptmotive für die Emigration (NOVIKOV 2002).

Zugleich ließ die totale Auflösung vieler staatlicher Institutionen in den infrastrukturellen, wissenschaftlichen und kulturellen Sektoren die Zahl hochqualifizierter Arbeitsloser sprunghaft ansteigen. Da die jüdische Bevölkerung trotz restriktiver antisemitischer Maßnahmen überproportional in den Elite-Bereichen vertreten war, hatte sie unter dieser Entwicklung besonders zu leiden. Zur politisch motivierten Migration kam also der Mangel einer ökonomischen Perspektive hierzu (KIESEL 2004).

Die sowjetisch-jüdische Migration nach Deutschland findet in einem spezifischen Kontext statt, der maßgeblich mit Rahmenbedingungen, sowohl in der früheren UdSSR, als auch in der Bundesrepublik Deutschland und Israel zusammenhängt. Die Analyse der kollektiven und individuellen Erfahrungen dieser „Gruppe“ muss also auch der russisch-jüdischen (sowjetisch-jüdischen) Geschichte und Gegenwart Rechnung tragen.

Rechtlich gehören jüdische ZuwandererInnen zu der Gruppe der Kontingentflüchtlinge, die aus den Ländern der ehemaligen Sowjetunion eingewandert sind. Die letzte Regierung der DDR hatte noch damit begonnen, Juden aus der Sowjetunion in einem erleichterten Verfahren in die DDR einreisen zu lassen[1]. Diese Regelung wurde nach vielen widersprüchlichen politischen Debatten von der Bundesrepublik übernommen und in Analogie zu dem allgemeinen Kontingentflüchtlingsgesetz bis zum 31.12.2004 ausgeführt. Demnach hatten die jüdischen Kontingentflüchtlinge ein Recht auf eine unbefristete Aufenthaltserlaubnis sowie eine Arbeitserlaubnis, blieben jedoch bis zur Einbürgerung Staatsangehörige ihrer Heimatländer (BRUCKS in HEGEMANN & SALMAN

1. „Aufnahme jüdischer Kontingentflüchtlingen erfolgt ohne zahlenmäßige und zeitliche Begrenzung in einem für Bund und Länder zumutbaren Maß aufgrund von Einzelentscheidungen und dem geordneten Aufnahmeverfahren. (…) Zugangsberechtigt sind: Personen jüdischer Nationalität, die von mindestens einem jüdischen Elternteil abstammen, ihre Ehegatten und Kinder. (…) Wesentlicher Gesichtspunkt dieser Zuwanderung ist laut Gesetz die Stärkung der Lebensfähigkeit der jüdischen Gemeinden in Deutschland (Grundgesetzerlass vom 25. März 1997).

2001). Seit Beginn des Jahres 2005 gilt auch für diesen Personenkreis das Zuwanderungsgesetz. Bis dahin konnten sie – wie auch andere Kontingentflüchtlinge – ihren Wohnort in der Bundesrepublik nicht frei wählen, sondern sie wurden nach einem bestimmten Quotenschlüssel auf die Bundesländer verteilt. Hiernach hatte Berlin mehr als 2,3 Prozent der jüdischen ZuwandererInnen aufgenommen. Aufgrund einer seit 1991 bestehenden Übererfüllung dieser Quote durch Berlin war das reguläre Aufnahmeverfahren ausgesetzt worden. Weitere Aufnahmen erfolgten in der Regel im Rahmen eines Härtefallverfahrens nach eingehender Einzelfallprüfung.

Im Rahmen dieser Regelung kamen nach Deutschland im Zeitraum der letzten 18 Jahre ca. 220.000 jüdische Flüchtlinge, die im Gegensatz zu vielen anderen Migrantengruppen, über einen hohen akademischen Bildungsstand, eine berufliche Qualifizierung und eine beachtliche Anschlussfähigkeit an die moderne Industriegesellschaft verfügten. Trotz einer ausgeprägten strukturellen Anpassungsfähigkeit brachte diese Gruppe soziokulturelle, religiöse und identitätsbezogene Spezifika mit sich, die hier eine kurze Erwähnung finden sollen (Kiesel 2004).

Als Juden eingewandert, stehen die jüdischen Einwanderer in Deutschland vor einer doppelten Integrationsaufgabe: einerseits wird die Eingliederung in die Aufnahmegesellschaft erwartet, andererseits wird die Integration in die jüdische Gemeinschaft gefordert, die für ihre Integration maßgeblich zuständig ist und deren kulturelle und religiöse Grundhaltungen vielen ZuwanderInnen anfänglich fremd sind (Novikov 2002). In ihrem Heimatland blieb ihnen die ethnisch-religiöse Zugehörigkeit – bis auf die dokumentierte Zugehörigkeit im sowjetischen Ausweis – verwehrt. Die jüdische Identität der russischen Juden lässt sich dadurch nur in wenigen Fällen religiös beschreiben (Kiesel 2004).

Auch die Erfahrungen mit einem totalitären Regime haben zur Folge, dass der Umgang mit Selbstbestimmung, Entscheidungsfreiheit und Autonomie sich nicht einfach gestalten lässt. Zugleich bringen viele von ihnen traumatische Erfahrungen von dauerhafter Ausgrenzung, politischer und wirtschaftlicher Unstabilität, Angst vor antisemitischen Repressionen und Furcht vor der Diskriminierung aufgrund ihrer jüdischen Herkunft, nach Deutschland mit. Noch 1978 hebt Kartman die kollektive Geschichte von Segregation und Verfolgung als einen wesentlichen Aspekt der Sozialgenese von russischen Juden hervor (Zielke-Nadkarni 2005).

Wenn wir diese Migrantengruppe noch näher betrachten, so sind unter ihnen viele PatientInnen mit posttraumatischer Anpassungs- und Belastungsstörung anzutreffen (Platz & Rubinstein 2007). Typisch für die PTBS-Symptomatik sind weitere psychische und somatische Begleitsymptome. Im Vordergrund stehen affektive Störungen wie Major Depression, Angststörungen, Sozialphobie, Zwangsstörung, Somatisierungsstörungen, dissoziative Störungen, Alkohol-, Drogen- und Medikamentenmissbrauch, begleitet von chronischen Schmerzzuständen, Herz-Kreislaufstörungen und anderen somatischen Beschwerden (Chernivsky 2006).

Derartige Störungsbilder können nicht im regulären Rahmen behandelt werden und bedürfen einer speziellen psychologischen, psychosomatischen, psychotherapeutischen und psychiatrischen Hilfeleistung. Diese bleibt jedoch vielen von ihnen, vor allem aufgrund der Sprachbarriere, verwehrt. Zudem hat das psychiatrische Versorgungssystem in der UdSSR die psychisch gestörten, hilfeaufsuchenden Menschen als „Psychopathen" bzw. „Asoziale" stigmatisiert und aus dem gesellschaftlichen Leben ausgeschlossen (Zielke-Nadkarni 2005). Die psychiatrische Terminologie drehte sich – ähnlich wie bei den deutschen Renten- und Entschädigungsbehörden der 50er und 60er Jahre – um Begriffe wie „Neurasthenie", „Psychasthenie" und „psychovegetative Dystonie" (Friedmann 2003). Die Angst vor der Stigmatisierung sowie das zu den Zeiten des Regimes entstandene Misstrauen in die höheren Instanzen, verhindern heute noch die Inanspruchnahme psychiatrischer und psychotherapeutischer Behandlung, so dass bei vielen russischsprachigen ZuwanderInnen die Bereitschaft für eine Therapie ausschließlich in einer vertraulichen Atmosphäre im muttersprachlichen Setting möglich wird.

Nach Rahn (2002) ist eine weitere kulturspezifische Besonderheit darin zu sehen, dass der Begriff Psychosomatik in der UdSSR wenig bekannt war. Den psychischen Beschwerden wurden von den Betroffenen organische Faktoren zugrunde gelegt. Das seelische Leiden wurde somatisch übersetzt und ausschließlich auf der Ebene des Körpers zum Ausdruck gebracht.

Außerdem sind viele der älteren jüdischen Einwanderer Holocaustüberlebende und/oder Opfer des stalinistischen Regimes. Ihre Lebenssituation bedarf angesichts der durchlittenen und meistens verschwiegenen Traumatisierung einer besonderen Beachtung. Auch die nächsten Generationen scheinen von Symptomen der zweiten und dritten Generation betroffen zu sein. Zahlreiche Untersuchungen an Überlebenden weisen darauf hin, dass nicht nur die direkt Betroffenen sondern auch ihre nicht unmittelbar betroffenen Kinder unter transgenerationaler Traumatisierung zu leiden haben. Dabei hatten viele von den Überlebenden in ihrer Vergangenheit im Heimatland kaum die Gelegenheit ihr Leiden zu thematisieren. Viele von ihnen unterdrückten die traumatischen Erfahrungen, um sich erneuten Verletzungen, judenfeindlichen Einstellungen oder der Verkennung seitens der Mehrheitsgesellschaft nicht aussetzen zu müssen (Dasberg 1987).

Die langjährige „Verschwörung des Schweigen" im ost- sowie auch im westeuropäischen Raum führte unter anderem dazu, dass die Nachkriegsgesellschaft es versäumt hat, die entsprechenden psychologischen und psychiatrischen Lehren aus den NS-Verbrechen zu ziehen. Nur wenige Wissenschaftler begannen, wenn auch spät, die anhaltenden Folgen nach Extrembelastungen bei den Opfern der Naziherrschaft zu untersuchen (Friedmann 2003). Inzwischen gibt es fundierte Studien über Folgen des Holocaust, die auch 60 Jahre danach immer noch als Gesundheitsrisiken nachwirken. Eine der primären Diagnosen ist das KZ-Syndrom und der so genannte Spätschaden, der infolge eines Traumas viele Jahre nach den auslösenden Ereignissen auftritt (Dasberg 1987). Chronische psychische Schäden in Form der langanhaltenden posttraumatischen Störung bei Holocaustüberlebenden wurden in der Literatur der letzten Jahrzehnte zwar häufig beschrieben, allerdings liegen nur wenige empirische Studien vor, die konkrete PTBS-Raten angeben. Zu erwähnen ist die kanadische Studie von Kuch & Cox (1992), in der 124 jüdische Überlebende untersucht wurden. Insgesamt wiesen 46 Prozent der Untersuchten eine PTBS auf, wobei die ehemaligen Häftlinge der Konzentrationslager eine dreimal so hohe PTBS-Diagnosenrate aufwiesen wie die Nichthäftlinge. In einer Arbeit von Yehuda und Kollegen (1995) wurde bei 56 Prozent von 72 Holocaustüberlebenden eine PTBS mit kumulativen Traumaerfahrungen festgestellt (in Chernivsky 2006).

Über die Diagnosestellung hinaus lässt sich festhalten, welche Störungsbilder bei den Betroffenen am häufigsten auftreten: Neuralgische Schmerzen, Tremor, Colitis, schwerwiegende Atem-, Herz- und Kreislaufprobleme, chronische arthritische Anfälle sowie weitere unspezifische somatische Beschwerden. Es besteht eine verstärkte Anfälligkeit für gestörte Affekt- und Impulssteuerung, chronische Depressionen, hohes Stressrisiko, Bindungs- und Verlustängste, Verschiebungen psychisch begründeter Ängste auf den somatischen Bereich, Somatisierungsstörungen, verspätete Trauerreaktionen über Verluste in der Vergangenheit, allgemeiner Sinn-, Wert- und Orientierungsverlust, gestörtes Identitätsgefühl sowie traumatische Persönlichkeitsveränderungen (Friedmann 2003; Zielke-Nadkarni 2005).

Besonderes bei Menschen, die über lange Zeit immer wieder, auch wenn nur in unterschwelliger Form traumatischen Ereignissen ausgesetzt waren oder werden, kommt es nicht selten zu einer fortgeschrittenen Form der PTBS, die in eine Veränderung der Persönlichkeitsstruktur übergehen kann (van der Kolk *et al.* 2005). Zudem gibt es Hinweise darauf, dass chronisch traumatisierte Menschen nur selten einen Zustand physischer und psychischer Ruhe erreichen können, auch ohne den Kriterien der PTBS zu genügen (VAN DER KOLK *et al.* 2005; HERMAN 1993).

Es folgt eine zusammengefasste Übersicht von einigen spezifischen Belastungsfaktoren und Gesundheitsrisiken, die das Auftreten psychischer Störungen und Gesundheitsschäden bei zugewanderten Juden mit oder ohne die posttraumatische Symptomatik begünstigen können (PLATZ & RUBINSTEIN 2007; ZIELKE-NADKARNI 2005):

„Kollektive Traumatisierung" (PLATZ & RUBINSTEIN 2007; NOVIKOV 2002): Wie oben dargestellt, bringen viele der jüdischen Zuwanderer Erfahrungen mit der Shoa. Viele von ihnen sind Opfer der politischen Repressalien im totalitären Regime der UdSSR. Sie bringen ihre Erfahrungen der Ausgrenzung als Einzelne und als Gruppe. Sie sind gewöhnt an die mangelnde Anerkennung ihres Leidens und neigen dazu, diese Erfahrungen selbst zu verleugnen.
„Fremdsein im eigenen Land" (PLATZ & RUBINSTEIN 2007): Ähnlich wie deutschstämmige Aussiedler, wurden Juden in der UdSSR immer als Fremde gesehen und bezeichnet. Viele der jüdischen Zuwanderer bringen die Erfahrung von sozialer Ausgrenzung und Diskriminierung in die Aufnahmegesellschaft mit. Auch im Aufnahmeland werden sie häufig mit antisemitischen Vorurteilen und fremdenfeindlicher Voreingenommenheit konfrontiert.
„Die verinnerlichte Zuschreibung nationaler Zugehörigkeit" (RAHN 2002): Die Stigmatisierung als *Jude* durch die sowjetische Bürokratie hatte eine dokumentierte Zugehörigkeit zufolge, die nicht mehr abgelegt werden konnte. Diese diente der staatlichen sowie der alltäglichen Diskriminierung von Juden in allen Bereichen des öffentlichen Lebens.
„Dreifache Integrationsforderung" (NOVIKOV 2005): Juden mussten sich schon in ihrem Heimatland um die Integration und Anerkennung als Juden bemühen. Migrationsbedingt müssen sie sich im Aufnahmeland sowohl in die Aufnahmegesellschaft als auch in die jüdische Gemeinschaft integrieren. Der Staat überlässt der jüdischen Gemeinde und den jüdischen Zuwanderern selbst die Initiative zu dieser Integration.
„Doppelbindung" (ZIELKE-NADKARNI 2005; NOVIKOV 2002): Laut sozialpsychologischen Untersuchungen ist von einer erfolgreichen Integration dann auszugehen, wenn zusätzlich zu der aktiven Partizipation am Leben des neuen geopolitischen und ethnosozialen Raumes sowie der Gruppenfähigkeit und der interaktionellen Bereitschaft der MigrantInnen, keine deutlichen Repatriierungsabsichten vorliegen. Bei jüdischen Zuwanderern wird jedoch eine gehäufte familiär bedingte Bindung zum Heimatland beobachtet, die den Anschluss an die neue Gesellschaft erschweren kann.
Hohe Arbeitslosigkeit
Status- und Rollenverlust
Auflösung von Familienverbänden
Vereinsamung und Isolation
geringe Anteilnahme am gesellschaftlichen Leben der Mehrheitsgesellschaft
Erhebliche Sprachbarrieren, besonders bei älteren Zuwanderern.

Hierzu die Auflistung der in unserer Ambulanz häufig beobachteten psychischen Krankheitsbilder bei MigrantInnen aus der ehemaligen Sowjetunion (PLATZ & RUBINSTEIN 2007):

1. Affektive Störungen
2. Anpassungsstörungen
3. posttraumatische Belastungsstörung
4. andauernde Persönlichkeitsveränderung nach Extrembelastungen
5. Suchtproblematik: Alkohol- , Substanz- und Drogenabhängigkeit
6. Verhaltensstörungen mit Delinquenz
7. Persönlichkeitsstörungen
8. Somatoforme Störungen
9. Spätschaden (KZ Syndrom)

Praxiskonzept und Erfahrungen

Im Laufe der letzten Jahre ist die psychiatrische Institutsambulanz am Vivantes Humboldt-Klinikum zum Treffpunkt vieler Berliner MigrantInnen geworden. Durch die langjährige Tätigkeit von Herrn PD Dr. W. E. Platz im Bereich der Betreuung und Beratung von Holocaust-Überlebenden und als Mitbegründer von Esra e.V. (Berlin) ist die Ambulanz eine seit Jahren bekannte Zulaufstelle für den breiten Personenkreis der PatientInnen mit oder ohne Migrationshintergrund.

So war immer schon die Intention der Institutambulanz, auch unter der neuen Leitung des Klinikdirektors Prof. Dr. Bräunig, der zuvor schon zur Entstehung einer ähnlichen, auch russischsprachigen Ambulanz mit integrativer Arbeit in Chemnitz (KNORR & HEISE 2002) ermutigt hatte, möglichst viele Fachkräfte – ÄrztInnen, PsychologInnen, PsychotherapeutInnen und SozialarbeiterInnen – zu engagieren. Heutzutage verfügt die Ambulanz über ein Fachpersonal, das mit Kenntnissen in deutscher, griechischer, russischer und hebräischer Sprache ausgestattet ist. Die Entscheidung für eine sprachliche und kulturelle Vielfalt der MitarbeiterInnen basierte vorwiegend auf der Überlegung, dass Sprachbarrieren Irritationen und Missverständnisse hervorrufen können, was die Effektivität der Diagnostik und der Therapie erheblich beeinträchtigen wird. Die Herstellung einer intakten sprachlichen Verständigung in der therapeutischen Beziehung könnte also Brücken zu der subjektiven Welt der KlientInnen schlagen und die mentalen Zugangsbarrieren aufbrechen.

Aus unserer Erfahrung sind ebenfalls das Vertrautsein mit der eigenen Herkunft, Wissen über Migrationsverläufe und mögliche Auswirkungen der Migrationserfahrung, Kenntnisse über die sozialen und familiären Netzwerke der Patientinnen für die kultursensitive und migrationsspezifische Therapie erforderlich. Hierzu gehören ebenfalls das Erkennen und Verstehen von subjektiven Krankheitsverständnissen der PatientInnen, da Symptomwahrnehmung und -deutung durchaus kulturspezifisch sind, und einer Anerkennung bedürfen. Hier wird von den Mitarbeitern die Bereitschaft gefordert, auch das eigene kulturelle Selbstverständnis zu reflektieren, um nicht in stereotypen Annahmen über die jeweilige Patientengruppe zu verbleiben.

Allerdings basiert die Arbeit in der Ambulanz nicht auf den ethnisch orientierten Konzepten, die einen „ethnisch-spezifischen" Umgang mit „russischen" oder „jüdischen" Patienten vorsehen. Zwar ist die Sensibilität für die kulturellen Hintergründe der PatientInnen vorhanden, aber sie lässt sich nicht auf die ethnische Zugehörigkeit beschränken. Die Vielfalt durchaus differenter kultureller Werthaltungen innerhalb der jeweiligen „Gruppierungen" sowie die individuell-biographischen Kontexte der KlientInnen werden in die Therapie notwendigerweise miteinbezogen. Voraussetzung dafür ist die multidimensionale Definition von ‚Kultur', die eine stetige (Weiter) Entwicklung von kulturellen Selbst- und Lebenskonzepten bzw. ethnischen Einheiten vorsieht, die wiederum in wechselseitiger Beziehung zu sozialpolitischen, familiären, soziökonomischen und anderen Rahmenbedingungen stehen können.

Vor diesem Hintergrund hat das Team der Ambulanz ein integratives, ganzheitliches Behandlungskonzept erarbeitet. Dabei wird viel Wert auf folgende Aspekte gelegt:

1. Vielfalt sprachlicher und kultureller Verständigungswege
2. Muttersprachliche Beratung und Behandlung
3. Ressourcenorientierter Ansatz in der Therapie
4. Kontinuierliche ambulante psychologische Beratung und Psychotherapie
5. Interdisziplinäre Komplexleistung, die eine umfassende ärztliche, psychosoziale und therapeutische Behandlung beinhaltet.

Resümee

Die Kumulation unterschiedlicher Belastungen infolge der Migration kann – besonders bei eingeschränktem Spiel- und Handlungsraum in der Aufnahmegesellschaft – krank machen. Wird der Betroffene in seinen Ressourcen gestärkt und gewürdigt, kann er der neuen Umwelt gegenüber handlungsfähig bleiben und seine Situation selbständig meistern. Im Kontakt mit Menschen unterschiedlicher Herkunft, die unter anderem traumatische Erfahrungen aus ihrem Herkunftsland mit nach Deutschland bringen, sind die bewusste Analyse der eigenen Haltungen, Wert- und Normmaßstäbe sowie das Wissen um die komplexen Hintergründe der Zuwanderer wesentliche Voraussetzungen für eine kultursensible- und migrationsspezifische Diagnostik und Therapie. Dabei soll nicht nur die Opferperspektive im Zentrum des therapeutischen Prozesses stehen. Bei dem Perspektivwechsel sollen die Migranten als selbständige Akteure in Erscheinung treten – als Menschen mit ihren zahlreichen Perspektiven, Bewältigungsstrategien und Potenzialen.

Referenzen:

Chernivsky, M. (2006). Der Kohärenzsinn und die Entwicklung der Posttraumatischen Belastungsstörung nach Terroranschlägen in Israel. Unveröffentlichte Diplomarbeit. Institut für Psychologie. Humboldt-Universität zu Berlin.

Dasberg, H. (1987). Psychological distress oh Holocaust survivors und offsprings in Israel, forty years later: a review. In: *Israel Journal of Psychiatry and Related Sciences*, 24(4), 243-256.

Friedmann, A., Hofmann, P. Lueger-Schuster, B. & Steinbauer M. (Hg). Psychotrauma: Die Posttraumatische Belastungsstörung. Springer, Wien 2003

Hegemann, T., Salman R. (Hg.): Transkulturelle Psychiatrie. Konzepte für die Arbeit mit Menschen aus anderen Kulturen. Psychiatrie-Verlag gGmbH, Bonn 2001.

Herman, J.L. (1993): Die Narben der Gewalt. Traumatische Erfahrungen verstehen und überwinden. Junfermann 2006 (2., Aufl.).

Kiesel, D. (2004): Zur Migration und Integration der aus der ehemaligen Sowjetunion eingewanderten Juden in Deutschland. *Trumah (14). Zeitschrift der Hochschule für Jüdische Studien Heidelberg.* Universitätsverlag Winter Heidelberg

Knorr, K., Heise T.: Psychosoziale Betreuung und Suchtberatung von Spätaussiedlern und jüdischen Emigranten in Chemnitz. In: Heise, T. & Schuler, J. (Hg.). Das transkulturelle Psychoforum: Band 3. Psychosoziale Betreuung und psychiatrische Behandlung von Spätaussiedlern. In: Collatz, J. & Heise, T. (Hg.). VWB – Verlag für Wissenschaft und Bildung, Berlin 2002, 157-170.

Novikov, J. (2002): Migranten aus GUS: Probleme der Integration und der psychischen Behandlung diesseits und jenseits der Therapie. In: Heise, T. & Schuler, J. (Hrsg.). Das transkulturelle Psychoforum: Band 3. Psychosoziale Betreuung und psychiatrische Behandlung von Spätaussiedlern. In: Collatz, J. & Heise, T. (Hrsg.). VWB – Verlag für Wissenschaft und Bildung, Berlin 2002, 204-208.

Novikov, J. (2005): Politischer, sozialer und psychologischer Hintergrund von russischen Migranten zum Verständnis für eine Integration. In: Assion, H.J. (Hg.). Migration und seelische Gesundheit. Springer Medizin Verlag Heidelberg, 94-98.

Platz, W.E. & Rubinstein, R. (2007): Wie viele Traumatisierte brauchen Hilfe? Erfahrungen in einer psychiatrischen Institutsambulanz bei der Therapie von Migranten aus Osteuropa. In: *Gesundheit Berlin (Hrsg.): Dokumentation 12. bundesweiter Kongress Armut und Gesundheit, Berlin.*

Rahn, R. (2002): Hintergründe, Konflikte und Bewältigungsstrategien bei Migranten aus dem russischsprachigen Raum sowie Interventionen nach der Positiven Psychotherapie. In: Heise, T. & Schuler, J. (Hg.). Das transkulturelle Psychoforum: Band 3. Psychosoziale Betreuung und psychiatrische Behandlung von Spätaussiedlern. In: Collatz, J. & Heise, T. (Hg.). VWB – Verlag für Wissenschaft und Bildung, Berlin 2002, 71-91.

Schlenger, W.E., Caddiell, J.M., Ebert, L., Jordan, B.K., Rourke, K.M., Wilson, D., Thalji, L., Dennis, J.M., Fairbank, J.A., & Kulka, R.A. (2002). Psychological Reactions to terrorist attacks: Findings from the National Study of American´s Reactions to September 11. *J of American Medical Association, 288*, S. 581-588.

Shalev A.Y. Tuval-Mashiach R. Hadar H. (2004). Posttraumatic stress disorder as a result of mass trauma. *J Clin Psychiatry*, *65*(1), 4–9.

Taylor, C. (1993): Multikulturalismus und die Politik der Anerkennung. Fischer, Frankfurt/M., S. 13-14.

Van der Kolk, Roth, Pelcovitz, Sunday, & Spinazzola (2005). Disorders of Extreme Stress: The Empirical Foundation of a Complex Adaptation to Trauma, *J of Traumatic Stress, 18* (5), S. 389-399.

Zielke-Nadkarni, A. (2005): Jüdische Flüchtlinge aus der GUS. Soziokulturelle Hintergründe, Versorgungsbedarf und Pflege. Verlag Hans Huber, Hogrefe AG, Berlin.

Autorin:

Dipl.-Psychologin Marina Chernivsky
Psychiatrische Institut-Ambulanz (II)
Vivantes Humboldt Klinikum
Klinik für Psychiatrie und Psychotherapie
Oranienburger Str. 285, 13437 Berlin
e-mail: werner.platz@vivantes.de

Handlungsempfehlungen zur Weiterentwicklung der gemeindepsychiatrischen Versorgung in transkultureller Hinsicht[1]

MARTIN VEDDER

Seit die Psychiatrie-Enquete Anfang der siebziger Jahre skandalisierende Feststellungen über die Zustände in den psychiatrischen Anstalten getroffen hat, entwickelte sich in Deutschland neben den stationären Einrichtungen ein differenziertes, auf sehr unterschiedliche Bedürfnisse ausgelegtes sozialpsychiatrisches Versorgungssystem. Es bietet psychisch erkrankten Menschen vor allem psychosoziale und therapeutisch ausgerichtete Hilfen beim alltäglichen Leben, bei Arbeit und Beschäftigung und Tagesstrukturierung – einschließlich teilstationärer Behandlungen in Tageskliniken.

Für die gemeindenahe sozialpsychiatrische Versorgung von Menschen mit Migrationshintergrund besteht jedoch ein doppeltes Schnittstellenproblem: Zum einen gibt es eine fast schon traditionelle Schwierigkeit im Übergang zwischen stationärer Behandlung, insbesondere in den großen Landeskliniken, und dem selbständigen Leben in der Gemeinde mit Unterstützung von ambulanten psychosozialen Behandlung- und Therapieangeboten.

Zum anderen gelingt es dem ambulanten Versorgungssystem nicht, seinen eigenen Anspruch auf niederschwelligen Zugang zu seinen Angeboten für die Gruppe psychisch erkrankter Migranten einzulösen. Einer Umfrage unter den Sozialpsychiatrischen Zentren (SPZ) im Rheinland zufolge lag der Anteil an Menschen mit Migrationshinterund unter ihren Nutzern nur bei ca. 10%.

Im Rheinland wird nun mit der Einrichtung von „Sozialpsychiatrischen Kompetenzzentren Migration" (SPKoM) – gefördert durch den zuständigen Landschaftsverband – das Ziel einer systematischen Weiterentwicklung migrantenspezifischer Hilfeangebote in der gemeindepsychiatrischen Versorgung verfolgt. Das Kölner Gesundheitszentrum für Migranten wird seit 1998 gefördert, das Kompetenzzentrum Migration des Sozialpsychiatrischen Zentrums Duisburg-Nord seit 1999 und das Kompetenzzentrum Migration des Trägerverbundes der Sozialpsychiatrischen Zentren im Bergischen Land seit 2006.

In der Rolle von „Entwicklungsagenturen" sollen sie dazu beitragen, die Hemmschwellen für den Zugang zu den bestehenden gemeindepsychiatrischen Einrichtungen für Migranten abzubauen. Sie sollen zielgruppenspezifische Angebote und kultursensible Ansätze modellhaft entwickeln sowie Einrichtungen, Verbände und Organisationen bei interkulturellen Fragen beraten.

1. Überarbeitete Fassung eines gemeinsam mit SEVGI FIRAT, Sozialpsychiatrisches Kompetenzzentrum Migration Duisburg, gehaltenen Vortrages auf der Fachtagung „Interkuturalität in der Gemeindepsychiatrie", Köln, 29.04.08

Seiten 121-130

Zu den wesentlichen Aufgaben der SPKoM gehören:
- Vernetzung und Koordination der psychiatrischen Einrichtungen und Dienste mit Unterstützungsangeboten für Migranten sowie den kulturellen und religiösen Organisationen unterschiedlicher Migrantengruppen.
- Unterstützung bei der Bildung von Selbsthilfegruppen für Betroffene und deren Angehörige.
- Qualifizierung der Mitarbeiter in bestehenden Einrichtungen, insbesondere die Entwicklung von interkulturellen Kompetenzen.
- Erstellung von Informationsmaterial für psychisch kranke Migranten sowie für psychosoziale Dienste und Einrichtungen.

Die SPKoM haben nun eine Reihe von Handlungs-"empfehlungen" für die sozialpsychiatrischen Einrichtungen entwickelt, die Impulse zu konkreten Verbesserungen bestehender Angebote geben sollen. Sie sind bewusst im Imperativ formuliert worden, weil der Versorgungsauftrag/-anspruch des sozialpsychiatrischen Feldes als Ergänzung oder häufig auch bessere Alternative zu stationären Behandlungsformen und die bestehende Nutzung durch Menschen mit Migrationshintergrund entsprechende Initiativen nicht als ehrenwerte Anstrengungen stehenbleien darf, sondern weil sich daraus dringende Handlungserfordernisse ergeben. Diese Erkenntnisse sollten, besser: müssen umgesetzt werden.

1. Kennen Sie Ihre Zahlen!

Nur wenige Themen laden zum Spekulieren und Entwickeln von wenig abgesicherten Theorien gleichermaßen ein wie das Thema Migration. Möglicherweise hat dies auch damit zu tun, dass jeder Mitarbeiter im Privaten, als politischer Mensch und im Beruf mit diesen Fragen zu tun hat. Deshalb ist es sinnvoll, mit Fakten zu beginnen und als einen der ersten Schritte Quoten von Migranten in der Region und im Vergleich dazu in der eigenen Einrichtung zu erheben. Sie geben einen ersten, deutlichen Aufschluss über den aktuellen Stand der interkulturellen Öffnung.

Die Ergebnisse der Befragung unter den SPZ im Rheinland zeigt eine deutliche Unterrepräsentation von Migranten.

Eine genauere Analyse macht die Schärfe des Problems deutlich. Laut Mikrozensus 2006 (STATISTISCHES BUNDESAMT 2006, S. 75) beträgt der Anteil an Ausländern, d.h. Menschen mit nicht deutschem Pass, 9%. Der Anteil der Menschen mit Migrationhintergrund und deutschem Pass 10%. Die Verteilung ist regional sehr unterschiedlich. In NRW gibt es Kreise mit einem Ausländeranteil von 7 %, aber auch Städte mit einem Anteil von nahezu 20%. Folgen wir den Erhebungen des Mikrozensus und rechnen zu den „Ausländern" noch die „Deutschen" mit Migrationshintergrund hinzu, müssen wir mit einer Spannweite von 15%-40% rechnen. Unter Berücksichtigung sozialstruktureller Merkmale müsste ihr Anteil in den SPZ sogar noch höher liegen. Deren Nutzer sind statistisch gesehen überdurchschnittlich häufig arm, arbeitslos, leben in verdichteten Wohnvierteln und haben im Durchschnitt einen schlechteren Bildungsstatus als der Rest der Bevölkerung. Diese Merkmale überschneiden sich stark mit dem Merkmal „Migrationshintergrund". Allerdings lässt sich kaum valide bestimmen, wie stark sich dies in exakten Zahlen niederschlägt, zumal auch stadtteilbezogen die Migrantenquoten stark schwanken können.

Die Tendenz dürfte jedoch wenig bestreitbar sein: Wenn sich die SPZ weiter in der Versorgungsverantwortung für eine Region sehen und damit einen angemessenen Migrantenanteil unter ihren Nutzern vertreten sehen wollen, müssen sie sich wesentlich intensiver um diesen Teil der Bevölkerung kümmern.

Unsere praktischen Erfahrungen mit der Erhebung eigener Zahlen zeigen, dass das Ermitteln von belastbaren Zahlen mitunter wirklich zu zählen bedeutet: oft wissen nur die Bezugsbetreuer zuverlässig, bei welchen Klienten ein Migrationshintergrund vorliegt. Insgesamt zeigt sich in differenzierteren Erhebungen ein Trend, der vermuten lässt, dass langfristiger angelegte Hilfen mit mehr rehabilitativem Charakter einen geringeren Migrantenanteil aufweisen als akute Hilfen.[2]

2. Prüfen Sie den Grad Ihrer interkulturellen Öffnung!

Zusätzlich zur Ermittlung von Quoten empfiehlt sich eine differenziertere Bestimmung des Ist-Standes der interkulturellen Öffnung. Ein leicht einzusetzendes Instrument ist eine Checkliste zur interkulturellen Öffnung, die zum Beispiel von Arif Ünal vom Gesundheitszentrum für Migranten, Köln entwickelt wurde.

Einige Fragen aus der Checkliste (Ünal 2005) als Beispiele:

- Welche Migrantengruppen werden als Zielgruppe definiert?
- Welche interkulturellen Aussagen werden in der Konzeption oder Satzung berücksichtigt?
- Welche sonstigen Regelungen (Dienstanweisung, Richtlinien usw.) bestehen in Bezug auf Interkulturalität ?
- Gibt es *in den Einrichtungen Hinweisschilder/Wegweiser* in den Sprachen *unserer Klienten?*
- Betont die Einrichtung in der Öffentlichkeit ihre Interkulturalität und ihre Zuständigkeit für Migrantengruppen im Einzugsgebiet?
- Werden Informationsmaterialien – z.B. über therapeutische Angebote/Maßnahmen – in verschiedenen Sprachen herausgegeben?
- Ist eine differenzierte sprachliche Verständigung mit den Klienten gewährleistet?

Hilfreich ist die genauere Bestimmung des aktuellen Standes auch, um konkrete Schritte zur Veränderung des Angebotes zu definieren. Wenn interkulturelle Öffnung wirksam werden soll, muss sie sich in einer Reihe praktischer Maßnahmen, die nach außen hin auch so etwas wie eine Signalfunktion übernehmen, niederschlagen. Wer sich interkulturell öffnet, erlebt einen leichteren Zugang zu dieser Zielgruppe. Vorhandene Barrieren werden ansatzweise verhindert.

3. „Es muss von oben gewollt sein"

Der Anstoß zur interkulturellen Öffnung findet erfahrungsgemäß zunächst viel positiven Zuspruch. Allerdings taucht unter den Mitarbeitern erfahrungsgemäß nach einiger Zeit die Sorge auf, sowohl durch die Vielzahl der möglicherweise zu betreuenden Personen als auch durch bestehende komplexe Problemlagen überfordert zu werden.

Neben dem besonderen Engagement einzelner Mitarbeiter für dieses Thema muss interkulturelle Öffnung daher auch von „oben nach unten" eingeführt werden: Zeitliche Ressourcen für größeren Aufwand, Clearingarbeit, Recherche, Vernetzung, "case management" und Supervision etc. müssen bereitgestellt werden. Hinzu kommt, dass nachhaltige interkulturelle Öffnung eine langfristig angelegte Strategie erfordert. Sofern Einrichtungen in einem Leitbild ihre eigenen Ziele beschrieben haben, empfiehlt sich auch hier die Aufnahme entsprechender Ziele.

2. Diese Tendenz findet ihre Entsprechung in den hohen Migrantenanteilen bei forensischen Patienten und bei Zwangseinweisungen.

Dabei kommen über den fachlichen Aspekt der Erfüllung eines Versorgungsauftrages auch ökonomische Aspekte ins Spiel: Migranten sind eine wichtige „Kundengruppe", die nicht vernachlässigt werden darf und mittels besondere Anstrengungen von der Nützlichkeit sozialpsychiatrischer Angebote überzeugt werden kann.

4. Benennen Sie einen Migrationsbeauftragten für Ihr SPZ!

Die Berücksichtigung des besonderen Bedarfes von Nutzern mit Migrationshintergrund ist ein Querschnittsthema, das alle Bereiche und Mitarbeiter betrifft – ähnlich wie das Thema Gender Mainstreaming. Damit diese Aufgabe in einer Einrichtung die entsprechende durchgehende Aufmerksamkeit und das nötige Engagement erhält, ist ein Mitarbeiter nötig, der sich für dieses Thema verantwortlich fühlt und in der Lage ist, sich diesem Thema ausreichend zu widmen. Ein Migrationsbeauftragter, der für diese Aufgabe ein gewisses Stundenkontingent zu Verfügung gestellt bekommt, wird Schaltstelle für migrantenspezifische Fragen. Es geht darum, Wissen zu transportieren und Hilfen zu vermitteln. Seine Aufgabe besteht nur zum geringeren Teil darin, direkte Unterstützung zu leisten. Wichtig ist vor allem, sich auszukennen, d.h. zu wissen, wo Informationen zu finden sind, wen man fragen kann oder wer zusätzlich Hilfen leisten kann.

Schließlich ist es für Außenstehende wichtig, das spezifische interkulturelle Angebot mit einer bestimmten Ansprechperson zu verbinden.

5. Vernetzen Sie sich mit den bestehenden Migrations- und Regeldiensten!

Eine sozialpsychiatrische Einrichtung, die sich interkulturell ausrichtet, wird mit vielen sehr unterschiedlichen Anforderungen konfrontiert. Die Vielzahl möglicher Sprachen lässt sich unmöglich dadurch abdecken, dass es jeweils Mitarbeiter mit entsprechendem sprachlich-kulturellen Hintergrund gibt. Ebenso können Mitarbeiter sozialpsychiatrischer Institutionen nicht über jedes notwendige migrationsspezifische Wissen verfügen.

In allen Regionen gibt es eine Reihe erfahrener und gut qualifizierter Beratungsdienste, die in den Migrantengemeinden gut bekannt sind und großes Vertrauen genießen. Mit ihrem allgemeinen Beratungsangebot sind sie für Migranten häufig auch Anlaufstelle in psychischen Krisen. Die Auslastung dieser Beratungsstellen und ihre fehlende psychiatrische Kompetenz führen dazu, dass auch deren Mitarbeiter ein großes Interesse an einer engen Kooperation mit der Gemeindepsychiatrie haben.

Das gegenseitige Wissen über Arbeitsweise und Angebote des sozialpsychiatrischen Versorgungssystems und des bestehenden Beratungsangebotes der Migrationserstberatung, der Regionalen Arbeitsstellen Ausländisches Kind, der Integrationsagenturen etc. ist gering. Es ist deshalb notwendig, mit diesen Einrichtungen gute Kontakte zu pflegen.

Netzwerkstrukturen entwickeln sich aber nur dann erfolgreich, wenn sie konkreten Nutzen für alle Beteiligten mit sich bringen. Die tragfähigsten Kooperationsstrukturen entstehen dort, wo gemeinsame Hilfen für einzelne Migranten oder ihre Familien erbracht werden. Vernetzt sein heißt deshalb auch, dass sich die Helfer aus den Feldern Gemeindepsychiatrie und Migrantenberatung persönlich kennen und in Einzelfällen schnell und unkompliziert auf gute Kooperationsstrukturen zurückgreifen können.

6. Qualifizieren Sie Ihre Mitarbeiter!

Unbehagen, Unsicherheit und zuweilen unterschwellige Aggression (vgl. Domenig 2006, S. 89) wird von Mitarbeitern in der sozialpsychiatrischen Arbeit besonders ausgeprägt erlebt. Zugrunde liegt dem eine fundamentale Verunsicherung der Beteiligten, ob man sich jetzt verstanden hat oder nicht (vgl. Dreissig 2005, S. 21ff). Zu sprachlich bedingten Kommunikationshürden kommt die prinzipiellen Besonderheit der Kommunikation mit psychotischen oder psychoseerfahrenen Menschen in Form von „Abweichung vom Erwarteten" oder „Nicht-Verstehbarkeit" (Retzer 2002) im Sinne einer Verschlüsselung von Mitteilungen bis zur Unkenntlichkeit. Der Versuch zu verstehen endet dann nicht selten im Rückgriff auf vermutete kulturelle Besonderheiten in den Handlungsweisen der Betroffenen, die sich entweder dem eigenen Verstehen entziehen oder gar den eigenen Wertmustern explizit zu widersprechen scheinen.

Um die mögliche Bedeutung von Sprachbarrieren oder herkunftskulturell bedingten Handlungs- und Deutungsmustern für die Betreuung reflektieren zu können, benötigen die Mitarbeiter entsprechende Qualifikationen im Umgang mit Differenz.[3]

Zunächst einmal ist aber festzuhalten, dass sich Mitarbeiter im sozialpsychiatrischen Feld gut im Umgang mit anderen Kulturen auskennen, wenn man unter „Kultur" die sich in Lebenspraxis ausdrückenden Unterschiede der Deutungs- und Handlungsmuster von unterschiedlichen Berufsgruppen, sozialen Schichten etc. versteht. (Jacobs 1998, S.2, zum Zusammenhang zwischen sozialer Stellung und Lebenspraxis vgl. Bourdieu 1981) Sich als Angehöriger einer bildungsnahen Mittelschicht mit bildungsfernen Unterschichtsangehörigen zu verständigen, sollte zum selbstverständlichen Handwerkszeug aller in sozialen Feldern tätigen Professionellen gehören.

Schulungen zur interkulturellen Kompetenz sollten deshalb sinnvollerweise im ersten Schritt keine „länderkundlichen Informationen" vermitteln. Vielmehr geht es darum, Unterschiede kennen zu lernen, wertzuschätzen und als Ressourcen nutzen zu können. Es muss außerdem darum gehen, wie sich Migrationserfahrungen in den Handlungs- und Deutungsmustern der Migranten niederschlagen können, welche Bedeutung es für einen Menschen hat, wenn er einen Bruch in bis dahin sicheren sozialen Bezügen erlebt oder wie sich das Leben in einer ethnischen Minderheit auf den Alltag und die augenblicklichen sozialen Beziehungen auswirkt.

Migranten sind andererseits nicht nur Opfer im Migrationsprozess, sondern entwickeln eigene Strategien, um ihre Handlungsmöglichkeiten zu erweitern. Dazu gehört zum Beispiel, dass viele von ihnen einen spielerischen Umgang mit kulturellen Scripts pflegen, um die eigene Handlungsfreiheit zu vergrößern: dass sie je nach Situation, ohne selbst in moralische Schwierigkeiten zu kommen, zwischen streng traditionellen und modernen Orientierungen „switchen" können.[4]

Für die Qualifikation von Mitarbeitern bedeutet dies, dass sie die Fähigkeit entwickeln müssen, Unsicherheiten zuzulassen, dass sie sich im Gespräch mit Migranten kundig machen können und nicht der Versuchung erliegen, „schnell Bescheid wissen" zu wollen. Dazu gehört sicher auch, Migranten als Experten ihrer eigenen Lebenssituation und -bewältigung anzuerkennen.[5]

---

3. An anderer Stelle wäre zu klären, welche Kriterien Konzepte zur Entwicklung interkultureller Kompetenz erfüllen müssen, um Qualitätsgewinne für die sozialpsychiatrische Arbeit zu gewährleisten.
4. Nicht selten reagieren Mitarbeiterinnen und Mitarbeiter irritiert, wenn Migrantinnen und Migranten sich auf ihre Tradition berufen, wenn es aktuell nützlich ist, um kurz darauf eher moderne „Werte" zu vertreten und umgekehrt.
5. Vgl. dazu systemische Konzepte vom Expertentum des Klienten in Goolishian, Anderson 1992.

Zur interkulturellen Kompetenz gehört schließlich auch, Klarheit bezüglich der eigenen Position zu gewinnen. In Fällen, in denen Menschen gefährdet sind, muss die Sicherheit der beteiligten Personen gegen den Respekt für Differenz sorgfältig und professionell abgewogen werden.

7. Stellen Sie Mitarbeiter mit Migrationshintergrund ein!

Die Beschäftigung von Mitarbeitern mit Migrationshintergrund bedeutet für Hilfesuchende zunächst einmal, dass sie in ihrer Muttersprache kommunizieren können. Je „therapeutischer“[6] eine Hilfe ist, desto bedeutsamer ist die Möglichkeit, Erlebtes und Gefühltes „in Sprache“ zu bringen und desto schwieriger wird es, innere Empfindungen in einer später, oft nur rudimentär, erworbenen Sprache auszudrücken. Menschen, die ohnehin die Sicherheit der Kohärenz des eigenen Erlebens und Fühlens durch ihre seelische Störung verloren haben, müssen die Möglichkeit erhalten, sich kommunikativ auf möglichst sicherem Boden zu bewegen. Das bedeutet, dass ein muttersprachliches Angebot nicht nur für Menschen, die kein oder wenig Deutsch können, wichtig ist, sondern dass es für alle, die in ihrer eigenen Muttersprache sicherer und beweglicher sind, ein nützliches Angebot sein kann.

Viele Hilfesuchende fassen zu Mitarbeitern mit Migrationshintergrund leichter Vertrauen, weil sie von ihnen erwarten, dass sie sich mit ihren eigenen traditionellen und religiösen Orientierungen besser auskennen und mehr Verständnis für ihren bisherigen Umgang mit Problemen und ihre Handhabung von Beziehungen aufbringen.Ohne Zweifel erleichtert dies zunächst die Verständigung über Hilfebedarf und Lebenssituation eines Klienten.[7]

Mitarbeiter mit Migrationshintergrund sind aber auch „Betroffene“: Für alle Klienten mit Migrationshintergrund halten sie das besondere Angebot bereit, dass sie die Erfahrung der Migration und des Lebens in einer ethnischen Minderheit teilen. Ein weiterer Vorteil liegt darin, dass diese Mitarbeiter als Vertrauenspersonen angesehen werden können. Aus Sicht potentieller Nutzer ist eine Einrichtung, die Migranten beschäftigt, besser auf ihre Bedürfnisse eingestellt und möglicherweise vertrauenswürdiger.

Nutzer mit Migrationshintergrund müssen aber weiter Wünsche zur Betreuungsperson äußern können. Für viele verbindet sich mit einem deutschstämmigen Mitarbeiter ein anderer Umgang mit Beziehungen und ein anderer Umgang mit psychischen Störungen. Auf sie richtet sich die Hoffnung auf größeres Verständnis für eigene, meist als „moderner“ definierten Lebensentwürfe und die Erwartung, konkrete Unterstützung bei deren Realisierung zu erhalten.

Schließlich sehen sich diese Mitarbeiter sowohl von Betreuten als auch von Angehörigen hohen Loyalitätserwartungen ausgesetzt. Um Überforderungen zu vermeiden, dürfen sie nicht auf die Betreuung von Klienten gleicher Herkunft festgelegt werden. Die Bildung multikultureller Teams hingegen hat den Vorteil, über den Erfahrungsaustausch in Teamsitzungen, über gemein-

6. In der Sozialpsychiatrie geht es in der Regel nicht um (Psycho)-Therapie, aber dennoch häufig genug um innerpsychische Vorgänge, z.B. im Rahmen der Entwicklung von Lebenszielen, der Überwindung aktueller Schwierigkeiten, in Kriseninterventionen oder Entwicklung von Möglichkeiten zur Selbststabilisierung.
7. Aber auch Mitarbeiter mit Migrationshintergrund benötigen Qualifizierung in interkultureller Kompetenz, um sich nicht zu vorschnellem Verstehen und Einverstandensein verleiten zu lassen und der Neigung zu direktiven Ratschlägen zu erliegen – in dem Glauben, als „kulturelle“ Experten der Lebenswelt der Hilfesuchenden ihrerseits über richtige/bessere Lösungen zu verfügen.

same Fallarbeit und Supervisionen einen großen Zuwachs an interkultureller Kompetenz für alle Teammitglieder zu ermöglichen.

8. Werben Sie in den Migranten-Gemeinden für sich!

Migranten wissen in aller Regel wenig über mögliche sozialpsychiatrische Hilfen. Nützlich ist zunächst einmal schriftliches Informationsmaterial mit Beschreibungen des Einrichtungsangebotes in verschiedenen Muttersprachen. Auch wenn nicht sofort alle Angebote ausführlich in allen relevanten Sprachen beschrieben werden können, geht von solchen muttersprachlichen Informationen ein wichtiges Signal für die Nutzer aus: Es schafft einen ersten Kontakt, weckt Neugier und vermittelt eine erste Vorstellung des bestehenden Angebotes. Noch wichtiger als schriftliches Material sind mündlich vorgetragenen Informationen. Dabei muss es sowohl um Informationen über psychische Erkrankungen und ihre Auswirkungen auf die Möglichkeiten der Lebensbewältigung als auch die möglichen psychosozialen und therapeutischen Hilfen gehen.

Informationsveranstaltungen für Migranten finden allerdings nur dann größeres Interesse, wenn zwei Voraussetzungen gegeben sind: Erstens müssen sie an den üblichen Versammlungsorten der jeweiligen Migrantengruppen stattfinden. Zweitens müssen sie möglichst von kompetenten Muttersprachlern durchgeführt werden. Nicht vergessen werden darf dabei, dass die Sprachhürde gerade bei komplexen, fremden Themen besonders hoch ist und das Ziel solcher Informationsabende nicht nur der Aufklärung, sondern auch der Schaffung von Vertrauen dient.

Aus diesem Grunde ist es wichtig, solche Abende sorgfältig vorzubereiten. Dazu gehört, wichtige „Gewährsleute“[8] möglichst eng einzubinden.

9. Setzen Sie Zeichen!

Ein kurzer, mehrsprachiger Begrüßungstext *in prägnanten Sätzen* ist ein deutliches Signal, das die Haltung der Mitarbeiter gegenüber Menschen, die Deutsch nicht als Muttersprache sprechen, deutlich machen soll: Besucherinnen und Besucher bzw. Hilfesuchende sind willkommen. Noch vor dem ersten persönlichen Kontakt mit den Mitarbeitern wird durch die mehrsprachige Ansprache deutlich, dass die Einrichtung auf Menschen mit Migrationshintergrund eingestellt ist und dass eine Sprachhürde nicht als erschwerend sondern als lösbares Problem angesehen wird.

Auch muttersprachliche Gruppenangebote signalisieren eine selbstverständliche Einbindung von Migranten in einer Einrichtung. Vor allem praktisch orientierte Angebote sind attraktiv, die eine aktive Beteiligung der Nutzer ermöglichen. Viele Migranten, insbesondere aber Migrantinnen, haben wenig Kontakte und leiden unter Einsamkeit und Isolation. So eng soziale Verflechtungen unter den Migranten vielfach sein mögen: Häufig bedeutet die psychische Erkrankung auch, sämtliche Kontakte in ihrem Umfeld zu verlieren und in großer Isolation zu leben - ohne die Möglichkeit, sich über Alltagsfragen und Krisen auch außerhalb von Hilfesystemen austauschen zu können.

---

8. Unter „Gewährsleuten“ verstehe ich hier Angehörige der ethnischen Community, die aufgrund ihrer Bekanntheit und ihres Ansehens wichtige Ansprechpartner sind, großes Vertrauen genießen und deshalb wichtige Multiplikatoren darstellen.

10. Pflegen Sie das Gespräch!

Die Gestaltung von Gesprächen mit Menschen, die einen Migrationshintergrund haben, stellt besonders hohe Anforderungen an alle Beteiligten.

Unabhängig davon, ob zu einem Gespräch ein Dolmetscher hinzugezogen werden muss oder nicht: die Verständigung über eine Sprachgrenze hinweg braucht Zeit. Zusätzlich spielen Unsicherheiten über den Stellenwert unterschiedlicher kultureller Codes eine große Rolle in der Verständigung und führen zu dem Bedürfnis, sich das gegenseitige Verstehen einander immer wieder zu bestätigen. Daher ist es wichtig, sich für das einzelne Gespräch nicht zu hohe Ziele zu setzen.

Viele Migranten pflegen eine kommunikative Tradition, von der sozialpsychiatrische Fachleute lernen können: Sie nehmen sich viel Zeit für die Begrüßung, die Vorstellung der Gesprächsteilnehmer und das Einrichten der Gesprächssituation. Auch für sozialpsychiatrische Arbeit gilt: Für eine gute Arbeit mit Menschen ist die Pflege der Beziehungen von größter Bedeutung.

Häufig wird es für die Beratung von Menschen mit Migrationhintergrund nötig sein, sich über eine Sprachgrenze hinweg zu verständigen: ein großer Teil der Klienten bringt eine eingeschränkte Sprachkompetenz in Deutsch mit. Neben den Schwierigkeiten, sich sprachlich angemessen über innerpsychische Vorgänge auszutauschen, treten vielfältige Quellen weiterer Missverständnisse im Gespräch auf:

Verunsicherte Gesprächspartner begnügen sich leicht damit, den anderen zu bestätigen, ohne selbst verstanden zu haben, was dieser sagen wollte. Unklarheiten im Ausdruck verleiten häufig dazu, kulturelle Differenzen anzunehmen. (vgl. GÜN 2007) In diesen Gesprächen ist große Sorgfalt geboten, um Verstehen zu ermöglichen und das ohnehin vorhandene Machtgefälle zu verringern.

Gespräche, die mit Hilfe eines Sprachmittlers geführt werden, müssen besonders sorgfältig geplant werden. Sehr problematisch ist es, einen Angehörigen als Dolmetscher einzusetzen. Es ist damit zu rechnen, dass Loyalitäten, Familieninteressen und Scham eine große Rolle bei der Übersetzung spielen, ohne dass dies der Gesprächsführende bemerkt. Anliegen, Wünsche, aber auch Wahnideen können durch die Übersetzung verfälscht wiedergegeben werden. Professionelle Dolmetscher und andere Übersetzer müssen sehr gut auf die ungewöhnliche Situation vorbereitet werden, ein Gespräch mit einem Menschen in einer psychischen Krise zu übersetzen. Denn häufig geht es hierbei um ver-rückte Inhalte, extreme Gefühle oder belastete Einzelschicksale.

Für Beratungsgespräche mit zentraler Bedeutung sind deshalb klare Maßstäbe sinnvoll, die allerdings flexibel gehandhabt werden müssen, weil zum gegenwärtigen Zeitpunkt nicht genügend qualifizierte Dolmetscher zur Verfügung stehen und die Abklärung der Finanzierung zusätzlichen Aufwand bedeutet. In dringenden Fällen, z.B. Krisensituationen o.ä. wird weiter improvisiert werden müssen. Dennoch scheinen „Standards" für die fachlich angemessene Gestaltung notwendig, um minimalen Qualitätskriterien genügen zu können:

1. Die Frage nach der Einbeziehung eines Sprachmittlers muss systematisch gestellt werden. Dies darf nicht dem Gutdünken einzelner Mitarbeiter überlassen bleiben.
2. Sozialpsychiatrische Gespräche sind für Sprachmittler eine ungewöhnliche, nicht selten belastende Erfahrung. Deshalb ist eine Vorbereitung auf mögliche Inhalte im Gespräch ebenso notwendig wie die Klärung der Erwartungen, die an den Dolmetscher gestellt werden.

3. Ebenso wichtig ist es, den Dolmetscher am Ende des Gespräches aus seiner Rolle zu entlassen. Beides kann gut in Anwesenheit der Hilfesuchenden geschehen, um für alle eine größtmögliche Transparenz über Aufgaben und die Rolle des Dolmetschers erzeugen.[9]
4. Die Aufgabe des Sprachmittlers ist es, in kurzen Abschnitten, nach jeweils höchstens drei Sätzen, eine möglichst wortgetreue Übersetzung in direkter Rede erfolgen muss.
5. Im Gesprächsverlauf neigen fast alle Sprachmittler dazu, zusammen zu fassen, zu erklären oder zu interpretieren. Ein gemeinsamer ethnisch-kultureller Hintergrund erschwert eine neutrale Haltung und verführt dazu, sich entweder der Seite der Klienten oder des Beratenden stärker verbunden zu fühlen. Mit Sprachmittlern ist das Problem der doppelten Loyalität zu thematisieren. Ggf. muss während des Gespräches immer wieder daran erinnert werden.

   Menschen, die als Sprachmittler hinzugezogen werden, müssen beide Sprachen gut beherrschen und sollten die Besonderheiten des sozialpsychiatrischen Feldes kennen.
6. Für die sozialpsychiatrischen Fachleute gilt, möglichst klare, kurze Sätzen zu verwenden und das Gespräch für Hilfesuchende und Dolmetscher übersichtlich zu gestalten. Zudem müssen sie auf Allparteilichkeit für die Gesprächspartner und auf Neutralität des Dolmetschers achten.

Die Arbeit mit Dolmetschern ist deshalb nicht nur aufwändig, sondern braucht Übung. Arbeitsformen, die sich z.B. an den Konzepten systemischer Therapien[10] und des "open dialog" (z.B. Seikkula 2006) orientieren und im sozialpsychiatrischen Feld immer mehr Anwendung finden, bieten für die Arbeit mit Dolmetschern den Vorteil, einen verstehensorientierten Gesprächsrahmen herzustellen.

11. Gründen und unterstützen Sie Selbsthilfegruppen!

Die meisten Migranten können sich unter dem Begriff „Selbsthilfe“ nichts vorstellen. Zwar gibt es oftmals eine gute Tradition gegenseitiger Unterstützung unter Migranten. In den informellen Netzwerken werden psychiatrische Erkrankungen aber häufig mit besonders starken Tabus belegt. Die Besorgnis ist groß, dass die eigene Erkrankung oder die eines Familienmitgliedes bekannt und das Ansehen der eigenen Familie beschädigt werden könnte.

Die Potentiale geteilter Erfahrungen unter Betroffenen und Angehörigen nutzbar zu machen, erfordert daher Unterstützung und Begleitung von professioneller Seite.

Aus unserer Erfahrung ist eine langfristige Begleitung von einmal initiierten Selbsthilfegruppen notwendig, um deren Bestand zu sichern und zu Selbstläufern zu machen.

12. Nutzen Sie die Kompetenzen anderer!

Für sozialpsychiatrische Hilfeanbieter kann es bei der Öffnung für Migranten nicht um den Erwerb eines umfangreichen Spezialwissens gehen, sondern nur um einen Kompetenzzuwachs im

9. Oestereich empfiehlt, vorab mit dem Dolmetscher zu klären, „... dass Unklarheit als Unklarheit, Ambivalenz als Ambivalenz deutlich wird und nicht etwa der Dolmetscher den Klienten auffordert, sich endlich zu entscheiden, was er nun will.“ (Oesterreich 2006, S. 172)
10. Oestereich beschreibt eine Gesprächsführung, ..., „die Zirkularität herstellt zwischen kulturspezifischen Ideen, Bedeutungsgebungen, Regeln und Werthaltungen und die nicht etwa vermeintlich objektive Befunde, Informationen oder Tatsachen erheben will.“ (Oestereich 2006, S. 172)

Umgang mit dem Teil der Bevölkerung, die einen Migrationintergrund haben. Ressourcenorientierung bedeutet hier, sich die Kompetenzen anderer zunutze zu machen. *A*n dieser Stelle bietet es sich an, die Angebote der „Sozialpsychiatrischen Kompetenzzentren Migration“ zu nutzen, deren Aufgabe es ist, die Sozialpsychiatrischen Hilfeanbieter im Rheinland auf verschiedenen Ebenen bei ihrer interkulturellen Ausrichtung zu unterstützen. Neben der Sammlung und (Weiter-)Vermittlung von Fachwissen über das Internet, durch Fortbildungsangebote und durch Vernetzung auf überregionaler Ebene gehört dazu auch, Einrichtungen und ihre Mitarbeiter bei Fragen beratend zu unterstützen. Zuweilen ist es notwendig, in direkter Kooperation ungewöhnliche Lösungen zu finden. Schließlich ist es Auftrag der SPKoM, Impulse zur Entwicklung eines interkulturellen sozialpsychiatrischen Feldes zu geben und daran mitzuwirken, dass eine flächendeckende, qualitativ angemessene Versorgung psychisch kranker Menschen mit Migrationshintergrund im Rheinland möglich wird.

Literatur

Auernheimer, G. 2002. Interkulturelle Kompetenz – ein neues Element pädagogischer Professionalität? In: ders. (Hg.) 2002. Interkulturelle Kompetenz und pädagogische Professionalität. Opladen. 183-205.

Bourdieu, P. 1981. *Die feinen Unterschiede*. Frankfurt/M.

Domenig, D. 2006. Transkulturelle Kompetenz – Eine Herausforderung für die Pflege. In: Machleidt, W., Salman, R. & Callies, I.T. (Hg.) 2006. Sonnenberger Leitlinien. Berlin.

Dreissig, V. 2005. Interkulturelle Kommunikation im Krankenhaus. Eine Studie zur Interaktion zwischen Klinikpersonal und Patienten mit Migrationshintergrund. Bielefeld.

Goolishian, H.; Anderson, H. 1992: Der Klient ist Experte: Ein therapeutischer Ansatz des Nicht-Wissens. *Zeitschrift für systemische Therapie* 10 (1992): 176-189.

Gün, A.K. 2007. Interkulturelle Missverständnisse in der Psychotherapie. Freiburg i.B.

Jakobs, K. 1998. Was kann „interkulturelle Kompetenz“ in verschiedenen Bereichen der sozialen Arbeit bedeuten? Überarbeiteter und gekürzter Vortrag, gehalten auf der Fachtagung Schlüsselqualifikation „Interkulturelle Kompetenz“ der Paritätischen Akademie Frankfurt/M., 16.-18. November 1998

Machleidt, W. 2002: Die 12 Sonnenberger Leitlinien zur Verbesserung der psychiatrisch-psychotherapeutischen Versorgung von MigrantInnen in Deutschland. *Der Nervenarzt* 73. 1208-1209.

Oestereich, C. 2006. Kulturelle Wirklichkeitskonstruktionen – Wie man mit und ohne Sprache Wirklichkeiten erfahren, begreifen und verändern kann. In: Machleidt, W., Salman, R. & Callies, I.T. (Hg.) 2006. Sonnenberger Leitlinien. Berlin.

Retzer, A. 2002: Systemische Therapie der Psychosen. *Psychotherapie im Dialog* 3 (3): 235-242

Seikkula, J. & Olson, M.O. 2006. Der Ansatz des Offenen Dialogs bei akuter Psychose: Seine Poetik und Mikropolitik. *Zeitschrift für systemische Therapie und Beratung*. 26(4) 183-197.

Statistisches Bundesamt 2006: Leben in Deutschland – Ergebnisse des Mikrozensus 2005. Wiesbaden.

Ünal, A. 2005: „Checkliste für Interkulturalität“ (unveröffentlicht).

Autor:

Vedder, Martin, Dipl. Pädagoge, Systemischer Familientherapeut (SG), Sozialpsychiatrisches Kompetenzzentrum Migration Bergisches Land, Stellvertretender Leiter der Ambulanten Dienste des Psychosozialen Trägervereins Solingen e.V. (www.ptv-solingen.de). Schwerpunkte: Migration, Home-Treatment, Systemische Arbeitsformen, Trialog. Nebenberuflich als aufsuchender Familientherapeut und Supervisor in freier Praxis tätig.

Psychosozialer Trägerverein Solingen e.V.
Kölner Str. 1, 42651 Solingen
e-mail: martin.vedder@ptv-solingen.de

Unbegleitete minderjährige Flüchtlinge. Im Spannungsfeld zwischen Traumatisierung, Anpassung und Ausgrenzung

Julia Huemer, Sabine Voelkl-Kernstock; H. Steiner & Max H. Friedrich

Im vorliegenden Beitrag sollen ausgewählte Aspekte der Ergebnisse der Studie „Parameter psychischer Gesundheit und Krankheit bei unbegleiteten minderjährigen Flüchtlingen", die 41 unbegleitete minderjährige afrikanische Flüchtlinge (15-18 Jahre) in Österreich einschloss, dargestellt werden.

Im Jahr 2007 befanden sich, nach UNHCR Angaben, etwa 31.7 Millionen Menschen weltweit auf der Flucht. Bei rund 44 Prozent davon handelte es sich um Kinder und Jugendliche unter dem achtzehnten Lebensjahr.

Unbegleitete minderjährige Flüchtlinge sind Kinder und Jugendliche unter dem achtzehnten Lebensjahr, welche von beiden Elternteilen bzw. jeglicher anderer erwachsener Bezugsperson getrennt sind, und für deren Betreuung niemand vorhanden ist, dem durch Gesetz oder Gewohnheit diese Verantwortung zufällt.

Diese Bevölkerungsgruppe ist bislang in nur wenigen Studien weltweit untersucht worden. Bisherige Studien stellen unbegleitete minderjährige Flüchtlinge als eine vulnerable Gruppe dar; die Erfassung der psychopathologischen Symptomatik hat sich jedoch fast ausschliesslich auf die Posttraumatische Belastungsstörung fokussiert; Untersuchungen zu Persönlichkeitsprofilen und Langzeitbeobachtung dieser Jugendlichen sind ausständig.

In der erwähnten Studie „Parameter psychischer Gesundheit und Krankheit bei unbegleiteten minderjährigen Flüchtlingen" fand sich in der untersuchten Gruppe ein vergleichsweise geringes Ausmaß an Posttraumatischer Belastungsstörung. Unter Anwendung eines multimodalen Befragungs - Settings wurde weiters das gesamte psychopathologische Spektrum erfasst. Auch hier zeigten sich nur geringfügig erhöhte Ergebnisse zu den in früheren Studien vorgelegten Befunden bei begleiteten minderjährigen Flüchtlingen.

Um diesen Ergebnissen ursächlich nachzugehen, wurde die Erhebung um die Anwendung psychodynamischer Fragestellungen und qualitativer Methoden erweitert.

Ergebnisse in der Analyse von Persönlichkeitsprofilen zeigten, dass die untersuchten Jugendlichen ein hohes Ausmaß an Stress durchleben, diesen jedoch durch unbewusste und bewusste Selbstregulation zu minimieren in der Lage sind. Dies reflektiert ein resilientes Verhalten, die Fähigkeit mit dem Erleben von schweren Krisen umzugehen und ohne die Entwicklung eines erheblichen Grades an Psychopathologie zu imponieren.

Die Ergebnisse unterstützen Annahmen, dass "*defensiveness*" ein Prozess ist, der unter bestimmten Bedingungen, zumindest kurzfristig, protektiv auf psychische Gesundheit wirken kann.

Trotz des resilienten Verhaltens der Jugendlichen konnte gezeigt werden, dass sie sensitive Trigger-Punkte beibehalten, die, so erwies sich, bei minimalen zusätzlichen Belastungen in der allostatischen Last des Patienten zu internalisierenden oder externalisierenden Störungen führen können.

Jener Aspekt muss auf dem Hintergrund der durchgehend instabilen Lebenssituation der Jugendlichen gesehen werden.

Unbegleitete minderjährige Flüchtlinge treffen in vielen europäischen Ländern auf unstrukturierte Betreuungsstrukturen und altersinadequate Versorgung.

Lange Asylverfahren, Unsicherheit über die weitere Zukunft, Re-traumatisierung durch Ausgrenzung und mangelnde Integration in einem kulturell fordernden Umfeld verbunden mit einem wenig tragfähigen Netz an beruflicher Einbindung treffen auf Jugendliche, die in der sensiblen Phase der Adoleszenz ihre primären Bezugspersonen verloren haben.

Diese Beobachtungen müssen sowohl in zukünftige Studiendesigns als auch, vor allem, in politische, pädagogische und psychosoziale Überlegungen integriert werden.

Weiterführende Literatur:

Heise, Thomas: Multidimensionales institutionelles Management psychischer Probleme unbegleiteter minderjähriger Flüchtlinge, S. 289-296, in : Heise, Thomas (Hg.): Transkulturelle Beratung, Psychotherapie und Psychiatrie in Deutschland, 2000.

Autoren:

Dr. med. univ. Julia Huemer, geb.1981, Ärztin, in Facharztausbildung zur Kinder- und Jugendpsychiaterin, Universitaetsklinik fuer Psychiatrie des Kindes- und Jugendalters, Medizinische Universitaet Wien.

Univ. Klinik für Psychiatrie des Kindes- und Jugendalters
Medizinische Universität Wien
Währinger Gürtel 18-20 • 1090 Wien • Österreich
e-mail: julia.huemer@meduniwien.ac.at

Ass. Prof. Dr. Sabine Völkl-Kernstock, Klinische Psychologin.
Universitätsklinik für Psychiatrie des Kindes- und Jugendalters
Medizinische Universität Wien
Währinger Gürtel 18-20 • 1090 Wien • Österreich
e-mail: sabine.voelkl-kernstock@meduniwien.ac.at

o. Univ. Prof. Dr. Max H. Friedrich, Vorstand der
Universitätsklinik für Psychiatrie des Kindes- und Jugendalters
Medizinische Universität Wien
Währinger Gürtel 18-20 • 1090 Wien • Österreich
e-mail: max.friedrich@meduniwien.ac.at

Die Theatergruppe „Ubuntu“ im Flüchtlingsheim Reichenau, Innsbruck spielte „Wo bin ich denn? – Dschungelbuch“

Annemarie Siess

Kennen Sie das Geheimnis des Dschungels? Vermutlich haben Sie auch als Kind einmal eine Version des Dschungelbuches gelesen oder die Verfilmung gesehen. Dieses Dschungelbuch war die literarische Vorlage unseres Stückes – jenes Theaterstückes, das wir mit Kindern des Innsbrucker Flüchtlingsheimes Reichenau im Sommer 2008 zur Aufführung gebracht haben. Der Weg bis zur Premiere war allerdings weit, vielleicht so weit, wie der Weg, den so mancher hinter sich gebracht hat, bis er oder sie in Innsbruck gelandet ist.

Das Dschungelbuch erzählt die Geschichte eines Buben, der weit weg von seinen Eltern im Dschungel in einer fremden Familie aufwächst, deren Kultur kennenlernt und fast einer der ihren wird. Aber auch wenn das Wolfsrudel und die anderen Tiere im Dschungel sich liebevoll um ihn kümmern bleibt er doch was er ist – ein Mensch. Und als er dann eines Tages wieder von den Tieren im Dschungel weg und zu den Menschen kommt, kann er einerseits zeigen, was er im Dschungel gelernt hat, und außerdem kann er seinen Freunden helfen. Die Basis für sein Tun ist sein Wissen um das Geheimnis des Dschungels. Ohne dieses Wissen wäre er nicht geworden wer er ist.

li.: Kristian, der neue Mowgli wird von seinen Freunden Balu und Baghira befreit.

re.: Ibrahim als Mowgli.

Seiten 133-142

Der Anfang im Flüchtlingsheim

Begonnen hat alles mit einer Anfrage von Christoph, einem Betreuer aus dem Heim, der wissen wollte, ob wir in der HTL für Optometrie in Hall, Tirol, Brillen für Asylsuchende anfertigen können. Unser Direktor sagte zu und so kamen über dreißig Menschen aus aller Herren Länder zu uns. Darunter war auch eine junge Frau aus Sierra Leone, bei der unsere gemeinsame Sprache Englisch nicht ausreichte. Ich machte mich also auf die Suche nach dem Dialekt, der von ihr gesprochen wurde. Ausgestattet mit einer Internetkarte von Sierra Leone kam ich ins Flüchtlingsheim, wo wir auch klären konnten, dass wir jemanden brauchten, der Temne spricht. Bald hatten wir also auch dieses Problem gelöst. Im Gespräch mit der Leiterin des Frauenflüchtlingsheimes Cornelia entstand dann die Idee mit den Menschen Theater zu spielen. Offensichtlich waren die Betreuer schon längere Zeit auf der Suche nach jemandem, der mit den Bewohnerinnen und Bewohnern, die ja ziemlich viel Zeit hatten, ein Theaterprojekt auf die Beine stellt. Ich überlegte mir einen Arbeitstitel und kam auf „Wo bin ich denn?“. Aus den Erzählungen der asylsuchenden Menschen des Brillenprojektes wusste ich, dass sich die wenigsten von ihnen Österreich oder gar Innsbruck als Zielpunkt ausgesucht hatten. Sie kamen aus fremden Landschaften, staunten über die Tiroler Bergwelt und hatten einigermaßen Mühe sich in unserer Stadt, unserem Land, unserer Kultur und unseren Lebensgewohnheiten zu orientieren. Daher schien mir der Titel als Einstieg in ein Theaterprojekt recht gut geeignet. Ich war gespannt, was sich daraus entwickeln würde.

Ich bot eine Gruppe für Erwachsene, Jugendliche und Kinder an. Zu Beginn der Treffen kamen auch Erwachsene und Kinder, aber mit der Zeit blieben nur mehr die Kinder übrig. Wieder einmal merkten wir, dass die Bedürfnisse der Erwachsenen nicht unseren Vorstellungen entsprachen. Parallel dazu boten zwei Kollegen für die Männer im Heim ein Theaterprojekt an, auch sie hatten recht unterschiedlichen Zulauf.

Wir starteten im Frühling, trafen uns alle drei Wochen für zwei Stunden und lernten uns so immer besser kennen. Es war interessant zu sehen, wie die Kinder immer mehr aus sich herausgingen. Viele von ihnen beobachteten das Geschehen für längere Zeit und waren einfach nur dabei. Besonders die größeren Buben hatten anfangs große Hemmungen zu spielen. Trotzdem hielt die Neugier sie im Raum. Die Mädchen schlüpften fast alle in die Lieblingsrolle der „Prinzessin“. Einige wählten sich auch ungewöhnliche Rollen. Ich merkte, dass die Kinder Vertrauen zu mir entwickelten. Wie alle Kinder freuten sie sich, sich zu verkleiden und schlüpften gerne auch in Tierrollen. Insgesamt gab es einen riesigen Tierpark, der sich da im Computerzimmer tummelte. So entwickelte sich auch bei mir die Idee auf jeden Fall etwas mit Tierrollen zu tun. Ich vermutete, dass sich in manchen leisen Kindern wilde Tiere versteckten und wollte ihnen helfen, sie ans Licht kommen zu lassen. Dann näherten sich die Sommerferien und damit für diese Kinder die langweiligste Zeit im Jahr.

Natürlich gingen die Kinder aus dem Heim im Sommer ebenso wie ihre Mitschülerinnen und Mitschüler ins Schwimmbad, sie besuchten den Vergnügungspark und freuten sich, dass sie schulfrei hatten. Aber insgesamt war die Situation für sie doch ziemlich trist. Ihr Spielbereich war ein asphaltierter Innenhof, bestens geeignet zum Radfahren, ein kleines Stück Wiese mit einer zweifachen Schaukel und ein paar Bänke im Schatten der Bäume. Man merkte an allen Ecken und Enden, dass das ehemalige Schulungsheim der Landeslandwirtschaftskammer nicht für eine längere Unterbringung von Familien mit Kindern gedacht war.

Wir lernten im Laufe der Zeit auch die Familien der Kinder kennen. Für die Eltern war die Situation um nichts besser als für die Kinder. Die Mütter kümmerten sich um die Kinder, die Väter saßen zusammen und sprachen über ihre Situation. Es gab kaum länger dauernde sinnvolle Beschäftigungen. Vor allem die Männer haben mit ihrer erzwungenen Beschäftigungslosig-

Adrian mit seinen Schauspielerfreunden

keit zu kämpfen. Die Spannungen über die laufenden Asylverfahren waren überall spürbar. Das prägt natürlich auch das Alltagsleben in einem Heim. Auch die Ungewissheit und Unsicherheit sprechen für sich. All das überschattete natürlich auch das Leben der Kinder. Sie übernahmen die schrecklichen Erfahrungen der Erwachsenen, auch wenn vermutlich nie oder nur vereinzelt darüber gesprochen wurde. Manche von ihnen waren als Kleinkinder mit den Eltern auf der Flucht gewesen, andere erst in den langen Monaten des Wartens in Österreich geboren. Viele der Bewohnerinnen und Bewohner warteten schon Jahre auf die Erledigung ihres Asylantrages. Eine andere Unterkunft als die im Flüchtlingsheim konnten sie sich nicht leisten.

Einmal kam ich mit Eva aus Südtirol und Vicky aus Griechenland, den beiden Schülerinnen aus Hall, die ihre Diplomarbeit über die Versorgung der asylwerbenden Menschen verfassen, ins Heim. Sie wollten die neuen Brillenbesitzer befragen, wie es ihnen mit den neuen Brillen ging. Als ich dabei einem von ihnen zu seinem 50. Geburtstag gratulierte, kam sofort einer meiner Schauspielerbuben und fragte, ob er ein „Positiv" bekommen hätte. Manchmal kämpfte ich in diesen Situationen mit meinen Gefühlen und gerade solche Alltagsszenen hinterließen bei mir ein tiefes Gefühl der Betroffenheit. Ich lernte die rauen Buben von ihren zarten Seiten kennen. Es gab viele Szenen, die mir wiederholt die Situation der Kinder und Erwachsenen im Flüchtlingsheim im Alltag vor Augen führten. Bei den meisten Kindern war mit der Zeit zu spüren, dass sie weniger unbeschwert als altersgleiche Kinder sind. Sie sind ernsthafter, irgendwie erwachsener und manchmal kam auch zum Vorschein, dass bestimmte Begriffe bei ihnen anders besetzt waren als bei unseren Kindern.

Immer wieder kam die Frage, wie das kommende Asylverfahren enden und ob es ein weiteres Bleiben in Österreich geben wird. Ich wollte den Kindern andere, neue, erfreuliche Inhalte für ihr Denken liefern. Das war mein Motor, das Projekt wirklich immer wieder in Gang zu halten, auch wenn die Rahmenbedingungen – kein Geld, keine Räume, keine Möglichkeiten zur Ausstattung – wirklich schlecht waren.

Sehr oft dachte ich daran, wie Augusto Boal mit seinem Theater der Unterdrückten auf die Situation von Menschen, die wenig verbale Sprache haben, aufmerksam gemacht hat. Trotzdem – diese Kinder sind sprachlich fast alle gut integriert. Die meisten besuchen gerne Schulen in Österreich, sprechen ein sehr schönes Deutsch und konnten auch die meisten Begriffe gut verstehen. Sie haben auch gelernt nach Bedeutungen zu fragen. Immer wieder fiel mir auf, dass die Eltern über die Kinder die deutsche Sprache lernen. Gerade hier sind noch viele Potentiale offen, die leider kaum genutzt werden. Manche Begriffe riefen bei den Kindern ziemlich starke Reaktionen hervor.

Wir Erwachsene lernten, sehr sorgfältig mit unserer Sprache umzugehen. So sagte Lisa einmal im Spaß „Jetzt klauen wir Annemarie die Schminkfarben", was eine sehr heftige Reaktion bei den Mädchen hervorrief. Die Nachgespräche über solche Situationen waren für uns sehr wichtig. Ich kann sagen, dass wir mindestens genau so viel gelernt haben, wie die Kinder.

Manchmal hat mich auch der bloße Zorn über die triste Situation der Asylwerberinnen und Asylwerber mit ihren Kindern motiviert weiter zu machen. Aber immer wieder waren es die Kinder, die mich letztendlich motiviert und jeden Zweifel zerstreut haben. Ich habe immer gehofft, dass ich neben dem Freizeitprojekt für die Kinder auch bald Gelegenheit bekommen würde, mit den Erwachsenen zu arbeiten. Es ist wirklich deprimierend zu sehen, wie erwachsene Menschen die Zeit totschlagen müssen, weil sie nicht arbeiten dürfen. Rasch war klar, dass wir die Theatergruppe „Ubuntu" sind. Ubuntu kommt aus dem Afrikanischen und bedeutet „achtsames miteinander Umgehen".

Als wir dann beschlossen, doch ein Theaterstück mit richtigen Rollen zu proben, fiel die Wahl sehr schnell auf das Dschungelbuch. Die Kinder hatten bei den Vorbereitungen großen Spaß in Tierrollen zu schlüpfen. Ibrahim war ein toller Mowgli und auch mein Balu und all die anderen Tiere waren sehr eifrig und konzentriert. Manchmal half mir auch Lilli Handpoppel, meine Handpuppe bei der Arbeit.

Lisa, Lilli Handpoppel und ich bei den Vorbereitungsarbeiten.

Das Stück nimmt Form an

Als ich Birgit von meinen Plänen erzählte, kam sie mit ihren beiden Söhnen Adrian und Timo ebenfalls dazu. Unser Traum war ein Theaterprojekt mit unterschiedlichen Kindern. Timo spielte am Rande des Stückes eine sehr wichtige Rolle, er wurde von den Müttern immer wieder herumgereicht und Adrian war mit vielen anderen Kindern ein Wolfskind im Rudel. Nach der Probenarbeit war er nach kurzer Zeit mit den Buben beim Fußballspielen dabei. Birgit übernahm die Rolle der Einsagerin – ihr Lampenfieber bei der Premiere tat mir gut, so brauchte ich mich selbst nicht damit herum zu plagen.

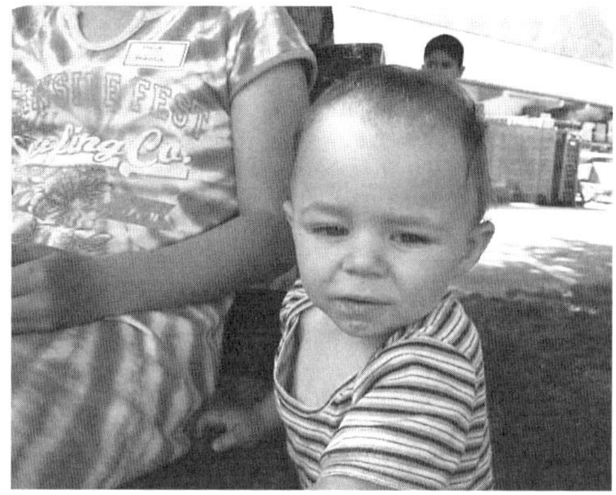

Timo wird betreut.

Birgit studiert den Text noch einmal.

Es war auch schön, mit Birgit eine zweite erwachsene Person neben mir zu haben, die in das ganze Stück involviert war. Und die beiden Buben haben dabei auch toll mitgemacht. Timo hat uns dann auch noch sein Schafsfell als Fell des Shir Khan geliehen und nach anfänglichen Berührungsängsten ist es Adrian mit seinem Rudel sehr gut ergangen.

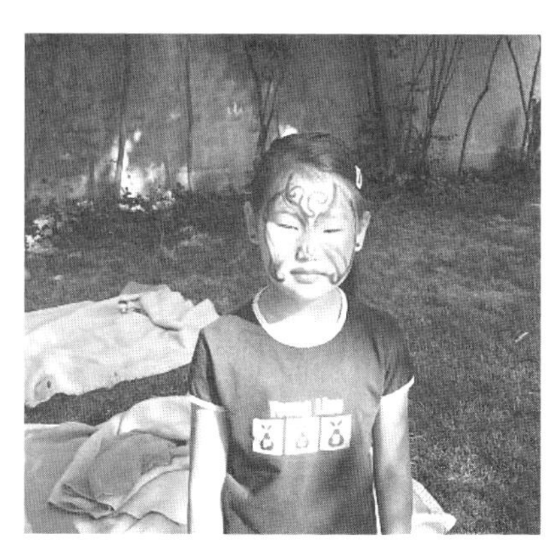

li.: Mend als Wolfskind.

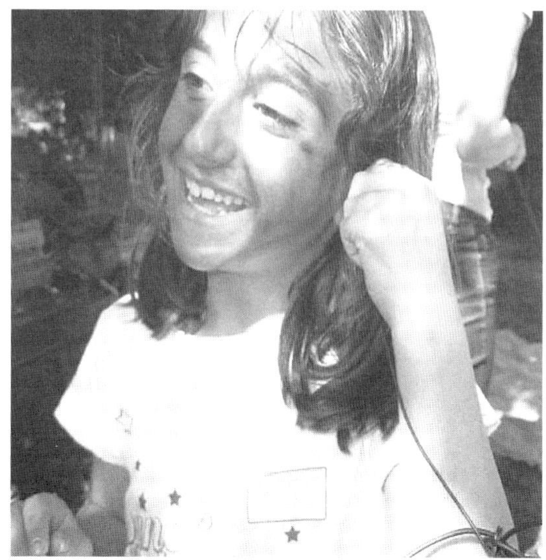

re.: Nevin als Balu, der Bär.

Karine, der Wolfsvater und Florentina, die Wolfsmutter

Die Kinder haben beim Intensivworkshop in den Sommerferien nach dem ersten verregneten Tag, an dem wir noch im Heim in einem umfunktionierten Computerlehrraum geübt haben, mit immer größerem Eifer geprobt. Bald war die Geschichte mit den verschiedenen Szenen klar. Viele der Kinder lernten ihre Texte rasch und begriffen auch die Spannung der Geschichte schnell. Bei jedem Probentag und dann vor allem auch bei der Premiere war das Schminken ein zentraler Teil der Vorbereitungen. Dabei haben wir sehr viel Nähe und Vertrauen zu den Kindern entwickeln können. Auch Kinder, die sehr schüchtern und zurückhaltend waren wie Mend haben das Bemalen der Gesichter offensichtlich sehr genossen.

Die Kinder haben ihre Masken dann mit viel Stolz getragen und haben genau gespürt, wie sie damit in die Rollen hineinwachsen. So wurden aus der kleinen, zarten Nevin Balu, der Bär und aus Karine und Florentina die Wolfseltern.

Birgit und ich hatten beide große Bedenken, wie die Premiere laufen würde. Bei den Proben gab es immer wieder Streitereien, manche der größeren Buben verweigerten das Mitspielen oder trugen Alltagskonflikte am Rande des Stückes aus.

Die Einladung ist an alle möglichen Stellen gegangen. Damit haben wir einfach auch auf das Projekt aufmerksam gemacht. Auch unsere Freunde von der Theaterpädagogik haben auf ihrer Homepage dafür Werbung gemacht. Die Kinder haben dann am Premierentag selbst Hand angelegt und den Zuschauerraum vorbereitet.

Auch Lisa und ihr Freund Tobias kamen zur Premiere, Lisa übernahm die Rollen der Maskenbildnerin und Tobias war unser Fotograf. Ihm haben wir diese tollen Bilder zu verdanken. Es war für die Kinder sehr wichtig, dass wir Erwachsenen Interesse am Stück und an ihrer Aufführung zeigten.

Hin und wieder hatten die Kinder gestritten. Auch ihre Konzentration war nicht besonders und gerade das Spiel im Freien erforderte besondere Aufmerksamkeit. Außerdem waren ja auch ein paar Eltern, ein paar Betreuerinnen und Gäste anwesend, es war wirklich nicht zu erwarten, dass das alles reibungslos und glatt über die „ Bühne“ gehen würde.

li.: Mend und Nevin holen eine Bank für das Publikum.

re.: Lisa beim Schminken.

Unsere Gäste bereiten sich auf das Stück vor.

Die Premiere

Wie immer überraschten uns die Kinder mit ihrem Spiel. Sogar die größeren Buben, die vorher mit Skepsis und Verweigerung dabei waren, zeigten Eifer und Ernst. Es war einfach toll zu sehen, wie die ganze Geschichte auf einmal rund lief.

Mitten im Spiel – mit Nevin als Balu, der Lehrer der Wolfskinder

Saad bringt als Adler die Botschaft vom Versteck Mowglis

Balu lehrt Mowgli gemeinsam mit den anderen Tierkindern das ganze Wissen des Dschungels. Er bringt ihnen Essbares und Ungenießbares näher, zeigt ihnen alle möglichen Techniken der Fortbewegung und Verständigung. Und dann lehrt Balu im Stück den Wolfskindern das Geheimnis des Dschungels:

„Ich und du, wir sind vom gleichen Blut"

Und alle Tierkinder wiederholten den Reim als Rap und brachten den Rhythmus des Dschungels eindrucksvoll in die Runde. Noch nach Monaten, bei der Weihnachtsfeier im Flüchtlingsheim im Dezember, sprach mich ein Mädchen mit dem Reim an. Ich bin sicher, dass das Geheimnis des Dschungels wirkt. Gerade an dieser Stelle haben alle Kinder genauso wie das Publikum gespürt, dass wir nicht nur dem Geheimnis des Dschungels sondern vermutlich überhaupt dem Geheimnis des Menschseins auf die Spur gekommen sind. Wenn mich jemand gefragt hätte, welche pädagogischen Überlegungen meinerseits dem Ganzen zu Grunde liegen, dann wäre ich verlegen geworden. Ich habe mich von den Kindern und der Situation tragen lassen und einfach in die Situation hineingefühlt. Es ist dabei immer ziemlich genau spürbar, was gerade benötigt wird. Manchmal geht es mir so, dass ich denke, wenn alles geplant und beabsichtigt gewesen wäre, dann wäre es vermutlich nicht so glatt und stimmig gewesen.

Nach der Befreiung Mowglis gab es wie bei vielen Theaterstücken einen Moment des feierlichen Schweigens bevor die Kinder ihren Applaus ernteten. Sie verneigten sich und waren glücklich und gingen dann genauso wie nach den Proben zum Ball spielen über.

Es war gelungen – trotz aller Bedenken hatten die Kinder die Spannung gehalten, hatten sich ganz in ihre Rollen fallen gelassen und mit dem vor allem Kindern eigenen Ernst das Geheimnis des Dschungels an ihr Publikum weitergegeben. Wir alle waren sehr erleichtert und glücklich, das Projekt zu diesem Höhepunkt gebracht zu haben.

Die Erwachsenen blieben sitzen und unterhielten sich noch eine ganze Weile. Damit war die erste Ferienwoche im Flüchtlingsheim toll vergangen und viele Erwachsene und Kinder hatten einen neuen Höhepunkt erlebt.

Ein Teil des begeisterten Publikums.

Cornelia, Halimatu und Lisa.

Es geht weiter ...

Als ich im Sommer in Salzburg auf der Pädagogischen Werktagung Armin Krenz von unserem Projekt erzählte, bestätigte er mir dieses Geheimnis als Basis für den Seelenproviant für Kinder. Es ist schön, wenn immer wieder Menschen mit gleicher Gesinnung aufeinander treffen und sich gegenseitig bestätigen. Wir haben in der Seminargruppe über das Projekt diskutiert und ich bin sicher, dass es sich lohnt auch in anderen Orten solche Projekte zu starten. Ich bin gerne bereit Starthilfe zu geben und meine Erfahrungen zur Verfügung zu stellen.

Auch bei meiner Vorstellung des Projektes in Wien auf dem Kongress für Transkulturelle Psychiatrie haben mich junge Menschen angesprochen. Ich werde gerne Geburtshilfe für ähnliche Projekte leisten. Alles was wir brauchen sind ein paar Menschen, die gerne zusammen Theater spielen. Meine Vision geht dahin, dass das Geheimnis des Dschungels allen zugänglich gemacht wird. Dann können wir uns auf ganz einfache Art als Geschwister fühlen.

Wir haben jetzt verschiedene Bühnen gesucht und werden das Stück mit drei bis vier Workshops von ungefähr zwei Stunden auf jeder Bühne adaptieren. Es gibt in der Zwischenzeit viele Interessierte, die als Backstageteam am Projekt teilhaben wollen. Es ist natürlich toll, wenn wir von jungen Erwachsenen Unterstützung bekommen. Meine Idee ist es, dass ich das Projekt einem neuen Team übergeben kann. Es sind genug Studierende der Pädagogik da, die sich für diese Arbeit interessieren. Lisa wird als erfahrene Mitarbeiterin auf jeden Fall dabei sein. Wir werden auch für die Bühnenausstattung der neuen Bühnen besser gerüstet sein. Immerhin werden wir dann immer unter Dach spielen.

Eine weitere Folge des Projektes ist meine Mitarbeit in einem ESF-Projekt, das in Innsbruck als Pilotprojekt begonnen hat und auf jeden Fall bis zum Jahr 2013 laufen wird.

Es ist ein einmaliges Projekt, von uns liebevoll „Weltklasse" genannt, weil wir Menschen aus Tibet, aus Albanien, Afghanistan, Tschetschenien, Syrien, der Türkei, dem Kosovo und Persien unterrichten. Seit September gibt es diese eine gemeinsame Klasse der drei Schulen für Berufstätige in Innsbruck: Abendgymnasium Adolf-Pichler-Platz, HTL Anichstraße und der HAK Innsbruck.

Der Unterricht findet an zwei Abenden in der Woche an der HTL Anichstraße und an zwei weiteren Abenden im Abendgymnasium am Adolf-Picher-Platz statt. Die Klasse besuchen ausschließlich Personen mit nicht-deutscher Muttersprache. Es handelt sich um Menschen mit Migrationshintergrund, die in zwei Semestern mit „Deutsch als Zweitsprache" auf den Besuch einer Abendschule vorbereitet werden. Neben Deutsch werden „Geschichte und politische Bildung", „Physik und Chemie" sowie „Mathematik" vorgetragen. Es handelt sich also nicht um einen reinen Deutschkurs, sondern um einen Brückenkurs für Personen mit nicht-deutscher Muttersprache um später (nach einem Jahr Brückenkurs) eine Abendschule besuchen zu können. Viele der Schülerinnen und Schüler haben in ihren Herkunftsländern weiterführende Schulen besucht oder einen Beruf erlernt. Den meisten fehlt der Wissenstransfer in die deutsche Sprache.

Das Projekt wird vom Unterrichtsministerium und aus einem ESF-Projekt finanziert und dient der Integration. Es handelt sich um einen Schulversuch, der bis 2013 andauern wird (laufendes Schuljahr plus 4 weitere Schuljahre). Es findet eine externe wissenschaftliche Begleitung durch Univ. Prof. Dr. phil. Paul Mecheril und seine Mitarbeiter vom Institut für Erziehungswissenschaften der Universität Innsbruck statt. Der Kurs wird beworben und öffentlichkeitswirksam über die Medien vermarktet. Es ist uns als LehrerInnenteam besonders wichtig, dass es sowohl innerhalb der eigenen Schulen als auch in der Schullandschaft Tirols viel fundiertes Wissen über das Projekt gibt. Wir werden immer wieder in die Öffentlichkeit treten und bei unterschiedlichen Gelegenheiten auf das Projekt Weltklasse aufmerksam machen. Wir haben den Eindruck, dass es gerade in der derzeitigen Situation sehr sinnvoll und zielführend ist, positive Öffentlichkeitsarbeit für ein gut laufendes Projekt zu leisten. Leider ist die mediale Öffentlichkeit eher auf die negative Berichterstattung fixiert. Trotzdem gibt es immer wieder Möglichkeiten über erfolgreiche Integration zu reden. Auch in den anderen berufsbildenden Schulen suchen wir nach Partnerschaften. Dabei sind wir in unterschiedlichen Schulen bereits erfolgreich gewesen. Es ist uns wichtig, über unser Projekt zu informieren, weil wir sehr stolz darauf sind.

Visionen

Ich weiß, dass es ein bisschen romantisch und gar nicht wissenschaftlich klingt, wenn ich davon träume, dass wir mit dem Projekt noch mehr öffentliches Interesse erwecken. Mit der Weltklasse gelingt uns ein neuer Ansatz im Sinne des Geheimnisses des Dschungels und wenn ich mir das Fest der Begegnung, das wir am 22. Dezember in der Mensa der HTL Anichstraße gemeinsam mit fünfzig Personen gefeiert haben, dann ist der Traum ein Stück Wirklichkeit geworden. Unsere Pächter Edith und Andreas haben uns toll unterstützt, haben zwei Tage vor Weihnachten ihre Freizeit zur Verfügung gestellt. Sonam, Tenzin und Migram haben gemeinsam mit Renas gekocht, sodass alle danach satt und zufrieden waren. Andreas hat uns mit österreichischen Bratäpfeln verwöhnt und einige der Schülerinnen haben uns Kuchen aus ihren Heimatländern zum Verkosten mitgebracht.

Wir lassen nicht nach, immer wieder anderen Menschen zu zeigen, dass asylwerbende Menschen als Gäste bei uns sind. Wir begegnen unseren Gästen in vielfältiger Weise und bieten ihnen unsere Gastfreundschaft an.

Kritische Stimmen mögen uns vorwerfen, dass wir vom transkulturellen Virus infiziert sind. Wir betrachten diese Menschen nicht objektiv, das ist richtig. Wir sind subjektiv, wollen es sogar sein – wir vermuten in ihnen neue Freunde, die uns interessante Begegnungen mit ihren Alltagskulturen schenken können. Mag sein, dass ich nie alle Länder dieser Welt bereisen und dort Menschen kennenlernen kann. Aber ich bin dankbar für die vielen Momente der Begegnung, die ich mit Menschen aus so unterschiedlichen Kulturen in meinem beruflichen und außerberuflichen Alltag erleben darf. Es wird stimmen, dass wir alle weltweit Fremde sind, aber wenn wir das Geheimnis des Dschungels wirklich verstehen wollen, dann entdecken wir zu den vielen Unterschieden auch unsere Gemeinsamkeiten:

Wir treffen einander im Lachen und im Weinen, wir ärgern uns über ähnliche Dinge, freuen uns über das Dasein der Kinder und das warme Verstehen untereinander.

Wenn es uns gelingt in einer Weltklasse so viele verschiedene Ethnien gemeinsam zu unterrichten, dann wird es uns auch immer wieder gelingen, neue Projekte mit ganz unterschiedlichen Menschen auf die Bühne zu bringen. Ich freue mich auf jeden Fall auf die Fortsetzung der Arbeit – sowohl im Theater mit den Kindern als auch in der Abendschule mit unserer Weltklasse.

„Ich und du, wir sind vom gleichen Blut."

Autorin:
ANNEMARIE SIESS, Lehrerin, Theaterpädagogin und Psychotherapeutin

Melachweg 13/18, A-6175 Kematen, Österreich
e-mail: a.siess@tsn.at

Überlebende des Tötens
– Kindersoldaten als Flüchtlinge in Deutschland. Lebenswelten, Traumabewältigung und psychosoziale Arbeit

Dima Zito

„Es gibt Dinge, die ich getan habe, die sind unaussprechlich. Menschen, die ich getötet habe, kommen nachts zu mir. Was mir die Kraft gibt weiterzuleben ist die Vorstellung, einen Weg zu finden, es irgendwie wieder gut zu machen. Und vielleicht eines Tages meine Mutter wieder zu finden."[1]

Zusammenfassung

Ca. 250.000 Kindersoldaten werden weltweit in Armeen und Rebellenverbänden eingesetzt – für Hilfstätigkeiten bis hin zur Beteiligung am Kampfeinsatz oder Gewaltakten gegen Zivilisten. Durch die Erfahrung extremer Gewalt als Opfer, Zeugen und Täter tragen diese Kinder und Jugendlichen meist schwere Traumatisierungen davon. Diejenigen, die als Flüchtlinge nach Deutschland kommen, leben hier oft unter Bedingungen struktureller Ausgrenzung und Unsicherheit. Wie verarbeiten sie ihre Lebenserfahrungen? Wie können Fachleute im psychosozialen Bereich sie optimal unterstützen?

Einleitung

Seit 2003 bin ich als Sozialpädagogin und Therapeutin im Psychosozialen Zentrum für Flüchtlinge Düsseldorf tätig. Zu meinen Aufgaben gehörte unter anderem die Koordination des Kinder- und Jugendprojekts MUT. Eine Gruppe junger Klienten beschäftigte mich dort besonders: ehemalige Kindersoldaten, eine besonders vulnerable Gruppe junger, meist unbegleiteter minderjähriger Flüchtlinge,

a. die prägende bzw. traumatische Erfahrungen als Opfer, Zeugen und Akteure extremer Gewalt gemacht haben,
b. deren spezifische Verfolgungserfahrung im deutschen Asylverfahren teilweise keine Berücksichtigung findet und die daraufhin über Jahre in einer Situation der strukturellen Ausgrenzung und Unsicherheit leben und
c. die besondere Schwierigkeiten haben, angemessene psychosoziale Unterstützung zu erhalten, da viele Fachkräfte im psychosozialen Bereich vor der Vielschichtigkeit der Anforde-

---

1. Aussage eines ehemaligen Kindersoldaten, aus den Therapienotizen der Verfasserin.

Seiten 143-151

rungen (Trauma, Täterschaft, anderer kultureller Hintergrund, Sprachbarrieren u.a.) zurückschrecken.

„Kindersoldaten“ – was heißt das?

Nach der allgemein anerkannten Definition von UNICEF sind Kindersoldaten „alle Personen unter 18 Jahren, die von Streitkräften oder bewaffneten Gruppen rekrutiert oder benutzt werden oder wurden, egal in welcher Funktion oder Rolle, darunter Kinder, die als Kämpfer, Köche, Träger, Nachrichtenübermittler, Spione oder zu sexuellen Zwecken benutzt wurden. Die Definition schließt Mädchen ein, die für sexuelle Zwecke und erzwungene Ehen rekrutiert wurden. Sie bezieht sich also nicht ausschließlich auf Kinder, die Waffen tragen oder getragen haben.“[2]

„Kindersoldaten“ sind weder ein neues noch ein kulturspezifisches Phänomen. In fast allen Zeiten und Kulturen waren Kinder und Jugendliche in bewaffnete Konflikte involviert. (vgl. Honwana 2006, Hahn 2001). Sie kämpften beim „Volkssturm“ zur Verteidigung Nazi-Deutschlands und bei den Partisanenbewegungen im Kampf dagegen, in Befreiungs- und Guerrillabewegungen auf allen Kontinenten. Regierungsarmeen rekrutierten sie wie die iranischen „Kinder Gottes“, die im ersten Golfkrieg den „Märtyrertod“ starben.

In den 1990er Jahren erreichte der Einsatz von Kindersoldaten neue Dimensionen. Rebellenbewegungen wie in Mosambik und Sierra Leone entführten Tausende von Kindern und ließen sie Massaker, teilweise an eigenen Angehörigen und Gemeinschaften begehen (vgl. Russmann 2004, Wilker-Launer 2001). Kinder und Jugendliche schließen sich auch „freiwillig“ bewaffneten Einheiten an, um in kriegszerrütteten Gesellschaften eine Chance zum Überleben zu suchen. „Kindersoldaten gehören zu den Akteuren der so genannten neuen Kriege. (…) Sie sind kostengünstig, leicht rekrutierbar, ‚effizient‘ einsetzbar und ohne größere Probleme kontrollierbar.“ (Russmann 2004, S. 205)

Eine zunehmende internationale Aufmerksamkeit und Lobbyarbeit führte dazu, dass der Einsatz von Kindersoldaten inzwischen international durch eine Reihe von Abkommen geächtet wird. Das Zusatzprotokoll zur UN-Kinderrechtskonvention zu Kindern in bewaffneten Konflikten (A/RES/54/263 of 25 May 2000) trat am 12. Februar 2002 in Kraft und wurde bis heute von 122 Ländern unterzeichnet. Bereits 1999 hatte die Internationale Arbeitsorganisation (ILO) eine Konvention zu „ausbeuterischer Kinderarbeit“ verabschiedet, in der der Einsatz von KindersoldatInnen verurteilt wird. Die Rekrutierung und der Einsatz von Kindern unter 15 Jahren als Soldaten kann nach den Statuten von Rom von 1998 vor dem Internationalen Gerichtshof als Kriegsverbrechen geahndet werden.

Dennoch sind heute 200.000-300.000 Kindersoldaten in 17 Konflikten weltweit im Einsatz, in 86 Ländern werden Minderjährige rekrutiert.[3] Es ist unmöglich die genaue Zahl zu erfassen, da Armeen und Rebellenverbände keine Statistiken über eingesetzte Kindersoldaten führen und sie zudem in Zonen agieren, in denen internationale Organisationen wenig Zugang haben.

Etwa 40% der Kindersoldaten sind Mädchen[4]. Zum Teil verrichten sie Tätigkeiten im reproduktiven Bereich, andere nehmen auch am bewaffneten Kampf teil. Frauen und Mädchen sind

2. Quelle: Pariser Prinzipien, www.child-soldiers.org/childsoldiers/internationalstandards
3. vgl. Child Soldiers Global Report 2008/Human Rights Watch 2007.
4. Vgl. UNICEF Deutschland (12.02.2007) Zynischer Missbrauch – Kritische Bilanz von UNICEF zum 5. Jahrestag des Zusatzprotokolls zur UN-Kinderrechtskonvention (http://www.unicef.de/index.php?id=4258)

in Kriegen und innerhalb bewaffneter Verbände in besonderem Maße von patriarchaler, insb. sexualisierter Gewalt betroffen (vgl. ALFREDSON 2007, HONWANA 2006).

Kindersoldaten als Flüchtlinge in Deutschland

Nur wenige ehemalige Kindersoldaten fliehen ins Ausland – noch weniger erreichen Deutschland.[5] Bei ihnen handelt es sich zumeist um Jugendliche, die 15 Jahre alt und älter sind. Während jüngere unbegleitete minderjährige Flüchtlinge in Einrichtungen der Kinder- und Jugendhilfe untergebracht und pädagogisch betreut werden, ist die Situation der älteren Jugendlichen und erst recht der jungen Volljährigen problematischer. Sie sind mit den gleichen Restriktionen konfrontiert, denen Flüchtlinge in Deutschland allgemein unterworfen sind. Diese Situation soll im Folgenden beschrieben werden.

Nur eine geringe Zahl von Asylantragstellern erhält eine Anerkennung als politischer Flüchtling oder Abschiebeschutz aus humanitären Gründen.[6] Die (Zwangs-)Rekrutierung als Kindersoldat führt nicht zwangsläufig zur Anerkennung.[7] Viele abgelehnte Flüchtlinge können de facto nicht ins Herkunftsland zurückkehren oder abgeschoben werden. Bis Flüchtlinge einen sicheren Aufenthalt haben, leben sie in einer Situation struktureller Ausgrenzung und Unsicherheit. Sie können nicht entscheiden, wo und wie sie leben. Sie müssen sich im zugewiesenen Landkreis oder Bundesland aufhalten und sind verpflichtet, in einer Sammelunterkunft für Flüchtlinge zu wohnen. Die Heime, häufig Container oder ehemalige Kasernen, liegen oft außerhalb von Ortschaften und bieten schlechte räumliche und hygienische Bedingungen. Alleinstehende werden meist in Mehrbettzimmern untergebracht, z.T. auch mit Wohnungslosen. Sie sind von extremer Armut betroffen, da Erwerbstätigkeit in der Regel nicht gestattet ist, so dass sie von Sozialleistungen (35% unter ALG II) leben müssen. Die Leistungen nach dem „Asylbewerberleistungsgesetz" sind seit 1993 nicht erhöht worden und betragen für Erwachsene monatlich 224,97 € und sind „vorrangig als Sachleistungen (Lebensmittelpakete, Einkaufs-Gutscheine, *D.Z.*) zu gewähren" (BAMF 2007, S. 57). Zudem ist die medizinische und psychologische Versorgung für Flüchtlinge eingeschränkt.

---

5. Ihre Zahl wird statistisch nicht erfasst. Basierend auf der Annahme, dass etwa 4% der unbegleiteten minderjährigen Flüchtlinge Kindersoldaten waren, schätzte das Katholische Jugendsozialwerk 2003, dass sich zum damaligen Zeitpunkt ungefähr 300 – 500 ehemalige Kindersoldaten in Deutschland aufhielten (vgl. LUDWIG 2003)Vermutlich ist die Zahl noch höher, da viele der Betroffenen aus Angst oder Scham nicht darüber sprechen, dass sie Kindersoldaten waren. Weitere reisen erst als Volljährige nach Deutschland ein.

6. In 2007 lag der Anteil der Asylbewerber, die Abschiebeschutz nach § 60.1 AufenthG erhielten im Vergleich zu den Vorjahren mit 24,1% sehr hoch. Bei über 80% handelt es sich dabei um irakische Flüchtlinge. (BAMF 2008, S. 42f). 2006 wurden z.B. nur 0,8% der Antragsteller als Asylberechtigte anerkannt; weitere 5,6% erhielten Abschiebeschutz nach der Genfer Flüchtlingskonvention oder aus humanitären Gründen. 93,6% aller Asylanträge wurden aus „inhaltlichen" oder „formellen" Gründen abgelehnt. [BUNDESAMT FÜR MIGRATION UND FLÜCHTLINGE (BAMF) 2007, S. 37] Häufig wird beschieden, der Vortrag sei „nicht glaubwürdig" oder es bestände im Herkunftsland eine „Inländische Fluchtalternative".

7. Die Betroffenen müssen nach der Ablehnung ihres Asylantrags häufig in jahrelangen Klageverfahren Abschiebeschutz erwirken. Es ist nicht bekannt, wie viele ehemalige Kindersoldaten abgeschoben werden, weil sie keine professionelle Beratung und Unterstützung erhalten und alleine damit überfordert sind, humanitären Schutz juristisch einzuklagen.

Kinder, Jugendliche und junge Volljährige sind die größte Gruppe unter den Asylbewerbern.[8] Unbegleitet eingereiste Kinder und Jugendliche müssen vom Jugendamt in Obhut genommen werden.[9] Leider wird dies wird bei 16-17jährigen nicht immer umgesetzt. In manchen Bundesländern werden sie mit der Begründung, dass Flüchtlinge in Deutschland ab 16 „asylmündig" sind als „alleinstehende Personen" eingestuft, die bevorzugt ländlichen Gemeinden zugewiesen werden, in denen keine angemessene Infrastruktur zur psychosozialen Betreuung traumatisierter Flüchtlingsjugendlicher gibt. Dort werden sie gemeinsam mit Erwachsenen in Flüchtlingsunterkünften untergebracht. Auch der Schulbesuch wird über 16jährigen teilweise nicht erlaubt. Dazu kommt, dass junge Flüchtlinge selten über Ausweispapiere verfügen, mit denen sie ihr Geburtsdatum belegen könnten. Wenn Behördenmitarbeiter Zweifel an dem angegebenen Alter haben, wenn sie bspw. durch „Inaugenscheinnahme" als Volljährige eingeschätzt werden, kann von Behördenseite ein verändertes Geburtsdatum festgelegt werden.

Die ersten Monate oder gar Jahre, die ehemalige Kindersoldaten in Deutschland verbringen, sind also in vielen Fällen von Marginalisierung und Unsicherheit geprägt. Gerade in dieser Zeit benötigen die Jugendlichen Unterstützung und Stabilisierung durch psychosoziale Arbeit.

Trauma und Traumabewältigung

Generell gibt es einen sehr hohen Anteil an Traumatisierungen (ca. 40%) bei Flüchtlingen (vgl. Gäbel *et al.* 2006). Aufgrund der spezifischen Lebenserfahrungen ehemaliger Kindersoldaten ist davon auszugehen, dass der Anteil von Traumatisierten unter ihnen noch deutlich höher ist.

Wenn Menschen etwas (Lebens-)Bedrohliches erleben (z.B. Unfälle, Umweltkatastrophen, Vergewaltigung, Krieg ...), das ihre Bewältigungsmöglichkeiten übersteigt,[10] kann es in der Folge zu psychischen Reaktionen wie der posttraumatischen Belastungsstörung (PTSD) kommen, die gekennzeichnet ist durch Symptome des Wiedererlebens, Vermeidungsverhaltens und der Übererregtheit (vgl. WHO 2006, Fischer & Riedesser 1999, Huber 2003 u.a.) Besonders gravierende Traumatisierungen können zu zahlreichen weiteren Folgen wie dissoziativen Störungen (vgl. Van der Hart *et al.* 2006) oder der Komplexen Posttraumatischen Belastungsstörung (Herman 1992/2003) führen. Diese Konzepte beschreiben treffend die Symptome, die die Betroffenen erleiden, sollten allerdings bezogen auf Flüchtlinge, Folteropfer und auch ehemalige Kindersoldaten dahingehend kritisch hinterfragt werden, ob sie dazu beitragen, gesellschaftlich bedingtes oder im politischen Kontext hergestelltes Leiden zu individualisieren und pathologisieren. (vgl. Becker in: Rafailovic_2005, medico report 1997).

Beachtenswert ist hier das Konzept der sequentiellen Traumatisierung nach Keilson, das die Lebensbedingungen der Betroffenen mit einbezieht. In einer Untersuchung mit jüdischen Wai-

8. 2007 waren 39,2% aller Asylantragsteller minderjährig und weitere 22,8% unter 25. (Vgl. BAMF 2008, S. 22). Im Vorjahr 2006 waren fast zwei Drittel (64,8%) aller Asylantragsteller jünger als 25 Jahre; 41,1% sogar unter 16 (BAMF 2007, S.23).

9. Das am 1. Oktober 2005 in Kraft getretenen Kinder- und Jugendhilfeentwicklungsgesetz (KICK) hat die unbegleitete Einreise als eigenständiges Inobhutnahmekriterium ausdrücklich festgeschrieben (§ 42 Abs.1 Satz 1 Nr. 3 SGB VIII).

10. Gemeint ist das Zusammenwirken von Ereignisfaktoren (z.B. Schwere des erlebten Traumas, Erwartbarkeit, Kontrollierbarkeit), Risikofaktoren (z.B. sehr junges Alter, frühere belastende Erfahrungen oder psychische Erkrankungen, auch Schichtzugehörigkeit und Lebensbedingungen) sowie Schutzfaktoren (z.B. das Gefühl der Kohärenz und soziale Unterstützung).

senkindern nach dem Holocaust stellte er einen Verlauf der Traumatisierung in Phasen fest. Als dritte traumatische Sequenz wird die Zeit nach der direkten Verfolgung, das Leben in Waisenhäusern, Pflegefamilien etc. bezeichnet. Diese Phase ist nach Keilson entscheidend: Wenn die Kinder eine unterstützende Umgebung fanden, war eine Verarbeitung des Traumas eher möglich, bei fortgesetztem Stress hingegen kam es zu einer Fortsetzung und Chronifizierung der psychischen Belastung (vgl. KEILSON 1979/2005).

Übertragen auf Flüchtlingskinder und -jugendliche beginnt die dritte traumatische Sequenz mit ihrer Ankunft in Deutschland. Es ist anzunehmen, dass die Lebensbedingungen und die Unterstützung, die sie hier vorfinden, ihre weitere Entwicklung maßgeblich prägen. Dies bedeutet eine große Chance und Verantwortung für die psychosoziale Arbeit mit traumatisierten jungen Flüchtlingen in Deutschland.

Zur Behandlung von Traumafolgestörungen sind in den letzten Jahren eine Reihe von Therapieverfahren entwickelt worden.[11] Generell besteht die Tendenz in der Traumatherapie, schulenübergreifend und integrativ zu arbeiten. Einen besonderen Stellenwert haben in Bezug auf die Zielgruppe ehemalige Kindersoldaten Konzepte, die die interkulturelle Dimension berücksichtigen. In vielen afrikanischen Gesellschaften beispielsweise spielen schamanische Heiler in der Behandlung dieser Zielgruppe eine große Rolle. Indem sie in traditionellen Zeremonien und Ritualen das „Gleichgewicht in der Gemeinschaft, die Harmonie mit Ahnen, Geistern und anderen Kräften" wieder herstellen, tragen sie zur „Reinigung" der Kinder von ihrer Schuld als Voraussetzung zur Reintegration in die Gemeinschaft sowie zur Linderung traumatypischer Symptome bei (vgl. EPHRAIME 2007, ESSIOMLE 2005, SPITZER 1999, STEUDNER 2000).

In Deutschland werden ehemalige Kindersoldaten vorrangig in den Psychosozialen Zentren für Flüchtlinge und Folteropfer betreut und behandelt. Die Arbeit umfasst die soziale Stabilisierung (Aufenthaltsrecht, Unterbringung, Schulbesuch, Arbeitserlaubnis zur Ausbildung etc.), (trauma-)therapeutische Interventionen sowie begleitende Gruppenangebote.[12] Hierbei hat sich ein breiter, niedrigschwelliger Ansatz bewährt. Die in den bundesweit ca. 25 psychosozialen Zentren zur Verfügung stehenden Unterstützungsmöglichkeiten sind allerdings nicht ausreichend[13] – im Zuge der interkulturellen Öffnung der Regeldienste sollen diese zunehmend in die Lage versetzt werden, auch solche komplexeren Aufgaben zu übernehmen.

Zum Forschungsprojekt

Die Situation ehemaliger Kindersoldaten, die als Flüchtlinge in Deutschland leben, ist weitgehend unerforscht. Im deutschsprachigen Raum wurde eine Reihe autobiographischer Berichte ehemaliger Kindersoldaten publiziert (BEAH 2007, KEITESI 2003 etc.) Wissenschaftliche Studien konzentrieren sich auf die Situation von Kindersoldaten in Herkunftsländern oder den interna-

11. Vgl. VAN DER HART, O.; NIJENHUIS & E.; STEELE, K. 2006, HUBER 2003, FLATTEN 2001, REDDEMANN 2001, VAN DER KOLK 2000, MARCKER 1997 u.a.. Die Verfahren werden in der Dissertation dargestellt, im Exposé wird darauf aus Platzgründen verzichtet.
12. Vgl. z.B. Tätigkeitsbericht des Psychosozialen Zentrums für Flüchtlinge Düsseldorf (Aus dem Leeren schöpfen, PSZ 2007))
13. Im PSZ Düsseldorf werden z.B. jährlich ca. 350-400 KlientInnen aus über 30 Ländern unterstützt, aus Kapazitätsgründen kann nur jede vierte bis sechste Anfrage aufgenommen werden. (vgl. Aus dem Leeren schöpfen, PSZ 2007)

tionalen Kontext.[14] Es existiert lediglich eine kurze qualitative Studie über Kindersoldaten in Deutschland, die im Auftrag des Bundesfachverbandes Unbegleitete Minderjährige Flüchtlinge und terre des hommes erstellt wurde (Ludwig 2003).

Im Rahmen eines Dissertationsprojekts am Fachbereich Bildungs- und Sozialwissenschaften der Bergischen Universität Wuppertal arbeite ich aktuell an einer qualitativen Studie zu Kindersoldaten in Deutschland.

Im Wesentlichen geht es in diesem Forschungsvorhaben um drei Fragestellungen:

1. Verarbeitung: Wie verarbeiten Menschen, die als Kinder und Jugendliche in militärischen Verbänden und bewaffneten Auseinandersetzungen aktiv waren, diese Erfahrungen?
2. Strukturelle Bedingungen: Wie wirken sich die Lebensbedingungen, die junge Flüchtlinge in Deutschland vorfinden, auf die Verarbeitung dieser (potentiell traumatischen) Erfahrungen aus?
3. Psychosoziale Unterstützung: Welche Implikationen für die psychosoziale Praxis können aus den Forschungsergebnissen zu Punkt 1 und 2 abgeleitet werden? (Wie können Fachkräfte im Psychosozialen Bereich ehemalige Kindersoldaten als Flüchtlinge in Deutschland sinnvoll unterstützen?)

Forschungsdesign und Methode

Um die subjektive Perspektive der Betroffenen zu erfassen, ist eine möglichst offene Herangehensweise sinnvoll. Im Rahmen dieser Studie werden ca. 15 teilstrukturierte Interviews mit Jugendlichen und jungen Erwachsenen mit einer möglichst großen Varianz bzgl. Geschlecht, Alter, Herkunftsland und Lebensbedingungen in Deutschland durchgeführt. Sowohl die interkulturelle Komponente als auch die mögliche Traumatisierung werden in der Interviewführung berücksichtigt. (vgl. Auernheimer 2002, Loch 2008) Nach einem offenen, biographischen Einstieg folgen Nachfragen anhand eines Leitfadens (vgl. Rosenthal 2005). Der Schwerpunkt liegt auf den aktuellen (günstigen oder ungünstigen) Lebensbedingungen und den subjektiven Interpretationsmustern und Handlungsstrategien der Interviewpartner. Ihre Erfahrungen vor und während des Krieges werden einbezogen um die entwickelten Bewältigungsstrategien zu verstehen. Die Interviews werden zunächst inhaltsanalytisch ausgewertet (vgl. Gahleitner 2005, Mayring 2007), einzelne Interviews werden zu einem späteren Zeitpunkt weitergehend bearbeitet.

Ergänzend wird eine Reihe von Interviews mit Experten, die Erfahrungen in der Arbeit mit Kindersoldaten haben, durchgeführt. Die Ergebnisse werden in die zu erarbeitenden Empfehlungen für die Psychosoziale Praxis einbezogen. Das Forschungsprojekt wird voraussichtlich Ende 2010 abgeschlossen.

Literatur

Alfredson, L., (2001) Sexuelle Ausbeutung von Kindersoldaten – Globale Dimensionen und Trends. International Coalition to Stop the Use of Child Soldiers Newsletter Nr. 2 Dezember 2001. Osnabrück: terres des hommes, S. 1-9.

14. Child Soldiers Global Report 2008, Essiomle 2005, Denov & Maclure 2007, Kimmel 2007, Honwana 2006, Machel *et al.* 1996.

Auernheimer, G. (2002) Interkulturelle Kompetenz – ein neues Element pädagogischer Professionalität? In: Auernheimer, G. (Hg.) Interkulturelle Kompetenz und pädagogische Professionalität, Opladen: Leske und Budrich, S. 183-205.

Beah, I. (2007) Rückkehr ins Leben – Ich war Kindersoldat, Frankfurt am Main: Campus Verlag.

Boia, E. Jr. (2001) Die Geister können Schmerzen lindern – Traditionelle Riten in der Therapiearbeit mit ehemaligen Kindersoldaten in Mosambik. In: „Kindersoldaten – Täter und Opfer zugleich", Der Überblick, Zeitschrift für ökumenische Begegnung und internationale Zusammenarbeit – Quartalsschrift der Arbeitsgemeinschaft Kirchlicher Entwicklungsdienst, Sonderdruck, Hamburg: Verlag Dienste in Übersee, S. 52-57.

Bundesamt für Migration und Flüchtlinge (2007) Asyl in Zahlen, 15. Auflage, Nürnberg: BAMF.

Bundesamt für Migration und Flüchtlinge (2008) Asyl in Zahlen 2007, Nürnberg: BAMF.

Coalition to Stop the Use of Child Soldiers (2008) Child Soldiers Global Report 2008. London: Coalition to Stop the Use of Child Soldiers.

Ephraime Junior, B. (2007) Psychotherapie mit Kindersoldaten in Mosambik: auf der Suche nach Wirkfaktoren. Aachen: Shaker Verlag.

Essiomle, Y.O. (2005) Psychologische Betreuung ehemaliger Kindersoldaten in Westafrika, Dissertationsarbeit am Fachbereich Erziehungswissenschaft und Psychologie, Freie Universität Berlin.

Fischer, G. & Riedesser, P. (1999) Lehrbuch Psychotraumatologie, München: Reinhardt.

Flatten, G.; Wöller, W. & Hofmann, A. (2001) Therapie der Posttraumatschen Belastungsstörung. In: Flatten, G.; Hofmann, A.; Liebermann, P.; Wöller, W.; Siol, T. & Petzold, E. (Hg.) Posttraumatische Belastungsstörung, Stuttgart: Schattauer.

Gäbel, U.; Ruf, M.; Schauer, M.; Odenwald, M. & Neuner, F. – Psychologische Forschungs- und Modellambulanz für Flüchtlinge, Universität Konstanz (2006) Prävalenz der Posttraumatischen Belastungsstörung (PTSD) und Möglichkeiten der Ermittlung in der Asylverfahrenspraxis. In: Zeitschrift für klinische Psychologie und Psychotherapie, Göttingen: Hogrefe Verlag, S. 12-20.

Gahleitner, S. (2005) Halbstrukturierte Erhebungsmethoden am Beispiel Problemzentrierter Interviews im Bereich Klinischer Sozialarbeit. In: Gahleitner, S.; Gerull, S.; Petuya Iduarte, B.; Schambach-Hardrtke, L. & Streblow, C. (Hg.) Einführung in das Methodenspektrum sozialwissenschaftlicher Forschung, Uckerland: Schibri-Verlag, S. 42-52.

Gahleitner, S. (2005) Die Qualitative Inhaltsanalyse als flexible Auswertungsmethode in der Sozialforschung. In: Gahleitner, S.; Gerull, S.; Petuya Iduarte, B.; Schambach-Hardrtke, L. & Streblow, C. (Hg.) Einführung in das Methodenspektrum sozialwissenschaftlicher Forschung, Uckerland: Schibri-Verlag, S. 53-63.

Hahn, P.-M. (2001) Die bösen Buben der Söldnerheere – im Dreißigjährigen Krieg suchten viele Kinder in Armeen Zuflucht. In: „Kindersoldaten – Täter und Opfer zugleich", Der Überblick, Sonderdruck, Hamburg: Verlag Dienste in Übersee, S. 38-41.

Hanswille, R. & Kissenbeck, A. (2008) Systemische Traumatherapie. Konzepte und Methoden für die Praxis. Heidelberg: Carl-Auer-Systeme.

Herman, J. (1992) Complex PTSD: A syndrom in survivors of prolonged and repeated trauma, Journal of traumatic stress, Vol. 5 (23), S. 377-387.

Herman, J. (2003): Die Narben der Gewalt. Traumatische Erfahrungen verstehen und überwinden, Paderborn: Junfermann.

Honwana, A. (2006) Child Soldiers in Africa—Ethnography of Political Violence, Philadelphia, Pennsylvania: University of Pennsylvania Press.

Huber, M. (2003) Trauma und die Folgen, Paderborn: Junfermann-Verlag.

Huber, M. (2003) Wege der Trauma-Behandlung, Paderborn: Junfermann-Verlag.

Keilson, H. (1979/2005) Sequentielle Traumatisierung – Untersuchung zum Schicksal jüdischer Kriegswaisen, Gießen: Psychosozial-Verlag.

Keitesi, C. (2003) Sie nahmen mir die Mutter und gaben mir ein Gewehr – mein Leben als Kindersoldatin, Berlin: Ullstein.

Kimmel, C. E. & Roby, J.L. (2007) Institutional Child Abuse—The use of Child Soldiers, Los Angeles: Sage Publications.

Kinder- und Jugendhilfegesetz – Sozialgesetzbuch Achtes Buch (2006) Gelsenkirchen: Verlag Soziale Theorie und Praxis.

Köhn, H. (2001) Kinderflüchtlinge finden bei uns wenig Schutz. In: „Kindersoldaten – Täter und Opfer zugleich", Der Überblick, Sonderdruck, Hamburg: Verlag Dienste in Übersee, S. 60-61.

Kutz, M. (2001) Kadetten zum Gehorsam prügeln – Mit brutalen Methoden zogen Europas Armeen folgsame Offiziere heran. In: „Kindersoldaten – Täter und Opfer zugleich", Der Überblick, Sonderdruck, Hamburg: Verlag Dienste in Übersee, S. 42-45.

Loch, Ulrike (2008). Spuren von Traumatisierungen in narrativen Interviews [20 Absätze]. Forum Qualitative Sozialforschung/Forum: Qualitative Social Research, 9(1), Art. 54, http://www.qualitative-research.net/fqs-texte/1-08/08-1-54-d.htm

Ludwig, M. (2003) Ehemalige Kindersoldaten als Flüchtlinge in Deutschland – Projektstudie im Auftrag von terre des hommes Bundesrepublik Deutschland e.V. und Bundesfachverband Unbegleitete Minderjährige Flüchtlinge e.V., Osnabrück.

Machel, G. (1996). The Impact of Armed Conflict on Children, New York, United Nations, URL: http://www.unicef.org/graca/a51-306_en.pdf (Stand November 2007).

medico report 20 (1997) Schnelle Eingreiftruppe „Seele" auf dem Weg in die therapeutische Weltgesellschaft, Texte für eine kritische „Trauma-Arbeit", Frankfurt a.M.: medico international.

Paez, Erika (2001) Mädchen in bewaffneten Gruppen Kolumbiens, Osnabrück: terre des hommes.

Peltzer, K.; Aycha A. & Bittenbinder E. (1995) Gewalt & Trauma – Psychopathologie und Behandlung im Kontext von Flüchtlingen und Opfern organisierter Gewalt, Frankfurt: IKO – Verlag für Interkulturelle Kommunikation.

Pittwald, M. (2008) Kindersoldaten, neue Kriege und Gewaltmärkte, Belm-Vehrte: Sozio-Publishing.

Psychosoziales Zentrum für Flüchtlinge Düsseldorf (2007) Aus dem Leeren schöpfen – zur Arbeit des PSZ Düsseldorf, Düsseldorf: PSZ.

Rafailovic, K. (2005) Problemfeld Begutachtung „traumatisierter Flüchtlinge" – eine empirische Studie zur Praxisreflexion, Schkeuditz: Schkeuditzer Buchverlag.

Rosenthal, G. (2005) Interpretative Sozialforschung – Eine Einführung, Weinheim/München: Juventa-Verlag.

Rosenthal, G.; Köttig, M.; Witte, N. & Blezinger, A. (2006) Biographisch-narrative Gespräche mit Jugendlichen. Chancen für das Selbst- und Fremdverstehen. Farmington Hills: Verlag Barbara Budrich.

Russmann, P. (2004) Kindersoldaten als Akteure der neuen Kriege. In: Der Bürger im Staat, Stuttgart: Landeszentrale für politische Bildung Baden-Württemberg.

Spitzer, H. (1999) „Kindersoldaten" – Verlorene Kindheit und Trauma – Möglichkeiten der Rehabilitation am Beispiel Norduganda, Wien: Südwind-Verlag.

Steudner, P. (2000) Die soziale Eingliederung von Kindersoldaten – Konzepte und Erfahrungen aus Mosambik, Berlin: Berghof Report Nr. 6.

Stolz, I. (2003) Flashback statt ruhiger Träume – Deutschland: kein Zufluchtsort für desertierte Kindersoldaten. In: Die Zeitung November 2003, Osnabrück: terres des hommes.

terre des hommes, Kindernothilfe (Hg.) (2007) Schattenbericht Kindersoldaten, Osnabrück, Duisburg.

terre des hommes und Quäker-Hilfe Stiftung (Hg.) (2004) Jugendliche. Warum sie Soldat werden, Deutsche autorisierte Fassung, Osnabrück, Bielefeld.

Van Der Hart, O.; Nijenhuis, E. & Steele, K. (2005) Dissociation: An Insufficiently Recognized Major Feature of Complex Posttraumatic Stress Disorder. Journal of Traumatic Stress Vol. 18, Nr. 5, S. 413-423.

Van Der Hart, O.; Nijenhuis, E. & Steele, K. (2006) The Haunted Self: Structural Dissociation and the Treatment of Chronic Traumatization, New York: W W Norton & Co Ltd.

van der Kolk, B.A.; McFarlane, A.C. & Weisaeth, L. (Hg.) (2000) Traumatic Stress. Grundlagen und Behandlungsansätze, Paderborn: Junfermann.

WILKE-LAUNER, R. (2001) Kanonenfutter und Killerkommandos. In: „Kindersoldaten – Täter und Opfer zugleich", Der Überblick, Sonderdruck, Hamburg: Verlag Dienste in Übersee, S. 4-8.
WELTGESUNDHEITSORGANISATION (WHO)/DILLING, H.; MOMBOUR, W.; SCHMIDT, M. H. & SCHULTE-MARKWORT, E. (Hg.) (2006) Internationale Klassifikation psychischer Störungen. ICD-10 Kapitel V (F) – Diagnostische Kriterien für Forschung und Praxis, 4. Auflage, Bern: Hans Huber.

Autorin:

DIMA ZITO, geboren 1970 in einem binationalen Elternhaus (italienisch/deutsch) im Ruhrgebiet. Studium der Sozialpädagogik. Nach mehreren Projekt-Aufenthalten in Mittelamerika Tätigkeit in der entwicklungspolitischen Projekt- und Bildungsarbeit im Informationsbüro Nicaragua, Wuppertal, von 1998-2001. Anschließend Weiterbildungen in Systemischer Therapie, Psychodrama und Traumatherapie. Seit 2003 als Sozialpädagogin und Therapeutin im Psychosozialen Zentrum für Flüchtlinge Düsseldorf tätig. Aktuell Arbeit an einer qualitativen Studie im Rahmen des Dissertationsprojekts „Überlebende des Tötens. Kindersoldaten als Flüchtlinge in Deutschland. Lebenswelten, Traumabewältigung und Psychosoziale Arbeit" am Fachbereich Bildungs- und Sozialwissenschaften der Universität Wuppertal als Stipendiatin der Hans-Böckler-Stiftung.

Psychosoziales Zentrum für Flüchtlinge Düsseldorf
Benrather Str. 7, 40213 Düsseldorf
e-mail: dima.zito@gmx.de

Kulturelle Faktoren in der Bewertung, Präsentation und Bewältigung von Schmerzen

MARTIN AIGNER

Schmerz als psychophysisches Phänomen – , Schmerzdefinition IASP – das bio-psycho-soziale Schmerzmodell

Die Internationale Gesellschaft für das Studium des Schmerzes (IASP, 1979) definiert Schmerz als ein unangenehmes heftiges Sinnes- und Gefühlserlebnis, das mit tatsächlichen oder möglichen Gewebeschäden verbunden ist oder in solchen Kategorien beschrieben wird. Schmerz ist also ein psychophysisches Phänomen bei dem psychische und physische Faktoren mit einfließen. Im Sinne des bio-psycho-sozialen Konzeptes des Schmerzes wird das Phänomen Schmerz noch um den sozialen Faktor erweitert. Schmerz ist nicht nur eine Sinneswahrnehmung, sondern auch eine emotionale Erfahrung, die wie Emotionen auch eine Funktion in der Verhaltensmodulation und in der Kommunikation mit anderen hat und somit eine soziale Funktion erfüllt.

Schmerz aus transkultureller Sicht

Die Studien über transkulturelle Faktoren bei Schmerz lassen sich nach TODD (1996) in 3 Kategorien einteilen: (1) qualitative ethnologische Studien zum Schmerzkonzept in unterschiedlichen Kulturen, (2) experimentelle Studien mittels Schmerzreizen in den jeweiligen Kulturen und (3) vergleichende Studien über klinischen Schmerz in den verschiedenen Kulturen. Die kulturellen Variationen des Schmerzverhaltens auf schmerzvolle Stimuli betreffen weniger die sensorisch-diskriminative Komponente des Schmerzgeschehens, sondern die unterschiedliche Bedeutung, die dem Schmerzgeschehen in den verschiedenen Kulturen beigemessen wird. So wird die Schmerztoleranz eher zwischen den Kulturen verschieden sein, als die Schmerzschwelle. Allerdings ist hier eine große intra-kulturelle Variationsbreite zu beachten, die die Abgrenzung von Gruppenunterschieden schwierig macht (ZATZICK & DIMSDALE 1990). Aufbauend auf dem Descartschen Schmerzmodell wird in der westlichen Welt Schmerz oft als sensorisches Phänomen verstanden, dem klare neurobiologische Korrelate zugeordnet werden können (AIGNER *et al.* 2000a). Beim chronischen Schmerz gewinnen aber emotionale Faktoren zunehmend an Bedeutung. Für den klinisch tätigen Schmerztherapeuten heißt das, dass das individuelle Schmerzkonzept der jeweiligen PatientIn eingebettet in die Lebensgeschichte, die soziale Situation und den kulturellen Hintergrund zu erheben ist.

Eine ethnomedizinische Studie unter eingeborenen philippinischen Fischern kann dieses Phänomen exemplarisch aufzeigen: Die Fischer wurden gebeten 54 ihnen bekannten Krankheiten

Seiten 153-158

entsprechend der Schmerzhaftigkeit in eine Rangordnung zu bringen. Krankheiten wie Taubheit, Geistesschwäche und Blindheit wurden wegen der sozialen Konsequenzen besonders schmerzhaft eingestuft. Die Beurteilung des Schmerzes wurde nicht allein auf die somatisch-sensorische Komponente des Schmerzes beschränkt, es wurden die psychischen und sozialen Faktoren miteinbezogen. Schmerz ist also kein isoliertes, rein auf ein Organ bezogenes körperliches Empfinden, sondern ein umfassendes psychisches Erleben. Die Befragten stuften beispielsweise Blindheit schmerzhafter als Verbrennung ein – dies würde unserem sensorisch dominierten Schmerzbegriff nicht entsprechen (KOHNEN 1989).

Laut KRAUS (2006) kann sich die Schmerzpräsentation in den unterschiedlichen Kulturkreisen deutlich unterschiedlich darstellen: In Fernost sei die soziale Harmonie fundamental, innere Befindlichkeit wenig relevant, schambesetzt, akzeptabler sei der Ausdruck von physischem Leid und körperlichem Schmerz (YEN *et al.* 2000; in KRAUS 2006). In Südasien sei das Erleben des Eingebundenseins in kosmische Strukturen vorherrschend; es bestünde keine kohärente Systematik psychischer Krankheit; mit westlichen Begriffen korrelierbare Affektzustände werden mit somatischen-organhaften und kosmologischen Erklärungen in Zusammenhang gebracht. (Bsp.: „dhat", „koro/suo yang"; „angin"). Die afrikanische Einstellung erlaube nicht die Unterscheidung zwischen psychischer und physischer Ebene. Für den Afrikaner sei der Körper die Psyche und die Psyche der Körper (EBIGBO 1997; in KRAUS 2006). Im Nahen Osten und südlichen Mittelmeerraum sei die Vorstellung des „Seelischen", das nicht dem körperlichen entgegengestellt wird, sondern gemeinsam die Lebendigkeit des Menschen ausmacht verbreitet. Klagen über daniederliegende Vitalität, somatische Krankheitsdarstellung könne nur im Rahmen des ganzheitlichen Persönlichkeitskonzeptes bewertet werden, vor allem die soziosomatische Perspektive sei von besonderer Bedeutung.

Wie fragwürdig kulturgebundene „Stereotypen" sein können, zeigt der Begriff "brain fag". Dieses Syndrom wird in der Literatur immer wieder als typisch „afrikanisches" kulturgebundenes Beschwerdebild dargestellt (PRINCE 1960; GUINNESS 1992; in KIRMAYER 2001). AYONRINDE & OBUAYA (2008) konnten zeigen, dass dieser Ausdruck nicht „kulturgebunden" ist, sondern als Idiom für Stress im 19. und 20. Jahrhundert weit verbreitet war und erst sekundär nach Afrika kam.

Wichtig erscheint es, hier nicht „Stereotypen" nachzuhängen, sondern ein Wissen von verschiedenen möglichen Schmerzmodellen zu haben. Die transkulturelle Sicht darf nicht die Sicht auf das individuelle Schmerzkonzept verstellen, sondern kann eine Hilfe sein, das Schmerzkonzept des Schmerztherapeuten zu relativieren und es nicht als alleiniges Modell heranzuziehen. In einer Welt der Globalisierung und Migration muss der Kliniker unterschiedlicher Schmerzmodelle gewahr sein, um die Patienten in ihrer Schmerzpräsentation und ihrem Schmerzerleben verstehen zu können und ihnen die optimale Therapie anbieten zu können.

Schmerz als Somatisierungsverhalten

Der Schmerztherapeut muss sich klar werden, ob das Schmerzgeschehen ein Ausdruck eines Somatisierungsverhaltens ist. Somatisierungsverhalten kann dabei als ein Wahrnehmen physischer Beschwerden („Schmerz"), bei dem psychosoziale Faktoren eine wesentliche Rolle spielen und dafür medizinische Hilfe gesucht wird, verstanden werden. Die Präsentation von Schmerz als Somatisierungsverhalten kann auf 3 Ebenen verstanden werden: (1) Präsentation körperlicher Beschwerden bei primär psychosozialer Belastung, subsumiert auch medizinisch nicht erklärbare Symptome, (2) Fokussiertes Wahrnehmen und exzessives Beklagen körperlicher Symptome durch Verlagerung von psychischer Konfliktspannung in den somatischen Bereich, (3) Theorie der Krankheitsentstehung, Psychodynamik, Alexithymie (Kirmayer & Young 1989, in Kraus 2006). Es ist daher wichtig die aktuelle soziale Belastung, „innere Konflikte“ (Inkonsistenz) oder eine allfällige Alexithymie im Zusammenhang mit dem Schmerzgeschehen zu erfassen. Als eine 4. Ebene sollte auch die psychiatrische Komorbidität (Affektive Störungen, Angststörungen, substanzinduzierte Störungen, posttraumatische Störungen, Schlafstörungen) in die Diagnostik des Schmerzgeschehens mit einfließen.

Migration als psychosozialer Faktor beim Schmerzgeschehen

Viele MigrantInnen in unserem Gesundheitssystem präsentieren Schmerz als ihr Hauptsymptom mit diffuser Symptompräsentation („Alles Schmerz“) (Piralic-Spitzl *et al.* 2008). Migrantinnen sind dabei in ihrer Lebensqualität deutlich mehr beeinträchtigt (Aigner *et al.* 2007).

Migration kann dabei als ein eigenständiger Faktor in der Entstehung und Aufrechterhaltung des Schmerzgeschehens verstanden werden. MigrantInnen sind einer Reihe von Stressfaktoren ausgesetzt: Schlechtere Qualifikation in Schule und Beruf, Arbeitslosigkeit, geringere Anteilnahme am Arbeitsleben, Armut, ungünstige Wohn - und Arbeitsbedingungen, Schlechtere/unzureichende gesundheitliche Versorgung, geringere Anteilnahme an gesellschaftlichen Ereignissen der Mehrheitsbevölkerung, Versagens- und Insuffizienzgefühle, Sprachbarrieren, Kommunikationsschwierigkeiten und unterschiedliche Wahrnehmung bzw. Interpretation von Krankheitsbildern (Piralic-Spitzl *et al.* 2008).

Migration darf dabei nicht als ein statischer Faktor gesehen werden, sondern als ein dynamischer Prozess, der in unterschiedlichen Phasen abläuft. Nach Sluzki (1979) kann der Migrationsprozess in eine Vorbereitungsphase, den Migrationsakt selbst, in die Phase der Überkompensation, die Phase der Dekompensation und die Phase der generationsübergreifenden Anpassungsprozesse unterteilt werden. Wichtig ist es auch zwischen Arbeitsmigration wie zum Beispiel in den 1970ern aus dem ehemaligen Jugoslawien und kriegsbedingter Flucht wie z.B. 1991/1992 aus Ex-Jugoslawien zu unterscheiden. Können doch bei Flüchtlingen oft noch nach 3 Jahren, wie am Beispiel von bosnischen Flüchtlingen (Mollica *et al.* 2001) oder sogar nach 2 Dekaden wie am Beispiel von kambodschanischen Flüchtlingen (Marshall *et al.* 2005) zu sehen ist, erhöhte Depressions- und PTSD-Raten gefunden werden. Häfner *et al.* (1977) fanden bei einem Drittel der untersuchten ArbeitsmigrantInnen aus der Türkei 3 Monate nach ihrem Eintreffen in Deutschland eine depressive Symptomatik. Bei einer Kontrolluntersuchung nach 18 Monaten zeigte sich die Symptomatik in ein psycho-somatisches Beschwerdebild transferiert.

Die Schmerzklagen in verschiedenen Kulturen und Gesundheitssystemen unterscheiden sich deutlich. Das Verhalten von Chinesen in einem Ambulatorium der traditionellen chinesischen Medizin in Nanking wurde mit dem Verhalten deutscher und türkischer Patienten, die in Deutschland eine praktische Ärztin/Psychotherapeutin und einen Arzt für Allgemeinmedizin konsultierten, verglichen. Bei den Chinesen klagten nur 44% der Patienten über Schmerzen, 24% nannten den Schmerz als erste Beschwerde, dafür wurden aber 5,4 verschiedene Beschwerden pro Patient genannt. Bei den Deutschen klagten 84% über Schmerzen, bei 68% erfolgte als erstes die Klage über Schmerzen; es wurden aber nur 1,3 Beschwerden pro Patient angegeben.

Bei den Türken: 88% klagten über Schmerzen, bei allen stand der Schmerz als erste Beschwerde im Vordergrund; an weiteren Beschwerden wurden aber auch nur 1,4 pro Patient ermittelt (Ots 1989; in Schmiedebach 2002).

Sprachbarrieren

Sprachbarrieren stellen ein wichtiges Hindernis in der Kommunikation mit MigrantInnen dar, selbst wenn diese zweisprachig sind. Schon alleine die Betrachtung des Wortfeldes Schmerz [Pein, Weh (Kopfweh usw.), Qual, Leiden, Beschwerden, Krankheit, Beklemmung, Bedrücktheit, Druck, Elend, Betrübnis, Trauer, Trübsal, Trübsinn, Kümmernis, Kummer, Jammer, Gram, Sorge] zeigt uns, welche Differenzierung dadurch verloren geht, wenn durch einen geringen Wortschatz das Wort Schmerz für ein ganzes Wortfeld stehen muss. Der allgemeine Begriff „Schmerz" dient oft dazu, Missempfindungen und psychisches Leid auszudrücken. Das Wort Schmerz kann als „Organ-chiffre" für einen Leidenszustand verstanden werden („Organe sitzen nicht gut", „Blut geht nicht", „Batterie leer", „Alles Schmerzen", „Keine Kraft", „Knochen kaputt", „Ameisen spazieren") (PIRALIC-SPITZL *et al.* 2008). Falls die verbale Kommunikation zu ungenau oder irreführend ist, kommt es zu einer Verlagerung in den nonverbalen Bereich. Damit kann eine Sprachbarriere als eine Ursache für ein Somatisierungsverhalten gesehen werden. Jedoch können natürlich die Begriffe auch für medizinisch erklärbare Symptome stehen: z.B. Parästhesien im Rahmen von Polyneuropathien. Aufgabe des Schmerztherapeuten ist es hier eine Differenzierung vorzunehmen. Geschieht dies nicht kann es zu einem Dilemma kommen: Medikalisierung psychosozialer Problemlagen. D.h. der Schmerztherapeut führt die PatienInnen in eine Chronifizierung des Somatisierungsverhaltes.

Dilemma: Somatisierung und Medikalisierung psychosozialer Problemlagen

Die Arzt-Patienten-Beziehung kann in das Dilemma der Somatisierung und Medikalisierung psychosozialer Problemlagen geraten. Der/die Arzt/Ärztin verschreibt Schmerzmedikamente und „medikalisiert" damit soziale Problemlagen. Der/die Patient/in nimmt die Medikation, es kommt zur „Somatisierung" psychosozialer Probleme. Dabei kann es zu einem „Einverständnis im Missverständnis" kommen (BRUCKS *et al.* 1987), das letztendlich zu einer Chronifizierung der Schmerzen beiträgt oder mit wechselnden ÄrztInnen in ein „Doktor-shopping" führen kann.

Um diesem Dilemma entgegenzuwirken und der emotionellen Komponente des chronischen Schmerzes mehr an Gewicht in der Therapie zu geben wurde eine „muttersprachliche" Schmerzbewältigungsgruppe entwickelt.

„Muttersprachliche" Schmerzbewältigungsgruppen

Therapieschwerpunkte der psychoedukativen „muttersprachlichen" Schmerzbewältigungsgruppe über 5 Doppelstunden für MigrantInnen aus Ex-Jugoslawien sind: Informationsvermittlung, Erfahrungsaustausch, Anleitung zur Selbstbeobachtung, Veränderung von schmerzverstärkenden Faktoren, Entspannungsmethode: Progressive Muskelrelaxation nach Jakobson (AIGNER *et al.* 2000b; PIRALIC-SPITZL *et al.* 2008). Die Gruppe wurde von einer muttersprachlichen Psychologin geleitet. Im Rahmen der Gruppe fand auch eine „ärztliche Fragestunde" statt, für die es eine simultane Übersetzung gab. Die PatientInnen wurden mittels Feedbackbogen über die Schmerzbewältigungsgruppe befragt. Es konnte eine Verbesserung der Schmerzstärke, des allgemeinen Befindens und der psychosozialen Funktionsfähigkeit in Arbeit, Familie und Haushalt erreicht werden. Die PatientInnen hatten ihr Wissen über den Schmerz, Wissen über Therapiemöglichkeiten, Erkennen von Schmerzauslösern/Stressoren, die Kontrolle über den Schmerz und die subjektive Lebensqualität deutlich verbessern können (PIRALIC-SPITZL *et al.* 2008).

Die Sprachbarriere kann Mithilfe von professionellen Dolmetschern überwunden werden. Jedoch ist es mehr der affektive Ausdruck als die kognitive Ebene, die häufig Schwierigkeiten macht, selbst bei Patienten die zweisprachig sind (O'Neill 2005). Zufallsdolmetscher sollten, wenn irgend möglich, vermieden werden. Speziell geschulte Personen wie „Sprach- und KulturmittlerInnen", die im transkulturellen Kontext zwischen PatientInnen und insitutionellen Einrichtungen vermitteln können, oder die Integration von muttersprachlichen Mitarbeitern in ein Gesamtangebot einer Einrichtung kann hier die Sprachbarriere überwinden helfen und dazu beitragen, die mirgationsbedingten Chronifizierungsfaktoren des Schmerzes abbauen zu helfen, indem die emotionale Schmerzkomponente der PatientInnen besser verstanden wird.

Literatur:

Aigner M, Piralic Spitzl S, Freidl M, Prause W, Friedmann A, Lenz G (2007) Transcultural comparison of quality of life in somatoform pain patients. World Cultural Psychiatry Research Review 2(2/3): 57-62.

Aigner M., Piralić Spitzl S., Freidl M., Prause W., Lenz G., Friedmann A. (2006) Trankskulturelle Unterschiede bei somatoformer Schmerstörung. Eine Vergleichsstudie von PatientInnen mit Herkunft aus dem ehemaligen Jugoslawien und Österreich. Journal für Neurologie, Neurochirurgie und Psychiatrie 2:38-42.

Aigner, M., B. Bankier, M. Bach (2000a) Neurobiologie des Schmerzes. In: Bach, M., M. Aigner, B. Bankier (Hrsg.) Schmerzen ohne Ursache – Schmerzen ohne Ende, Konzepte – Diagnostik – Therapie, Fakultas Universitätsverlag, Wien.

Aigner, M., B. Bankier, M. Bach (2000b) Verhaltensmedizinische Behandlungskonzepte. In: Bach, M., M. Aigner, B. Bankier (Hg.) Schmerzen ohne Ursache – Schmerzen ohne Ende, Konzepte – Diagnostik – Therapie, Fakultas Universitätsverlag, Wien.

Ayonrinde OA, Obuaya CCK (2008) "Brain fag": The migration of a "culture bound syndrome". Journal of Czech and Slovak psychiatry: 104 suppl 2: 578, NRR-12-02.

Brucks U, v. Salisch E, Wahl WB (1987) Soziale Lage und ärztliche Sprechstunde. Deutsche und ausländische Patienten in der ambulanten Versorgung. Hamburg: EB Verlag.

Häfner H, Moschel G, Ozek M. (1977) Psychiatric disturbances in Turkish guest-workers in Germany. A prospective study of 200 immigrants. Nervenarzt. 48:268-75.

International Association for the Study of Pain [IASP] (1979) Pain term: a list with definitions and notes on usage. Pain 6:249-252.

Kirmayer LJ. Cultural Variations in the Clinical Presentation of Depression and Anxiety: Implications for Diagnosis and Treatment. J Clin Psychiatry 2001;62[suppl 13]:22-28.

Kohnen, N. (1989) Schmerzerleben der Cabuntogueños: Faktoren des Schmerzes in einer philippinischen Fischergruppe. In: Schmerz - interdisziplinäre Perspektiven. Hrsg.: K. Greifeld; N. Kohnen; E. Schröder, 1. Aufl., Sonderband Curare 5/1989, Vieweg Verlag, Braunschweig, Wiesbaden p. 87-96.

Kohnen N. (2003) Von der Schmerzlichkeit des Schmerzerlebens. Wie fremde Kulturen Schmerzen wahrnehmen, erleben und bewältigen. 1. Auflage 2003 pvv, Ratingen.

Kraus M. (2006) Somatisierung im kulturellen Kontext. In: Wohlfart, Zaumseil (Hg.) Transkulturelle Psychiatrie – Interkulturelle Psychotherapie. Interdisziplinäre Theorie und Praxis. Springer Verlag, Berlin, pp. 363-376.

Marshall GN, Schell TL, Elliott MN, Berthold SM, Chun CA. (2005) Mental health of ambodian refugees 2 decades after resettlement in the United States. JAMA. 294(5):571-9.

Mollica RF, Sarajlic N, Chernoff M, Lavelle J, Vukovic IS, Massagli MP (2001) Longitudinal study of psychiatric symptoms, disability, mortality, and emigration among Bosnian refugees. JAMA. 286(5):546-54.

O'Neill SM. (2005) Language in the cross-cultural encounter. Working with and without medical interpreters. In: Georgiopoulos AM. and Rosenbaum JF. (2005) Perspectives in Cross-Cultural Psychiatry. Lippincott Williams & Wilkins, Philadelphia, pp. 179-196.

Piralic-Spitzl S., Friedmann A., Lenz G. und Aigner M. (2008) Somatoforme Schmerzstörung bei Patientinnen aus dem ehemaligen Jugolawien: Psychologische Aspekte, psychiatrische Komorbidität, muttersprachliche Psychoedukation und Gruppentherapie. Das transkulturelle Psychoform 15: 109-131.

Schmiedebach H.-P. Der Schmerz. Kulturphänomen und Krankheit. Bundesgesundheitsbl – Gesundheitsforsch – Gesundheitsschutz 2002 · 45:419-424

Sluzki Carlos E.: Migration and family conflict. Fam Process 1979; 18:379-90 http://sluzki.com/?articles&id=44a.

Todd KH (1996) Pain assessment and ethnicity. Ann Emerg Med 27:421-423.

Wohlfart E, Zaumseil M (Hg.) (2006) Transkulturelle Psychiatrie – Interkulturelle Psychotherapie. Interdisziplinäre Theorie und Praxis. Springer Verlag, Berlin.

Zatzick DF, Dimsdale JR (1990) Cultural variations in response to painful stimuli. Psychosom Med 52:544-557.

Autor:

Martin Aigner
Transkulturelle Ambulanz
Universitätsklinik für Psychiatrie und Psychotherapie
Medizinische Universität Wien
Währigner Gürtel 18-20, 1090 Wien
e-mail: martin.aigner@meduniwien.ac.at

Subjektive Lebensqualität und Schmerz – der Einfluss sozialer Faktoren bei somatoformen SchmerzpatientInnen mit Migrationshintergrund

Sanela Piralic Spitzl, Fabian Friedrich, Marion Freidl & Martin Aigner

1. Einleitung

Mit dem Begriff Lebensqualität werden im Allgemeinen all jene Faktoren bezeichnet, die die Lebensbedingungen in einer Gesellschaft beziehungsweise für deren Individuen ausmachen. Die Lebensqualität wird vor allem auf dem Niveau des Wohlbefindens jedes Einzelnen bzw. einer Gruppe beschrieben. Für eine gute Lebensqualität können neben physischer und psychischer Gesundheit, auch die Sicherung der materiellen Existenz, Bildung, Berufschancen, sozialer Status als auch soziale Integration vor allem bei der Zielgruppe der MigrantInnen in den Vordergrund rücken. Aufgrund kultureller und sprachlicher Unterschiede ist das Ausbildungsniveau von MigrantInnen meist niedriger im Vergleich zur heimischen Bevölkerung. Krankheitskonzepte von körperlichen als auch psychischen Erkrankungen sind beeinflusst durch kulturelle Faktoren und können stark zu dem der einheimischen Bevölkerung und somit auch dem konzipierten Gesundheitssystem divergieren. Eine Folge davon ist, dass MigrantInnen oft den Anschluss zu adäquater Versorgung nicht finden, und so keine adäquate Therapie erhalten können. Gerade diese Faktoren können bei der Behandlung psychisch kranker MigrantInnen zu einer erheblichen Beeinträchtigung der Lebensqualität führen.

Die Definition der WHO zur Lebensqualität stellt die gesamte Lebenssituation sowie die kulturellen Besonderheiten der Individuen in den Mittelpunkt. Lebensqualität wird hier als die individuelle Wahrnehmung der eigenen Lebenssituation im Kontext mit der jeweiligen Kultur und des jeweiligen Wertesystems in Bezug auf eigene Ziele, Erwartungen, subjektiven Beurteilungskriterien und Interessen definiert. Die individuelle Lebensqualität wird dabei durch körperliche Gesundheit, psychisches Wohlbefinden, den Grad an Unabhängigkeit, Autonomie, soziale Beziehungen sowie durch ökologische Umweltmerkmale beeinflusst (vgl. The WHOQOL-Group 1994 & 1998).

Die Lebensqualität kann als komplexes Beziehungsgeflecht zwischen Umwelt und Mensch, körperlicher und psychischer Gesundheit als auch sozialer Integration und persönlicher funktioneller Kompetenz angesehen werden. Der amerikanische Psychologe Abraham Maslow (1908-1970) definierte fünf Ebenen menschlicher Grundbedürfnisse (siehe Abbildung 1). Die erste Ebene bezieht sich auf die so genannten biologischen Grundbedürfnisse, wobei an dieser Stelle angemerkt sei, dass subjektive Belastungsfaktoren sich nicht selten in einer Beeinträchtigung der Grundbedürfnisse äußern. Die zweite Ebene bezieht sich auf Sicherheit und Stabilitätsbedürfnisse des Individuums, wobei gerade hier Beschäftigung und Wohnqualität eine tragende Rolle spie-

Seiten 159-168

len. Auf der dritten Ebene der Bedürfnishierarchie sind soziale Bedürfnisse angeordnet, wobei hier die Wertschätzung, soziale Kontakte, Integration, Stellenwert in der Gruppe von Wichtigkeit scheinen. Die nächste Ebene beschreibt so genannte psychologische Bedürfnisse, also die Möglichkeit sich sowohl intellektuell also auch als gesamte Persönlichkeit zu entwickeln.

Setzt man also die Lebensqualität eines Individuums in Relation mit der Maslow-Pyramide, könnten etliche Faktoren definiert werden, die relevant erscheinen: Wohnqualität, Arbeitsqualität, Ausbildung, kulturelle und religiöse Entfaltunsgmöglichkeiten, Integration, physisches und psychisches Wohlbefinden, u.a.

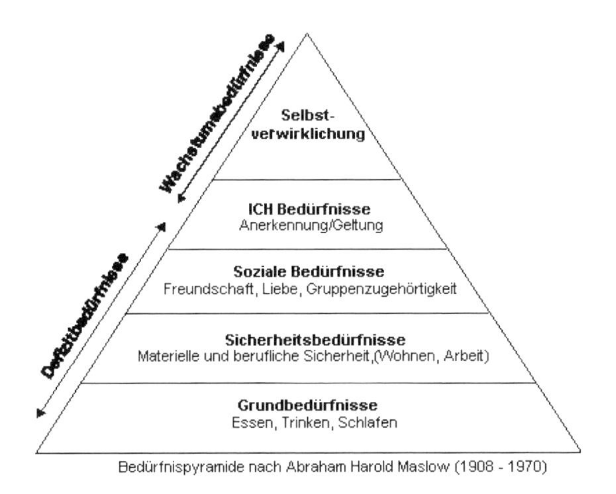

Abbildung 1: Bedürfnispyramide nach A MASLOW

Bei chronischen Schmerzen handelt es sich um ein multidimensionales Phänomen mit physiologisch-somatischen, aber auch kognitiv-emotionalen und behavioralen Aspekten, die sowohl in Diagnostik als auch Therapie mitberücksichtigt werden müssen.

Ziel dieser Arbeit war es Lebensqualität definierende Faktoren bei PatientInnen mit Migrationshintergrund, die an einer somatoformen Schmerzstörung erkrankt sind, zu erfassen.

2. Methodik

In die Studie wurden PatientInnen der transkulturellen Ambulanz der Universitätsklinik für Psychiatrie und Psychotherapie in Wien eingeschlossen. Als Einschlusskriterium galt die Diagnose einer psychischen Erkrankung nach ICD-10 bzw. DSM-IV, wobei die Diagnostik durch Fachärzte für Psychiatrie gestellt wurde. Weiters wurden nur PatientInnen mit Migrationshintergrund die älter als 18 Jahre alt waren eingeschlossen. Der Einschluss in die Studie erfolgte konsekutiv, die PatientInnen wurden über Ziel und Hintergrund der Studie informiert und unterzeichneten eine Einwilligungserklärung in ihrer Muttersprache. Als Ausschlusskriterien galten das Vorhandensein dementieller Erkrankungen, akute psychotische Erkrankungen bzw. diagnostizierte frühkindliche Entwicklungsstörungen. Verwendet wurden psychometrische Skalen und ein Strukturiertes Klinisches Interview (SKID-I und SKID- II für DSM-IV), die PatientInnen wurden in ihrer Muttersprache untersucht (FIRST M 2000a, 2000b).

3. Ergebnisse und Vergleichsdaten

Insgesamt wurden 350 PatientInnen in die Studie inkludiert, wobei 59% des Samples aus Frauen bestand. Bei den PatientInnen handelte es sich um MigrantInnen aus dem ehemaligen Jugoslawien, die nun ihren Lebensmittelpunkt in Österreich/Wien haben.

3.1 Ausgewählte soziodemografische Variablen

3.1.1 Familienstand und Anzahl der Kinder

Die überwiegende Mehrzahl der PatientInnen war verheiratet (siehe Tabelle 1). Befragt nach der Anzahl der Kinder gab fast die Hälfte der Befragten an, drei oder mehr Kinder zu haben (siehe Tabelle 2), was im Vergleich zur österreichischen Gesamtbevölkerung einen höheren Prozentsatz darstellt.

Tabelle 1: Familienstand (n=350)

Familienstand	Prozent
ledig	3
verheiratet	81
Lebensgemeinschaft	3
getrennt lebend	2
geschieden	6
verwitwet	4

Tabelle 2: Anzahl der Kinder (n=350)

Kinderzahl in Prozent	Prozent
Keine Kinder	2
Ein Kind	4
zwei Kinder	45
drei und mehr Kinder	49

3.1.2 Wohnqualität

82% der in unserer Studie befragten PatientInnen standen weniger als 50m² Wohnfläche zu Verfügung, mehr als ein Drittel der PatientInnen hatten kein WC oder keine Wasserinstallation in der Wohnung (siehe Tabelle 3). Hinsichtlich der Zufriedenheit mit der Wohnung bzw. Wohnumgebung zeigten sich 81% als unzufrieden. Die PatientInnen gaben an, dass die Wohnungen zu teuer seien, teilweise schlechte Isolierungen aufwiesen, und beklagten sich oft über hohe Lärmpegel. Nur 19% zeigten sich sowohl mit der Wohnumgebung als auch mit der Wohnung selbst zufrieden.

Tabelle 3: Nutzfläche und Wohnungs- Kategorien:
A= Zentralheizung und Bad/Dusche,WC;
B= Bad/Dusche, WC;
C= WC und Wasserentnahme in der Wohnung
D= Kein WC oder keine Wasserinstallation
in der Wohnung. (n=350)

Wohnung	Prozent
> weniger als 50 m² Wohnfläche	82
A oder B oder C	68
D	32

ZIMMERMANN (1990) sieht in den schlechten Wohnbedingungen mit einen Grund für das höhere Erkrankungsrisiko von MigrantInnen. „So müssen sie sich allgemein mit wesentlich schlechterer Wohnqualität bescheiden, häufig mit ungesunden, dunklen und feuchten Wohnungen in sanierungsbedürftiger Altbausubstanz, meist ohne die entsprechenden sanitären Einrichtungen und dazu noch üblicherweise weit überbelegt“. In Wien klagen ausländische Haushalte deutlich häufiger über eine Beeinträchtigung ihrer Lebensqualität durch wenig Tageslicht, eine mangelhafte Schallisolierung und Wärmedämmung, aber auch den schlechten Bauzustand der Wohnung allgemein. Wieder sind armutsgefährdete MigrantInnen am stärksten betroffen. (WROBLEWSKI 1998)

3.1.3 Berufstätigkeit und Ausbildung

Von den derzeit berufstätigen PatientInnen an unserer Ambulanz arbeiteten fast alle als Reinigungskräfte und/oder in der Baubranche. Arbeitslose PatientInnen waren ebenso in diesen Branchen berufstätig gewesen. Rund 21 Prozent der PatientInnen hatten keine Schule besucht oder konnten keinen Grundschulabschluss aufweisen. 24 Prozent hatten eine vierjährige Grundschule abgeschlossen, etwa 7 Prozent besuchten ein Gymnasium und rund 6 Prozent eine Universität oder ein College (siehe Tabelle 4 und 5).

Es ist bekannt, dass MigrantInnen vornehmlich in Produktionsbereichen arbeiten, die bei einheimischen ArbeiterInnen weniger beliebt sind. Charakteristisch wären Arbeiten mit schwerer körperlicher Arbeit, Lärmbelastung, Staub und Schmutz, einer Monotonie im Arbeitsprozess, den Witterungen ausgesetzt zu sein und Zeitdruck. „Ausländische StaatsbürgerInnen sind früher berufstätig und arbeiten länger als ÖsterreicherInnen. Sie haben die Arbeitsplatze, die die Gesundheit am meisten gefährden, und sie sind am schlechtesten bezahlt.“ (KRONSTEINER 2003). Die mittleren Löhne der arbeitenden MigrantInnen in Österreich liegen um 18% unter den entsprechenden Werten der österreichischen ArbeiterInnen. 72% aller beschäftigen MigrantInnen sind als ArbeiterInnen registriert, davon 29% als HilfsarbeiterInnen (FASSMANN 1995).

Tabelle 4: Erwerbstatus (n=350)

Erwerbstatus in Prozent	Prozent
Arbeitslos	57
Berufstätig	17
In Pension	23
Hausfrau /Hausmann	3

Tabelle 5: Ausbildung (n=350)

Ausbildung	Prozent
Hochschule/College	6
Matura/Gymnasium	7
Berufschule	23
Hauptschule	18
Grundschulabschluss (4 Klassen)	24
Kein Abschluss	16
Analphabetismus	5
Sonderschule	1

3.1.4 Schulden und Einkommen

32 % der befragten PatientInnen hatten zur Zeit der Untersuchung Kredite bzw. private Schulden. 21% hatten zwischen 10.000-20.000€, 18% der Befragten hatten einen Schuldenstand von über 20.000€ Verschuldungen. An dieser Stelle ist anzumerken, dass 74% der PatientInnen weniger als 800€ netto monatlich zur Verfügung standen.

Die schlechte ökonomische Ausgangssituation der meisten MigrantInnenhaushalte wirkt sich auch in den Bildungsperspektiven der 2. und 3. Generation aus. So sind ausländische Kinder im Schulwesen eindeutig benachteiligt. Sie sind im Sonderschulbereich deutlich überrepräsentiert, während ihr Anteil im Bereich der höheren Schulen weit hinter ihrem Anteil an der Gesamtschülerzahl zurückbleibt. Der überwiegende Anteil der MigrantInnen der 2 bzw. 3. Generation ist bereits bezüglich der Schullaufbahn auf eine berufliche Orientierung im handwerklichen und ArbeiterInnenbereich festgelegt. Nur wenige von Ihnen werden über eine höhere Schullaufbahn auch auf gehobenere berufliche Perspektiven vorbereitet. Offensichtlich ist die 2. bzw. 3. Generation der jungen MigrantInnen auf dem besten Wege, in die ausgeschliffenen Bahnen ökonomischer Benachteiligung ihrer Eltern einzutreten und solcherart in die Rahmenbedingungen für Armutsbedrohung.

Tabelle 6: Verschuldung (n=350)

Kredit /Privatschulden	Prozent
> weniger als 10.000€	32
zwischen 10.000-20.000€	21
< über 20.000€	18

„Ein krasses Bild auf die sozioökonomische Situation der jugendlichen MigrantInnen wirft zudem die Statistik über die Berufsausbildung. Während die jugendlichen MigrantInnen etwa einen Anteil von 21% dieser Altersgruppe ausmachen, liegt ihr Anteil an den Lehrverhältnissen lediglich bei 7,5%. (STATISTISCHE NACHRICHTEN 8/2001).

3.2 Subjektive körperliche Gesundheit und Wohlbefinden

Über 80% der befragten PatientInnen klagten über schlechte bzw. sehr schlechte körperliche Gesundheit (siehe Tabelle 7). Befragt nach dem Wohlbefinden antworteten über 70% mit schlecht bzw. sehr schlecht (siehe Tabelle 8). Befragt nach Freizeitaktivitäten, gaben mehr als 81 % der PatientInnen an, ihre Freizeit mit Haushaltstätigkeiten (z.B. Putzen, Kochen) und Fernsehen zu verbringen. 92 % Patienten gaben als Hobby bzw. Freizeitgestaltung fernsehen an. Aktivitäten außerhalb des Hauses, wie z.B. spazieren gehen, Kinobesuche etc. wurden von den PatientInnen kaum gesetzt.

Tabelle 7: Subjektive körperliche Gesundheit (n=350)

Körperliche Gesundheit	**Prozent**
sehr schlecht	28
schlecht	54
gut	18
sehr gut	0

Eine Studie von WIMMER-PUCHINGER, welche die spezifische Gesundheitssituation von Frauen innerhalb der MigrantInnen im 10. Wiener Gemeindebezirk untersuchte, zeigte, dass Frauen aus den Ländern des früheren Jugoslawiens und Frauen aus der Türkei im Vergleich zu österreichischen Frauen unter wesentlich mehr körperlichen und psychischen Beschwerden leiden. Besonders Frauen aus dem ehemaligen Jugoslawien leiden deutlich häufiger unter Übergewicht und Wirbelsäulenerkrankungen; zudem nehmen diese Frauen mehr als doppelt so viele Psychopharmaka und Schlafmittel als Österreicherinnen oder türkischsprachige Frauen. Frauen aus dem ehemaligen Jugoslawien rauchen häufiger und mehr als österreichische oder türkischsprachige Frauen (WIMMER-PUCHINGER 1996).

Tabelle 8: subjektives Wohlbefinden (n=350)

Stimmungsausprägung	Prozent
sehr schlecht	21
schlecht	53
gut	26
sehr gut	0

3.3 Ausgewählte klinisch-diagnostische Variablen:

Zum Zeitpunkt der Untersuchung wurde bei 98 % der PatientInnen aus dem ehemaligen Jugoslawien affektive Störungen festgestellt, 99 % PatientInnen erfüllten die Kriterien einer anhaltenden somatoformen Schmerzstörung , 46 % der PatientInnen erfüllten die Kriterien für eine posttraumatische Belastungsstörung (PTSD) (siehe Tabelle 9). Bei der Diagnostik der Persönlichkeitsstörungen wurde bei fast 70 % eine depressive Persönlichkeitsstruktur diagnostiziert (siehe Tabelle 10).

Tabelle 9: SKID-I DSM-IV Diagnosen (n=350)

SKID-I DSM-IV	Prozent
Affektive Störungen	98
Somatoforen Störungen	99
Postraumatische Störungen	46
Angströrungen	27
Substanzinduzierte Störungen	23

Tabelle 10:SKID-II DSM-IV Diagnosen (n=350)

SKID-II DSM-IV Persönlichkeitsstörungen	Prozent
selbstunsichere	28
dependente	19
zwanghafte	21
negativistische	33
depressive	69
paranoide	31
schizotypische	27
schizoide	14
histrionische	16
narzisstische	9
borderline	11
antisoziale	0

4. Schlussfolgerungen

FASSMANN (2007) berichtet im aktuellen Migrations – und Integrationsbericht, dass 10% der Gesamtbevölkerung in Österreich einen ausländischen Pass besitzen; 17% der Gesamtbevölkerung weisen einen Migrationshintergrund auf, wobei BürgerInnen aus Serbien bzw. Montenegro zur größten MigratInnengruppe zählen, gefolgt von BürgerInnen aus Deutschland und der Türkei. Die Armutsgefährdungsrate von zugewanderten Drittstaatangehörigen betrug im Jahr 2004 28%, von eingebürgerten Personen noch 23%. Damit ist das Armutsgefährdungsrisiko für diesen Personenkreis doppelt so hoch wie für die restliche Bevölkerung in Österreich.

Sozioökonomische Faktoren, wie beengte Wohnverhältnisse (z.B. Substandardwohnungen), begrenzte finanzielle Ressourcen, sowie eine niedrige Lebensqualität könnten anhand der vorliegenden Daten als relevante Faktoren für somatoforme Schmerzstörungen bei PatientInnen aus Ex-Jugoslawien angesehen werden. Zusätzlich könnten Faktoren wie niedrige berufliche Qualifikation und der hohe Grad an Arbeitslosigkeit ebenfalls relevante Faktoren bei psychischen Erkrankungen sein. Sowohl der allgemeine Gesundheitszustand, die körperliche Verfassung, als auch das seelische Wohlbefinden werden von der überwiegenden Mehrheit der befragten PatientInnen als negativ eingeschätzt.

Affektive Störungen wurden hauptsächlich als Querschnittdiagnose ermittelt. Die meisten der befragten PatientInnen litten an rezidivierenden depressiven Episoden. Bei den Angststörungen wurde zumeist eine generalisierte Angststörung diagnostiziert. Hinsichtlich der somatoformen Störungen litten die PatientInnen am häufigsten an der anhaltenden somatoformen Schmerzstörungen. Die hohe Rate an posttraumatischen Belastungsstörungen (44 %) ist bei einem Drittel der PatientInnen sicherlich durch die Kriegsfolgen zu erklären. Bei zwei Drittel stellen schwere Autounfälle, Arbeitsunfälle und Gewalterfahrungen die Ursache für die Posttraumatische Belastungsstörung dar. Die hohen Raten an Persönlichkeitsstörungen könnten durch die Chronifizierung der psychischen Störungen entstehen. Ob sie als Vulnerabilitätsfaktoren schon vor den Störungen eindeutig bestanden haben, könnte nur durch prospektive Studien erhoben werden. Grundsätzlich wäre es jedoch denkbar, dass interpersonelle Probleme auch einen Faktor für Migration darstellen.

Die hier präsentierten Daten implizieren auch ein multidimensionales Behandlungsmodell, wo neben der psychiatrischen bzw. psychotherapeutischen Behandlung auch soziale und interkulturelle Aspekte in den Mittelpunkt rücken sollten, um die Lebensqualität der Betroffenen in allen beschriebenen Aspekten zu verbessern. Sowohl politische Rahmenbedingungen für eine nachhaltige Integration als auch spezifische stationäre als auch ambulante Behandlungsangebote könnten einerseits dazu führen, dass bestehende Therapiemöglichkeiten besser genutzt werden oder eben neue Behandlungsmöglichkeiten entstehen, um spezifisch dieser Bevölkerungsgruppe effektiv Hilfe zukommen zu lassen.

Literatur:

Fassmann H./Kommission für Migrations- und Integrationsforschung der Österreichischen Akademie der Wissenschaften (Hg). 2007. 2. Österreichischer Migrations- und Integrationsbericht 2001-2006. Rechtliche Rahmenbedingungen. Demographische Entwicklungen. Sozioökonomische Strukturen. Klagenfurt; Drava-Verlag.

First Michael B. *et al.* (ed). 2000a. SKID I - Strukturirani klinički intervju za poremećaje s osi I iz DSM-IV. Jastrebarsko. (Bosnisch/Kroatisch/Serbisch.); Naklada Slap

First Michael B. *et al.* (ed). 2000b. SKID II - Strukturirani klinički intervju za poremećaje ličnosti s osi II iz DSM-IV. Jastrebarsko. (Bosnisch/Kroatisch/Serbisch.) Naklada Slap.

Hofinger, C. *et al.*/IHS (1998): Einwanderung und Niederlassung II. Soziale Kontakte Diskriminierung, Sprachkenntnisse, Bleibeabsichten, Arbeitsmarktintegration und Armutsgefährdung der ausländischen Wohnbevölkerung in Wien. Wien.

Kentenich H, Reeg P & Wehkamp K-H (Hg.) (1990): Zwischen zwei Kulturen – Was macht Ausländer krank? Franfurt am Main.

Kronsteiner E (2003). Kultur und Migration in der Psychotherapie. Brandes & Apsel Verlag, Frankfurt.

Statistische Nachrichten 8/2001. Angaben der Wirtschaftskammer Österreich S. 563.

The WHOQOL-Group (1994). The development of the World Health Organization quality of life assessment instrument: The WHOQOL. In J Orley & W Kuyken (Eds.), Quality of life assessment: International perspectives (p.p. 41-57). Berlin: Springer.

The WHOQOL-Group (1998): Development of the World Health Organization WHOQOL-BREF quality of life assessment. Psychological Medicine 28: 551-58

Wimmer–Puchinger B *et al.* (1998): Die Lebenssituation und Gesundheit von Frauen im 10. Wiener Gemeindebezirk. Wien. Das Wiener Frauengesundheitsprogramm.

Wroblewski A (1998): Der Arbeitsmarkt für AusländerInnen. In: Hofinger *et al.* (1998).

Zimmermann E (Hg) (1990): Sozialmedizinische Probleme in der Versorgung ausländischer Patienten. In: Kentenich *et al.* (1990).

Weiterführende Literatur:

AIGNER M, PIRALIC SPITZL S, FREIDL M, PRAUSE W, FRIEDMANN A & LENZ G (2007): Transcultural comparison of quality of life in somatoform pain patients. WCPRR Apr/Jul 2007: 57-62.

ANGERMEYER MC, KILIAN R & MATSCHINGER H (2000): WHOQOL-100 und WHOQOL-BREF. Handbuch für die deutschsprachigen Versionen der WHO Instrumente zur internationalen Erfassung von Lebensqualität. Göttingen, Hogrefe.

ALBER J, FAHEY T & SARACENO CH (2008): Handbook of Quality of Life in the Enlarged European Union London, New York. Routledge

HERSCHBACH P (2002). Das „Zufriedenheitsparadox" in der Lebensqualitätsforschung. Psychotherapie, Psychosomatik, Medizinische Psychologie, 52, 141-150.

KATSCHNIG H, FREEMAN H & SARTORIUS N (Eds.) (2005). Quality of life in mental disorders. Chichester: Wiley.

SCHOIBL H (2002): Migration und Wohnungslosigkeit National Report – Austria. Helix – Forschung und Beratung. Salzburg. S. 33

SKEVINGTON SM (1998): Investigating the relationship between pain and discomfort and quality of life, using the WHOQOL. Pain 76:395-406

Korrespondenzadresse:
Mag.[a] SANELA PIRALIC SPITZL
Transkulturelle Ambulanz & Verhaltensmedizinische Schmerzambulanz
Universitätsklinik für Psychiatrie und Psychotherapie, Medizinische Universität Wien
Währinger Gürtel 18-20, A-1090 Wien, Österreich
Fon: +43/1/40400-3434 • Fax: +43/1/40400-3388
e-mail: sanela.piralic-spitzl@meduniwien.ac.at

Der Einfluss von Migration auf die Psychopathologie. Psychiatrische Co-Morbidität und Lebensqualität der türkischen Migrantinnen mit chronischen Unterbauchschmerzen – Eine vergleichende Querschnittsstudie

Ayşe Başıbüyük, Martin Aigner, Derya İren-Akbiyik, Alexander Friedmann & Walter Tschugguel

Gewidmet Alexander Friedmann

Hintergrund

Menschen mit medizinisch nicht erklärbaren somatischen Symptomen sind nicht selten im Krankenhausalltag (Katon & Ries 1984; Kellner 1985; Bridges & Goldberg 1987; Kaplan *et al.* 1988; Kroenke *et al.* 1997). Die Abklärung von Patientinnen mit diesem Krankheitsbild erfordert umfangreiche klinische Untersuchungen, sowie die übermäßige Verwendung medizinischer Ressourcen. In vielen wissenschaftlichen Studien wurde bewiesen, dass die somatisierenden PatientInnen höheren psychologischen Belastungen ausgesetzt sind und eine erhöhte Psychopathologie und psychische Co-Morbidität aufweisen (Zocolillo & Cloninger 1986; Escobar *et al.* 1987; Simon & Von Korff 1991; Gureje *et al.* 1997). Obwohl Somatisierung sowohl bei Männern, als auch bei Frauen beschrieben wurde, wird es berichtet, dass die Frauen im Vergleich zu den Männern viel häufiger somatisieren (Piccinelli M & Simon G 1997).

Der chronische Unterbauchschmerz (= Chronic Pelvic Pain, CPP) ist die häufigste somatoforme Schmerzstörung in der Gynäkologie. Wegen der Komplexität der Diagnoseerstellung und der Therapie wurde CPP in der Literatur als „die Erkrankung mit 20 unterschiedlichen Namen" definiert (Renaer *et al.* 1979). Frauen mit CPP bilden einen wichtigen Bestandteil der Arbeitsbelastung der GynäkologInnen, GastroenterologInnen und ChirurgInnen. Nach multidisziplinären Untersuchungen bleibt die Ursache des Schmerzes, mit fehlender begleitender organischer Pathologie oder fehlender Symptomverbesserung trotz Behandlung der identifizierten Pathologie, öfters unklar. Durch die diagnostische Unklarheit und die langwierigen ineffektiven Behandlungen, einschließlich chirurgischer Operationen, werden die körperlichen und sozialen Einschränkungen der Patientinnen zusätzlich komplizierter. Das Resultat ist nicht selten das Gefühl der Hilflosigkeit für sowohl Patientinnen, als auch ÄrztInnen (Kamm 1996).

CPP ist eine nicht-zyklische Schmerzstörung im Unterbauch über einen Zeitraum von mindestens 6 Monaten (Reiter & Gambone 1991) und einer Prävalenz von circa 15-20% aller Frauen im Alter von 18 bis 50 Jahren (Matthias *et al.* 1996; Richter 1998). In mehr als 50% der betroffenen Frauen kann keine begleitende organische Pathologie gefunden werden (Reiter & Gambone 1991; Mahmood *et al.* 1991; Peters *et al.* 1991). Zirka 10% der gynäkologischen Konsultationen finden wegen CPP statt, und diese PatientInnen konsumieren einen übermäßig hohen Anteil der zeitlichen und finanziellen Ressourcen. CPP bildet die Indikation von 10-35% der Laparoskopien und 10% der Hysterektomien (Jansen 1990; Walker *et al.* 1992; Reiter 1990; Hodgkiss & Watson 1994; Mathias *et al.* 1996). Nach Reiter und Gambone zeigen CPP Patientinnen dreimal mehr medikamentöse Behandlungen, viermal mehr nicht-gynäkologische Operationen und fünfmal mehr Hysterektomien in ihrer Krankengeschichte (Reiter & Gambone 1990). Die jährlichen Kosten der CPP betragen 158.4 Millionen Pfund in Großbritannien (Davies *et al.* 1992) und 2 Billionen Dollar in den Vereinigten Staaten (Reiter *et al.* 1991).

Chronischer Unterbauchschmerz kann aus einem oder mehreren Organsystemen und Pathologien stammen, und multiple Faktoren können bei der Entstehung mitwirken (Steege *et al.* 1998; Howard 1993). Adhäsionen, Endometriose und Infektionen sind die häufigsten gynäkologischen Ursachen (Vercellini *et al.* 1990; Howard 1993). Das Fehlen einer diagnostizierbaren organischen Pathologie führte zu der Überlegung der psychologischen Faktoren in der Ätiologie. Viele Studien untersuchten die Zusammenhänge zwischen psychologischen Faktoren und CPP. Die mit CPP assoziierten Faktoren wie Depression, Somatisierung, Angststörung, Persönlichkeits- und Affektstörungen, "life events" in der Kindheit, vor Allem sexuelle Belästigung (Savidge & Slade 1996), unterstützen die These, dass Stress einen Einfluss auf die Entstehung von CPP hat (Ehlert *et al.* 1999). Außerdem, haben viele dieser Frauen eine reduzierte Lebensqualität und beeinträchtigte Sexualität (Mathias *et al.* 1996; Harrop-Griffiths 1988). Bei der Einschätzung der chronischen Unterbauchschmerzen und der Therapieplanung ist es wesentlich, subjektive und kulturelle Vorstellungen mit in Betracht zu ziehen (Yüksel *et al.* 2000). Wir fanden keine quantitative Studie in der Literatur, die sich mit dem Zusammenhang zwischen den Herausforderungen der Migration und Chronischen Unterbauchschmerzen auseinandersetzte.

Migration, Kultur und Somatisierung

Migration ist heutzutage ein Gegenstand weltweiter Debatten. Es ist ein Prozess der sozialen Änderung, wobei ein Individuum, alleine oder zusammen mit anderen Menschen, von einer kulturellen Umgebung zu einer anderen mit dem Ziel eines permanenten oder langfristigen Aufenthaltes wandert (Bhugra 2000).

Laut einer Veröffentlichung des Bundesministeriums für Gesundheit und Frauen leben ungefähr 1 Millionen Menschen mit Migrationshintergrund in Österreich, mit einer Akkumulierung im Bundesland Wien. Das entspricht einem Anteil von 10% der gesamten Bevölkerung. MigrantInnen aus Ex-Jugoslawien bilden die größte MigrantInnenpopulation (44%) in Österreich, gefolgt von türkischen MigrantInnen (19%) (BMGF, 2005).

Durch das Zusammenleben unterschiedlicher Kulturen in einem Land als Folge der Migrationsbewegungen entstehen Herausforderungen, v.A. für die PsychiaterInnen, PsychotherapeutInnen, LehrerInnen, SozialarbeiterInnen und PolitikerInnen. Migrationsentscheidung kann unterschiedlichere Motive haben. Unabhängig von diesen Motiven, beeinflusst der Migrationsakt den Gesundheitszustand der Individuen und der Bevölkerung (Gardemann J 2001; Bollini & Siem 1995; Elkeles & Seifert 1996). Viele MigrantInnen leiden unter ernsthaften psychischen Problemen als Folge des Kulturschocks, von Diskriminierung, Entfremdung, Familiendesintegration, schwerwiegenden Verlusterlebnissen und anderen unangenehmen Erfahrungen. Der Bedarf an professioneller psychiatrischer Hilfe ist dringend und notwendig, aber sprachliche

Probleme machen das Inanspruchnehmen der professionellen Hilfeangebote öfters schwierig, wenn nicht unmöglich. Neben sprachlichen Barrieren gibt es einige spezielle Schwierigkeiten bei der Diagnose der psychischen Störungen bei MigrantInnen. Wegen ihrer unterschiedlichen kulturellen Hintergründe hat die Begegnung der MigrantInnen mit ÄrztInnen, PsychiaterInnen und PsychotherapeutInnen eine transkulturelle Natur, wobei ihre Lebenserfahrungen nicht selten schwer nachvollziehbar für die einheimischen ÄrztInnen und PsychotherapeutInnen sind. Die Unterscheidung zwischen unterschiedlichen kulturspezifischen Ausdrucksformen des Stresses und ernsthafteren Erkrankungen, die professionelle Hilfe erfordern, ist eine der großen Herausforderungen bei der Versorgung der MigrantInnen in europäischen Krankenhausalltag.

Mehrere Faktoren erschweren die Diagnose von Depression und somatoformen Störungen bei MigrantInnen und AsylantInnen. Erstens sind nostalgische Gefühle, Heimweh, und Hilflosigkeit unter MigrantInnen verbreitert. Es kann nicht so leicht unterschieden werden, ob es sich um einen reaktiven adaptiven Prozess oder um eine pathologische Depression handelt, welche psychiatrische Interventionen erfordert. Zweitens erfährt ein Großteil der MigrantInnen, als Folge von Umweltfaktoren und intrapsychischen Ressourcen, multiple, wiederholte stressvolle Lebensereignisse mit meist komplexen und vielschichtigen emotionalen Reaktionen. Depressive Symptome sind öfters gemischt mit Angst und Aggression, welche eine genauere Beurteilung ihres psychischen Zustands erschweren. Drittens, Somatisierung ist sehr verbreitet bei MigrantInnen mit nicht Europäischem kulturellen Hintergrund (LIN 1986; TYHURST 1981). Depressive Patientinnen aus östlichen Kulturen konzentrieren sich primär auf ihre somatischen Symptome. Weil sie mit dieser kultur-spezifischer Art von Krankheitsäußerung nicht vertraut sind, haben die europäischen ÄrztInnen Schwierigkeiten bei der genaueren Beurteilung des psychischen Zustands der MigrantInnen (LIN 1990).

Kulturelle Faktoren erschweren die Evaluierung des psychischen Zustands (TSENG & MCDERMOTT 1981). Die Vernachlässigung der kulturellen Faktoren verursacht unvollständige und nicht selten falsche Diagnosestellungen im medizinischen Alltag (FAVAZZA 1985; GAW 1982). LIN behauptet, dass die Konzepte „Über-Diagnose“ (z.B. die Missinterpretation kultureller Verhaltensweisen als pathologisch) und die „Unter-Diagnose“ (z.B. die Missinterpretation somatischer und psychischer Symptome als kulturell bedingte Verhaltensweisen) bei der Diagnoseerstellung unbedingt vor den Augen gehalten werden sollten (LIN 1990). Viele Studien in Deutschland berichten, dass es im Bereich der Prävention und Aufklärung über die Angebote des Gesundheitssystems eine Unterversorgung der MigrantInnen besteht, wobei im Bereich der Verschreibung zu hoch dosierten und nicht indizierten Medikamenten eine Überversorgung der MigrantInnen der Fall ist (BRUCKS *et al.* 2003).

Es ist evident, dass die soziokulturellen Faktoren besonders wichtig bei der Einschätzung der Somatisierung sind (KIRMAYER 1984, 1994; KLEINMAN 1986). KIRMAYER behauptet, dass die somatoformen Störungen sich nach der Prävalenz der medizinisch nicht erklärbaren Symptome, nach der Art der Symptome und nach ihrer Beziehung zu anderen psychiatrischen Erkrankungen transkulturell unterscheiden (KIRMAYER 1994). Kulturelle Krankheitsmodelle oder Stressäußerungen können in Form körperlicher Symptome kodiert werden. Durch ihren kulturellen Hintergrund haben Individuen ein bestimmtes Vokabular für diese Symptome. Als kulturell kodierte Ausdrucksweise vermitteln somatische Symptomen oft Unbehagen und Besorgnis, die anderen Individuen innerhalb des selben sozialen Milieus klar sind, aber für die Außenstehender wahrscheinlich andere Bedeutungen vermitteln (KIRMAYER 1998). Beispielsweise werden in den nahöstlichen Ländern Hinweise auf das Herz nicht nur als mögliches Zeichen einer Erkrankung, sondern auch als natürliche Metapher einiger Emotionen verstanden. Die Beschwerden über das Engegefühl im Brustkorb bei türkischen (MIRDAL 1985) und griechischen (KIRMAYER 1998) Frauen beinhalten ähnliche, in körperlichen Empfindungen und Ethno-Physiologischen Konzepten verankerte Metaphern (Gureje 1997). Gureje *et al.* (1997) behaupten, dass Somatisierung in allen ethnokulturellen Gruppen und Gesellschaften weit verbreitet ist. Ergebnisse einiger aktuellen Studien liefern klare Evidenz, dass Somatisierung und ihre gesundheitliche und andere Konsequenzen nicht spezifisch für die eine oder andere Kultur sind, sondern sich in unterschiedlichen kulturellen Umgebungen manifestieren (Escobar *et al.* 1989; Janca *et al.* 1995; Gureje *et al.* 1997). Mehr empirische und heuristische Forschung ist notwendig, um ein besseres Verständnis über dieses Thema zu haben.

Manche Subgruppen der MigrantInnen wie Frauen, Kinder und Ältere, haben besondere Bedürfnisse, die berücksichtigt werden müssen. Niedrigeres Ausbildungsniveau und begrenzte berufliche Qualifikationen, Schwierigkeiten mit der neuen Sprache, fehlende familiäre Unterstützung, Rollenkonflikte in der Ehe und in der Familie, begrenzte Kinderbetreuungsmöglichkeiten, sprachliche Barrieren und fehlende Begleitpersonen bei der Inanspruchnahme medizinischer Versorgungsangebote bei spezifischen gesundheitlichen Probleme wie z.B. während der Schwangerschaften, oder bei der Bewältigung der Depressionen (Simon 1986) sind einige Beispiele, die zu den spezifischen Herausforderungen der Migrantinnen in Europa zählen.

Es gibt eine steigende Anzahl der empirischen Studien über „Migration und Psychische Gesundheit" in Europa in den letzten Jahren, aber ihre Resultate sind oft aufgrund unterschiedlicher Methodologien und Formulierungen nicht vergleichbar. In diesen Studien, wird öfters behauptet, dass der „Immigranten Status" ein gesundheitliches Risiko bildet, weil Migration zwangsläufig mit einer Phase der signifikanten Anpassung und Stress assoziiert ist (Hyman & Dussault 2000). Das häufigste Resultat dieser Studien war eine erhöhte Prävalenz der psychiatrischen und somatoformen Reaktionen (David *et al.* 2002). Einige aktuelle anerkannte Hypothesen in der medizinischen Migrationsforschung sind: Hypothese der selektiven Migration, "healthy migrant effect", Akkulturation Stress Hypothese, Migration Morbiditätshypothese, Migration Stress Hypothese, "unhealthy remigrant effect", usw. Diese ziemlich verwirrende Terminologie weist auf die Komplexität dieses Forschungsbereiches und auf den dringenden Bedarf an sorgfältigen Untersuchungen hin.

Ziele

Unser primäres Ziel ist die Feststellung der Prävalenz und des Schweregrads der Depression (BDI) bei türkischen MigrantInnen mit chronischen Unterbauchschmerzen in Österreich im Vergleich zu österreichischen Frauen in Österreich und türkischen Frauen in der Türkei mit chronischen Unterbauchschmerzen. Unser zweites Ziel ist der Vergleich von Prävalenz und Schweregrad der Psychopathologie (SCL-90-R, DES), die Lebensqualität (WHO-QoL-brev.), die Schmerzintensität (VAS: Schmerzfragebogen) und die Existenz der psychischen Co-Morbidität zwischen den Gruppen. Außerdem, wollen wir den Einfluss von demographischen Faktoren und Migrationsspezifischen Faktoren wie z.B. sprachliche Kompetenz (CROCUDOC) auf die Ergebnisse der psychometrischen Fragebögen untersuchen.

Hypothesen

Primäre Endpunkte

Null-Hypothese: Es gibt keinen Unterschied in BDI (Beck Depression Inventar) Werten von türkischen CPP Patientinnen in Österreich im Vergleich mit österreichischen CPP Patientinnen in Österreich und türkischen CPP Patientinnen in der Türkei.

Alternativ-Hypothese: Türkische CPP Patientinnen in Österreich haben höhere BDI Werte als österreichische CPP Patientinnen in Österreich und türkische CPP Patientinnen in der Türkei.

Tabelle: Behauptete *BDI-Werte* der Studienteilnehmerinnen

	Türkische Frauen in der Türkei	Türkische Frauen in Österreich	Österreichische Frauen in Österreich
BDI-Werte	20	30	20

Sekundäre Endpunkte

1. Türkische Migrantinnen in Österreich haben eine höhere Rate von psychischer Co-Morbidität als österreichische Frauen und türkische Frauen in der Türkei.
2. Türkische Migrantinnen haben höhere SCL-90-R Werte als österreichische Frauen und türkische Frauen in der Türkei.
3. Türkische Migrantinnen haben eine niedrigere Lebensqualität im Vergleich zu österreichischen Frauen und türkischen Frauen in der Türkei.
4. Türkische Migrantinnen haben eine höhere Schmerzintensität auf der "Visual Analogue Scale" als österreichische Frauen und türkische Frauen in der Türkei.
5. Türkische Migrantinnen in Österreich haben höhere Werte in DES als österreichische Frauen und türkische Frauen in der Türkei.
6. Türkische Frauen mit wenig Deutschkenntnissen haben höhere Werte in psychometrischen Fragebögen.

Rationale

Mit einer Prävalenz von 15-20% bei Frauen im gebärfähigen Alter (Matthias *et al.* 1996; Richter 1998), bildet CPP ohne organische Pathologien eine große Herausforderung v. A. für GynäkologInnen und PsychiaterInnen. CPP ist noch immer eine unklare Erkrankung mit einer voraussichtlichen 3-Monate-Prävalenz von 24% und einer geschätzten Prävalenz von 33% (Heinberg LJ *et al.* 2004). Deshalb ist eine spezifische Fokussierung auf CPP in der klinisch gynäkologischen und psychiatrischen Forschung notwendig. Die Diagnose und die Behandlung sind bei Immigrantinnen viel komplizierter. Dadurch entsteht ein höheres Ausmaß an Frustrationen für die immigrierten Patientinnen mit CPP und ihren ÄrztInnen. Um diese doppelte Herausforderung in der Versorgung der Immigrantinnen bewältigen zu können, sind empirische Daten notwendig, um die ÄrztInnen über die Assoziationen zwischen kulturellen Hintergründen der Patientinnen und psychologischen Prozessen bei CPP zu sensibilisieren. Laut den Ergebnissen unserer Literatur Recherche, ist dies die erste quantitative Studie, die die chronischen Unterbauchschmerzen bei türkischen Migrantinnen untersucht.

Eine Studie des Bundesministeriums für Gesundheit und Frauen (BMGF 2005) betont den enormen Mangel an Daten über MigrantInnen im Gesundheitswesen in Österreich. Fehlende sprachliche Kompetenzen der MigrantInnen sind öfters begleitet von fehlenden transkulturellen Kompetenzen des medizinischen Personals. Die Studie macht auf die schwerwiegenden Konsequenzen, wie z.B. hohe finanzielle Kosten und Verzögerung in medizinischen Diensten – v.A. in sensiblen Abteilungen wie Gynäkologie und Psychiatrie, aufmerksam (BMGF 2005). Wissenschaftliche Forschung über die kulturelle, traditionelle, religiöse und migrationsspezifische Besonderheit der Migrantinnen, und ihre Unterschiede zu den Einheimischen ist ein essentieller Schritt, um neuere Strategien für die Integration der MigrantInnen in österreichischen Gesundheitswesen zu entwickeln, und dabei aufgetretene Herausforderungen zu bewältigen (BMGF 2005).

DAVID *et al.* (2002) untersuchte die Psychopathologie bei 320 deutschen und 262 türkischen Frauen durch SCL-90-R. Die Patientinnen wurden nach ihren soziodemographischen Daten in 6 Subgruppen aufgeteilt. Verglichen mit ihren deutschen Vergleichspartnerinnen, hatten die türkischen Patientinnen erhöhte Werte in allen sechs Skalen der SCL-90-R. Dennoch fehlt die Berücksichtigung der kulturellen Faktoren in diesem Studiendesign, und die Ergebnisse können durch die kulturellen Unterschieden in einen Bias gekommen seinn. Die Analyse der Krankheitsbeschreibungen von unterschiedlichen ethnokulturellen Gruppen zeigt, dass somatische Symptome in multiplen Bedeutungssystemen lokalisiert sind, welche diverse psychologische und soziale Funktionen haben. Abhängig vom ethnischen und kulturellen Hintergrund des Individuums, können diese Symptome als ein Index von Krankheit oder Leiden, eine Indikation von Psychopathologie, eine symbolische Kondensierung von intrapsychischen Konflikt, eine kulturell kodierte Äußerung des Unbehagens, ein Mittel für die Äußerung sozialer Unzufriedenheit, und ein Mechanismus, durch welche die PatientInnen versuchen sich in ihrer lokalen Welt neu zu positionieren, gesehen werden (KIRMAYER & YOUNG 1998). Deswegen ist die Berücksichtigung der kulturellen Unterschiede vor der Determinierung des Studiendesigns von Vergleichsstudien zwischen MigrantInnen und Einheimischen von entscheidender Bedeutung.

Einige Studien in der Literatur verglichen die psychiatrische Morbidität bei MigrantInnen in dem Aufnahmeland mit den Ansässigen des Heimatlandes (SUBASI 2000; AKBIYIK 1999). Dieses Studiendesign ist ebenfalls mangelhaft, da die Einheimischen des Aufnahmelandes ausgeschlossen sind. Es kann behauptet werden, dass in diesem Fall einen eventuellen Unterschied zwischen beiden Gruppen direkt auf die Migration und die migrationsbedingten Faktoren zurückzuführen wäre. Jedoch kann der Einfluss von Kultur in diesem Studiendesign nicht beobachtet werden. Die Auseinandersetzung mit den kulturellen Besonderheiten der MigrantInnen ist für den medizinischen Alltag in europäischen Ländern und für die europäischen ÄrztInnen von besonderer Bedeutung. Die Nicht-Berücksichtigung der Kultur als eine Variable limitiert den Beitrag der Studie für die Verbesserung der Situation der MigrantInnen in europäischen Spitälern.

Schließlich ist die Rationale dieser Studie die Feststellung, ob Prävalenz und Schweregrad der Depression, Psychopathologie, psychische Co-Morbidität und Höhe der Lebensqualität bei türkischen MigrantInnen mit CPP in Österreich signifikante Unterschiede aufweisen, wenn verglichen mit österreichischen CPP Patientinnen in Österreich und türkischen CPP Patientinnen in der Türkei.

Die Durchführung der Studie

Um die Beziehung zwischen Migration, Depression, Psychopathologie, psychische Co-Morbidität und Lebensqualität bei Chronischen Unterbauchschmerzen zu bestimmen, werden wir die Ergebnisse der psychometrischen Fragebögen und des strukturierten klinischen Interviews von türkischen Migrantinnen mit CPP in Österreich mit denen der österreichischen CPP Patientinnen in Österreich und türkischen CPP Patientinnen in der Türkei vergleichen. Erstens werden wir die Prävalenz der Depression in den jeweiligen Gruppen messen. Zweitens werden wir die Psychopathologie, Lebensqualität und psychische Co-Morbidität in allen Gruppen bestimmen.

Die Befragung von sexuellen Schwierigkeiten und die Erhebung von Erfahrungen von sexuellen und körperlichen Misshandlungen sind besonders wichtig bei CPP Patientinnen. Die Beziehung zwischen der Entstehung von CPP und der Erfahrung von sexueller Misshandlung in der Kindheit wurde in der Literatur mehrmals bewiesen. In dieser Studie, ist der Fokus unserer Aufmerksamkeit der psychopathologische Status und die psychische Co-Morbidität bei Migrantinnen mit CPP. Zudem, werden wir die Grunddaten über die Sexualität und sexuelle/körperliche Misshandlungen durch das Strukturierte Klinische Interview (SKID-I) erheben.

Bird (1996) berichtet, dass die Feineinstellung des Forschungsprozesses in transkultureller Forschung methodologischen Strategien wie die Entwicklung von kultursensibel übersetzten Instrumenten und die Einsetzung von muttersprachigen InterviewerInnen mit demselben kulturellen Background erfordert (Fichter *et al.* 2004). In unserer Studie werden die türkischen MigrantInnen in Wien von einer Ärztin untersucht, die aus demselben kulturellen und religiösen Hintergrund kommt und Türkisch als Muttersprache spricht.

Diese Studie wird Daten über die Assoziationen von Migration, Kultur und die psychologische Prozesse der Chronischen Unterbauchschmerzen vermitteln, welche zur Entwicklung neuerer therapeutischer Strategien für die Behandlung der CPP Patientinnen beitragen soll. Es werden gleichzeitig wichtige Informationen für die Verbesserung der transkulturellen Kompetenz des medizinischen Personals in österreichischen Gesundheitswesen ermittelt. Unsere Befunde werden österreichischen ÄrztInnen in der Gynäkologie und Psychiatrie helfen, ihr Verständnis über ihre türkischen Patientinnen zu vertiefen. Tatsächlich werden unsere Resultate, durch die Vermittlung neuer Perspektiven in der Migrationsforschung, auch dem medizinischen Personal in anderen Abteilungen und auch in anderen europäischen Ländern weiterhelfen.

Instrumente

- Beck-Depressions-Inventar (BDI)
- Die Symptom Checkliste (SCL-90-R)
- Fragebogen zu Dissoziativen Symptomen (FDS)
- Welt Gesundheitsorganisation Lebensqualität Erfassung (WHO-QoL-brev)
- Schmerzfragebogen mit VAS Skala

Klinische Durchführung

- Strukturiertes Klinisches Interview für DSM-IV (SKID)

Evaluierte Versionen von oben genannten psychometrischen Instrumenten außer Schmerzfragebogen und CROCUDOC sind sowohl in türkischer als auch in deutscher Sprache vorhanden. Wir werden die evaluierten Versionen von den psychometrischen Fragebögen (BDI, SCL-90-R, WHO-QoL-brev, FDS) und dem strukturierten klinischen Interview, und die übersetzte Versionen von Schmerzfragebogen und CROCUDOC verwenden.

Studiendesign

Setting der Studie: vergleichende Querschnittsstudie

Beschreibung der unterschiedlichen Studienphasen: Messung der Prävalenz und des Schwergrads der Depression und anderer Psychopathologien, Messung von Lebensqualität und psychischer Co-Morbidität in jeweiligen Patientinnengruppen in den ersten 18 Monaten. Evaluierung und statische Analyse der Daten in den folgenden 6 Monaten.

Charakteristiken der Patientinnenpopulation
Die Größe der jeweiligen Gruppen wurde von Herrn Dr. Andreas Gleiss von dem Institut für Medizinischen Biometrie statistisch als 30 Personen berechnet.
- Gruppe 1: 30 türkische Migrantinnen mit CPP ohne Organbefund in Wien
- Gruppe 2: 30 österreichische Frauen mit CPP ohne Organbefund in Wien
- Gruppe 3: 30 türkische Frauen mit CPP ohne Organbefund in Ankara/Türkei

Einschlusskriterien
- Frauen mit CPP (definiert als nicht-zyklische Unterbauchschmerzen mit einer Ausdauer von mindestens 6 Monaten) mit oder ohne assoziierte Dysmenorrhoe, Dyspareunia, und Infertilität. Begleitende orale Medikalisierung mit Non-Steroidalen Analgetika sind ausdrücklich erlaubt.
- Chronologisches Alter ≥18 Jahre, ≤45 Jahren
- Schmerzdauer ≥ 6 Monaten
- Türkische Migrantinnen; Geburtsort: die Türkei
- Visual Analogue Scale (VAS) Schmerzskore ≥ 5 (gemessen als durchschnittliches Schmerzskore nach historischen Evaluierung von letzten 6 Monaten

Ausschlusskriterien
- Postmenopausale Frauen
- Krebsanamnese
- Schwangerschaft
- Geburt innerhalb der letzten 6 Monate
- Organische Pathologie (onkologische Erkrankungen des Unterbauchs, ausgeprägte Adhäsionen im Unterbauch, usw.)
- Diagnostizierte psychische Pathologie: Mentale Retardierung, Schizophrenie, Akute Psychose, Demenz, Delirium
- Begleitende Medikalisierung mit psychotropischen Medikamenten
- Österreichischen Frauen mit der Erfahrung von internationaler Migration in den letzten zwei Generationen
- Binnenmigration im Heimatland in den letzten 5 Jahren
- VAS Schmerzskore < 5
- Unfähigkeit, den Inhalt von Einwilligungserklärung zu verstehen
- Analphabetismus

Methoden für die Minimalisierung von Bias

Um den Einfluss der unterschiedlichen Schmerzdauer der Studienteilnehmerinnen auf die Studienergebnisse kontrollieren zu können (Sternbach RA 1986), werden wir die Gruppen nach dem Schmerzdauer „matchen". Die Gruppen werden somit unter drei Kategorien „ge-matcht":

Dauer der Schmerzen: zwischen 6 Monate und 2 Jahren, zwischen 2 und 5 Jahren, und mehr als 5 Jahren.

Niedrigerer sozioökonomischer Status und Ausbildungsgrad der MigrantInnen aus den Mittelmeer Ländern im Vergleich zu den Einheimischen in europäischen Ländern wurden in der Literatur mehrfach beschrieben. Eine Strategie um mit dieser Diskrepanz umzugehen, wäre wieder die Gruppen nach dem Ausbildungsgrad und sozioökonomischen Status zu „matchen“ (wegen des ziemlich beschränkten Einschluss nach dem Kriterium „Alter“; „matchen“ dem Alter nach ist kein Thema in dieser Studie). Eine andere mögliche Strategie – die wir wählten – wäre die ungleichgewichtige Verteilung von sozioökonomischen Status und Ausbildungsgrad als ein Teil von der Variablen „Migration“ zu akzeptieren. Dadurch wird in der Studie nicht nur das Faktum „Migration“ und „Non-Migration“ beschrieben, sondern auch die sozioökonomischen Hintergründe der MigrantInnen und Einheimischen mitberücksichtigt werden. Der Nachteil dieser Strategie ist, dass die sozioökonomischen Einflüsse nicht unabhängig von Migrationseffekt untersucht werden können. Der Vorteil ist, dass im anderen Fall viele potentielle Studienteilnehmerinnen aufgrund der rigiden sozioökonomischen „matching“ Kriterien abgelehnt werden müssten.

Statistisches Design

Power Analyse

Basierend auf einem Type I Fehler von 5% und einer Standard Abweichung von 12 BDI Werte (Aigner *et al.* 2006) ein zweiseitiger t-test mit 30 Frauen (27 plus potentiellen Drop-outs) in jeweiligen Gruppen hat 85% Power um den behaupteten Unterschied von 30 vs. 20 in BDI Werte für die Hauptfrage über den Vergleich von türkischen Migrantinnen mit österreichischen Frauen (berechnet durch die Anwendung von nQuery Advisor 6.0 software).

Weil die Verteilung der BDI Werte in der gezielten Bevölkerung nicht gut bekannt ist, wurde eine zweite Methode für das "Back-Up" gewählt: Dichotomisierung der BDI Werte auf der Höhe von 19 in „keine oder nur milde depressive Symptomatik“ und „massive bis sehr massive depressive Symptomatik“. Es wird erwartet, dass den Anteil der Frauen über 19 BDI Werte ca. 80% unter den türkischen Migrantinnen und 40% unter den Österreicherinnen in Österreich und Türkinnen in der Türkei betragen wird. Basierend auf einem Type I Fehler von 5%, 30 Frauen in jeweiligen Gruppen gibt ein „Power“ von 85% um diesen Unterschied zu erkennen (Basierend auf Fishers Exact Test). Die statistische Analyse der Ergebnisse wird sich hauptsächlich auf ANOVA Modellen mit den Faktoren Kultur, Immigration und CPP (ja/nein) stützen. BDI Werte für diverse Gruppen werden graphisch durch die Verwendung von Boxplots und durch Mittelwerte, Standard Abweichung oder gegebenenfalls durch non-parametrische Messungen dargestellt.

Ethische Aspekte

Prävalenzstudien: Der Vorteil von Querschnittsstudien ist die Erhebung der Daten in kürzerer Zeit mit niedrigeren finanziellen und personellen Kosten. Prävalenzstudien sind besonders effizient bei der Untersuchung von Risikofaktoren und bei der Planung der Verwaltung von chronischen Erkrankungen auf der organisatorischen Ebene (Müllner 2005). Wegen des enormen Mangels der Daten über kulturspezifische und migrationsbedingte Besonderheiten der Migrantinnen, ist die Erhebung der Daten in Form einer Querschnittsstudie von besonderer Bedeutung, um nächste organisatorische Schritte für die Verbesserung der Versorgung der Migrantinnen im österreichischem Gesundheitswesen zu planen (BMGF 2005).

Literatur

Aigner, M., Piraliæ-Spitzl, S., Freidl, M., Prause, W., Lenz, G., Friedmann, A. 2006. Trankskulturelle Unterschiede bei somatoformer Schmerzstörung. Eine Vergleichsstudie von PatientInnen mit Herkunft aus dem ehemaligen Jugoslawien und Österreich. *Journal für Neurologie, Neurochirurgie und Psychiatrie* 2:38-42.

Akbiyik, I.D., Mendel, G.E., Onder, M.E., Cording, C. 1999. The effects of being "immigrant" on depression and somatic symptoms in Turkish immigrants in Germany. *Kriz Dergisi* 7(2): 25-29 (Turkish)

Bhugra, D. 2000. Migration and Schizophrenia. *Acta Psychiatr Scand* 102 suppl 407: 68-73.

Bird, H.R. 1996. Epidemiology of childhood disorders in a cross-cultural context. *J Child Psychol Psychiatry* 37: 35-49. In: Fichter, M.M., Xepapadakos, F., Quadflieg, N., Georgopoulou, E., Fthenakis, W.E. 2004. A comparative study of psychopathology in Greek adolescents in Germany and in Greece in 1980 and 1998—18 years apart. *Eur Arch Psychiatry Clin Neurosci* 254: 27-35.

Bollini, P., Siem, H. 1995. No real progress towards equity: Health of migrants and ethnic minorities on the eve of the year 2000. *Social Science and Medicine* 41: 819-828. In: Razum O, Zeeb H, Akgün Hs, Yilmaz S. 1998. Low overall mortality of Turkish residents in Germany persists and extends into a second generation: merely a healthy migrant effect? *Tropical Medicine and International Health* 3 (4): 297-303.

Bridges, K.W., Goldberg, D.P. 1987. Somatic presentation of DSM-III psychiatric disorders in primary care. *Journal of Psychosomatic Research* 29: 563-569.

BMGF (Bundesministerium für Gesundheit und Frauen, Österreich). 2005. Interkulturelle Kompetenz im Gesundheitswesen

Brucks, U., Wahl, W.B. 2003. Über-, Unter-, Fehlversorgung? Bedarfslücken und Strukturproblemen in der ambulanten Gesundheitsversorgung von Migrantinnen und Migranten. In: Borde, T., David, M. (Hrsg.). Gut Versorgt? Migrantinnen und Migranten im Gesundheits- und Sozialwesen. Frankfurt am Main: Mabuse Verlag

David, M., Borde, T., Kentenich, H. 2002. Die psychische Belastung von Migrantinnen im Vergleich zu einheimischen Frauen – der Einfluss von Ethnizität, Migrationsstatus und Akkulturationsgrad. *Geburtsh Frauenheilk* 62, Suppl. 1: 37-44.

Davies, L., Gangar, K.F., Drummond, M., Saunders, D., Beard, R.W. The Economic Burden of Intractable Gynecological Pain. *J Obstet Gynecol* 1992; 12: 54-56.

Ehlert, U., Heim, C., Hellhammer, D.H. 1999. Chronic Pelvic Pain as a Somatoform Disorder. *Psychother Psychosom* 68: 87-94.

Elkeles, T., Seifert, W. 1996. Immigrants and health: unemployment and health-risk of labour migrants in the Federal Republic of Germany. *Social Science and Medicine* 43: 1035-1047. In: Razum, O., Zeeb, H., Akgün, H.S., Yilmaz, S. 1998 Low overall mortality of Turkish residents in Germany persists and extends into a second generation: merely a healthy migrant effect? *Tropical Medicine and International health* 3 (4): 297-303.

Escobar, J.L., Golding, J.M., Hough, R.L., Karno, M., Burnam, M.A., Wells, K.B. 1987. Somatization in the community: relationship to disability and use of services. *American Journal of Public Health* 77: 837-840.

Escobar, J.L., Rubio-Stipec, M., Canino, G., Karno, M. 1989. Somatic Symptom Index (SSI): a new and abridged somatization construct. *Journal of Nervous and Mental Disease* 177: 140-146.

Favazza, A.R. 1985. Anthropology and psychiatry. In Kaplan, H.I., Sadock, B.J. (Eds). Comprehensive textbook of psychiatry/IV 485-504. Baltimore: William & Wilkins

Fichter, M.M., Xepapadakos, F., Quadflieg, N., Georgopoulou, E., Fthenakis, W.E. 2004. A comparative study of psychopathology in Greek adolescents in Germany and in Greece in 1980 and 1998—18 years apart. *Eur Arch Psychiatry Clin Neurosci* 254: 27-35.

Gardemann, J. 2001. Migration und Gesundheit – der öffentliche Gesundheitsdienst in der Koordination gesundheitlicher Vielfalt. *Gesundheitswesen* 63 (Sonderheft), 2: 115-119.

Gaw, A. (Ed.). 1982. Cross-cultural psychiatry. Boston: John Wright PSG Inc

Gureje, O., Simon, G.E., Üstün, T.B., Goldberg, D.P. 1997. Somatization in cross-cultural perspective: a World Health Organisation study in primary care. *American Journal of Psychiatry* 154: 989-995.

Harrop-Griffiths, J., Katon, W., Walker, E., Holm, L., Russo, J., Hickok, L. 1988. The association between chronic pelvic pain, psychiatric diagnoses, and childhood sexual abuse. *Obstet Gynecol* 71: 589-594.

Heinberg, L.J., Fisher, B.J., Wesselmann, U., Reed, J., Haythornthwaite, J.A. 2004. Psychological factors in pelvic/urogenital pain: the influence of pain versus sex. *Pain* 108: 88-94.

Hodgkiss, A.D., Watson, J.P. 1994. Psychiatric morbidity and illness behaviour in women with chronic pelvic pain. *J Psychosom Res* 38: 3-9.

Hollan, D. 2000. Culture and Dissociation in Toraja. *Transcultural Psychiatrie* 37, 4: 545-559.

Howard, F.M. 1993. The role of laparoscopy in chronic pelvic pain: promise and pitfalls. Obstet Gynecol Surv 48: 357-387.

Hyman, I., Dussault, G. 2000. Negative consequences of acculturation on health behaviour, social support and stress among pregnant Southeast Asian immigrant women in Montreal: an exploratory study. *Can J Public Health* 91,5: 357-360.

Janca, A., Burke, J.D., Isaac, M. 1995. The World Health Organization somatoform disorders schedule. A preliminary report on design and reliability. *Eur J Psychiatry* 10: 373-378.

Janca, A., Isaac, M., Bennett, L., Tacchini, G. 1995. Somatoform disordes in different cultures – a mail questionnaire survey. *Social Psychiatry and Psychiatric Epidemiology* 30: 44-48.

Jansen, B. 1990. Pelipathic. In: Schulze, C. (ed): Gynäkopsychologie. 43-46. Tübingen, DGVT Verlag

Kamm, M.A. 1997. Chronic pelvic pain in women—gastroenterological, gynaecological or psychological? *Int J Colorect Dis* 12: 57-62.

Kaplan, C., Lipkin, M.J., Gordon, G.H. 1988. Somatization in primary care: patients with unexplained and vexing medical complaints. *Journal of General Internal Medicine* 3: 177-190.

Katon, W., Ries, R.K. 1984. The prevalence of somatization in primary care. *Comprehensive Psychiatry* 25: 208-215.

Kellner, R. 1985. Functional somatic symptoms and hypochondriasis: a survey of empirical studies. *Archives of General Psychiatry* 42: 821-833.

Kramer, L.J. 1984. Culture, affect and somatization. *Transcult Psychiatr Res Rev* 21: 159-188, 237-262.

Kramer, L.J. 1994. Improvisation and authority in illness meaning. *Cult Med Psychiatry* 18: 183-214.

Kramer, L.J., Young, A. 1998. Culture and Somatization: Clinical, Epidemiological, and Ethnographic Perspectives. *Psychosomatic Medicine* 60, 4: 420-430.

Kleinman, A. 1986. Social origins of distress and disease. New Heaven: Yale Universit\y Press

Kroenke, K., Spitzer, R.L., Degruy, F.V., Hahn, S.R., Linzer, M., Williams, J.B.W., Brody, D., Davies, M. 1997. Multisomatoform disorder: an alternative to undifferentiated somatoform disorder for the somatizing patient in the primary care. *Archives of General Psychiatry* 54: 352-358.

Lin, K.M. 1990. Assessment and Diagnostic Issues in the Psychiatric Care of Refugee Patients. In: Holtzman, W.H., Bornemann, T.H. 1990. Mental Health of Immigrants and Refugees (198-206). Texas: Hogg Foundation for Mental Health.

Lin, K.M. 1986. Psychopathology and social disruption in refugees. In: Williams, C.L. & Westermayer, J. (Eds.) Refugee Mental Health in resettlement countries (61-73). Washington DC: Hemisphere Publishing Cooperation.

Mahmood, T.A., Templeton, A.A., Thomson, L., Fraser, C. 1991. Menstrual Symptoms in Women with Pelvic Endometriosis. *Br J Obstet Gynecol* 98: 558.

Matthias, S.D., Kuppermann, M., Liberman, R.F., Lipschutz, R.C., Steege, J.F. 1996. Chronic Pelvic Pain. Prevalence, Health-Related Quality of Life, and Economic Correlates. Obstet Gynecology 87, 3: 321-327.

Mirdal, G.M. 1985. The condition of "tightness": The somatic complaints of Turkish migrant women. *Acta Psychiatr Scand 71*: 287-296.

Müllner, M. 2005. Erfolgreich wissenschaftlich arbeiten in der Klinik – Evidence based medicine. Wien: Springer Verlag.

Peters, A.A.W., Van Dorst, E., Jellis, B., Van Zuuren, E., Hermans, J., Trimbos, J.B. 1991. A Randomized Clinical Trial to Compare Two Different Approaches in Women with Chronic Pelvic Pain. *Obstet Gynecol* 77: 740-744.

Piccinelli, M., Simon, G. 1997. Gender and cross-cultural differences in somatic symptoms associated with emotional distress. An international study in primary care. *Psychological Medicine* 27, 433-444.

Reiter, R.C. 1990. A Profile of Women with chronic pelvic pain. *Clin Obstet Gynecol* 33: 130-136.

Reiter, R.C., Gambone, J.C. 1991. Nongynaecologic somatic pathology in women with chronic pelvic pain and negative laparoscopy. *J Reprod Med* 36: 253-259.

Reiter, R.C., Gambone, J.C. 1990. Demographic and historic Variables in women with idiopathic chronic pelvic pain. *Obstet Gynecol* 75: 428-32.

Reiter, R.C., Shakerin, L.R., Gambone, J.C., Milburn, A.K. 1991. Correlation between sexual abuse and somatization in women with somatic and nonsomatic chronic pelvic pain. *Am J Obstet Gynecol* 165: 104-109.

Renaer, M., Vertommen, H., Nijs, P., Wagemans, L., Van Hemelrijck, T. 1979. Psychological aspects of chronic pelvic pain in women. *Am J Obstet Gynecol* 134: 75-80.

Richter, D. 1998. Psychosomatische Therapie bei Chronischen Unterbauchschmerzen. *Psy Gyn Obs* 117-126.

Sar, V., Kundakci, T., Kiziltan, E., Bakim, B., Bozkurt, O. 2000. Differentiating dissociative disorders form other diagnostic groups through somatoform dissociation in Turkey. *Journal of trauma and dissociation* 1, 4: 67-80.

Savidge, C.J., Slade P. 1997. Psychological Aspects of Chronic Pelvic Pain. Journal of Psychosomatic Research 42, 5: 433-444.

Simon, R.J. Refugee women and their daughters: A comparison of Soviet, Vietnamese, and native-born American families. In: Williams, C.L., Westermeyer, J. (Eds). Refugee mental health in resettlement countries (pp. 157-172). New York: Hemisphere Publishing Corporation. In: Holtzman, W.H., Bornemann, T.H. (Eds.), Mental Health of Immigrants and Refugees; Carlin JE. Refugee and Immigrant Populations at Special Risk: Women, Children and the Elderly (pp. 224-233).

Simon, G.E., Vonkorff, M. 1991. Somatization and psychiatric disorder in the NIMH Epidemiological Catchment Area Study. *American Journal of Psychiatry* 148: 1494-1500.

Steege, J.F., Metzger, D.A., Levy, B.S. (eds.). 1998.Chronic Pelvic Pain: an integrated approach. 1st ed. Philadelphia (PA): WB Saunders.

Sternbach, R.A. 1986. The psychology of pain. New York: Raven Press.

Subasi, B. 2000. The distribution of diagnosis and symptom profile in depression among women who attended to psychiatric outpatient clinics in Ankara and in Vienna. Unpublished Doctoral Thesis in Ankara University , Medical Faculty, Department of Psychiatry.

Tyhurst, L. 1977. Psychosocial first aid for refugees. *Mental Health and Society* 4: 319-343.

Tseng, W.S., Mcdermott, J.F. 1981. Culture and therapy: An introduction to culture psychiatry. New York: Brunner/Mazel Publishers.

Vercellini, P., Fedele, L., Molteni, P., Arcaini, L., Bianchi, S., Candiani, G.B. 1990. Laparoscopy in the diagnosis of gynecologic chronic pelvic pain. *Int J Gynecol Obstet* 32: 261.

Walker, E.A., Katon, W.J., Neraas, K., Jemelka, R.P., Massoth, D. 1992. Dissociation in women with chronic pelvic pain. *Am J Psychiatry* 149: 534-537.

Yüksel, E. 1998. Psychosomatisches Betreuungskonzept steriler türkischer Paare in der Migration. Inauguraldissertation. Berlin: Humboldt-Universität. In: David, M., Borde, T., Kentenich, H. 2002. Die psychische Belastung von Migrantinnen im Vergleich zu einheimischen Frauen – der Einfluss von Ethnizität, Migrationsstatus und Akkulturationsgrad. *Geburtsh Frauenheilk* 62, Suppl. 1: 37-44.

Yüksel, E., Siedentopf, F., Kentenich, H. 2000. Chronische Unterbauchschmerzen unter psychosomatischer und kulturspezifischer Überlegungen – Darstellung des „Göbek Düsmesi" (= Nabelfalls) anhand einer Kasuistik. Geburtsh Frauenheilk 60: 475-477.

Zocolillo, M., Cloninger, C.R. 1986. Somatization disorder: psychologic symptoms, social disability, and diagnosis. Comprehensive Psychiatry 27: 65-73.

Autoren:

Dr. med. Ayşe Başıbüyük, 1996-2003 Medizinstudium an der Universität Hacettepe (Ankara/Türkei) und Universität Wien. Seit 2005 PhD-Studium in Psychiatrie an der Medizinischen Universität Wien (MUW), seit 2006 Lehrtätigkeit in der Abteilung für Ethnomedizin am Institut für Geschichte der Medizin der MUW, seit 2006 Doktoratstudium in Politikwissenschaft an der Universität Wien über Frauenmigration und Emanzipation der muslimischer Frauen durch Migration. 2005-2006 Mitbegründerin und Stellvertreterin der Vereinigung junger WissenschaftlerInnen der MUW. Seit März 2008 Tätigkeit als Forscherin und Ärztin an der Universitätsklinik für Frauenheilkunde der MUW und parallele Ausbildung Psychotherapeutisches Propädeutikum an der ÖAGG. Seit Mai 2008 Co-Leiterin der Migrantinnen Spezifischen Schmerzambulanz in der Universitätsklinik für Frauenheilkunde.

Universitätsklinik für Frauenheilkunde / Medizinische Universität Wien
Währingergürtel 18-20, A-1090 Wien Österreich
e-mail: ayse.basibueyuek@meduniwien.ac.at

Dr. med. Derya İren-Akbiyik
Abteilung für Psychiatrie / Ankara Kanser Egitim ve Arastirma Hastanesi
Bülbülderesi Caddesi 50/5, 06660 Ankara Türkei
e-mail: deryaakbiyik@hotmail.com

Univ.Prof.Dr. Martin Aigner
Universitätsklinik für Psychiatrie/ Medizinische Universität Wien
Währingergürtel 18-20, A-1090 Wien
e-mail: martin.aigner@meduniwien.ac.at

Univ.Prof.Dr. Alexander Friedmann
Universitätsklinik für Psychiatrie / Medizinische Universität Wien
Währingergürtel 18-20. A-1090 Wien
e-mail: alexander.friedmann@meduniwien.ac.at

Univ. Prof. Dr. Walter Tschugguel, 1984-1990 Medizinstudium in Wien, 1992-1996 Post Doc, Institut für Zellbiologie.1996 Arzt für Allgemeinmedizin. 1996-2000 Facharztausbildung in der Gynäkologie und Geburtshilfe an der Medizinischen Fakultät der Universität Wien, 2000 Habilitation. Seit 1996 Facharztstelle an der Universitätsklinik für Frauenheilkunde, Lehr- und Forschungstätigkeit neben der klinischen Tätigkeit, sowie Koordination der Lehre und internationale Postgraduelle Fortbildung in der Frauenheilkunde Diplom in klinischer Hypnose der ÖGZH, Masterdiplom in Neurolinguistischem Programmieren (NLP) des DVNLP. Leiter der Schmerzambulanz an der Universitätsklinik für Frauenheilkunde der MUW, Co-Leiter der Migrantinnen Spezifischen Schmerzambulanz an der Universitätsklinik für Frauenheilkunde der MUW. Seit 2002 Koordination der Lehre und Weiterbildung an der Universitätsklinik für Frauenheilkunde. Seit 2008 Koordinator des Tertials Frauenheilkunde im Rahmen des Regelstudiums an der MUW. Seit 2008 Mitbegründer und Koordinator der Universitätslehrgänge Medizinische und Zahnmedizinische Hypnose an der Medizinischen Universität Wien. Momentane Forschungs- und Lehrschwerpunkte: Molekularbiologie der Endometriose, Marker der Endometriose, Konstituenten des CPP, Effektivität, Wirkungsweisen und Anwendung klinischer Hypnose.

Universitätsklinik für Frauenheilkunde/Medizinische Universität Wien
Währinger Gürtel 18-20, A-1090 Wien
e-mail: walter.tschugguel@meduniwien.ac.at

Schwangerschaft & Geburt & Elternschaft im Spannungsfeld der Migration. FEM-Elternambulanz mit türkischsprachiger Betreuung

Franziska Pruckner & Saadet Tokay

Einleitung

Frauen mit Migrationshintergrund nehmen während der Schwangerschaft oftmals nur selten Vorsorgeuntersuchungen und Informationsveranstaltungen in Anspruch. Der psychosoziale Stress der Frauen hingegen ist überdurchschnittlich hoch, was zu belastenden Situationen und erhöhten somatischen Risiken für Mutter und Kind führen kann (Yildirim-Fahlbusch 2003).

Im Rahmen der FEM-Elternambulanz wird mit dem speziell muttersprachlichen Beratungsangebot auf mögliche Doppelbelastungen (Migrationserfahrung und Veränderungen durch die Schwangerschaft) der Frauen während und nach der Schwangerschaft eingegangen. Eine weitere Zielsetzung dieser Spezialambulanz liegt in der Niederschwelligkeit der Angebote und der Senkung möglicher Barrieren bei der Inanspruchnahme von gesundheitsfördernden Maßnahmen (zB.: Gruppenangebote, Informationsveranstaltungen, etc.).

Migration und Geburtshilfe

Studien und Erfahrungen zeigen auf, dass Migrantinnen häufiger wegen somatisierenden Erkrankungen im Rahmen der Depression oder psychosomatischen Erkrankungen wie beispielsweise diffuse Schmerzen in verschiedenen Körperbereichen, in den Krankenhäusern Hilfe suchen als Nicht-Migrantinnen. Ebenfalls nehmen Migrantinnen ambulante Behandlungen häufiger in Anspruch als andere. Sprachlich bedingte Verständigungsprobleme und kulturelle Unterschiede stellen für schwangere Migrantinnen eine Doppelbelastung dar. Niedriger Bildungsgrad sowie fehlende sprachliche Kenntnisse erschweren den Zugang zu gesundheitsfördernden Maßnahmen. Dies führt meist zu Ungeduld, Ratlosigkeit und Überforderung seitens der Patientinnen, aber auch seitens des Krankenhauspersonals (Hebamme, Pflegepersonal, Sozialarbeiterin, ÄrztInnen).

Auch in psychologischen/psychosozialen Beratungssituationen wird deutlich, dass Frauen oft kein bis wenig Basiswissen zu Gesundheitsthemen haben und dadurch Probleme in der ÄrztIn-Patientinbeziehung entstehen können. Hinzu kommt noch der kulturelle Unterschied: Frauen aus traditionellen Familien haben andere Umgangsformen mit Scham als europäische oder moderne türkischsprachige Frauen. Zum Beispiel wird die vaginale Untersuchung durch einen männlichen Arzt mit großen Schamgefühlen erlebt.

Seiten 183-188

Durch kulturspezifische Symptombeschreibungen haben es ÄrztInnen/Hebammen u.a. schwer zu einer Deutung zu gelangen. Frauen berichten nach ihren Untersuchungen, dass sie sich sicherer fühlen, wenn sie ihre Situation in ihrer Muttersprache erklären können und Missverständnisse mit dem Krankenhauspersonal leichter und schneller geklärt werden können.

Die Postpartale Depression – PPD

Die Depression, die zu den häufigsten psychischen Erkrankungen bei Frauen zählt, scheint im Zusammenhang mit Fertilität, Geburt und Mutterschaft zu steigen. Studien belegen, dass zwischen dem dritten und sechsten Monat nach der Geburt eines Kindes ein deutlicher Anstieg von Depressionen zu verzeichnen ist. Nach HERZ (1997) weist Wien eine vergleichsweise hohe Inzidenz (21%) an postpartalen Depressionen bei Müttern auf. Die internationale Inzidenzrate liegt bei 14-18%.

Eine Studie, durchgeführt 2004 an einer türkischen Universitätsklinik (GÜRA A, ÇIG H.Ö., ONGUN H., ERYILMAZ M. & OYGÜR N. 2004), belegt einmal mehr die Notwendigkeit der Enttabuisierung der postpartalen Depression. Postpartale Depressionen werden oftmals als persönliches Versagen der Mutter abgetan. Gesundheitsorganisationen weltweit nehmen sich dieses Themas an und initiieren Projekte zur Enttabuisierung und Sensibilisierung.

Die FEM-Elternambulanz

Im Rahmen der Geburtshilflichen Ambulanz des Wilhelminenspitals in Wien wurde 2006 neben der bestehenden Spezialambulanz für medizinische Risikoschwangerschaften eine Spezialambulanz für psychosoziale Risikoschwangerschaften, die FEM-Elternambulanz implementiert. Diese ergänzt das medizinische Betreuungsangebot um die diagnostische Abklärung und Begleitung psychisch auffälliger Frauen, Frauen mit psychiatrischer Anamnese bzw. Frauen, die aufgrund bestimmter Indikatoren gefährdet sind eine psychische Befindlichkeitsstörung zu entwickeln. Neben Abklärung und Differentialdiagnostik findet in der Elternambulanz psychotherapeutische Intervention, Krisenintervention, Begleitung und gegebenenfalls Weitervermittlung an längerfristige Betreuungsmaßnahmen statt.

Wegen des hohen Anteils an Schwangeren mit türkischer Herkunft im Wilhelminenspital sind im Rahmen der Elternambulanz eigens Sprechstunden mit muttersprachlichen Beratungsangeboten eingerichtet worden.

Das Angebot der FEM-Elternambulanz richtet sich an:

- Frauen, die während der Schwangerschaft psychische Krisen aufweisen
- Schwangere mit einer psychiatrischen Anamnese
- Frauen, die aufgrund erhobener diagnostischer Indikatoren gefährdet sind während oder nach der Schwangerschaft psychisch instabil zu werden.
- Mütter/Eltern nach der Geburt
- Migrantinnen

Schwangere Frauen sind vielfältigen Einflüssen und einander widersprechenden Bewertungen und Trends ausgesetzt. Sie werden mit unterschiedlichen Erwartungen und Ansprüchen konfrontiert, die sie verunsichern und dazu führen, dass sie sich überfordert und fremdbestimmt fühlen. Die Zeit der Schwangerschaft und der frühen Elternschaft kann daher eine Zeit möglicher Krisen sein. Frauen einfacherer Bildungsschichten und Migrantinnen erhalten außerdem weniger professionelle Unterstützung, geburtsvorbereitende Informationen und Kurse.

Türkischsprachiges Angebot der FEM-Elternambulanz

Das muttersprachliche Angebot der FEM-Elternambulanz wird sowohl von den Frauen, als auch vom Krankenhauspersonal als sehr hilfreich gewertet.

Beratungsthemen der türkischsprachigen Betreuung sind neben Themenschwerpunkten der Schwangerschaft und Geburt:

- Kulturschock
- durchlebte Binnenmigration
- von Außen auferlegte Zwänge
- soziale Isolation
- Einsamkeit, Entwurzelung
- Orientierungslosigkeit
- Perspektivlosigkeit

Frauen suchen die FEM-Elternambulanz häufig mit folgender Symptomatik auf:

- erhöhte Schmerzempfindlichkeit
- Angstzustände
- Traurige Stimmungslagen
- Schlafstörungen
- Autonome Erregungssymptome (Schwitzen, Schwindel, Atemstörung, Gefühlsstörung)

Viele schwangere Frauen werden von Hebammen oder von ÄrztInnen zugewiesen. Mittels des EPDS-Fragebogen (Edinburgh Postnatal Depression Skale in türkischer Übersetzung), den die Frauen in der Ambulanz ausfüllen, kann nach einer raschen Auswertung, noch während die Frau in der Ambulanz ist, festgestellt werden, ob ein zusätzliches psychosoziales/psychotherapeutisches Beratungsangebot notwendig ist. In so einem Fall wird die Frau kontaktiert und zu einem Gespräch eingeladen.

Ein im Krankenhaus empfohlenes Beratungsangebot wird von Familienangehörigen (Ehemann, Schwiegermutter, etc.) der Frau als weniger bedrohlich empfunden, als das Angebot von autonomen externen Beratungsstellen. Somit können die Frauen mit Einverständnis ihrer Familienangehörigen das Angebot der FEM-Elternambulanz, das örtlich und zeitlich an die Geburtshilfliche Abteilung angebunden ist, leichter in Anspruch nehmen.

Die häufigste Zuweisung der Frauen erfolgt durch die direkte Empfehlung im Rahmen der Schwangerenambulanz und über die türkischsprachige Hebamme, die einmal in der Woche ebenfalls beratend zu Verfügung steht. Generell ist aber eine Empfehlung oder Zuweisung durch das gesamte Personal der Geburtshilflichen Abteilung möglich.

Inanspruchnahme der FEM-Elternambulanz 2007

Wie aus der nachfolgenden Tabelle ersichtlich leidet ein großer Teil der Frauen der deutschsprachigen Beratung, nämlich 60%, an psychischen Symptomen während, vor und nach der Geburt ihres Kindes. Bei den Frauen mit türkischem Migrationshintergrund sind es 22%. In der türkischsprachigen Beratung fanden 2007 über ein Viertel der Beratungsgespräche zum Thema Familien-Neuorientierung und Partnerschaft statt.

Tabelle: Themen der Beratungsangebote

Themenbereich	Anzahl Kontakte deutschsprachig in Prozent	Anzahl Kontakte türkischsprachig in Prozent	Kontakte Gesamt in Prozent
Psychische Probleme vor, während und nach der Geburt	60%	22%	33%
Paarbeziehung/Familie	19%	26%	25%
Verhütung, Gesundheit	0%	21%	13%
Ängste vor der Geburt	2%	8%	6%
Soziales und Migration	5%	11%	9%
Verlust eines Kindes in der Schwangerschaft	5%	1%	3%
Körperliche Symptome	7%	8%	8%
Sonstiges	2%	3%	3%

Fallbeispiel aus der FEM-Elternambulanz

Frau D.

Frau D., 28 jährig, lebt seit 4 Jahren in Österreich. Sie kam nach Österreich um einer Ausbildung nachgehen zu können, wurde dann schwanger. Sie lebt mit ihrem Mann zusammen, der an einer psychischen Erkrankung leidet und medikamentös eingestellt ist (er nimmt seine Medikamente allerdings unregelmäßig). Sie und ihr Mann haben in Österreich keine Familienangehörige und sind aufeinander angewiesen (Thema Abhängigkeit in der Paarbeziehung und soziale Isolation).

- *Zuweisung*
  Frau D. wird von einem anderen Krankenhaus in die FEM-Elternambulanz zugewiesen, da ein Konflikt im Umgang mit den verschiedenen Kulturen vermutet wird.
- *Arbeitshypothese*
  Burn-Out-Syndrom aufgrund einer länger anhaltenden Krisensituation
- *Symptomauslösende Situationen*
  Eine enge Freundin ging wieder in die Türkei zurück, familiäre Verhältnisse, die emotionalen Ausbrüche ihres Mannes, Identitätskonflikt (religiöse Sozialisierung + Migration) und Schwangerschaft.
- *Ressourcen bei Frau D. als entwicklungsfördernde Basis*
  Frau D. kann ihre Familie trotz der Entfernung als Unterstützung ansehen. Sie hält regelmäßig Kontakt, wodurch sie emotionale Entlastung erfährt. Zusätzlich erleben die verschiedenen Kulturen vor allem eine innerpsychische Integration (kein „entweder/oder“ der Kulturen, sondern ein Zusammenwachsen im innerpsychischen Raum).
- *Psychodynamische Diagnose*
  Neurotische Persönlichkeit mit depressiven Anteilen

- *Inhalte und Themen der Beratung*
  Minderung des Erschöpfungszustandes mit ressourcenorientiertem Arbeiten in einer stützenden Haltung
  Soziale Isolation: Erweiterung des sozialen Netzes
  Klärung der Beziehungsdynamik in der aktuell gelebten Paarbeziehung (Gegenwartsbezug)
  Individuelle Abgrenzung: eigene Grenzen erkennen, setzen und wahren

Nach zehn Beratungsstunden kann Frau D. mit ihrer Situation besser umgehen. Sie erkennt zunehmend die Beziehungsdynamik selbst und entdeckt neue Möglichkeiten, mit der belastenden Situation umzugehen. Aus ihrem kulturellen Hintergrund und Verständnis käme eine Trennung nie in Frage und somit versucht sie innerhalb der Gegebenheiten ihren Weg zu finden. Die Familie erlebt sie trotz der Entfernung als Hilfestellung und eine innere Integration der Kulturen wird mit dieser Erfahrung eingeleitet.

Frau D. nimmt das Beratungsangebot auch nach der Geburt ihres Kindes in Anspruch.

Dieses Fallbeispiel zeigt, dass Frauen mit Migrationshintergrund in der Zeit der Schwangerschaft und rund um die Geburt mit einer Doppelthematik konfrontiert sind. Das muttersprachliche Angebot erleichtert den Weg in eine Beratung, die häufig eine der ersten Hilfestellungen ist.

Zusammenfassung

Schwangere Frauen sind vielfältigen Einflüssen und einander widersprechenden Bewertungen und Trends ausgesetzt. Im Rahmen der Geburtshilflichen Ambulanz des Wilhelminenspitals in Wien wurde 2006 neben der bestehenden Spezialambulanz für medizinische Risikoschwangerschaften eine Spezialambulanz für psychosoziale Risikoschwangerschaften, die FEM-Elternambulanz implementiert. Wegen des hohen Anteils an Schwangeren mit türkischer Herkunft im Wilhelminenspital sind im Rahmen der Elternambulanz eigens Sprechstunden mit muttersprachlichen Beratungsangeboten eingerichtet worden, die sowohl von den Frauen, als auch vom Krankenhauspersonal als große Unterstützung und Entlastung erlebt werden. Kulturspezifische Themen, aber auch Unterschiede im Ausdruck und im Umgang mit somatischer und/oder psychischer Symptomatik werden früher aufgegriffen und können damit schneller und gezielter behandelt und begleitet werden. Frauen mit Migrationserfahrung erleben in der Zeit der Schwangerschaft und der Zeit rund um die Geburt oftmals eine (nochmalige) Aktivierung der Migrationserfahrung (Kulturschock, Entwurzelung, soziale Isolation, etc.).

Die FEM-Elternambulanz bietet Frauen ein schnelles und unbürokratisches Beratungsangebot und häufig ist dies die erste Möglichkeit über persönliche Belastungen sprechen zu können. Zudem dient die Elternambulanz als wichtige „Drehscheibe“ zu anderen Beratungseinrichtungen.

Literaturverzeichnis

Beck CT (1996) A meta-analysis of predictors of postpartum depression. Nus Res 45: 297-303, 363: 303-310

Bürgin D (1993) Eltern werden … Anmerkungen zu einer normativen Entwicklungskrise. Kinderanalyse 3: 273-302

Bergant AM, NguYen T, Heim K, Ulmer H, Dapunt O (1998) Deutschsprachige Fassung und Validierung der "Edinburgh Postnatal Depression Scale". Deutsche Medizinische Wochenzeitschrift 123: 35-40

Güra A, Çig H.Ö., Ongun H., Erylmaz M, Oygür N (2004) Effekte einer postpartalen Depression auf die Entwicklung von frühgeborenen Säuglingen Cocuk Dergisi, 4(3):168-172

Herz E, Thoma M, Umek W, Gruber K, Linzmayer L, Walcher W, Philipp T, Putz M (1997) Nicht-psychotische postpartale Depression. Pilotstudie zur Epidemiologie und Risikofaktoren. Geburtshilfe und Frauenkunde. Ergebnisse der Forschung in der Praxis 5: 282-288

Klier CM, Demal U, Katschnig H (Hrsg) (2001) Mutterglück und Mutterleid

O'Hara MW, Swain AM (1996) Rates and risk of postpartum depression—a metaanalysis. Int Rev Psychiatrie 8: 37-57

Wilson LM *et al* (1996) Antenatal psychosocial risk factors associated with adverse postnatal family outcomes. Can Med Assoc J 154: 785-799

Wimmer-Puchinger B, Riecher-Rössler A (Hrsg) (2006) Postpartale Depression von der Forschung zur Praxis

Yildirim-Fahlbusch Y (2003) Krankheitsvorstellungen im kulturellen Blickwinkel. In: Deutsches Ärzteblatt 18, S. 928-930

www.fem.at

Autorinnen:

Mag[a] Franziska Pruckner; Psychotherapeutin i.A.u.S. (Individualpsychologie); Musiktherapeutin, Ausbildung in OPD (Operationalisierte Psychodynamische Diagnostik), Kindergartenpädagogin. Aufbau der FEM-Elternambulanz im Wilhelminenspital (Leitung und tätig im Ambulanzbetrieb).

Frauengesundheitszentrum F.E.M.
Daniela Kern, Franziska Pruckner
Ignaz Semmelweis-Frauenklinik,
KAR, Bastieng. 36-38, A-1180 Wien
e-mail: f.pruckner@1-2-3-familie.com

Mag[a] Saadet Tokay, Studium der Pädagogik und Psychologie; Psychotherapeutin i.A.u.S.; Türkischsprachige Beratung in der FEM-Elternambulanz

Kein Ort nirgends: Sequentielle Traumatisierung im Kontext von Veränderungsprozessen in der Migration

Gregor Busslinger

Zusammenfassung

Anhand eines Falles von sequentieller Traumatisierung, der durch eine ständige Bedrohung der Grenzen zwischen innerer und äusserer Realität infolge verfolgender innerer Objekte imponiert, wird der Bedeutung von kulturspezifischer Ab- und Ausgrenzung in der Migration nachgegangen. Die therapeutische Arbeit ist geprägt durch ein Kippen von oberflächlicher Erzählfähigkeit in dekompensatorische Momente von intensiven, körperlichen und psychischen Verfolgungsszenarien. Im Zentrum der Betrachtung steht die Rolle des Analytikers, als der eines Grenzgängers und Vermittlers sowohl zwischen dem Bewussten und Unbewussten als auch bezüglich kulturspezifisch divergierender Vorstellungen und Interpretationen, um so zur Strukturbildung hinsichtlich des inneren und äusseren Raumes, zur Symbolisierungsmöglichkeit der inneren und äusseren Realität beizutragen. Ein spezielles Augenmerk wird dabei auf Settingfragen geworfen.

Es handelt sich bei dieser Falldarstellung um einen Kosovaren, der als Adoleszenter zu den Eltern in die Schweiz migrierte und nach einer jahrelangen Phase von unauffälliger Anpassung und scheinbarer Integration wegen Panikattacken in der Psychiatrischen Universitätsklinik (PUK) Zürich landete. Nach mehrmonatigem stationären Aufenthalt wurde er von dort in eine ambulante psychoanalytisch orientierte Psychotherapie überwiesen.

Im Rahmen der ethnopsychiatrischen Gruppensitzungen der PUK wurde der Fall während der ambulanten Behandlungsphase besprochen.

Einleitung

In folgender Falldarstellung geht es weder um einen Flüchtling noch um jemanden, der durch kriegerische Handlungen traumatisiert wurde. Dennoch denke ich, kann das Nachdenken über die Geschichte und die Therapie des 33-jährigen Kosovaren, den ich Ihnen vorstellen will, etwas zum Thema Traumatisierung und Migration erhellen.

Den Titel „Sequentielle Traumatisierung im Kontext von Veränderungsprozessen in der Migration" habe ich gewählt, weil es mir um die Abgrenzung von traumatisierenden gegenüber neurotisierenden frühkindlichen Ereignissen und Beziehungsmustern geht.

Seiten 189-196

Kasuistik

A. Anamnese

Herr Z. ist der Nachzügler von vier Kindern. Seine Mutter verlor ihre Eltern gegen Ende des Zweiten Weltkrieges im Alter von drei Jahren. Er und auch die Mutter kennen die Todesursache nicht. Sie wuchs unter schwierigsten Bedingungen in einer fremden Familie auf und leidet seit sich der Patient erinnern kann an Todesängsten, die sie v.a. in der Nacht überwältigen. Mit 14 wurde sie verheiratet und verlor die ersten 4 Kinder kurz nach der Geburt. Für den Patienten war es eine grosse Kränkung als er als Jugendlicher erfuhr, dass die Mutter sich damit brüstete, ihn zum Beweis ihrer weiblichen Potenz als Nachzügler gezeugt zu haben. Als er 3 Jahre alt war, emigrierte sein Vater nach einem mehrmonatigen Gefängnisaufenthalt, während dem er auch gefoltert worden sei, in die Schweiz. Fortan schlief er ständig im Bett der Mutter, um deren nächtliche Todesängste zu besänftigen. So sehr ihn die Mutter des nachts als Selbstobjekt brauchte, so sehr konnte sie tagsüber zur strafenden und körperlich züchtigenden Instanz werden, wenn er sich ihren Erwartungen nicht unterordnete oder von der Schule nicht genügend gute Noten nach Hause brachte. Die Mutter hätte ihn oft in Anwesenheit der stumm bleibenden Geschwister geschlagen, nie aber wenn der Vater auf Heimurlaub war. Er sei der einzige gewesen, der so behandelt worden sei. Aus Ängsten vor diesen Schlägen wäre er des öftern der Schule ferngeblieben, was dann jeweils zu noch stärkeren Züchtigungen führte. Er erlebte als Kind zudem immer wieder, wie die Mutter in erregten Momenten in Ohnmacht verfiel. Er befürchtete jeweils, dass sie sterben könnte.

Der Beginn der Pubertät war von Verlusterfahrungen geprägt. Als er 11 Jahre alt war, emigrierte die Mutter in die Schweiz und liess ihn bis zur abgeschlossenen Schulzeit mit 14 bei Verwandten zurück. In Erinnerung ist ihm v.a. die unerträgliche Angst vor den Nächten, da er wie die Mutter auf eine nächtliche Realpräsenz einer vertrauten Person angewiesen war. Diese Angst verdichtete und akzentuierte sich v.a. in den letzten drei Monaten vor seiner Migration in die Schweiz, als er alleine mit einem Bruder lebte, der des nachts oft spät nach Hause kam. Der beginnenden Adoleszenz haftete derart etwas Retraumatisierendes an, was ihn auf infantile Angstszenarien zurückwarf.

Mit 14, kaum in der Schweiz angekommen, musste er erleben, wie der Vater als Bauarbeiter die Stelle verlor und vorzeitig aus dem Arbeitsprozess ausschied. Er lernte schnell Deutsch, fungierte bald mal als Übersetzer für die Familienangehörigen und arbeitete zusätzlich zur Ausbildung zum Automonteur als Hilfsarbeiter, um die Familie finanziell zu unterstützen. Er bewies mit dieser aufopfernden Haltung eine enorme Anpassungs- und Leistungsfähigkeit. Die Migration kam derart im Sinn einer schnellen Assimilation einer erneuten Unterwerfung gleich. Anstatt allmählicher Ablösung von zu Hause unterwarf er sich in der Adoleszenz erneut der elterlichen Autorität.

Nach dem erfolgreichen Abschluss der Lehre wollte er eine Kosovarin heiraten, die den Eltern, respektive der Mutter, die zu Hause den Ton angab, nicht genehm war. Wie auch bei seinen Geschwistern, wollte die Mutter den Heiratspartner selber bestimmen. Einzig seine Schwester hätte sich diesem Zwang entzogen. Sie hätte in der Folge dafür sehr leiden müssen. Als sich die Mutter vor der versammelten Familie gegen seine Wahl aussprach, hätte er sich zum ersten und einzigen Mal gegen sie zur Wehr gesetzt. Er hätte sie vor allen Anwesenden gewürgt. Noch heute hätte er grosse Schuldgefühle deswegen. Diese Szene sei danach in der Familie tabuisiert worden. Zwei Wochen später habe er sich verlobt und danach bald geheiratet. Er lebte weiter bei seinen Eltern, weil ein Ausziehen von zu Hause als Verrat gegolten hätte. Sowohl er wie seine Frau mussten sich der Mutter unterordnen, welche Jahre brauchte, um die neue Schwiegertochter zu akzeptieren. In dieser Zeit höchster Anspannung hat er zwei Suizidversuche unternommen. Mittlerweile haben sie zusammen drei Kinder, die zwischen fünf und zehn Jahre alt sind.

B. Der Zusammenbruch

Nach der Lehre arbeitete Herr Z. erst als Automonteur, dann als Magaziner in einem grossen Detailhandelsgeschäft und hatte daneben noch zwei andere Arbeitsstellen. Er arbeitete so sieben Tage pro Woche und 12 bis 14 Stunden pro Tag. Er hätte auf diese Weise etwa 300`000 Franken für die Eltern und Geschwister verdient, welche z.T. Kriegsschäden in der Heimat erlitten hätten. Als Hauptgrund für diesen ausserordentlichen Arbeitseinsatz gibt er allerdings seine Ängste vor dem Einschlafen an, die ihn schon seit jeher plagen würden. Er hätte niemandem, nicht einmal seiner Frau, etwas von diesen Ängsten erzählt. Er hätte so viel arbeiten wollen, um jeweils erschöpft ins Bett sinken zu können. Ebenso wenig hätte er mit der Frau über die angespannten häuslichen Verhältnisse mit den Eltern gesprochen – über Probleme sprechen sei in seiner Kultur tabu, beteuert er immer wieder. Man würde dann schnell als verrückt gelten. Durch die Flucht in die Arbeit versuchte er den unerträglichen häuslichen Spannungen zu entkommen.

Diese permanente Überforderungssituation führte zu einer zunehmend depressiven Entwicklung. Als Magaziner wurde er wegen seinem enormen Einsatz zwar zuerst befördert, dann aber wegen zunehmend mangelnder Konzentrationsfähigkeit wieder zurückgestuft. Nach dem plötzlichen Tod des Schwiegervaters in Kosovo, zu dem er eine gute Beziehung hatte, brach er unter Panikattacken zusammen. Er unternahm einen Suizidversuch und wurde darauf anfangs 2004 mit den Diagnosen depressive Störung, generalisierte Angststörung mit Panikattacken und dissoziative Sensibilitäts- und Empfindungsstörung in die Psychiatrische Universitätsklinik Zürich eingewiesen. Seine Befürchtungen, als Verrückter verstoßen zu werden, wenn etwas vom inneren Erleben nach außen dringe, nahmen ein unerträgliches Maß an - dies v.a. als der behandelnde Psychiater den Auszug der Eltern aus der Wohnung in die Wege leitete, um die destruktive Mutter-Sohn-Beziehung zumindest räumlich zu entflechten. Er erlebte das als unerträglichen Verrat an den Eltern, da in seiner Kultur die Eltern eine unantastbare Autorität seien. Da die Situation zu entgleisen drohte, wurde eine Ethnospsychologin als Kotherapeutin beigezogen. Dies führte zu einer Beruhigung, so dass er nach anfänglichen Widerständen die Klinik als Schonraum empfinden konnte. Von dort wurde er nach insgesamt zwei Klinikaufenthalten vor 2,5 Jahren in eine ambulante Therapie zu mir überwiesen.

C. Therapieverlauf

Herr Z. bezog schon eine Invalidenrente, als er die psychoanalytisch orientierte Therapie bei mir begann. Er hatte sich zu Hause depressiv eingeschlossen und nötigte die Frau mit seiner Passivität, Verantwortung für seine Körperpflege zu übernehmen. In der Therapie machte er durch einen strengen Körpergeruch darauf aufmerksam. Die therapeutischen Sitzungen strukturieren seine Woche. Zweimal pro Woche kommt er zu mir und einmal pro Woche wegen der komplexen begleitenden medikamentösen Therapie zur delegierenden Psychiaterin. Zu Beginn führte er mich in seine Welt der Ängste und Vorstellungen rings um den Tod ein. Unter anderem schilderte er eine Deckerinnerungen, als er mit ca. sieben Jahren zum ersten Mal mit ein paar anderen Kindern zusammen verbotenerweise einen Toten sah. Dies hätte ihn sehr erschreckt, da Kinder in seiner islamischen Kultur keine Toten anschauen dürften. Das Gesicht dieses Toten verfolge ihn bis heute und löse des nachts unerträgliche Ängste aus. Er stelle sich dann oft vor, wie schlimm es die erste Nacht als Toter wohl sei, die Zeitspanne, bevor über sein Schicksal im Jenseits entschieden werde. Deshalb müsse seine Frau jeweils zum Teil stundenlang wach bleiben, bis er einschlafen könne. Wenn er mitten in der Nacht bisweilen aufwache, müsse er die Frau wecken, weil sie im

Schlaf wie eine Tote aussehen würde. Eine ganze Reihe anderer paranoider Vorstellungen, deren Aufzählung den Rahmen dieser Ausführungen sprengen würde, tauchten in der Folge in den therapeutischen Gesprächen auf. So kann sich für ihn beispielsweise eine Mücke in ein Monster verwandeln oder die Badewanne wird schnell mal zum Sarg. Diese Ängste erzwingen eine andauernde Realpräsenz von Familienangehörigen.

Die Dynamik in der Therapie ist geprägt durch ein Hin und Her zwischen berührenden Schilderungen von Ängsten und Nöten einerseits und Dissoziationen und paranoider Abwehr andererseits. So tauchen bisweilen Erinnerungen an schwierige Szenen v.a. mit der Mutter auf, die er adäquat, d.h. affektiv schwingungsfähig und differenziert wieder geben kann und die mich sehr berühren. Erinnerungen, die plötzlich über ihn hereinbrechen, denen er schutzlos ausgeliefert ist und die ihn kurz darauf in panikartige Zustände versetzen. Er entwickelt in solchen Momenten Körpersymptome, wie Engegefühle in der Brust, Würgen im Hals und Kribbeln in den Beinen, die ihm Todesängste einflössen. Sobald Emotionen auftauchen wird es für ihn katastrophisch. Fragmentierung und Verstückelung prägen dann sowohl seine psychische wie seine körperliche Wahrnehmung. Gefühle von archaischer Wertlosigkeit und suizidale Phantasien bestimmen in diesen Momenten das therapeutische Geschehen.

Ebenso unversöhnlich sind die Bereitschaft von braver Mitarbeit in der Therapie einerseits und archaischen Ängsten und Schuldgefühlen andererseits, welche diese Mitarbeit bisweilen auslösen und torpedieren. Wegen Kontrollverlusten gegenüber den Kindern, deren Bedürfnisse ihn schnell überfordern und eine große Nervosität auslösen, schlug ich ihm die Installation eines Boxsackes vor, damit der in diesen Momenten seine unerträglich Wut in einem Nebenraum abreagieren und die Kinder vor seiner Aggression schützen könne. Innerhalb kürzester Zeit installierte er diesen Boxsack mit Hilfe von Verwandten und konnte ihn gut gebrauchen.

Es folgten danach eine Reihe von strukturierenden und stützenden Interventionen meinerseits. Er meldete sich für die Tagesklinik an, es fanden punktuell Paargespräche statt, in denen es darum ging, wie er Schritte aus seiner passiv-depressiven Haltung heraus machen könnte, um das familiäre Zusammenleben erträglicher zu gestalten. Es ging um die Körperpflege und darum, mit der Frau mal alleine etwas zu unternehmen, z.B. mit ihr mal Fahrradfahren zu gehen. Als er zusehends darüber klagte, wie ihn bisweilen der Körper nerve, regte ich eine Physiotherapie an, um sein Körperwahrnehmung zu stärken. Er bemühte sich bei allem kooperativ zu sein, klagte aber zusehends über Versagensängste. So empfand er es nach anfänglichem Wohlgefallen, bald als eine unerträgliche Verantwortung, zwei mal pro Woche in die Physiotherapie zu gehen. Ähnlich reagierte er, als er nach 20 Minuten das Fahrradfahren mit der Frau abbrach. Oder er entwickelte Zwänge, als ich ihn zu gewissen Aktivitäten anregte. Plötzlich musste er sich die ganze Zeit sagen, er liebe Jesus, als ich ihn ermunterte mit den Kindern Süßigkeiten zur Weihnachtszeit zu backen. Diese wünschten sich das, weil das andere Schulkinder auch täten. Er kam sich danach als Verräter an seiner Religion vor. Als ich ihm empfahl, in kritischen Momenten zu Hause mit einem Kopfhörer Musik zur Ablenkung und Spannungsverminderung zu hören, entwickelte er einen Singzwang. Versagensängste, archaische Schuldgefühle und paranoide Vorstellungen überwältigten ihn immer wieder. Angesichts dieser archaischen Abgrenzungsproblematik modifizierte ich das Setting. Ich gestand ihm zu, das Sitzungsende selber zu bestimmen, gehen zu können, wenn es ihm zuviel werde. Ich hatte danach nie das Gefühl ein Agierfeld eröffnet zu haben, sondern eher, dass es ihm die Möglichkeit eröffnet, den Sinn von Grenzen wahrnehmen zu können.

Die strukturierend-stützenden Interventionen führten zusehends zu einer psychotischen Abwehr. Er regredierte immer mehr, nichts durfte sich verändern. Veränderung bedeutete Trennung von Bekanntem und Trennung bedeutete Tod und Vernichtung. Er war nicht mehr in der Lage, die Tagesklinik zu besuchen und fiel der Frau zusehends zur Last. Sie litt immer mehr an Erschöpfungszuständen und ihr drohte der Verlust des Arbeitsplatzes. Es gelang, sie zu einer Psychotherapie zu motivieren. Dies entlastete die familiäre Situation nur vorübergehend. Bald fing Herr Z. an mit übersteigerten Trennungsängsten, Eifersuchtsattacken und latenten Suiziddrohungen zu reagieren, als die Ehefrau vorsichtige Bemühungen anstellte, dass er sich beispielsweise selbständiger die Zähne putze oder sie des nachts etwas mehr schlafen lasse.

Es kam zusehends zu Kontrollverlusten zu Hause. Die Situation spitzte sich derart zu, dass eine Einweisung in eine verhaltenstherapeutisch orientierte psychiatrische Klinik unumgänglich wurde. Es ging darum, die Frau für einige Zeit zu entlasten und um das Einüben von mehr Selbständigkeit in der Körperpflege und beim Einschlafen. Es war nicht einfach, ihn zu diesem Aufenthalt zu motivieren, da er sich abgeschoben fühlte und dies als Beweis seiner Unerträglichkeit und übergroßen Schuld empfand. Durch ein wohl angepasstes Verhalten bezüglich der Körperpflege einerseits und getrieben durch die auftauchenden Ängste wegen der Enge der Räumlichkeiten in der Klinik, schaffte er es, innerhalb von Wochenfrist nach Hause entlassen zu werden. Nach dieser Entlassung gelang es durch das Einführen einer psychiatrischen Ergotherapie und durch einen Antrag auf Hilflosenentschädigung ein prekäres Gleichgewicht aufrechtzuerhalten und bis anhin die Dekompensation der Familienstruktur zu verhindern. Über die Hilflosenentschädigung wurde ein Teil der pflegerischen Leistung der Ehefrau abgegolten, was ihr ermöglichte, das außerhäusliche Arbeitsverhältnis auf ein erträgliches Maß zu reduzieren.

Trotz dieser prekären Situation und dem permanenten Hin und Her zwischen Todessehnsüchten und Todesängsten, gab es immer wieder Momente, in denen Herr Z. auf Grund des schützenden Rahmens der Therapie und eines guten Arbeitsbündnisses, etwas Positives erleben konnte. So rückte er letzthin, nach vielem Zögern damit heraus, dass er zum ersten Mal mit seiner älteren Tochter etwas Eigenständiges unternommen hatte. Kurz nach dieser Mitteilung, die ich entsprechend gewürdigt hatte, machte sich sein archaisches Überich bemerkbar. Es löste heftige suizidale Phantasien aus und er pochte auf seine Hoffnungslosigkeit, auf die Wertlosigkeit seines Lebens. Er schämt sich in solchen Momenten sehr, dass er ein solch schlimmer Vater und Ehemann sei. Nicht nur negative sondern auch positive Emotionen überwältigten ihn, mündeten in katastrophische Szenarien und wirkten wie eine Selbsttraumatisierung, resp. das Traumatische holte ihn ständig wieder ein. Er war jederzeit von Neuem den verfolgenden inneren Objekten ausgesetzt.

D. Übertragungsdynamik

Den Fragen zu sequentieller Traumatisierung und kulturspezifischer Ab- und Ausgrenzung in der Migration möchte ich nun anhand der Übertragungs- und Gegenübertragungsdynamik nachgehen. In meiner Gegenübertragung erlebe ich immer wieder ein unversöhnliches Hin und Hergerissen-Sein zwischen dem Gefühl von Zugewandtheit und Gefühlen des Erschlagen-Werdens. Ich arbeite gerne mit dem Patienten zusammen, weil immer wieder beinahe unerwartet eine authentische und verletzliche Seite aufkommt. So kommt es zusehends mehr vor, dass er nach längerem Schweigen etwas aufgreift, das in einen berührenden Diskurs über verlorene Fähigkeiten, über kränkenden Momenten und Verletzungen von früher oder auch über etwas Befriedigendes, das er neulich erlebt hat, mündet. Selten enden solche Stunden allerdings in dieser Stimmung. Meist gerät er in panikartige Zustände und eine suizidale Stimmung macht sich breit, begleitet von quälenden Körpersymptome, die ihm Todesängste einflössen. Ohnmacht und Wut prägen dann meine Wahrnehmung. Es ist, wie wenn wir gerade eine Bauklotz auf einen anderen gesetzt hätten und ein Wirbelsturm, der in ihm aufkommt, alles wieder nieder reisst. Meine Geduld und Zugewandtheit werden in solchen Momenten auf eine äusserst starke Zerreiss-Probe gestellt.

Ich verstehe diese Szenen als ein Hereinbrechen von traumatisierenden Beziehungserfahrungen mit der Mutter, resp. von sequentieller Traumatisierung. Des nachts fühlte er sich als Kind der

Mutter über deren Todesängste jeweils nahe und symbiotisch verbunden. Tagsüber musste er sich deren Stimmungsschwankungen und Aggressionen unterwerfen. Als Nachzügler und Selbstobjekt einer verzweifelten Mutter erlebte er immer wieder ein unerträgliches und unversöhnliches Hin und Her zwischen Nähe und Distanz. Mir kommen bisweilen Bilder vom Schlafen mit dem Tod auf - im Sinne einer symbiotischen Beziehung mit dem Tod, in der Nähe, Trost und Schrecken ineinander verschmelzen.

MATHIAS HIRSCH (2003), der sich aus psychoanalytischer Sicht mit Traumatas auseinander setzt, spricht in diesem Zusammenhang von der Introjektion des Aggressors in Abgrenzung zu resp. in Erweiterung des Begriffes der Identifikation mit dem Aggressor. Wenn es bei der Identifikation mit Aggressor um ein Anlehnen an und ein Imitieren des Angreifers geht, um sich derart vor diesem zu schützen, so verschwindet der Angreifer als äussere Realität, wenn er intojiziert wird. Ganze Aspekte des Aggressors, resp. von dessem Verhalten werden introijziert, um die Tat ungeschehen zu machen und die Beziehung aufrechterhalten zu könne. Die destruktive Beziehungsmodalität wird derart intrapsychisch. Der Angreifer kann so illusionär als gutes äusseres Objekt, auf das man so sehr angewiesen ist, aufrecht erhalten werden. Das Böse und die Schuld, die in der traumatisierenden Aggression enthalten sind, gelangen so in die innere Realität des Opfers und wirken von da aus als selbst erniedrigend und selbst anklagend. Schuldgefühle, die der Aggressor nicht empfinden kann, werden auf diese Weise intojiziert, resp. auf sich genommen und wirken derart als archaische Schuldgefühle im Inneren des Subjektes weiter. Das traumatische Ereignis wird aber erst richtig pathogen, wenn ein Dritter fehlt, resp. abwesend ist, ein Dritter, der dem Opfer das Ereignis als traumatisch spiegeln könnte, resp. seine Wahrnehmung der verletzenden Realität bestätigen könnte. Der Patient, um den es in meiner Falldarstellung geht, war durch die Migration des Vaters und die stumme Zeugenschaft der älteren Geschwister der Aggression der Mutter frontal ausgeliefert. Nichts Triangulierendes relativierte das quälende Ausmass der mütterlichen emotionalen Unstabilität und Verzweiflung. Die quälende Ereignisse wirkten derart im Sinne einer sequentiellen sich immer wieder repetierenden Traumatisierung.

LEON WURMSER (1999), ein andere Psychoanalytiker, der sich intensiv mit der psychischen Entwicklung angesichts traumatischer Ereignisse und Beziehungskonstellationen beschäftigt, spricht in dieser Hinsicht von chronischer Traumatisierung in der Kindheit, die sich im Erwachsenenleben in Gestalt von schweren Neurosen, resp. Borderlinedynamiken zeigt. Er betont, wie die wesentlichen Traumatas nicht verdrängt werden und es folglich in der therapeutischen Arbeit auch nicht darum gehe, Amnesien zu beheben. Es seien vielmehr die durch Traumata verursachten Affekte und Wünsche und die damit zusammenhängende Konflikte, welche unbewusst sind und die es gälte, in der therapeutischen Beziehung in einem langwierigen Prozess in einen Sinnzusammenhang zu bringen. Diese Dynamik zeigt mir Herr Z. immer wieder deutliche, wenn er im therapeutischen Gespräch nach einer emotionalen Sequenz dekompensiert.

Das Archaische dieses verinnerlichten Beziehungsmodus zeigt sich bei ihm eindrücklich durch den Umgang mit dem Kulturellen in der Übertragung. Er spricht immer wieder von „unserer Kultur“ in Abgrenzung zur Schweizer Kultur, aus der ich abstamme. Seine Kultur empfindet er als rückständig und ärmlich. So spreche man bei ihnen im Gegensatz zur Schweizer Kultur nicht über Probleme, da dies als Ausdruck von Gestörtheit gelte. In seiner Kultur sei alles starr und hierarchisch. Eigene Bedürfnisse seien verpönt. Es gäbe kein Entrinnen vor Anpassung und Unterwerfung unter die elterliche Autorität. Gar den Umgang mit den Toten empfindet er in meiner Kultur als viel humaner, denn die islamischen Friedhöfe seine ungastlich und karg. Wenn es in unseren Gesprächen bisweilen um rassistische Äusserungen oder Handlungen ging, die er als Kosovare in der Schweiz schon erleiden musste, empfindet er diese aus der soeben beschriebenen Haltung heraus teilweise als gerechtfertigt. Trotz der scheinbaren Offenheit im Reden über die eigene kulturelle Zugehörigkeit – ähnlich wie beim Zeigen der Nöte und Gefühle – ist der kulturelle Diskurs durch Undurchlässigkeit, überwertige und absolute Zuordnung geprägt. Vieles scheint in hohem Masse projektiv verzerrt. Mir kommen immer wieder Bilder von der eigenen Kultur als Gefängnis auf, von der eigenen Kultur als vergifteten mütterlichen Container. Durch diese Entwertung des Eigenen und die Idealisierung des Fremden unterwirft er sich mir im Sinne des oben beschriebenen Mechanismus. In der Therapie, die ich ihm als Schweizer anbiete, dem Ort, wo er reden kann, sieht er mich in der Rolle des Retters. Er macht mich durch kompromisslose kulturelle Zuschreibungen aber auch zum potentiellen Verfolger. Als ich ihn einmal im Wartezimmer unter den Wartenden nicht gleich bemerkte, interpretierte er das gleich als Frontalangriff auf sich selber als Moslem.

Was er mir durch seinen spezifischen kulturellen Diskurs jedoch auch offenbart, ist, dass dem Reden über sein Nöte und Konflikte in der Therapie immer auch der Beigeschmack von Verrat an der eigenen kulturellen Bezugsgruppe, v.a der Familie und insbesondere an der Mutter anhaftet. Vor dem Hintergrund der kollektivistischen und familienzentrierten Orientierung, die er beschwört, beinhalten die individuellen Bedürfnis, die er mit mir assoziiert auch die Gefahr, in eine unerträgliche Distanz zu diesen Gruppen zu geraten. Das oben angesprochene Loben von Jesus, nach einer meiner Interventionen ist ein Ausdruck davon und zeigt, wie schnell kulturelle Zuordnungen in paranoide Szenarien münden können.

Was ist nun, angesichts dieser archaischen Welt, die geprägt ist von unversöhnlichen Gegensätzen und abgespaltenen Gefühlen, resp. von Gefühlen, die, kaum kommen sie auf, abgespalten werden müssen, was ist nun das Wesentliche in der therapeutischen Arbeit? Wie umgehen mit den unüberbrückbaren Gegensätzen von Grössenphantasien, für alles verantwortlich sein zu müssen und den abgrundtiefen Schuldgefühlen und Selbstvorwürfen? Wie sich bewegen in dieser grausamen narzisstischen Welt der Teufelskreisläufe von Aggression, Schuld und Unterwerfung?

Die Therapie stellt ein Übergangsraum dar, zwischen der inneren und der äusseren Realität, zwischen dem Bewussten und dem Unbewussten, zwischen dem Eigenen und dem Fremden und in einem interkulturellen Setting spezifisch zwischen der eigenen und der fremden Kultur. Im Wesentlichen geht es um Triangulierung. Um das Aushalten und Verdauen der archaischen Kräfte, Wünsche und Aggressionen, Ohnmacht und Wut. Die triangulierende Funktion ist dadurch geprägt, dass es möglich wird, die heftigen und verwirrenden Gefühle in der Übertragungsbeziehung auszuhalten, Gegenübertragungsgefühle wie Ohnmacht und Wut als Ausdruck von noch Unverstandenem ernst zu nehmen, sie erst zu verdauen, erst versuchen, sie in sinn stiftenden Zusammenhängen zu sehen, bevor man als Therapeut in vermittelndem Sinn etwas davon zurück zu geben versucht. Triangulierung schafft die Möglichkeit, aus verfolgenden inneren Objekten, aus paranoiden Ängsten, archaischer Wut und Ohnmacht, die als überwältigend und fremd empfunden werden, allmählich etwas Eigenes zu machen, aus all dem Entfremdeten und Verwirrenden nach und nach eine eigene Geschichte zu machen und damit Symbolisierungsfähigkeit zu entwickeln. Dies geht jedoch nur über die vermittelnde Haltung eines Dritten, eines aufmerksamen Therapeuten, der in der Lage ist, mit viel Geduld und der Bereitschaft, Ungewissheit auszuhalten, gegensätzliche Strebungen allmählich zu versöhnen. Im Zentrum steht dabei im Wesentlichen die korrigierende Beziehungserfahrung und weniger die aufdeckende therapeutische Arbeit.

Gelingt dies nicht, lässt sich der Therapeut durch die archaische Welt des Patienten ins Bockshorn jagen, kann im Übertragungs- und Gegenübertragungsgeschehen die Aggression des Patienten unverdaut leicht auf diesen zurückfallen und im Sinne einer Identifikation mit dem Aggressor, die unheilvolle Dynamik zwischen Schuldgefühlen und Aggression verschärfen, die verfolgerischen inneren Objekte nähren und das archaische Weltbild stärken. Ein gutes Rüstzeug gegen solche Entwicklungen scheinen mir eine tüchtige Portion Neugierde dem Fremden gegenüber zu sein – und v.a der Wille, sich diese Neugierde angesichts einer archaischen, undifferenzierten und verabsolutierenden Welt voller Teufelskreisläufe immer wieder neu frei zu schaufeln. Damit einher geht das Interesse immer wieder neue Sinnzusammenhänge entdecken zu wollen, als Grenzgänger immer wieder neue Verbindungen zu finden und derart zur Strukturbildung und Symbolisierungsfähigkeit beizutragen.

Dass dieser Prozess Früchte tragen kann, zeigte mir die vorletzte Sitzung vor ein paar Tagen. Zum ersten Mal war es dem Patienten möglich, über die erdrückende Last von Schuld und Verantwortung und über symbiotische Sehnsüchten nach Konfliktlosigkeit zu reden, ohne dass er gegen Ende der Stunde von paranoiden oder suizidalen Vorstellungen und von quälenden Körpersymptomen überschwemmt worden wäre. Die Sitzung darauf konnte er zum ersten Mal erzählen, wie ihn die Mutter jeweils im verschlossenen Zimmer verprügelte und die Geschwister als stumme Zeugen auf der anderen Seite der Türe diese Szenen miterlebten.

Zum Schluss und als Übergang zur anschliessenden Diskussion möchte ich Ihnen einige Assoziationen von HEIDI SCHÄR-SALL, der ich diese Falldarstellung zum Gegenlesen zugeschickt habe, zitieren. HEIDI SCHÄR-SALL hat mir Herr Z. vor mehr als zwei Jahren von der Psychiatrischen Universitätsklinik überwiesen.

> „Die Triangulierung wäre ja, die Therapie selbst, die Fremdes, Bekanntes, eigene und fremde Kultur als nicht mehr fixe starre Grössen aufweicht, also das Dynamische, die Grauzonen. Das wäre dann auch das Verbindende und nicht das Trennende, das für ihn ja dann aufkommen muss, angesichts der rigiden Struktur, entweder das Eigene oder das Fremde, entweder seine Kultur oder die andere Kultur, Bös oder Gut. Das Fremde ist das Idealisierte, das nicht sein darf, weil weg von der Mutter, also Trennung, oder eben psychisch, schlimmer als Trennung, der Tod. Oder dann wieder, lieber tot als getrennt. Weil er nicht ein wenig getrennt, ein wenig anders sein kann und ein wenig Eigenes integriert hat bis jetzt, ist es immer entweder oder, weil er es noch nicht verbinden kann, macht es so Angst, es ist dann immer gleichgestellt mit Fremdgehen, Trennung und Tod".

Oder eben – und hier formuliere ich wieder in eigene Worten:

Kein Ort nirgends, wie ich es im Titel antönte. Zwischen innerer und äusserer Realität, zwischen dem bedrohlichen Eigenen und dem idealisierten Fremden und dem unerreichbaren Anderen gibt es nichts Vermittelndes, nichts das verbindet.

Literatur

- HIRSCH, MATHIAS (2003): Die Sprache der Zärtlichkeit und der Leidenschaft – 70 Jahre später; SANDOR FERENCZI: Sprachverwirrung zwischen den Erwachsenen und dem Kind. In: Werkblatt. Zeitschrift für Psychoanalyse und Gesellschaftskritik 1/2003, 29-38.
- WURMSER, LEON (1999): Zur Behandlung schwer traumatisierter Patienten – die psychoanalytische Perspektive. In: Psychotherapie Forum (1999) 7, 161-174.

Autor:

BUSSLINGER GREGOR, 1959, lic. phil., Psychoanalytiker und Ethnologe. Ethnologische Feldforschung 1985/86 in Nicaragua. Arbeitet seit 1995 in eigener Praxis in Zürich, unter anderem mit MigrantInnen in spanischer und portugiesischer Sprache. Falldarstellungen von Einzel- und Paartherapien im interkulturellen Kontext.

Stiftung für Psychotherapie und Psychoanalyse, Ausstellungsstrasse 25, 8005 Zürich
e-mail: g.busslinger@bluewin.ch – http://psychotherapie-stiftung.ch

Kultursensitiv-narrative Traumatherapie – Die Gegenwärtigkeit der Vergangenheit und ihre therapeutische Bearbeitung

Jan Ilhan Kizilhan

Einleitung

Die zunehmende Globalisierung und das Entstehen multikultureller Gesellschaften erfordern es, kulturelle Aspekte mehr als bisher in die medizinische und psychotherapeutische Versorgung (Akutversorgung, Rehabilitation, Prävention) einzubeziehen. Im Jahr 2006 haben in Deutschland 19 % der Gesamtbevölkerung einen Migrationshintergrund, Tendenz steigend. Unterschiedliche Barrieren und Zugangsvoraussetzungen zur gesundheitlichen Versorgung und der Einfluss der Herkunftskultur auf das Krankheitsverständnis und die Krankheitsverarbeitung bei Migranten erschweren eine adäquate und effektive medizinische Behandlung. Zusätzlich führen mangelnde Aufklärung und Berücksichtigung der ausländischen Bürger in den Regelangeboten der Gesundheitsdienste dazu, dass diese oft sehr spät die richtige Behandlung in Anspruch nehmen.

Jede Gesellschaft entwickelt Techniken im Umgang mit Gesundheit und Krankheit, sowie Vorstellungen über die Verursachung von Krankheit. Die damit zusammenhängenden Kenntnisse, soziale Verhaltensnormen bezüglich Vorbeugung und Abwehr, sowie konkrete Maßnahmen der Krankenbehandlung sind somit kulturspezifisch (Assion 2005).

Kultur kann grundsätzlich als das gesamte Gewebe der Lebensformen, welches eine menschliche Gesellschaft von anderen unterscheidet, definiert werden (Wittkower *et al.* 1980). Sie ist ein Entwurf für die Lebensgestaltung, die den einzelnen Mitgliedern einer Gesellschaft Möglichkeiten des Verhaltens, des Denkens und des Fühlens anbietet.

Die Ethnopsychiatrie und transkulturelle Psychotherapie beschäftigen sich mit den kulturellen Aspekten der Ätiologie, Häufigkeit, Art und Behandlung psychischer Erkrankungen innerhalb der Grenzen einer gegebenen kulturellen Einheit. Darunter fallen auch die Identifizierung quantitativer und qualitativer Unterschiede beim Vergleich psychischer Störungen in verschiedenen Kulturen, die Untersuchung der Gründe für die festgestellten Unterschiede und die Anwendung des so erworbenen Wissens für die Behandlung und Verhütung von psychischen Erkrankungen.

Auf Grund unserer therapeutischen Arbeit und Forschung mit Menschen aus anderen Kulturen erschien uns wichtig zu sein sich mit möglichen individuellen und kollektiven Ressourcen (Kultur, Verständnis von Krankheit und Gesundheit, Umgang mit Konflikten, Kenntnisse über psychologische Prozesse etc.) der Patienten zu beschäftigen, um die auch immer wieder in der Literatur beschriebenen Probleme in der von Migranten in der Psychotherapie (Literatur) zu verbessern. Dabei entdeckten wir durch Recherchen und zahlreichen Interviews in den Mittleren

Seiten 197-206

Osten, daß das Erzählen bei einigen ethnischen und religiösen Minderheiten seit Jahrhunderten als Überlebensstrategie ihrer Identität und Umgang mit Belastungen genutzt wird.

So gibt es heute noch vereinzelt im Irak, Iran, Armenien und Syrien eine Kaste, die in hohem Ansehen stand – jene der „Qewals“[1], der Chronisten und Geschichtenerzähler. Ihre Aufgabe war es, die Erinnerungen an die Geschichte eines Volkes und einer Region mit ihren Menschen von Generation zu Generation zu tradieren. Die Geschichte dieses Volkes wurde detailliert in das Gedächtnis ihrer Mitglieder eingeprägt und mündlich weitergegeben. Um dieser Tätigkeit professionell nachgehen zu können, wurden die Familien der Qewals von ihren Landsleuten versorgt und unterstützt. Ihre Kinder, meist der älteste Sohn, lernten jeden Tag die vergangenen Ereignisse ihres Volkes detailliert vom Vater. Tägliche Übungen der Rezitationen in ritualisierter Form, beinhaltend Aussprache, Pausen, Mimik, Gestik und Körperhaltung, sind Bestandteil des alltäglichen Lebens in dieser Familienkaste.

Der Aufgabe der Qewals kam insbesondere in jenen Zeiten, die von ethnischer und religiöser Unterdrückung, von Hungersnot und Ausbeutung, von wirtschaftlichem wie sozialem Elend sowie Analphabetismus geprägt waren, eine wesentliche Bedeutung zu – sie waren diejenigen, welche die Erinnerungen an die familiären und personalen Biographien der Menschen wach hielten und so dafür sorgten, dass Gegenwart und Vergangenheit miteinander verbunden blieben. Sie waren und sind die Bewahrer der „verbotenen Worte“ (vgl. Sluzki 1996, S. 312), die Beschützer jener anderen Geschichte ihres Landes, ihrer Religion und Kultur, deren Mitglieder über mehrere Generationen individuellen und kollektiven Traumata ausgesetzt waren (vgl. Grossmann 2003). Nur so konnten sie den offiziellen Geschichten und Erzählungen der verschiedenen Herrschaftssysteme trotzen und ihre Identität bewahren. Die Oral History hat es durch eine solche Institution geschafft, ohne Schriftsprache und verschriftlichte Geschichte zu überleben.

Mündliche Erzählungen: Oral History

Wörtlich übersetzt bedeutet Oral History „Mündliche Geschichte“. Im Englischen umfasst dieser Begriff jedoch auch die während eines Gespräches oder Interviews durch eine Person erinnerte und von dieser mündlich wiedergegebene Vergangenheit. In der Oral History geht es nicht wie etwa in empirischen Umfragen um gegenwärtige Ansichten oder Bedeutungen von ehemaligen und erinnerten Ereignissen bzw. Vorkommnissen der Vergangenheit, sondern um ehemalige Ansichten und Bedeutungen, entsprechend der Ehemaligkeit des Erinnerten. Das Problem dabei ist, dass natürlich die jeweils aktuelle Erinnerung an ein ehemaliges Vorkommnis von allen Erlebnissen in der Zwischenzeit (Zeitpunkt der Erinnerung Zeitpunkt des Erinnerten) geprägt ist. Die Oral History dient u.a. den Historikern zunächst zur wissenschaftlichen Erfassung der Vergangenheit als ehemals aktuelle Gegenwart.

Dabei geht es nicht um das Erfragen von Fakten aus einem abrufbaren Gedächtnis. Der Interviewer kann aber das Ziel verfolgen, eine Person überhaupt erst zur Erinnerungsarbeit zu animie-

1. Die Qewals gehören zu einer Kaste innerhalb der Religion der Yeziden. Die Ursprünge der yezidischen Religion sind unklar. Nach Eigendarstellung handelt es sich um eine der ältesten Religionen der Welt. Wahrscheinlich ist eine Mischung von Elementen aus Mithraismus, Zorastrismus und Sufismus. Mit dem eigentlichen Gründer bzw. Reformator, dem Sheikh Adi Ibn Musafir (1075-160), erhält die Geschichte der Yeziden ein erstes sicheres Datum. Zu dieser Zeit ist ein Kastensystem, und unter anderem die der Qewals eingeführt worden (vgl. Kizilhan, 1997).

ren. Dabei folgt er dem Modell, dass Gedächtnisinhalte nicht etwas Abrufbares sind, sondern dass Erinnerung durch Erinnerungsarbeit zu Stande kommt.

Psychotherapie und Erzählen

Über Psychotherapie lässt sich ebenfalls in der Metapher des Geschichtenerzählens und der Erinnerungsarbeit nachdenken. Therapie hat Erzählungen von menschlicher Not und ihre Bewältigung zum Gegenstand. Ihr Ausgangspunkt sind Lebensprobleme, die in relevante innere und äußere Zusammenhänge eingebettet sind, in biologische, biographische, soziale, religiöse und gesellschaftliche Kontexte. Es zeigt sich allerdings, dass nicht alle therapeutischen Ansätze auch kulturübergreifend anwendbar sind. Unterschiede in Sozialisation, Kultur und Verständnis von Krankheit und Gesundheit erschweren die Behandlung.

So ist z.B. bei einigen Urvölkern der Gesang des Schamanen (Heilers), der bei einer Geburt anwesend ist, als eine Hilfe zu verstehen. Die Cuna-Indianer beschreiben die Passage des Kindes aus der Gebärmutter durch den Geburtskanal als eine Reise. In der indianischen Mythologie ist das Körperinnere der Frau ein von Geistern bewohnter Ort, von mythischen Wesen und wilden Tieren bevölkert – eine Personifizierung der Geburtsschmerzen (Levi-Strauss 1963). Auch die „Sorgenpuppen", die von einigen Urvölkern in Südamerika seit Jahrhunderten vor allem bei Kindern angewendet werden, sind kulturell-historisch gewachsene Umgangsarten, um mit Belastungen umgehen zu können. Das Kind kann z.B. besser schlafen, wenn es vor dem Einschlafen seine Sorgen und Konflikte einer imaginären Person mitteilt. Im Mittleren Osten gibt es Gruppen, die beim Tod eines Menschen Trauerlieder entwickeln und singen, um den erlittenen Verlust zu bearbeiten. Solche und andere Beispiele können in den verschiedenen Kulturen der Welt beobachtet werden.

Individuelles und kollektives Krankheitserleben

Das individuelle Krankheitserleben steht unter dem starken Einfluss von gesellschaftlichen Wahrnehmungen und Erklärungen zur Bedeutung von Krankheit und Heilungsmechanismen. Deshalb sind immer mehr Behandler darum bemüht, die kulturellen Grundlagen der in verschiedenen ethnischen Gruppen beobachteten Unterschiede in Symptomatik, Krankheitsverhalten und therapeutischer Reaktion zu verstehen.

Die Krankengeschichte eines Patienten umfasst mindestens zwei Erzählungen: Zunächst das zutiefst persönliche Krankheitserleben und auf der anderen Seite eine zu Grunde liegende Geschichte der sozialen Netzwerke des Herkunftslandes mit einer anderen Deutung von Konflikten, Belastungen und Krankheiten. Die kulturelle Geschichte kann selbst wiederum eine Geschichte über den gesellschaftlichen Kampf um Gesundheit und Ganzheit in einer fremden Welt enthalten.

In vielen Kulturen ist die Harmonie in der Familie und der Peergroup wesentlich wichtiger als die individuelle Autonomie. Das entsprechende kulturelle Konzept des Individuums basiert darauf, dass der einzelne Mensch in die soziale und kommunale Gemeinschaft eingebettet ist. Deshalb werden persönliche Gefühle oft nicht geäußert, und die Anpassung an das soziale Umfeld wird als Zeichen für persönliche Reife verstanden (vgl. Kirmayer & Young 1998). Gleichzeitig kann bei vielen Ethnien, die über mehrere Generationen mit Unterdrückung, Gewalt und traumatischen Erlebnissen konfrontiert wurden, beobachtet werden, dass diese, in Vergangenheit oder Gegenwart gemeinsam erlebten Erfahrungen, häufig einen entscheidenden Einfluss auf die

Art und den Verlauf einer Krankheit haben. Die erfahrenen Traumatisierungen dieser Gruppe erscheinen in unterschiedlicher Stärke in der individuell erlittenen Traumatisierung. Die Behandlung der Familien-, Stammes- oder Gesellschaftsgeschichte kann in vielen Fällen ein wichtiges Element der Traumabehandlung sein (vgl. KIZILHAN 2007a).

Sprache und bestimmte Verhaltensformen (z.B. Trauerritual) sind durchsetzt mit älteren, aus anderen Gebrauchszusammenhängen abgeleiteten Bedeutungen. Besonders die Sprache adsorbiert gemeinsame Bedeutungen und Werte: Sie enthält immer ein vorgefertigtes Skript (vgl. SMITH 1979) aus der Vergangenheit und integriert es in die Gegenwart. Das heißt, das von dem Patienten beschriebene Trauma ist zu einem Teil auch ein individuelles und kollektives Trauma der Vergangenheit.

Krankheitsgeschichten als ein Teil der Kulturgeschichte

Narration steht in engem Zusammenhang mit dem Gedächtnis. Das Gedächtnis ist selektiv, und seine Selektionsprinzipien sind von sozialen Kräften geprägt. HALBWACHS (1985) geht davon aus, dass die Erinnerungen kollektiv bleiben und von den Menschen ins Gedächtnis zurückgerufen werden, selbst dann, wenn es sich um Ereignisse handelt, die jemand allein durchlebt und allein gesehen hat. Das bedeutet nach Halbwachs, dass ein Mensch in Wirklichkeit niemals allein ist.

Für TONKIN (1995) sind Geschichten über die Vergangenheit gattungskonstituierend: Sie sind für den Menschen „ein Modus oder ein Code zur Übertragung von Erfahrungen, und gleichzeitig bewahren sie durch die Übertragung selbst eine Version der Vergangenheit, von der die Menschen zu ihrem eigenen Nutzen Gebrauch machen können" (TONKIN 1995, S. 273).

FRANK schreibt über das Verlangen des kranken Körpers nach einer Stimme und nennt als die wichtigsten Plots westlicher Krankheitsgeschichten die Wiederherstellungs-, Such-, Chaos- und Zeugnis ablegenden Geschichten (FRANK 1995).

Die Existenz solcher Plots unterstreicht die Tatsache, dass die persönlichsten Erinnerungen durch die in einer Gesellschaft vorhandenen Gattungen des Geschichtenerzählens geprägt sind. Unsere Erfahrungen können persönlicher Art sein, aber ihr Transfer in Geschichten muss gemeinsam besessene Elemente enthalten, um verständlich zu sein. Das Maß, in dem der Behandler diese soziale Dimension des Geschichtenerzählers erkennt, entspricht wahrscheinlich auch dem Grad der Sensibilität, mit dem er auf die kulturellen Unterschiede reagieren kann, die sich im Krankheitserleben und seinen ihm zugeschriebenen Bedeutungen manifestieren. Unsere eigenen paradigmatischen Krankheitsgeschichten, die wir im Kontext der Gesundheitserziehung oder bei dem Versuch, Mitgefühl auszudrücken, verwenden, haben für Patienten aus anderen Kulturen daher vermutlich keine oder nur wenig Bedeutung.

Kultursensitivität bei der Traumabehandlung

Menschen aus anderen Kulturen mit einer Traumatisierung können auf Grund ihres Krankheitsverständnisses und ihrer Krankheitsverarbeitung ihre Symptome anders repräsentieren, was sowohl Einfluss auf die Diagnostik als auch auf die Behandlung haben kann. Gerade schwierige und traumatische Themen wie z.B. sexualisierte Gewalt und Folter können aus kulturellbedingten Schuld- und Schamgefühlen, aber auch aus Angst vor der *eigenen und kollektiven Entehrung* durch die Gemeinschaft vermieden werden (KIZILHAN 2007). Das Wissen über transkulturelle Krankheitsbilder, über soziale, politische und kulturelle Besonderheiten der jeweiligen Patienten erleichtert die Herstellung einer vertrauensvollen Beziehung und ist im Sinne von Akzeptanz und Wertschätzung ein Bestandteil der Behandlung. Daher sind kulturspezifische Kenntnisse für die Helfer, die diese Patientengruppe behandeln, ein wichtiges Kriterium. Zumindest ist ein kultursensitives Vorgehen unabdingbar. Dadurch wird es möglich sein, die kognitive, affektive und behaviorale Ebene der Patienten besser nachzuvollziehen, was die Diagnostik und Behandlung erleichtern kann. Zur Erleichterung und Verbesserung der Behandlung mit traumatisierten Menschen aus anderen Kulturen, möchten wir nachfolgend das Modell einer kultursensitiv-narrativen Traumatherapie diskutieren.

Narration als Spiegelung der Ereignisse

Patienten suchen Hilfe in einem Zustand der Unsicherheit, Orientierungslosigkeit und aus dem Gefühl heraus, nicht mehr im Leben zurechtzukommen. Einzelne Schritte ihrer persönlichen Entwicklung und die der Krankheit müssen zurückverfolgt werden. Die Geschichte des Patienten mit den vielen Teilgeschichten, die sich möglicherweise spiegeln, verschwinden und plötzlich auftauchen, sind zunächst durch Narration erkennbar zu machen. Das heißt, eine Geschichte ist notwendig, die einerseits erklärt, wie der Patient in diese Situation gekommen ist, ihm andererseits aber auch den Weg nach vorn weist. Die narrative Therapie hält der gesamten Lebensentwicklung einen Spiegel vor. Der Patient lernt, seine Lebenslinie als Ganzes zu verstehen und die möglicherweise entstandenen „fließenden Lücken" in Worte zu fassen und für diesen Zustand Gefühle zu entwickeln, mit denen er umgehen kann. Mögliche kollektive und über Generationen hinaus entstandene Traumata werden in die Narration einbezogen.

In der Therapie lernt der Patient eine „Erzählfunktion" zu entwickeln. Hierzu ist allerdings notwendig, dass der Patient immer seine ganze Lebensgeschichte erzählt und nicht nur die Traumaphase. Sonst entsteht ein Verlust der Erzählbarkeit anderer Lebensphasen sowie die Zentrierung auf das Trauma mit der Gefahr einer Verstärkung und/oder Verharrung in dieser Zeitschleife.

Therapeutisches Erzählen hat nur Sinn, wenn es getragen wird von der Überzeugung, dass Menschen, die überlebt haben, auch Kraft und Fähigkeiten im Umgang mit dem Trauma haben, bereit sind daran zu wachsen. Die Grundlage ist die durch die Kultur und Sozialisation gegebene Kraft des Erzählens und Heilens.

Auf Grund der Unterschiede in Sozialisation, Kultur und Umgang mit Erinnerungen ist der Aspekt der Gedächtnis- und Traumaverarbeitung auch bei der Behandlung von Menschen aus anderen Kulturen zu berücksichtigen. Erinnerungen werden z.B. in orientalisch-patriarchalischen Gesellschaften nicht individuell an ein *Punktereignis* gebunden wiedergegeben, sondern immer im Zusammenhang mit dem Kollektiv, d.h. mit Vorfahren, Familie, Stammesstrukturen etc. erinnert. Dies kann die zeitlich beschränkten Behandlungen und Untersuchungen sowie die Nachvollziehbarkeit der Erzählungen durch den Behandler erschweren.

Reflektion der Lebensphasen

Bei der kultursensitiven Behandlung von Menschen aus anderen Kulturen mit einer posttraumatischen Belastungsstörung könnte die Idee von einem „Spiegel" mit einer Einteilung der Lebensgeschichte in verschiedene Phasen, die sich gegenseitig reflektieren, hilfreich sein. Diese Grundidee, die ich hier unter kultursensitiven Aspekten erweitert habe, wurde von Gussman *et al.* (1996) als *Three Way Mirror* entwickelt. D.h., die prätraumatischen Ereignisse, traumatischen Ereignisse und posttraumatischen Ereignisse sind drei Teile eines reflektierenden Spiegels. Hier-

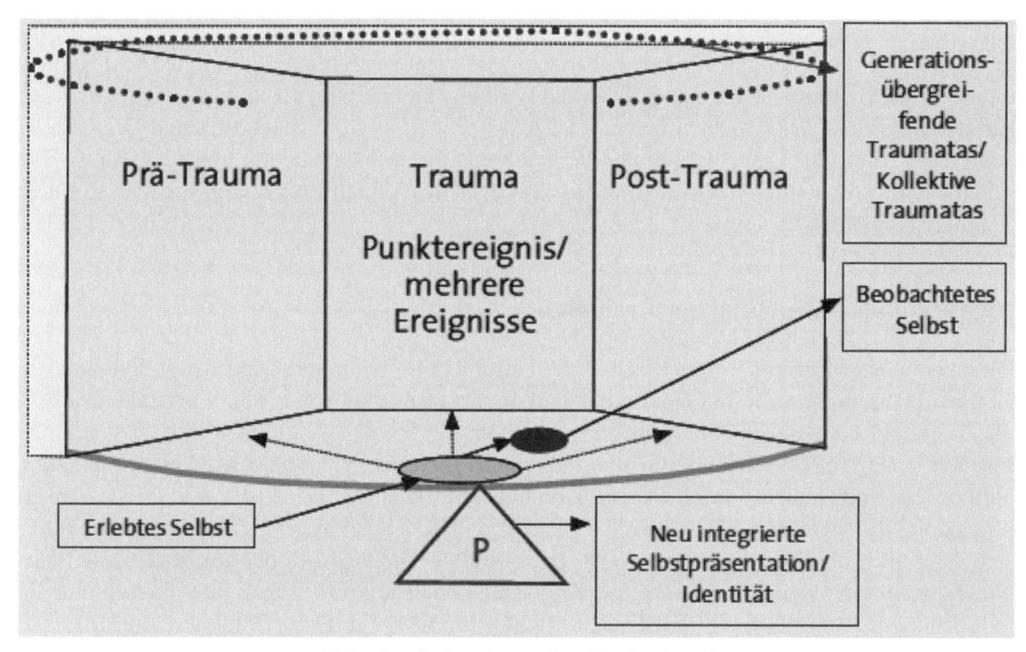

Abb. 1: „Spiegelung der Ereignisse“
(erweitert nach Three Way Mirror, vgl. Gusman *et al.* 1996).

bei soll der Patient (erlebtes Selbst) eine Position, ähnlich der Bildschirmtechnik (Reddemann, 2004) einnehmen und versuchen, die Lebensereignisse zu rekonstruieren, als würde er sie im Augenblick erleben (siehe Abbildung 1).

Die Erzählung soll in der Ich-Form und so detailliert wie möglich erzählt werden. Sollte es nicht möglich sein bestimmte Ereignisse, z.B. Traumaerlebnisse, zu erzählen, soll der Patient die Position eines „beobachteten Selbst“ einnehmen und versuchen, die Ereignisse zunächst als „Rohdaten“ oder „Fakten“ ohne ein emotionales Erleben zu erzählen. Danach soll der Patient erneut die Ereignisse mit den notwendigen und dazugehörenden Emotionen erzählen. Das Ziel ist es, durch beide Positionen, „erlebtes und beobachtetes Selbst“, die brüchige Identität auf Grund von einem oder mehreren Traumata neu zu integrieren. Dabei sind möglicherweise vorhandene generationsübergreifende und kollektive Traumata in der Narration mit zu berücksichtigen. So kann es durchaus vorkommen, dass die Narration eines Patienten nicht bei der Geburt, sondern mit den Erlebnissen und Geschichten der Vorfahren beginnt, dass die bereits vorhandenen Traumata vor der Geburt des Patienten in vieler Hinsicht sein Verhalten, Empfinden und Denken beeinflusst haben und er auf Grund dieser Sozialisation auch seine eigenen erlebten Traumata interpretiert und entsprechend versucht, damit umzugehen.

Da viele Kulturen nicht gewohnt sind, die Narration und damit auch die Traumata „konfrontativ“ im Sinne einer Exposition zu behandeln (BRUNER 2004), ist eine direkte, auf Anweisung erfolgte Exposition zu vermeiden. Die Entscheidung, vom Trauma erzählen zu wollen, wird von dem Patienten getroffen. In der Regel erzählt der Patient zunächst nur ein wenig über das Trauma, was aus therapeutischer Sicht ein großer Fortschritt ist. Unter Einhaltung der bereits beschriebenen Vorgehensweise und bei zunehmendem Vertrauen wird der Patient neben seinen Geschichten auch seine Traumageschichte aussprechen. Wichtig dabei ist, dass der Patient wieder lernt sich mitzuteilen und in einen Erzählfluss gebracht wird. Dabei können prätraumatische Ereignisse eine stabilisierende Funktion einnehmen und als Übungsgegenstand angesehen werden, um das Erzählen wieder zu lernen.

Aus der Sicht der Therapien, die auf Exposition gründen, kann diese Vorgehensweise als eine narrative, konfrontative Behandlung auf niedrigstem Level gesehen werden. Die kultursensitiv-narrative Traumatherapie versteht sich nicht als ein eigenständiges Therapieverfahren. Sie baut auf den Grundlagen der allgemeinen Psychotherapie auf und versteht sich als ein weiteres Tool, um mit bestimmten Gruppen die Behandlung noch effektiver zu gestalten.

Therapeutisches Vorgehen

Bei der Behandlung von Migranten mit einer posttraumatischen Belastungsstörung ist folgendes Vorgehen zu empfehlen:

Der Ablauf der Therapie beginnt wie bei den anderen Patienten mit einer Aufnahmeuntersuchung und Aufnahmegespräch, Diagnostik und Einleitung der Einzel und Gruppentherapie sowie Psychoedukation, Physiotherapeutische Maßnahmen und Entspannungsübungen. Der Unterschied in der Behandlung liegt in der Durchführung der Narrativen Therapie als Einzelpsychotherapie des Patienten In der narrativen Einzelpsychotherapie sind folgende Faktoren zu berücksichtigen:

- Narration der prätraumatischen Ereignisse
- Narration der traumatischen Ereignisse
- Narration der posttraumatischen Ereignisse (Unter anderem auch Thematisierung von psychosozialen Belastungen, Alltagsbewältigung, Zukunftsplänen)

Dabei sollen auch generationsübergreifende und kollektive Traumata in der Narration berücksichtigt werden.

Effektivität der Behandlung

IES-R	Aufnahme		Katamnese		Mittelwertvergleich (t-test)					n
Outcomvariable	**M_{auf}**	**($S_{auf.}$)**	**M_{kat}**	**($S_{kat.}$)**	**Differenz**	**df**	**t**	**p**	**d**	
Intrusionen	27,5	(3,88)	23,3	(1,95)	4,16	15	7,3	<0,001*	1,36	16
Vermeidung	26,5	(4,41)	24,4	(2,73)	3,06	15	6,6	<0,001*	0,76	16
Hyperarousal	24,1	(5,03)	21,0	(3,16)	3,12	15	6,8	<0,001*	0,74	16
	Aufnahme		Entlassung		Mittelwertvergleich (t-test)					n
Outcomvariable	**M_{auf}**	**($S_{auf.}$)**	**$M_{ent.}$**	**($S_{ent.}$)**	**Differenz**	**df**	**t**	**p**	**d**	
SCL-90-R (GSI)	1,85	(0,37)	1,35	(0,40)	0,50	15	6,2	<0,001*	1,30	16
BDI (Summe)	34,1	(6,30)	22,6	(3,6)	11,37	15	10,1	<0,001*	1,24	16
	Aufnahme		Katamnese		Mittelwertvergleich (t-test)					n
Outcomvariable	**M_{auf}**	**($S_{auf.}$)**	**$M_{kat.}$**	**($S_{kat.}$)**	**Differenz**	**df**	**t**	**p**	**d**	
SCL-90-R (GSI)	1,85	(0,37)	1,46	(0,50)	0,39	15	4,3	<0,001*	0,89	16
BDI (Summe)	34,1	(6,30)	25,8	(3,2)	8,18	15	8,3	<0,001*	1,66	16

Tab. 1: Vorher-Nachher (6 Monate Katamnese)-Vergleich von Therapie-Outcome-Variablen (t-Tests)

*hochsignifikant (99,9%); Effektstärke nach Cohen (1977), d:0,2 = schwach, 0,5 = mittel, ab 0,8 starker Effekt, Mittelwerte bei der Aufnahme/Katamnese ($M_{auf.,}$ $M_{kat.}$)mit Standardfehlern ($S_{auf.}$, $S_{kat.}$), t-Test (Mittelwert-Differenz, Freiheitsgrade (df), t-Wert und Signifikanz

In einer ersten Pilotstudie wurde die Behandlung mit der kultursensitiven, narrativen Traumatherapie an weiblichen Flüchtlingen retrospektiv evaluiert. 16 Patientinnen mit traumatisierten Extrembelastungen auf dem Hintergrund sexualisierter Gewalterfahrungen mit einer andauernden Persönlichkeitsveränderung wurden in einem Zeitraum von 2 Jahren in einem stationären Setting muttersprachlich behandelt. Eine Nachbefragung erfolgte 6 Monate Jahr nach Therapieabschluss.

Anhand einer katamnestischen Untersuchung, ohne Kontrollgruppe, konnte ein positiver Effekt der kultursensitiven narrativen Traumatherapie auch noch ein halbes Jahr nach der stationären Behandlung nachgewiesen werden.

Zusammenfassung

Durch kultursensitiv-narrative Traumatherapie, als eine Erweiterung der bereits vorhandenen Therapien, werden durch das Erzählen der gesamten Lebensgeschichte die traumatischen Erinnerungen transformiert, damit eine neu integrierte Identität entwickelt werden kann. Die reflektierte narrative Erzählung ermöglicht einen einzigartigen Einblick in das Krankheitserleben des Patienten. Krankheit bringt Veränderungen mit sich, die nach einer Erklärung verlangen. Alltägliche Routinen und Beziehungen, bis dahin als selbstverständlich erachtet, werden aufgebrochen. Erwartungen können nicht länger erfüllt werden. Manchmal machen diese Veränderungen eine fundamentale Rekonstruktion des Ich-Gefühls und der eigenen Identität erforderlich. Das Mittel, mit dem solche Veränderungen bewirkt werden können, ist das Erzählen, denn persönlich konstruierte Geschichten über das Ich eröffnen einen Raum, in dem Wertvorstellungen neu festgelegt und neue Rollen beschrieben werden können. Die Geschichten erzählen uns nicht nur einfach, was passiert ist, sondern auch, was für ein Mensch der Erzähler ist. In seiner Rolle als Autor einer neuen Lebensgeschichte wird der Patient in die Lage versetzt, seine neue Situation zu kontrollieren.

In Situationen, in denen die alten Bedeutungen nicht mehr gültig sind, erleichtern Geschichten die Suche nach und die Konstruktion von neuen Bedeutungen. Sie spiegeln vergangene Ereignisse allerdings nicht auf direktem Weg wider, weil unser Leben zwar nach vorn gerichtet ist, wir es aber als rückwärts gerichtet begreifen. Daher ist unser narratives Verständnis nicht etwas Verstorbenes und Vergrabenes.

Das Verständnis dieser Geschichten stellt eine Herausforderung an die Behandler dar, da Geschichten von Menschen mit ihrer Kultur und Sozialisation verknüpft sind. Daher ist ein kultursensitives Vorgehen bei Menschen aus anderen Kulturen von Bedeutung.

Literatur

ASSMANN, J. (1999). Das kulturelle Gedächtnis. Schrift, Erinnerung und politische Identität in frühen Hochkulturen. München: C. H. Beck.

BREWIN, C.R. (1996). The scientific status of recovered memories. British Journal of Psychiatry, 169, 131-134.

BRUNER, J. (2004). The Narrative creation of Self. In L.E. ANGUS & J. MCLEOD (Ed.), The Handbook of Narrative and Psychotherapy (S. 3-14). Thousands Oaks: Sage Publication.

COHLER, J.B. (1982). Personal narrative and life course. In P.B. BALLES & 0.G. BRIM (Eds), Lifespan development and behavior (vol. 4, pp. 165-177). New York: Academic Press.

FOUCAULT, M. (1969). Wahnsinn und Gesellschaft. Eine Geschichte des Wahns im Zeitalter der Vernunft. Frankfurt/M.: Suhrkamp.

FRANK, A.W. (1995). The Wounded Storyteller. Body, Illness and Ethics. Chicago: Chicago University Press.

GROSSMAN, K.P. (2003). Der Fluss des Erzählens. Narrative Formen der Therapie. Heidelberg: Carl-Auer-Systeme Verlag.

GUSMANN, F.D., STEWART, J., YOUNG, B.H., RINEY, S.J. & ABUEG, F.R. (1996). A Multicultural Developmental Approach for Treating Trauma. In A.J. MARSELLA, M.J. FRIEDMANN, E.T. GERRITY & R.M. SCURFIELD (Ed.), Ethnocultural Aspects of Posttraumatic Stress Disorder (439-458). Washington: American Psychological Association.

HALBWACHS, M. (1967). Das kollektive Gedächtnis. Stuttgart: Enke (Original erschienen 1950).

HALBWACHS, M. (1985). Das kollektive Gedächtnis. Suhrkamp: Frankfurt/M.

KIZILHAN, I. (1997). Die Yeziden. Eine anthropologische und sozialpsychologische Studie über die kurdische Gemeinschaft. Frankfurt/M.: medico international.

KIZILHAN, I. (2004). Sozialisation im Krieg. In G. SOMMER & A. FUCHS (Hrsg.), Lehrbuch der Friedenspsychologie. Weinheim: Beltz PVU.

KIZILHAN, I. (2007a). Potenziale und Belastungen psychosozialer Netzwerke in der Migration. In T. BORDE & M. DAVID (Hrsg.). Migration und seelische Gesundheit, Psychische Belastungen und Potenziales (S. 53-68). Frankfurt/M.: Mabuse Verlag.

KIZILHAN, I. (2007). Interkulturelle medizinisch- psychologische Begutachtung: Kulturspezifische Besonderheiten bei Migranten mit einer Posttraumatischen Belastungsstörung. Trauma und Gewalt. Klett-Cotta Verlag, Jahrgang 2007 Nr. 02: 232-239.

KIZILHAN, J. (2008). Die Gegenwärtigkeit der Vergangenheit. Funktionen des Erinnerns von außergewöhnlichen Ereignissen im Kontext der Gegenwart. Berlin: Regener Verlag.

KIZILHAN J. & BARAMEJO, I. (2008). Migration, Kultur, Gesundheit. Jürgen Bengel, Matthias Jerusalem (Hrsg.). Handbuch der Gesundheitspsychologie und Medizinischen Psychologie. Göttingen: Hogrefe Verlag.

KIZILHAN, J. (2008). Interaktion von Krankheitswahrnehmung und Krankheitsbewältigung bei türkischstämmigen Patienten – Eine vergleichende Studie. Zeitschrift für Verhaltenstherapie und Verhaltensmedizin, 29 (4), 352-366). Berlin: Pabst Science Publisher.

KIZILHAN (2009). Narrative Traumatherapie. In: Trauma und Gewalt. TG200901. Stuttgart. Klett-Cotta Verlag.

KIRMAYER, L. J. & YOUNG, A. (1998). Culture and somatization: Clinical, epidemiological and ethnographic perspectives. Psychosomatic Medicine, 60, 420-430.

LEVI-STRAUSS, C. (1963). Structural Anthropology. New York: Basic Books (Deutsche Ausgabe: 1967, Strukturale Anthropologie. Frankfurt am Main: Suhrkamp Verlag).

PENNEBAKER, J.W. (2004). Writing to Heal: A Guided Journal for Recovering from Trauma and Emotional Upheaval. Oakland, CA: New Harbinger Press.

REDDEMANN, L. & DEHNER-RAU, C. (Hrsg.) (2004). Trauma. Folgen erkennen überwinden und an ihnen wachsen. Stuttgart: Trias.

ROSENTHAL, G. (1995). Erlebte und erzählte Lebensgeschichte. Gestalt und Struktur biographischer Selbstbeschreibung. Frankfurt/New York: Campus Verlag.

SCHAUER, M., NEUNER, F. & ELBERT, T. (2005). Narrative Exposure Therapy. Göttingen: Hogrefe.

SMITH H.B. (1979). On the Margins of Discourse. The Relation of Literature to Language. Chicago: University of Chicago Press.

TONKIN, E. (1995). Narrating our Past. The Social Construction of Oral History. Cambridge: Cambridge University Press.

UNRUH, D.R. (1983). Invisible lives. Social worlds of the aged. Beverly Hills: Sage Publications.

Autor:

Dr. JAN ILHAN KIZILHAN, Leit. Dipl. Psychologe, psychologischer Psychotherapeut, Hypnosetherapeut, Traumatherapeut (DeGPT). Abteilungsleiter und klinischer Manager der Michael-Balint-Klinik, Projektleiter der Arbeitsgruppe Migration und Rehabilitation an der Universität Freiburg. Mitarbeiter der Arbeitsgruppe

Konflikt und Friedensforschung an der Universität Konstanz. Forschungsschwerpunkte: Psychotraumatologie, transkulturelle Psychiatrie und Psychotherapie, klinische Psychologie und Psychotherapie, Migrationsforschung, Sozialisationsforschung.

Michael-Balint-Klinik
Hermann-Volandstr. 10
78126 Königsfeld
e-mail: kizilhan@psychologie.uni-freiburg.de

Ressourcenorientierte Stabilisierung in der traumazentrierten Behandlung von Migranten

Ibrahim Özkan

Die Behandlung von Patienten aus ethnischen Minoritäten (Yildirim-Fahlbusch, 2003) mit Posttraumatischer Belastungsstörung erfordert einen besonderen Umgang mit einer kultursensitiven Berücksichtigung der Symptome.

Der Beginn und das Ende einer Therapie werden bei Migranten in Deutschland nicht nur durch die Stabilität der Person, sondern auch durch deren Aufenthaltsstatus, deren Sprachkenntnisse und der damit verbundenen unterschiedlichen Compliance mit bestimmt. Auch einige Therapietechniken müssen kultursensitiv an den jeweiligen Patienten adaptiert werden.

Zusätzlich zu Traumatisierungen durch:

- Gewalterfahrung in der Familie
- Vergewaltigung / sexuellen Missbrauch
- schwere Unfälle
- emotionalen Missbrauch oder Vernachlässigung als Kind

kommen bei diesen Patienten sehr häufig noch Traumatisierungen durch folgende Umstände hinzu:

- minoritätenfeindliche Gewalt
- sozialer Stress
- Verfolgung/Folter im Herkunftsland
- Krieg im Herkunftsland

Bei den letzteren Traumatisierungen sollte bei ethnischen Minoritäten besonders darauf geachtet werden, dass nicht nur der unmittelbar erlebte Schaden, sondern auch dessen Antizipation ein traumatisierender Stressor sein kann.

Besondere Problembereiche in der traumazentrierten Arbeit mit ethnischen Minoritäten

In der traumazentrierten Arbeit mit Flüchtlingen ist für eine sensible Betrachtung der familiären Sozialisation hinsichtlich der Affekte und der körperlichen Konstitution Sorge zu tragen. Im Einzelnen heißt das, dass die kulturellen Unterschiede andere Erwartungen in die Arbeit des Therapeuten setzen. Diese Unterschiede zeigen sich in folgenden Bereichen:

- in der Erziehung
- in der Tradition
- im Schamgefühl
- im Ausdruck der Angst
- in der Erarbeitung der Stabilität.

Seiten 207-215

Um diesen Erwartungen gerecht zu werden, bedarf es mehr Zeit in der Psychotherapie und eines Wissens über Zusammenhänge, Rituale und Traditionen der Kultur des Patienten vonseiten des Psychotherapeuten. Für den Aufbau einer vertrauensvollen therapeutischen Beziehung sollten hierbei auch Unterschiede in den Erwartungen des Patienten nicht außeracht gelassen werden.

Auf einer guten therapeutischen Ebene kann, solange die rechtliche Situation des Patienten nicht geklärt ist, dennoch keine traumazentrierte therapeutische Aufarbeitung des Traumas erfolgen, da durch den meist unsicheren Aufenthaltsstatus eine Sicherheit (körperlich und psychisch) nicht gegeben ist.

Einige Migranten der zweiten, dritten oder vierten Generation oder Patienten, die aus politischen Gründen in Deutschland leben, lehnen unter Umständen sogar Therapeuten aus „demselben Kulturkreis" ab, weil sie zum Beispiel Vorurteile befürchten, aber auch Scham empfinden. Mit zunehmender Akkulturation werden vermehrt deutsche psychosoziale Netze genutzt. Das „Ausagieren im interkulturellen Feld" stellt ein Thema für sich dar.

Von den rund 7,3 Millionen Ausländern in Deutschland am 31.12.2007 hatten 614936 Ausländer den maximalen Status einer Duldung in der Bundesrepublik (Zahlen des Statistischen Bundesamtes). Die Dauer einer Duldung wird von Fall zu Fall entschieden und kann auch sehr kurze Zeitspannen umfassen (Wochen bis hin zu Monaten). Eine Stabilisierung innerhalb solcher Zeitspannen ist oftmals durch die äußeren Umstände kaum zu erreichen.

Es ergeben sich somit aus zwei Perspektiven entgegenwirkende und behindernde Zusammenhänge. Einerseits soll auf einer Handlungsebene eine Begutachtung, eine Entscheidung über die Art der Störung, der Krankheit erreicht werden. Diese Störung soll versorgt, also therapiert werden im Sinne einer Herstellung einer Reisefähigkeit. Zudem soll einer Retraumatisierung durch die Therapie vorgebeugt werden. Weiterhin sollte die Sicherheit der Fortsetzung der Behandlung im Herkunftsland gegeben sein. Zumindest soll diese Möglichkeit erfragt werden.

Andererseits soll aus juristischen und sozialwirtschaftlichen Gründen nach dem Sozialhilferecht verfahren werden – mit einschränkenden Anspruchsberechtigungen nach Bundessozialhilfegesetz (BSHG) und Aufenthaltsgesetz (AufenthG). Lediglich die den Deutschen nach §120/ BSHG gleichgestellten Ausländer, zum Beispiel anerkannte Asylberechtigte, können wie oben beschrieben versorgt werden. In allen anderen Fällen ist das Vorgehen eher kriseninterventorisch und aus der Perspektive einer Stabilisierungsarbeit zu sehen. Hierbei wird der Therapeut gefordert, schnelle, praktische Lösungen in der Arbeit zu finden.

Das erfordert interdisziplinäres Vorgehen und ein Geschick im Umgang mit Patienten anderer Kulturen, die meist stark belastet sind, sowie mit Angehörigen, Anwälten, Ämtern, und Behörden inklusive der Polizei.

Für eine Stabilisierung ist es in solchen Fällen hilfreich, mit dem Patienten bekannte Verfahren aus seiner Kultur zu erarbeiten, die den etablierten Methoden in der Traumatherapie entsprechen. Dies können kulturell und traditionell bewährte Ressourcen sein, aber auch die Stärkung der Familie und des sozialen Umfeldes.

Bewährte Techniken und Methoden, die zur Traumasynthese, wie auch zur Stabilisierung der Patienten eingesetzt werden können, zeigen unter Umständen Grenzen in der „Kulturanpassung" durch zum Beispiel sprachliche, kognitive oder imaginative Erfordernisse.

In der praktischen Arbeit kommen im Schwerpunktbereich Traumatherapie mit Migranten des Asklepios Fachklinikums Göttingen folgende Methoden zur Anwendung:

- EMDR, Eye Movement Desensitization and Reprocessing (SHAPIRO 1998)
- Traumazentrierte Psychotherapie nach SACHSSE (2004)
- TRUST, Techniken Ressourcenfokussierter und Symbolhafter Traumabearbeitung (DIEGELMANN 2007)

- CIBS, Conflict Imagination, Painting an Bilateral Stimulation nach DIEGELMANN (2006)
- Traumatherapie "light" (SACK, LEMPA, GROMES 2005)
- PITT, Psychodynamisch Imaginative Traumatherapie nach REDDEMANN (2004)
- DBT, Dialektisch Behaviorale Therapie (BOHUS 2006)
- weitere hypnotherapeutische, imaginative und körpertherapeutischeTechniken.

Ergänzende Techniken wurden entwickelt um kulturelle Aspekte in der Stabilisierung der Patienten zu berücksichtigen. Diese werden im Folgenden kurz beschrieben.

Holzklötze

Zur Erarbeitung einzelner Ressourcen, die belastenden oder traumatischen Situationen entsprechen.

Materialien: Holzklötze in drei unterschiedlichen Höhen, die oben je eine Einkerbung (Schlitz) und unten je ein durchgängiges Loch haben, mehrere Karteikärtchen, Stift.

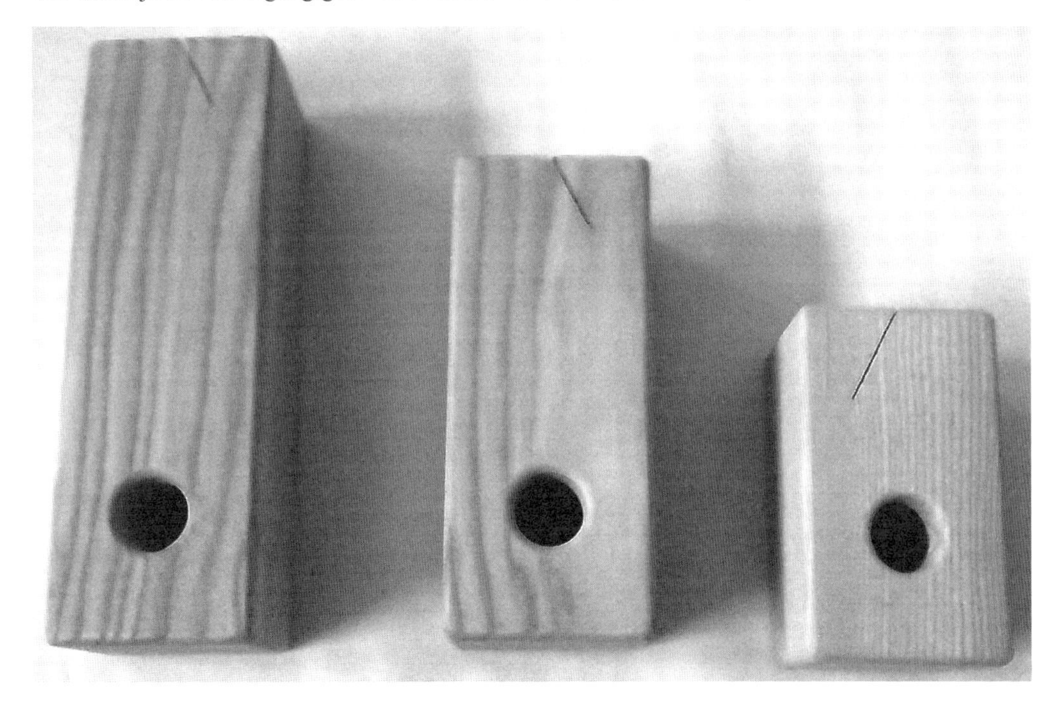

Abbildung 1

Vorgehen: Zunächst werden entsprechend einer Traumahierarchie belastende Situationen identifiziert und diese je auf eine Karteikarte skizziert. Dabei kann es sich um ursprünglich traumatisierende Situationen, Flashbacks oder Trigger handeln. Pro Karte wird eine traumatische Situation aus der Sicht des Patienten symbolhaft festgehalten.

Belastendere Situationen werden in die großen, weniger belastende Situationen in die entsprechenden mittleren bzw. kleinen Holzklötze gesteckt.

Abbildung 2

Die Holzklötze mit den Situationskarten werden dann in absteigender Reihenfolge aufgestellt.

Im nächsten Schritt werden zum höchsten (am meisten belastenden) Holzklotz persönliche Ressourcen zur entsprechenden Situation erarbeitet, die Möglichkeiten bieten mit diesem Thema umzugehen, z.B. was gut tun kann, was helfen würde, was hilft, damit es damit besser geht, etc.. Dieses wird auf ein weiteres Kärtchen skizziert.

Im Anschluss wird die Karte mit der belastenden Situation aus der Einkerbung genommen und durch die Karte mit den Ressourcen ersetzt. Das Kärtchen mit der Traumatisierung wird zusammengerollt (mit Skizze nach innen) und im Holzklotz unten in die Öffnung gesteckt, somit vorerst auch „weggepackt".

Mit den anderen Holzklötzen wird, in absteigender Reihenfolge, ebenso verfahren – zu jedem belastenden Ereignis kommt eine Karte mit entsprechenden Ressourcen, welche die belastende Karte ersetzt, so dass diese in die Öffnung gepackt werden kann.

Am Ende haben alle Holzklötze oben eine Karte mit Ressourcen, die gut tun und unten die Karte der Traumatisierung eingerollt in der Öffnung.

Abbildung 3

Kettenreaktion

Dies dient zur psychoedukativen Darstellung des traumatischen Prozesses, von Flashbacks und Intrusionen als normaler biologischen Reaktion und zur Findung von Ressourcen bzw. Möglichkeiten zur Stresstoleranz.

Materialien: Mehrere Holztafeln ca. 15x15x2 cm groß, die so beschichtet sind, dass sie mit Whiteboardstiften beschriftet werden können, alternativ Holzklötzchen und selbstklebende Zettel um diese damit zu beschriften, Stift, mehrere persönliche Gegenstände des Patienten, die symbolhaft für einzelne Skills stehen oder konkret für Skills genutzt werden.

Abbildung 4

Vorgehen: Die Holztafeln werden gemeinsam mit dem Patienten aus der Erlebnisperspektive des jeweiligen Patienten nacheinander beschriftet um Schritt für Schritt festzuhalten, was in seinem Körper bei Flashbacks abläuft und in dieser Reihenfolge aufgestellt:

etwas wird wahrgenommen (gesehen, gerochen usw. – hier wird als Beispiel das Sehen genommen) – auf das erste Klötzchen kommt daher ein Symbol für das Sehen,

der Körper reagiert – die Augen werden groß, der Puls geht hoch, die Atmung verändert sich, der Körper ist angespannt, schwitzt usw. – auch dafür werden Symbole gefunden und auf weitere Holztafeln skizziert, Gedanken, Bilder, Erinnerungen tauchen auf – auch dies wird auf eine weiteren Holztafeln vermerkt,

die Wahrnehmung verändert sich, alles wird heller, es kommt zum „Blackout", Altes hält einen „gefangen".

Bei jedem Menschen gibt es in dem oben genannten Ablauf Veränderungen. Wichtig ist, dass dabei klar wird, dass dies einfach passiert – es körperliche Reaktionen sind, automatische Abläufe, oft so schnell, dass diese einzeln nicht gleich zu fassen / benennen / wahrnehmbar sind.

Es werden so viele Holztafeln genommen, dass ganz individuell die einzelnen Veränderungen im Ablauf aufgegriffen werden, je nach Wahrnehmung und Reaktion des Einzelnen.

Um die individuelle Kettenreaktion zu verdeutlichen, werden die Holztafeln in einer Reihe aufgestellt – wie Dominosteine. Wenn der erste dann (durch den Therapeuten oder besser den Patienten selbst) angestoßen wird – fällt schlagartig die ganze Reihe um – als Symbol für die kaum aufhaltbare natürliche Kettenreaktion die bei Flashbacks abläuft.

Abbildung 5

Im Anschluss werden die Holztafeln wieder aufgestellt.

Im nächsten Schritt wird versucht für jede einzelne Holztafel ein Skill zu finden, eine Möglichkeit gegenzusteuern, wenn man diese Veränderung wahrnimmt (als Beispiel: der Puls geht hoch - was lässt sich tun um diesen wieder herunterzufahren). Diese Möglichkeiten (Skills) werden auf die Gegenstände skizziert, die dafür stehen (das kann vom Stein über ein Buch oder Spiel alles sein, was als Symbol für den Skill steht).

Diese Gegenstände werden dann zwischen die Holztafeln gelegt und damit die Kettenreaktion unterbrochen.

Abbildung 6

Wenn jetzt die erste Holztafel umgestoßen wird, fallen nicht automatisch alle anderen auch, da die Gegenstände den Fall stoppen, so wie auch die Skills im Idealfall die Auswirkungen der Kettenreaktionen, z.B. der Flashbacks stoppen können.

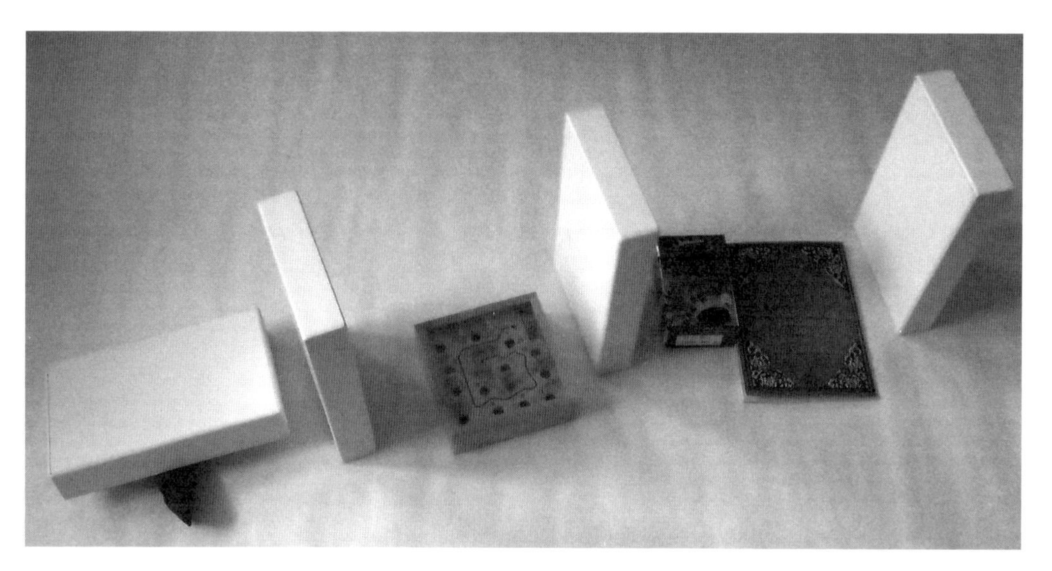

Abbildung 7

Abbildung 8

Diese und weitere Techniken zur ressourcenorientierten kultursensiblen Stabilisierung von traumatisierten Menschen werden derzeit im Rahmen des „Göttinger Konzeptes" (ÖZKAN 2002) am Asklepios Fachklinikum Göttingen weiter entwickelt, erprobt und wissenschaftlich ausgewertet.

Literatur

Bohus, M. and Höschel, K.. 2006. Dialektisch Behaviorale Psychotherapie. In Handbuch Körper und Persönlichkeit, A. Remmel, Hrsg. Stuttgart, New York: Schattauer Verlag, 255-271.

Diegelmann, Chr. 2006. Krisenintervention mit CIPBS (Conflict Imagination, Painting and Bilateral Stimulation). In Ditz, S., Diegelmann, Chr., Isermann, M. (Hg). Psychoonkologie - Schwerpunkt Brustkrebs: ein Handbuch für die ärztliche und psychotherapeutische Praxis. Stuttgart : Kohlhammer. 264-287.

Diegelmann, Chr.. 2007. Trauma und Krise bewältigen: Psychotherapie mit TRUST (Techniken ressourcenfokussierter und symbolhafter Traumabearbeitung) / Diegelmann, Chr., Unter Mitarb. von Isermann, M.. Stuttgart : Klett-Cotta,.

Özkan, I., Streeck-Fischer, A., Sachsse, U., (Hg). 2002. Trauma und Gesellschaft, Vergangenheit in der Gegenwart. Göttingen: Vandenhoeck und Ruprecht.

Özkan, I.. 2002. Problembereiche in der traumazentrierten Arbeit mit ethnischen Minoritäten. In: Sachsse, U.; Özkan, I.; Streeck- Fischer, A. (Hg.): Traumatherapie – Was ist erfolgreich? Göttingen: Vandenhoeck und Ruprecht. 72 – 82.

Reddemann, L.. 2004. Psychodynamisch imaginative Traumatherapie. PITT – das Manual, Stuttgart: Pfeiffer bei Klett-Cotta.

Sachsse, U., (Hg). 2004. Traumazentrierte Psychotherapie. Stuttgart, New York: Schattauer.

Sack, M., Lempa, W., Gromes, B. 2005. Traumaexposition „light“ – nur wünschenswert oder schon machbar?, Persönlichkeitsstörungen, 9, 45 – 50.

Shapiro, F. 1998. EMDR – Grundlagen und Praxis: Handbuch zur Behandlung traumatisierter Menschen. Paderborn: Junfermann Verlag.

Statistisches Bundesamt. 2008, Onlinerecherche: http://www.statistik-bunde.de.

Yildirim-Fahlbusch, Y.. 2003. Kulturelle Missverständnisse. Deutsches Ärztebl: 18: 993-5.

Autor:

Ibrahim Özkan, Diplom Psychologe, Psychologischer Psychotherapeut, zert. Traumatherapeut (DeGPT), EMDR Therapeut, Psychoonkologe. Leitender Psychologe des Schwerpunktes Kulturen, Migration und psychische Krankheit der Asklepios Fachkliniken Göttingen. Lehrauftrag an der Philosophischen Fakultät (Zentrum für Schlüsselkompetenzen) der Universität Göttingen, freier Dozent und Trainer.

Institutsambulanz
Asklepios Fachklinikum Göttingen
Rosdorfer Weg 70, 37081 Göttingen
e-mail: i.oezkan@asklepios.com

Ein junges Gesicht der Migration: Alte Migrantinnen und Migranten – Stellenwert muttersprachlicher gerontopsychiatrischer Behandlungsangebote

MURAT OZANKAN & JOSEF KESSLER

In Deutschland alt zu werden war ursprünglich nicht Teil der Lebensplanung der Mehrheit älterer Migranten. Der Lebensabend sollte im Herkunftsland verbracht werden, nachdem man sich mit den im Ausland erwirtschafteten finanziellen Mitteln die dortige Existenz gesichert hatte. Der Aufenthalt in Deutschland war als Provisorium geplant, entsprechend wurde das Leben gestaltet. Im Alter müssen viele Migranten feststellen, dass ihre Kinder und Enkelkinder ihr Sozialverhalten und ihre Lebensentwürfe an der deutschen Gesellschaft orientieren und keine Rückkehrabsichten haben. Die Familie, die nun in Deutschland ihren Lebensmittelpunkt hat, die besseren Möglichkeiten der Gesundheitsversorgung in BRD sowie die Entfremdung von dem Herkunftsland führt bei den meisten älteren Migranten zum Verzicht einer Rückkehr in die Herkunftsländer (ISSI 2000).

Es gibt noch wenige Untersuchungen über die Auswirkung der sozialen Lebensumstände auf die psychische Gesundheit der älteren Migranten. Ihr allgemeiner Gesundheitszustand ist häufiger als bei deutschen Senioren beeinträchtigt, vor allem durch psychische bzw. psychosomatische Belastungen und durch körperliche Erkrankungen (DIETZEL-PAPAKYRIAKOU 1993; USKE, HEVELING-FISCHELL & MATHEJCZYK 2001). Die Erwartungshaltungen der Migranten, die sie an soziale und gesundheitliche Versorgung stellen, decken sich oft nicht mit den vorhandenen Angeboten.

Zugangsbarrieren der Migranten zur Kranken- und Altenhilfe

- mangelnde Deutschkenntnisse der älteren Migranten sind ein zentrales Hindernis beim Umgang mit der Gesundheitsversorgung
- Unkenntnis über die Angebote, Dienste und Einrichtungen
- „Die Illusion der Rückkehr" ist zwar eine Art Überlebensstrategie, die Realität steht dem aber meist entgegen
- Angst vor deutschen Institutionen aufgrund falscher Vorstellungen
- Angst vor ausländerrechtlichen Konsequenzen bei Inanspruchnahme von Sozialleistungen
- kein direkt erlebtes Bild vom Altwerden
- die entstandenen ethnischen Kolonien mit ihren ausgeprägten religiösen Netzwerken begünstigen den Rückzug
- unterschiedliche Sicht- und Umgangsweisen bezogen auf Alter und Krankheit spielen eine wichtige Rolle, dies trifft ganz besonders auf psychiatrische Störungen zu, die seltener als Krankheit erkannt und respektiert werden

Seiten 217-220

Kultursensible psychiatrische Versorgung in der Migrantenambulanz der LVR Klinik Langenfeld

In der täglichen Versorgung von Migranten müssen wir immer wieder erfahren, dass die Zugangsbarrieren der bestehenden Angebote so hoch sind, dass diese Gruppe durch die Versorgung durchfallen (OZANKAN & ATIK 2007). Eine der Folgen sind Chronifizierungen – unserer Meinung nach ein zu hoher Preis für die Integration. Unser Angebot in der Migrantenambulanz der LVR Klinik Langenfeld zur Überwindung von Zugangsbarrieren des öffentlichen Gesundheitsdienstes hat im März 2004 durch die Einstellung von Fachpersonal mit direkten oder indirekten Migrationserfahrungen, die sowohl die Kultur, die Systeme und Sprache von Deutschland als auch ihres Herkunftslandes kennen, begonnen. Unser Behandlungsangebot richtet sich vorrangig an türkisch- und seit April 2007 russischsprechende Patienten. Andere Nationalitäten bilden kein Ausschlusskriterium, ca. 10% der Patienten kommen aus Marokko, Iran, Polen, Griechenland, ehem. Jugoslawien.

In unserer Arbeit bewegen wir uns in Netzwerken. Unsere fachübergreifenden Kooperationspartner mit denen wir regelmäßig in "Face to Face" Kontakt stehen, sind u.a. niedergelassene türkisch- und russischsprachige Ärztinnen von verschiedenen Fachrichtungen, Arbeitskreis türkischsprachiger Psychotherapeuten, Sozialpsychiatrische Zentren, Arbeiterwohlfahrt – internationale Beratungs- und Betreuungszentren für Migranten, Caritasverband – internationaler Sozialdienst, Therapiezentrum für Folteropfer, etc. Mit dem bestehenden Angebot konnte eine deutliche Reduzierung der Schwellenangst erreicht werden, nicht selten kamen Patienten aus anderen Bundesländern. Ein wichtiger Schwerpunkt der Migrantenambulanz ist die Behandlung der Altersdepressionen und beginnender Demenzen.

Demenzielle Erkrankungen bei Migranten

Zum Stichtag 31.12.2006 lebten in Deutschland laut statistischem Bundesamt rund 7,3 Millionen Ausländer und damit 8,8% der Gesamtbevölkerung. Die Anzahl der Menschen mit Migrationshintergrund beträgt jedoch mit 15,2 Millionen Menschen 19,2% der Gesamtbevölkerung. Nach Angaben des Landesamtes für Datenverarbeitung und Statistik NRW hat sich die Zahl der über 65-jährigen MigrantInnen in Nordrhein Westfalen von 55.104 (1993) auf 148.959 (2007) erhöht (IKoM 2004, LANDESAMT FÜR DATENVERARBEITUNG UND STATISTIK NORDRHEIN-WESTFALEN 2008b). Aufgrund dieser Entwicklung muss mit einem deutlichen Anstieg der Demenzerkrankungen auch bei den MigrantInnen gerechnet werden. Aufgrund von gesundheitlichen Belastungen setzt der Alterungsprozess bei älteren MigrantInnen ca. 5-10 Jahre früher und häufiger mit geriatrischen Erkrankungen ein als bei der vergleichbaren deutschen Bevölkerung. Die Folgen einer Erwerbsbiografie, die vielfach durch körperlich schwere, gering entlohnte Tätigkeiten, Schicht- und Akkordarbeit gekennzeichnet war, führen im Alter auch zu einem schlechteren finanziellen Status (JONAS 2007).

Im Gegensatz zur zunehmenden Bedeutung der demenziellen Erkrankung in der Bevölkerungsgruppe mit Migrationshintergrund – insbesondere aus der Türkei und Sowjetunion – gibt es bisher kaum Angebote zur Diagnostik von Demenz die sowohl sprachlich als auch kulturell auf die Bedürfnisse der Migranten eingehen.

Dies ist insbesondere deshalb ein Problem, da die Krankheit im Lebensumfeld dieser Gruppen häufig falsch interpretiert, nicht erkannt oder tabuisiert wird. Kultur- und sprachsensible Untersuchungs- und Versorgungsangebote sind vor diesem Hintergrund besonders wichtig, bestehen jedoch so gut wie gar nicht. Insbesondere fehlt ein Screening-Instrument für kognitive Störungen bei Migranten, die die deutsche Sprache nicht oder nur sehr schlecht beherrschen.

Transkulturelles Assessment mentaler Leistungen (TRAKULA)

In Deutschland werden Demenzen verschiedener Ätiologie in frühen Stadien neben einer ausführlichen neurologischen und psychiatrischen Untersuchung auch anhand der Durchführung von psychometrischen Testen nachgewiesen, welche meist aus standardisierten Fragen und Aufgaben bestehen, die der Arzt dem Patienten vorlegt. In der Regel werden für das Instruktionsverständnis und die Durchführung deutsche Sprachkenntnisse vorausgesetzt und die Items sind oft bildungsabhängig. Es sei nur an den Mini-Mental-Status-Test erinnert, bei dem die Probanden lesen und schreiben müssen oder das jeweilige Bundesland benennen müssen. Für ältere türkische Migranten gilt: Sie sind oft funktionale Analphabeten, sie weisen eine geringe Bildung auf und haben nur geringe Deutschkenntnisse. Häufig gibt es religiöse oder magische Krankheitsvorstellungen, wie z.B. der böse Blick, Besessenheit von Geistern oder das Wirken von Dschinns, die aus rauchlosem Feuer bestehen und dem Menschen Schaden zufügen sollen (Sure 15,27). Auch besteht bis dato keine ADL (activities of daily living), die den Lebensgewohnheiten und -umständen älterer türkischer Migranten gerecht wird.

Mit TRAKULA (Transkulturelles Assessment) soll ein psychometrisches Screeninginstrument zur Erfassung von Hirnleistungsstörungen bei Migranten, die mit Rudimenten der deutschen Sprache auskommen müssen, entwickelt werden. Derzeit existiert im deutschsprachigen Raum kein solches Instrument, und in einem ersten Schritt soll aufbauend auf einem bereits durchgeführten Pilotprojekt eine Validierung an demenzkranken türkischen Migranten durchgeführt werden. Die durchweg sprachfrei gehaltenen Subtests lassen sich nach entsprechender Normierung auch auf Menschen mit einer anderen Zuwanderungsgeschichte übertragen und sind auch für Menschen mit funktionalem Analphabetismus (Illetrismus) geeignet, dessen Häufigkeit bei deutschen Erwachsenen mit etwa 7 % angegeben wird. TRAKULA besteht aus 7 nonverbalen Untertests, die folgende kognitive Domänen erfassen (s. Tabelle 1):

Tabelle 1

	Domänen	**Umsetzung**
1.	**Visuelle Wahrnehmung und figurales Kurzzeit-gedächtnis** Wiedererkennen (Rekognition mit unmittelbarem Abruf)	Figuren-Rekognitionstest Uhren-Zuordnungsaufgabe
2.	**Prüfung des figuralen Kurz- und Langzeit-gedächtnisses** (direkter und verzögerter Abruf)	Paar-Assoziationslernen I & II
3.	**Überprüfung der Arbeitsgedächtniskapazität (Merkfähigkeit)** bei steigender Anzahl von Farb-Figur-Paaren	Figur-Farbe-Test
4.	**Teilaspekte des induktiven (schlussfolgernden) Denkens und semantischen Gedächtnisses** (Wissen über Fakten und Kategorien)	Zuordnungsaufgabe (Konzeptlernen)
5.	**Exekutive Funktionen** Aufmerksamkeit und Inhibition	Labyrinth-Test
6.	**Konzentration und geteilte Aufmerksamkeit** (Denkschnelligkeit)	Symboltest

Damit das Instruktionsverständnis gegeben ist, gibt es zu jedem Subtest eine Demonstration des Tests und ein Probeitem für alle Items. Das Pilotprojekt ist abgeschlossen. Aktuell erfolgt mit einer überarbeiteten Fassung eine Validierung an 200 dementen türkischen Mitbewohnern.

Der Test soll Ende 2009 zur Verfügung stehen. Es ist ein Screening als auch eine ausführliche Testbatterie geplant.

Literaturverzeichnis:

DIETZEL-PAPAKYRIAKOU M (1993). Ältere ausländische Menschen in der Bundesrepublik Deutschland, In: DEUTSCHES ZENTRUM FÜR ALTERSFRAGEN E.V. (Hrsg.): Expertisen zum ersten Altenbericht der Bundesregierung – III. Aspekte der Lebensbedingungen ausgewählter Bevölkerungsgruppen, S. 1-154.

INFORMATIONS- UND KONTAKTSTELLE FÜR DIE ARBEIT MIT ÄLTEREN MIGRANTINNEN UND MIGRANTEN IKOM (2004). Demenz und Migration-Newsletter 4/04, Duisburg.

ISSI S (1999). Probleme, Lösungen und Herausforderungen in der Versorgung älterer MigrantInnen in Köln. In: Alte Fremde-Fremd auch im Alter? Dokumentation der 3. Fachtagung des Kölner Gesundheitsforums.

JONAS I (2007). Vergessen in der zweiten Heimat. Kuratorium Deutsche Altershilfe (KDA) (Hrsg.) (2007). *Demenz und Migration*. ProAlter e-Paper 2/07.

KESSLER J, SEMER S., KALBE E, BRAND M (2005). TRAKULA: Transkulturelles Assessment mentaler Leistungsn bei türkischen Mitbürgern. 78. Kongress der Deutschen Gesellschaft für Neurologie. Aktuelle Neuroloige 32 (Suppl. 4), S166.

KURATORIUM DEUTSCHE ALTERSHILFE (KDA) (2007). Demenz und Migration. ProAlter e-Paper 2/07.

LANDESAMT FÜR DATENVERARBEITUNG UND STATISTIK NORDRHEIN-WESTFALEN (2008). Ausländische Bevölkerung in NRW – Ergebnisse des Ausländerzentralregisters. Abgerufen am 21.07.2008. http://www.lds.nrw.de/statistik/datenangebot/daten/b/struktur/r311ausl_azr.html.

MÜLLER K (2008). Assessmentinstrumente: Übersetzung und kultursensible Anpassung. In: DeSS-orientiert: Demenz weltweit – eine Krankheit im Spiegel der Kulturen (S. 31-39). Stuttgart: Demenz Support gGmbH.

OZANKAN M, ATIK Z (2007). Bedeutung und Angebotsstruktur von kultureller Kompetenz in der Versorgung am Beispiel der Migrantenambulanz der Rheinischen Kliniken Langenfeld. In: Migration und psychische Gesundheit. BORDE, T., DAVID, M., Mabuse Verlag, S. 171-193.

STIFTUNG ZENTRUM FÜR TÜRKEISTUDIEN (2007). Persektiven des Zusammenlebens: Die Integration türkischstämmiger Migrantinnen und Migranten in Nordrhein-Westfalen – Ergebnisse der achten Mehrthemenbefragung.

Autorenen:

Dr. med. MURAT OZANKAN, Facharzt für Psychiatrie und Psychotherapie.
LVR Klinik Langenfeld – Migrantenambulanz, Kölner Straße 82, 40764 Langenfeld
Tel 02173 - 102 2240 / Fax 02173 – 102 2249
e-mail: Murat.Ozankan@lvr.de – www.rk-langenfeld.lvr.de

Prof. Dr. JOSEF KESSLER
Klinik und Poliklinik für Neurologie der Uniklinik Köln, Bereichsleiter Neuropsychologie
Kerpener Straße 62, 50937 Köln
Tel: 0221-478-4011 / Fax: 0221-478-6052
e-mail: Josef.Kessler@uk-koeln.de

Migration als Risikofaktor für Schizophrenie

Hans-Jörg Assion

Schizophrenie, eine folgenreiche Erkrankung

Die Schizophrenie ist eine psychische Erkrankung, die mit beträchtlichen psychosozialen Folgen einhergeht, wie Erwerbsunfähigkeit, Frühberentung, verminderte Belastbarkeit bei alltäglichen Aufgaben, sozialen sowie finanziellen Benachteiligungen und zahlreichen Krankheitssymptomen. Eine komplette Remission mit einem zufriedenstellenden psychosozialen Funktionsniveau ist nach neueren Untersuchungen lediglich in etwa 13% zu erwarten. Kennzeichnend ist ein Verlauf mit vielen Rückfällen und bei der Hälfte der Patienten stellen sich dauerhafte Defizite mit eingeschränkter Gedächtnisleistung ein. Die Ursachen für die sehr unterschiedlichen Verläufe sind neurobiologisch bis heute nicht ausreichend erklärbar, dabei haben bestimmte Risikofaktoren, wie auch instabile psychosoziale Verhältnisse und soziale Belastungsfaktoren eine negative Auswirkung auf den Verlauf schizophrener Erkrankungen (Juckel, Brüne & Assion 2008).

Nur wenige Arbeiten untersuchen die schizophrenen Störungen bei Menschen mit einem Migrationshintergrund, die meist epidemiologischen Fragestellungen nachgehen (Carta, Bernal & Hardoy 2005). Hervorzuheben sind jüngste Studien, die sich mit der Bedeutung der ethnischen Dichte (*"ethnic density"*), also den kulturellen Umgebungsfaktoren beschäftigen. In einer bemerkenswerten Untersuchung aus Den Haag, Niederlande, konnte gezeigt werden, dass die ethnische Dichte einen signifikanten Einfluss auf die Inzidenz von psychotischen Störungen hat (Veling 2008).

Schizophrenierate bei Migranten

Seit langem ist bekannt, dass Migration förderlich auf psychische Krankheiten wirken kann. Ödegaard führte vor mehr als 75 Jahren die erste systematische Untersuchung über die Häufigkeit von Schizophrenie bei Migranten durch und fand gegenüber der einheimischen Bevölkerung eine zweifach erhöhte Rate an schizophrenen Störungen unter der aus Norwegen in die USA eingewanderten Bevölkerung (Ödegaard 1932). Untersuchungen von Anfang der 1940er und 1950er ergaben höhere Schizophrenie-Raten unter der ausländischen, weißen Bevölkerung in New York (Malzberg 1955) und Auswertungen von Einweisungen in psychiatrische Krankenhäuser in England und Wales Anfang der 1970er wiesen bei Migranten eine höhere Erkrankungsrate schizophrener Störungen nach (Cochrane 1971). Wie in Untersuchungen aus Großbritannien in den 1980ern gezeigt werden konnte, sind die Einweisungsraten in psychiatrische Krankenhäuser wegen einer Schizophrenie unter Migranten, die einen afro-karibischen Hintergrund haben, besonders hoch (Littlewood & Lipsedge 1988; McGovern & Cope 1987), was gleichermaßen sowohl

Seiten 221-226

für die erste als auch zweite Generation gilt. Migranten der zweiten Generation weisen sogar ein höheres Risiko auf, was als Hinweis der Bedeutung von sozialen Faktoren für die Manifestation von schizophrenen Erkrankungen gesehen werden kann (BHUGRA 2000). Das erhöhte Risiko für Migranten, an einer Schizophrenie zu erkranken, wurde in einigen Arbeiten mit den Inzidenzraten in den Herkunftsländer verglichen und bestätigte das höhere Schizophrenie-Risiko für die afro-karibische Bevölkerung nach der Umsiedlung (Inzidenzrate für Schizophrenie der afrokaribischen Bevölkerung auf Barbados: 2.8/10.000 [SD ± 1.97-3.7] versus London: 6.6/10.000 [SD ± 4.5-8.7]) (MAHY *et al.* 1999). Zu vergleichbaren Ergebnissen kommen Arbeiten über nach England ausgewanderte pakistanische oder indische Migranten.

Andere Studien konnten ein erhöhtes Schizophrenie-Risiko für die in Belgien oder den Niederlanden lebenden Marokkaner sowie Menschen aus Surinam und den niederländischen Antillen nachweisen (FOSSION *et al.* 2002). In diesem Zusammenhang wurde die vergleichsweise höhere Einnahme von illegalen Substanzen als möglicher Faktor für eine psychotische Dekompensation diskutiert. Das erklärt aber die erhöhte Inzidenz nur unzureichend, weil die schizophrene Erkrankungsrate von bestimmten Migrantengruppen wiederum geringer ist, der durchschnittliche Drogenkonsum jedoch höher.

Einer schwedischen Untersuchungen aus Malmö zur Folge haben Migranten ein höheres Risiko für "schizophrenia-like psychoses" (SLP). Das Risiko für SLP war in dieser Studie am höchsten für die aus Ost-Afrika nach Schweden eingereisten Menschen (ZOLKOWSKA 2001).

Übersichtsarbeiten fassen nun diese verschiedenen Untersuchungen zum Schizophrenie-Risiko zusammen (EATON 2000). Cantor-Graae und Selten (2005) werteten alle zwischen 1977 und 2003 in Englisch publizierten und medline-gelisteten Arbeiten zur Thematik in einer Meta-Analyse aus (CANTOR-GRAEE E & SELTEN 2005; SELTEN, CANTOR-GRAAE & KAHN 2007). 18 Studien aus England, Dänemark, Schweden, den Niederlanden und Australien wurden berücksichtigt. Das relative Risiko für eine Schizophrenie war für Migranten der ersten Generation geringer (Relatives Risiko [RR] 2.7; 95 % CI: 2.3-3.2) als für die Migranten der zweiten Generation (RR 4.5; 95 % CI: 1.5-13.1), für Migranten aus höher entwickelten Herkunftsländern geringer (RR 2.3; 95 % CI: 1.7-3.1) als für Migranten aus weniger entwickelten Herkunftsländern (RR 3.3; 95 % CI: 2.8-3.9) und für Menschen mit weißer Hautfarbe (RR 2.3; 95 % CI: 1.8-3.0) geringer als für Menschen mit schwarzer Hautfarbe (RR 4.8; 95 % CI: 3.7-6.2). Sicherlich hat eine solche Auswertung ihre Limitierungen, z.B. durch einen Pulikationsbias (– Arbeiten mit einem insignifikanten Ergebnis werden nicht veröffentlicht, fließen also nicht in die Analyse ein –) oder durch die unterschiedlichen methodischen Vorgehensweisen der jeweiligen Studien (HARTMANN & WARNDORFF 2006).

Für die übergreifende Interpretation der Ergebnisse von Herkunft und Hautfarbe ist es lohnend, eine weitere Studie zu berücksichtigen, die rückblickend das Schizophrenie-Risiko der nach Kanada zwischen 1902 und 1913 ausgewanderten europäischen Migranten nachvollzogen hat (SMITH *et al.* 2006). Auch für Engländer und Kontinental-Europäer jener Zeit war das Schizophrenie-Risiko gegenüber der einheimischen Bevölkerung erhöht, wie aus Auswertungen von detailliert geführten Krankenakten über Einweisungen von 2477 Patienten in die Provinzial-Krankenhäuser von Britisch Columbia hervorgeht. Diese Ergebnisse stützen wiederum die These, dass – unabhängig von den biologischen Besonderheiten bestimmter Ethnien – durch Migration bedingte Stressfaktoren zum Krankheitsausbruch der Schizophrenie beitragen.

Migrationsstress als ein hirnschädigender Faktor

Migranten sind Stressfaktoren in einem hohen Maße ausgesetzt. So fiel bei den nach Südeuropa flüchtenden Migranten afrikanischer Herkunft ein chronisches und multiples Stress-Syndrom auf, das zu dem Begriff des Odysseus-Syndrom (*Ulysses syndrome*) geführt hat. Die sozialen Belastungsfaktoren sind für Migranten der ersten Generation bei einer Übersiedlung in einen anderen (fremden) Kulturkreis nicht zwingend die gleichen wie für Migranten der zweiten Generation, die im neuen Kulturkreis aufgewachsen oder bereits dort geboren sind (Assion 2004, 2005). Folgt man den Untersuchungen, ist bemerkenswert, dass Migranten der zweiten Generation ein höheres Risiko für das Auftreten einer Schizophrenie haben. Bisher mangelt es aber an Untersuchungen über die sozialen Stressoren von Migranten der ersten im Vergleich zur zweiten Generation.

Stress wird als Reaktion auf verschiedenartige Anforderungen individuell unterschiedlich bewertet und entweder als Eu- oder Disstress wahrgenommen. Gemeinhin sind Migranten einer Reihe von sozialen Stressoren ausgesetzt. Migration führt nicht selten zu Belastungen in den grundlegenden Bereichen des Lebens, wie Familie und Freunde, Sprache und Kommunikation, Heimat und Kultur, Einkommen und Status sowie seelische und körperliche Unversehrtheit.

Kommt es zu einer Diskrepanz zwischen den Erwartungen oder Anforderungen und den Bewältigungsmöglichkeiten, setzt eine – möglicherweise chronische – Stressreaktion ein. Angst und Konzentrationsstörungen können die Folge sein, Ruhepausen wirken nicht mehr erholsam bei erhöhtem Konsum von Nikotin und Alkohol. Körperlich kommt es zu Puls-, Blutdruck- und Atemveränderung, Muskelverspannung, vermehrter Ausschüttung von Katecholaminen und Glukokortikoiden und einer gestörten Immunantwort. Dabei wird das Stresssystem aktiviert, das über den Regelkreis des Hypothalamus-Hypophysen-Nebennieren-Systems vermittelt wird und in dem eine, auch für das Verständnis der Schizophrenie-Entstehung interessante Gehirnregion, der Hypothalamus, Bedeutung hat.

In diesem Zusammenhang sind nun tierexperimentelle Arbeiten erwähnenswert, die sich mit der Wirkung von hohen Kortikoidwerten auf das Gehirn beschäftigt haben. Einem Versuch an Ratten zur Folge führen erhöhte Kortikoide über neurotoxische Prozesse zu einem Zellverlust im Hippokampus (Sapolski 1996). Im Hippokampus befindet sich eine besonders dichte Population von Neuronen mit Glukokortikoidrezeptoren. Beim Menschen wurden durch Kortikoide vermittelte atrophische Prozesse des Hippokampus besonderes im Zusammenhang mit einem Cushing-Syndrom, posttraumatischer Belastungsstörung (PTSD) und Depression beschrieben. Auch bei schizophren Erkrankten ergab eine Meta-Analyse von 18 bildgebenden Studien (MRI) eine leichte (4 %), aber signifikante, beidseitige Verminderung des Hippokampus-Volumen (24). Ein weiterer Aspekt ergibt sich aus einer Arbeit, in der gezeigt wurde, dass Stresssituationen bei der Ratte zu einem Verlust der dentritischen Verbindungen im medialen präfrontalen Kortex führen können (Radley *et al.* 2006).

Im Tierversuch konnte zudem gezeigt werden, dass sich im Hippokampus (Gyrus dentatus) täglich neue Körnerzellen bilden. Stress wiederum führt zu einer Blockade der Neuentstehung der hippokampalen Körnerzellen, was bereits nach Stundenfrist einsetzt. Dieser Versuch wurde an Affen gemacht, die über eine Stunde in einer fremden Affenkolonie den sozialen Aggressionen höherrangiger Affenmännchen ausgesetzt waren (Gould *et al.* 1998). Glukokortikoide verhindern als Stresshormone also auch die Neubildung von Neuronen im Gehirn.

Überlegungen zur Wechselwirkung von Umwelt und Neurobiologie

Migranten sind eine Hochrisikogruppe für Schizophrenie und haben vielfältige soziale Belastungen zu meistern (MACHLEIDT & CALLIESS 2005). Kinder aus Migrantenfamilien sind schon in früher Kindheit Stressoren ausgesetzt (LEYENDECKER 2003; SCHMITT-RODERMUND & SILBEREISEN 2002).

Die schon vor längerem formulierte *Selektionstheorie* (hypothesis of selective migration) versucht das zu erklären, indem sie davon ausgeht, dass sich Personen mit einer Prädisposition für psychische Krankheit eher einem Migrationsprozess unterziehen, wobei sie in ihrem gewohnten Umfeld auffällig werden, sich nur teilweise integrieren können und daher die gewohnte Umgebung verlassen (ASSION 2005). Gegen diese Annahme spricht jedoch, dass Menschen mit einer psychotischen Störung oder einer Schizophrenie weitaus weniger mobil und zur Migration bereit sind, was durch vergleichende Untersuchungen von Populationen im Heimat- und Einwanderungsland gestützt wird (COOPER 2005; FICHTER *et al.* 1988).

Die *Akkulturation-Stress-Hypothese* (acculturation stress hypothesis) stellt hingegen den soziokulturellen Stress als wesentlichen Grund heraus. Der Wechsel in eine andere Kultur und die damit verbundenen Veränderungen wirken psychisch belastend und krankheitsfördernd.

Das *Diathese-Stress-Modell* (diathesis stress hypothesis) integriert darüber hinaus auch biologische Gründe und geht davon aus, dass psychische Erkrankungen auf der Grundlage genetischer Voraussetzungen und dem Einwirken von Stress entstehen. Unter der Berücksichtigung der oben dargestellten Befunde und den möglicherweise schädlichen Einflüssen von Stresshormonen, wie den Glukokortikoiden, auf bestimmte Gehirnstrukturen dürfte diese These besonders interessant sein (YEHUDA 1997). Das weitere Verständnis der Schnittstelle von sozialen Belastungsfaktoren und ihrer Einwirkung auf biologische Prozesse als komplexe soziobiologische Faktoren wird die Aufgabe zukünftiger Forschungsbemühungen sein. Von Interesse sind Studien zum Stressmodell mit Berücksichtigung des Hypothalamus-Hypophysen-Nebennieren-Systems und der Wirkung auf den Hypothalamus unter Einbezug von bildgebenden Verfahren. Untersuchungen von Migranten als einer Hochrisikogruppe für Schizophrenie versprechen weiterführende Erkenntnisse im Verständnis dieser komplexen Erkrankung. Auf die Gesundheit der betroffenen Migranten wiederum werden sich integrationsfördernde Maßnahmen und akzeptable soziale Bedingungen positiv auswirken (MACHLEIDT, GARLIPP & CALLIESS 2005).

Literatur

ASSION HJ, BINGÖL H, ÖZGÜRDAL S, BASILOWSKI M. 2007. Patienten türkischer Herkunft in der psychiatrischen Institutsambulanz. *MMW* 149, 2: 57-58.

ASSION HJ, ZAROUCHAS I, MULTAMÄKI S, ZOLOTOVA J, SCHRÖDER SG. 2007. Patients' use of alternative methods parallel to psychiatric therapy: does the migrational background matter? *Acta Psychiat Scand* 116: 220-225.

ASSION HJ. 2005. *Migration und seelische Gesundheit*. Heidelberg: Springer.

ASSION HJ. 2004. *Behandlungsprobleme bei psychisch kranken Migranten*. In: RÖSSLER W, LAUBER C. (Hg.) Psychiatrische Rehabilitation. Heidelberg: Springer.

BHUGRA D. 2000. Migration and schizophrenia. *Acta Psychiat Scand* 407: 68-73.

CANTOR-GRAEE E, SELTEN JP. 2005. Schizophrenia and Migration: A Meta-Analysis and Review. *Am J Psychiat* 162: 12-24.

CARTA MG, BERNAL M, HARDOY MC, ET AL. 2005. Migration and mental health in Europe. *Clin Pract Epidemiol Ment Health* 1: 1-16.

Cochrane R. 1977. Mental illness in immigrants to England and Wales: an analysis of mental hospital admissions, 1971. *Soc Psychiatry* 12: 25-35
Cooper B. 2005. Immigration and schizophrenia: the social causation hypothesis revisited. *Br J Psychiat* 186: 361-363.
Dealberto MJ. 2007. Why are immigrants at increased risk for psychosis? Vitamin D insufficiency, epigenetic mechanisms, or both? *Med Hypotheses* 68: 259-267.
Eaton W, Harrison G. 2000. Ethnic disadvantage an schizophrenia. *Acta Psychiatr Scand* 407: 38-43.
Fichter M, Elton M, Diallina M, et al. 1988. Mental Illness in Greek and Turkish Adolescents. *Eur Arch Psychiat Neurol Sci* 237: 125-134.
Fossion P, Ledoux Y, Valente F *et al.* 2002. Psychiatric disorders and social characteristics among second-generation Moroccan migrants in Belgium: an age and gender controlled study in a psychiatric emergency department. *Eur Psychiatry* 17: 443-450.
Gould E, Tanapat P, McEwen *et al.* 1998. Proliferation of granule cell precursors in the dentate gyrus of adult monkeys is dimished by stress. *Proc Nat Acad Sci* 99: 3168-3171.
Hartman J, Warndorff D. 2006. Reactie op Schizofrenie en migratie. *Tijdschr Psychiatr* 48: 339-340
Juckel G, Brüne B, Assion HJ. 2008. *Schizophrenie-Therapie in der Praxis – Faktoren für den Therapieerfolg.* Bremen: Uni-Med.
Leyendecker, B. 2003: *Die frühe Kindheit in Migrantenfamilien.* In Keller H. (Hg.) Handbuch der Kleinkindforschung. Bern: Huber, 381- 431.
Littlewood R, Lipsedge M. 1988. Psychiatric illness among British Afro-Caribbeans. *Br Med J* 296: 950-951.
Machleidt W, Calliess IT. 2005. Transkulturelle Psychiatrie und Migration – Psychische Erkrankungen aus ethnischer Sicht. *Die Psychiatrie* 2: 77-84.
Machleidt W, Garlipp P, Callies IT. 2005. *Die 12 Sonnenberger Leitlinien – Handlungsimpulse für die psychiatirsch-psychotherapeutische Versorgung von Migranten.* In: Assion HJ (Hg.) Migration und seelische Gesundheit. Heidelberg: Springer, 215-30.
Mahy GE, Mallett R, Leff J, Bhugra D. 1999. Frist-contact-incidence of schizophrenia on Barbados. *Br J Psychiatry* 175: 28-33.
Malzberg B. 1955. Mental disease among the native and foreign-born white population of New York State, 1939-41. *Ment Hyg* 39: 545-563.
McGovern D, Cope RV. 1987. First psychiatric admission rates of first and second generation Afro-Caribbeans. *Soc Psychiatry* 22: 139-149.
Nelson MD, Saykin AJ, Flashman LA *et al.* 1998. Hippocampal volume reduction in schizophrenia as assessed by magnetic resonance imaging: a meta-analytic study. *Arch Gen Psychiatry* 55: 433-440.
Ohliger R, Raiser U. (Hg) 2005. Integration und Migration in Berlin. Zahlen – Daten – Fakten, Berlin.
Ödegaard Ö. 1932. Emigration and insanity. *Acta Psychiat Neurol Scand Suppl* 4: 1-206
Radley JJ, Rocher AB, Miller M *et al.* 2006. Repeated stress induces dentritic spine loss in the rat medial prefrontal cortex. *Cerebral Cortex* 16: 313-320.
Rumbaut RG. 1997. *Ties that bind: Immigration and immigrant families in the United States.* In: Booth A, Crouter AC, Landale N (Hg.) Immigration and the family. Mahwah NJ: Erlbaum, 3-46.
Sapolski RM. 1996. Why stress is bad for your brain. *Science* 273: 749-750.
Schmitt-Rodermund E, Silbereisen RK. *Akkulturation und Entwicklung: Jugendliche Immigranten.* In: Oerter R, Montada L (Hg.) Entwicklungspsychologie. Weinheim: Beltz 2002: 893-906.
Schrier AC, van der Weterin BJ, Mulder PJ, Selten GP. 2001. Point prevalence of schizophrenia in immigrants groups in Rotterdam: data from outpatients facilities. *Eur Psychiatry* 16: 162-166.
Selten JP, Cantor-Graae E, Kahn RS. 2007. Migration and schizophrenia. *Curr Opin Psychiat* 20: 111-115.
Smith GN, Boydell J, Murray RM *et al.* 2006. The incidence of schizophrenia in European immigrants to Canada. *Schizophr Res* 87: 205-211.
Veling W, Susser E, von Os J *et al.* 2008. Ethnic density of neighbourhoods and incidence of psychtic disorders among immigrants. *Am J Psychiatry* 165: 66-73.

YEHUDA R. 1997. Stress and glucocorticoid. *Science* 275: 1662-1664.
ZOLKOWSKA K, CANTOR-GRAAE E, MCNEIL TF. 2001. Increased rates of psychosis among immigrants to Sweden: is migration a risk factor for psychosis? *Psychol Med* 31: 669-678

Autor:

Priv.-Doz. Dr. HANS-JÖRG ASSION, Arzt für Psychiatrie und Psychotherapie, seit 2009 Ärztlicher Direktor des Gemeindepsychiatrischen Zentrums Detmold, vormals Oberarzt an der LWL-Universitätsklinik Bochum, wo er die Bochumer Migrationsambulanz „*ZiTi*" leitete, Habilitation 2002, zahlreiche Forschungsarbeiten und Publikationen zur Migration und zu sozialpsychiatrischen Themen, Mitherausgeber der Zeitschrift für Medizinethnologie „*Curare*", Mitglied in mehreren transkulturellen Fachgesellschaften.

Ärztlicher Direktor, Gemeindepsychiatrisches Zentrum Detmold
Schlabrendorff-Weg 2-6, 32756 Detmold
Tel.: 05231-45850-0
e-mail: info@gpz-lippe.de – www.gpz-lippe.de

Rauch des Wahnsinns: Drogenkonsum, psychische Krankheit und gesellschaftlicher Wandel in Malawi[1]

Arne S. Steinforth

I. Einführung

Seit Jahrzehnten rangiert Malawi, ein Land im Südosten Afrikas, mit großer Regelmäßigkeit unter den ärmsten und am wenigsten entwickelten Ländern der Welt. Die infrastrukturellen Probleme, auf die dieser Umstand verweist, manifestieren sich nicht zuletzt im Bereich der medizinischen Versorgung (s. Lwanda 2008), wobei die Psychiatrie wiederum am unteren Ende der Prioritäten einer nationalen Gesundheitsagenda liegt. Gleichwohl verfügt das heutige Malawi bereits seit 1910 über eine psychiatrische Anstalt (s. Shelley & Watson 1936; Vaughan 1983), und für die derzeit 13 Mio. Einwohner Malawis ist das Zomba Mental Hospital mit seinen 320 Betten bis heute die einzige staatlich getragene Psychiatrie des Landes (s. Wilkinson 1992).

Insbesondere in Hinblick auf die Behandlung psychischer Gesundheitsbeschwerden ist das Vertrauen der lokalen Bevölkerung in das staatliche Medizinsystem begrenzt (s. Kalmanash 1968; Wilkinson 1992). Das Gros der betroffenen Personen wendet sich zur Primärversorgung alternativen Gesundheitsanbietern zu, wobei so genannte traditionelle Heiler (*asing'anga*) ebenso eine Rolle spielen wie andere kosmologische Heilungsmodelle, die von christlichen oder muslimischen Gemeinden angeboten werden. Die Ursachen für die offensichtlich geringe Wirkmacht psychiatrischer Erklärungs- und Therapiekonzepte in Malawi sind hierbei zwar zum Teil infrastruktureller Natur – gleichzeitig aber greifen Analysen zu kurz, die den Umstand nur anhand der lokalen Verfügbarkeit und Erreichbarkeit von psychiatrischen Diensten zu erklären versuchen. Vielmehr spielen darüber hinaus insbesondere kulturelle Faktoren eine entscheidende Rolle bei der lokalen Bewertung therapeutischer Effizienz und rücken dadurch in den Fokus transkultureller Betrachtung.

In Auseinandersetzung mit der kulturspezifischen Konzeptualisierung von psychischer Krankheit argumentiert dieser Beitrag auf der Basis einer medizinethnologischen Fallstudie. Die hier präsentierten, qualitativen Daten stammen zum Großteil aus eigenen Feldforschungen der Jahre 2004 und 2005 (s. Steinforth 2009) sowie 2008 bis 2009. Hierzu wird zunächst ein spezifisches Krankheitskonzept vorgestellt, das unter den verschiedenen lokalen Begrifflichkeiten für psychische Erkrankung von zentraler Relevanz ist. Anschließend wird die kulturelle Zuschreibung

1. Der Artikel basiert auf einem Vortrag auf dem *2. Kongress für Transkulturelle Psychiatrie im deutschsprachigen Raum,* Allgemeines Krankenhaus Wien, 26.-28. September 2008.

Seiten 227-234

ätiologischer Faktoren angesprochen, deren Signifikanz für die soziale Wahrnehmung spezifischer Krankheitsfälle unterstrichen wird. Auf dieser Grundlage wird dann vertiefend auf Fälle von psychischer Erkrankung eingegangen, die im malawischen Kontext mit Drogenmissbrauch assoziiert werden. Zur Vervollständigung des Verständnisses werden hierzu lokale Konzepte der Person angesprochen, wodurch die Ergebnisse der vorherigen Darstellungen dann in ihrem historischen, politischen und kulturellen Kontext diskutiert werden können.

II. Lokale Konzepte

Im malawischen Kontext wird deviantes Verhalten auf der Basis kultureller Normvorstellungen definiert, wobei die genaue Ausprägung des jeweiligen Abweichens von der gesellschaftlichen Normalität das entscheidende Kriterium für die Klassifizierung des Phänomens darstellt.

Wenn Menschen im südlichen Malawi nach den Gesundheitsproblemen befragt werden, die den menschlichen Verstand betreffen (in der Landessprache Chichewa: *mavuto okhudza nzeru ya munthu*), so ergibt sich ein Katalog verschiedener Konzepte der diversen lokalen Sprachen. Der in diesem Kontext prävalenteste, quasi prototypische Begriff in der Staatssprache Chichewa lautet *misala*. Die lokale Definition von *misala* – gemeinhin als "madness" und mithin als „Wahnsinn" übersetzt – folgt einem relativ komplexen Kodex an symptomatischen Manifestationen, die primär an spezifischen Verhaltensmustern der betroffenen Personen festgemacht werden.

Misala stellt nach lokalem Verständnis einen konstanten, chronischen Zustand geistiger Verwirrtheit dar, der sich in unvorhersehbarem Verhalten, rastloser Unruhe sowie insbesondere in latenter Aggressivität manifestiert. Eine betroffene Person – also ein oder eine *womisala* – reagiert nur sehr eingeschränkt auf direkte Ansprache, artikuliert sich selbst dabei scheinbar sinnlos und bedient sich häufig einer beleidigenden oder obszönen Ausdrucksweise. Das soziale Auftreten ist geprägt von mangelnder Konformität mit zentralen kulturellen Normen: grob unhöfliches Verhalten, weitgehende Vernachlässigung der Körperhygiene, ein Leben in und Ernähren von Abfall, öffentliche Nacktheit sowie sexuell explizites Verhalten in der Öffentlichkeit. Zentrales Kriterium für malawische Konzepte von *misala* ist jedoch Destruktivität, was sich in verbalen sowie physischen Angriffen auf Mitmenschen und deren Eigentum, in der mutwilligen Zerstörung der dörflichen Ernte oder in Brandstiftung an den Häusern Anderer äußert. Ein lokaler Heilspezialist führt aus:

> "We know the patient from the things he/she does, like beating up people, always standing up, sometimes running away, sometimes walking around without any destination. Then we know that this person has gone *misala*" (Lexon Kondwani, lokaler Heiler).

Lokale Gesundheitsspezialisten (*asing'anga*) nennen *misala* als die am häufigsten auftretende Form psychischer Erkrankung in Malawi. Die genannten Symptome weisen dem Phänomen einen explizit anti-sozialen Charakter zu, wobei die Verletzung elementarer kultureller Werte – der Körperpflege, des Schamempfindens, der Affektkontrolle oder Respekts für andere soziale Verhaltensnormen – den Kern der kulturspezifischen Symptomatik ausmacht.

Jenseits der Parameter psychiatrischer Diagnostik ist die Klassifizierung von psychischen Krankheitsphänomenen in Malawi Teil eines weiten, nicht-professionalisierten Diskurses, der nosologische Kategorien an spezifischer Symptomatik festmacht. Das *Labelling* sozial identifizierter psychischer Erkrankungen ist kein Monopol anerkannter Gesundheitsexperten; es geschieht vielmehr kontinuierlich und auf der Basis kulturell mehr oder weniger homogen definierter, extern wahrgenommener Definitionskriterien. Aufgrund der recht präzisen Verhaltensmuster, die mit *misala* assoziiert werden, ist es insofern nicht ungewöhnlich, dass Menschen von ihrem sozialen Umfeld – und bisweilen quasi im Vorbeigehen – als psychisch krank klassifiziert werden. Wird anschließend die Hilfe medizinischer Spezialisten gesucht, so bedienen sich örtliche *asing'anga* weitgehend identischer Kriterien und Terminologien wie die breite Masse der nichtspezialisierten Gesellschaft.

III. Lokale Erklärungsmodelle

Die primäre Aufgabe kosmologischer Heilkonzepte in Malawi – repräsentiert etwa durch die erwähnten *asing'anga* – besteht demnach nicht in der Zuschreibung nosologischer Kategorien. Ihnen obliegt vielmehr die Identifikation der ätiologischen Hintergründe, die für den spezifischen Krankheitsfall verantwortlich zu machen sind. Ein Fall von *misala* kann nach lokaler Interpretation auf eine Anzahl alternativer Erklärungsmodelle zurückgeführt werden – es besteht also keine direkte, apriorische Verbindung zwischen nosologischen Kategorien und ätiologischen Verursachungsprinzipien. Die Identifizierung kausaler Faktoren einer Erkrankung erfolgt in der Regel mit Hilfe verschiedener divinatorischer Techniken, die im lokalen Kontext durch ein hohes Maß an kultureller Anerkennung validiert sind. Nicht nur die weitere therapeutische Vorgehensweise, auch die soziale Wahrnehmung einer spezifischen psychischen Erkrankung ist in hohem Maße determiniert durch die so identifizierte Ätiologie. Die Suche nach Krankheitsursachen ist hierbei ein dynamischer, vielfach pluralistischer Prozess, in dem unterschiedliche Interpretationen einen häufigen Grund für Dispute zwischen Gesundheitsspezialisten (*asing'anga*) und Laien darstellen.

Medizinethnologische Arbeiten zu Malawi gehen übereinstimmend davon aus, dass neben den für afrikanische Medizinkonzepte quasi klassischen ‚übernatürlichen' Erklärungsmodellen – Magie, Besessenheit und Tabubruch – auch eine dichotome Kategorie ‚natürlicher' Verursachung von psychischer Krankheit existiert (s. KALIPENI 1981; MARWICK 1967; MORRIS 1996; PELTZER 1987; SCHOFFELEERS 1968); Unfälle, Infektionen, organische Defekte oder auch Drogenkonsum werden hierfür als typische Beispiele angeführt. In diesem Sinne ‚natürliche' Gründe für psychische Krankheit werden in Annäherung an biomedizinische Ätiologiemodelle konzeptualisiert, wobei aus medizinethnologischer Perspektive jedoch kritisch zu hinterfragen ist, inwiefern solche Konzepte tatsächlich unabhängig von kosmologischen Kategorien zu verstehen sind. Die folgende Fallstudie soll hierzu einen klärenden Beitrag leisten.

IV. Fallstudie: Der Rauch des Wahnsinns

Unter den verschiedenen in Malawi kulturell validierten Gründen für *misala* ist der Missbrauch von Drogen eines der prominentesten Erklärungsmodelle. Obwohl auch Alkoholmissbrauch als potentielle Ursache für psychische Erkrankung genannt wird, gilt der Konsum von *chamba* – dem lokal auftretendem indischen Hanf oder *Cannabis sativa* – jedoch als klassische Indikation. Medizinische Studien der vergangenen Jahre führen daher bis zu 25% aller Einweisungen ins Zomba Mental Hospital auf den Missbrauch von *chamba* zurück (s. WILLIAMS *et al.* 2002). Eine malawische Krankenschwester im Zomba Mental Hospital akzentuiert diese Sonderstellung in ähnlicher Weise:

> "Most of the young ones come to our clinics because of *chamba* abuse. What we get from the guardians or parents is that usually after these boys have abused drugs, *chamba*, they are seen behaving funny. They are said to use abusive language, being physically aggressive for no apparent reason,

or stealing – causing all sorts of problems at or near their home. So when this comes to the extreme, then the patient is brought to the clinic" (Vivian Changata, Krankenpflegerin).

Werden lokale Heiler (*asing'anga*) nach der Korrespondenz zwischen der Wirkung von *chamba* und der Verursachung von *misala* befragt, so erklären sie die Entstehung der Erkrankung klassischerweise anhand des folgenden Modells: der inhalierte Rauch des brennenden *chamba* dringt in den Kopf (*mutu*) ein, bringt das dort verortete Gehirn (*ubongo*) im wörtlichen Sinne „zum Kochen" – und führt dadurch zu einer Einschränkung der mentalen Funktionalität.

"*Misala* really starts in a person when his/her head does not work because the brain starts boiling [*ubongo wachita boilo*]. That's when a person starts becoming *misala*" (Lexon Kondwani, lokaler Heiler).

Auf nähere Nachfrage wird das Bild von kochender Flüssigkeit im Gehirn als mögliche Ursache für psychische Erkrankung mit dem Missbrauch von psychoaktiven Substanzen in Verbindung gebracht, denn

"smoking *chamba* or drinking beer excessively [...] makes the brain boil" (Linga Nasawa, lokaler Heiler).

Zunächst hat es insofern den Anschein, als läge diesem lokalen Verständnis also die Vorstellung einer quasi physiologischen Modifikation des menschlichen Gehirns zugrunde. Um das Modell vom „Kochen" des Gehirnes aber adäquat kulturell kontextualisieren zu können, ist es notwendig, sich mit lokalen Konzeptionen der Person auseinanderzusetzen.

Exkurs: Das Konzept der Person

Die Grundlage für eine spezifisch malawische Definition der Person liefert Brian Morris, der ausführt:

"The human person is also seen, even more so than animals, as quintessential individual. People in Malawi thus do not conceive of the human person as a disembodied conscious ego (subject)—as in Cartesian metaphysic; or as simply a reactive organism as in behaviourist psychology; or as a possessive individual detached from the social context as in neo-liberal economic theory; or as an existent, a subjective self-reflective agent who is completely divorced from mammalian life (for Malawians there is no 'abyss' between humans and animals) and certainly Malawians do not view the person as a 'commodity', as in bourgeois capitalist ideology; nor, finally, do they conceive of the generic person as fragmented, incoherent, or decentred as in post-modernist theory" (MORRIS 2000: 44).

Hierbei ist zu berücksichtigen, dass kulturelle Konzepte der Person generell höchst komplex und multidimensional strukturiert sind. Insofern spielen – aus analytischer Perspektive – die Ebenen der Person als essentielle, quasi natürliche Kategorie, als kulturelle Repräsentation sowie als individualistische Kategorie des Selbst gleichermaßen eine wichtige Rolle (s. MORRIS 2000).

Aus emischer Perspektive wird über die Grenzen der unterschiedlichen Ethnien des südlichen Malawi hinweg übereinstimmend eine Minimaldefinition unterstützt, die den Menschen (*munthu*) als einen materiellen Körper mit zwei spirituellen Bestandteilen definiert, deren Inkorporation eine Bedingung für eine gesunde und vollständige Person darstellt. Der Körper (*thupi*) wird als physische Form konzipiert, die Prozessen des Wachstums, des Wandels und des Verfalls unterworfen ist. Die „göttliche Seele" (*mzimu wa umulungu*) dagegen repräsentiert den Lebensfunken, die vitale Kraft (*moyo*) einer Person, die bei der Geburt durch göttliche Macht verliehen wird und mit dem Tode in spirituelle Gefilde zurückkehrt. Sie ist unwandelbar und belebt den Körper (*thupi*), der als leblose, zerfallende Hülle zurückbleibt, sobald die „göttliche Seele" ihn verlässt. Die „persönliche Seele" (*mzimu wa umunthu*) wiederum kontrolliert die Entscheidungsgewalt und Handlungsfreiheit der Person, repräsentiert Vernunft, Verständnis, individuelle Fähigkeiten, Eigenschaften und Charakter des Menschen. Der *mzimu wa umunthu* ist eine explizit variable Größe, die sich prozesshaft verändert – durch persönliche Erfahrung, Reifung und Wandel – und den Körper im Schlaf zeitweilig verlässt. Nach dem Tode verbleibt die „persönliche Seele" in der Welt der Lebenden und transformiert zu einem Ahnengeist (*mzimu wa makolo*), der innerhalb der jeweiligen Verwandtschaftsgruppe weiterhin eine wichtige kosmologische Bezugsgröße darstellt und als Vermittler zwischen den Lebenden und dem mit dem Himmel assoziierten Schöpferwesen (*Chiuta*) fungiert.

Reprise: Der Rauch des Wahnsinns

Wie erwähnt wird die Persönlichkeitsseele (*mzimu wa umunthu*) im Gehirn (*ubongo*) lokalisiert, und ihre partielle Autonomie vom Körper stellt ein wichtiges Charakteristikum dar. Lokale Vorstellungen gehen weiterhin davon aus, dass die „persönliche Seele" insbesondere bestimmten durchdringenden Gerüchen gegenüber empfindlich ist. Exorzismus-Rituale zur Bekämpfung von Besessenheit durch unerwünschte Geister etwa machen therapeutischen Gebrauch von diesem Umstand, indem sie stark aromatische Pflanzen in den rituellen Heilungsprozess mit einbeziehen.

Dem Rauch von *chamba* wird ebendieser Effekt beigemessen; der inhalierte Rauch wirkt im Gehirn intimidierend auf die dort residierende Persönlichkeitsseele (*mzimu wa umunthu*) ein und entfaltet so seine nachteilige Wirkung auf die Person. Denn während geringe Dosen dieses Rauches noch als positiver Stimulus für die Persönlichkeitsseele gelten können, führt hoch dosierter bzw. kontinuierlicher Konsum von *chamba* insofern zur Verdrängung des flüchtigen *mzimu wa umunthu* – und somit zur Unterwerfung der inhärenten Kontrollinstanzen der Person. Ohne diesen kontrollierenden Agens mangelt es dem Menschen daher notwendigerweise an Rationalisierungsvermögen, Verständnisfähigkeit und Affektkontrolle, was sich in Form der klassischen *misala*-Symptomatik manifestiert. Die Metapher des „kochenden Gehirnes" bezieht sich insofern primär auf das Verhalten der betroffenen Person, das verstärkt auf illegitime Sexualität, Gewalt, blinden Aktionismus sowie den Bruch sozial validierter Wertvorstellungen ausgerichtet sind – und das symbolisch als „heiß" oder gesellschaftlich destruktiv definiert wird (s. DE GABRIELE 1999; DRAKE 1976).

V. Kontextualisierung

Der rituell kontrollierte Gebrauch von *chamba* – etwa im Rahmen der bereits erwähnten therapeutischen Rituale – hat in Malawi eine große historische Dimension; sein legitimer Einsatz hat hier also die Funktion einer von Spezialisten gezielt vorgenommenen Manipulation von bzw. Kommunikation mit mächtigen kosmologischen Entitäten. Der gesellschaftlich nicht legitimierte Konsum dagegen wird lokal als rezentes Phänomen interpretiert. Diese Wahrnehmung nimmt Bezug auf historische und gegenwärtige Transformationsprozesse im politischen und sozialen System des Landes.

Mit der Unabhängigkeit Malawis begann 1964 die autoritäre Herrschaft des Präsidenten auf Lebenszeit Hastings Kamuzu Banda (s. ENGLUND 1996). In seiner Rolle als quasi-sakraler Herrscher verfolgte Banda eine stark repressive Politik ideologisch-kultureller Reinheit, die Verstöße gegen die staatlich proklamierte Sozialmoral unnachgiebig ahndete – und in Folge dessen auch den Missbrauch von Drogen unter schwere Strafe stellte (s. LWANDA 1993; NYIRENDA 2006). Seit

Überwindung der postkolonialen Diktatur und Einführung der Mehrparteiendemokratie 1994 hat die Internationalisierung und Liberalisierung der malawischen Gesellschaft gleichzeitig zu einer Relativierung lokaler Wertesysteme geführt. Der daraus resultierende Prozess gesellschaftlichen Wandels vollzieht sich hierbei insbesondere unter den jugendlichen Teilen der malawischen Bevölkerung, die sich vermehrt als Träger eines neuen, nicht traditionskonformen *lifestyle* definieren. Diese rezenten Formen eines „modernen" Lebensstils orientieren sich teilweise an medialen amerikanischen Vorbildern, sind andererseits aber auch von der Rastafari-Bewegung inspiriert – und werden besonders in diesem Falle explizit mit einer liberalen Haltung gegenüber dem Konsum von traditionell restringierten Drogen in Verbindung gebracht (s. MUSYANI 2007; NYIRENDA 2006). Das Bild des typischen *chamba*-Rauchers entspricht insofern dem eines jungen und männlichen Rastafari (s. CARR *et al.* 1994).

Das emische Verständnis von psychischer Erkrankung als Folge von Drogenmissbrauch ist also in gewisser Weise paradox: einerseits deutet sich ein Konzept von „natürlicher" Verursachung – im Sinne einer unmittelbaren Bedingtheit der Erkrankung durch die inhärenten, toxischen Eigenschaften einer bestimmten Pflanze – an; andererseits birgt der Komplex direkte kosmologische Referenzen, die für das lokale Verständnis des Phänomens von elementarer Bedeutung sind. Dabei wird die quasi exorzistische Wirkung von *chamba* auf die Person explizit als Ausdruck einer göttlichen Sanktion gegen seinen unkontrollierten Konsum konzipiert. Diese Vorstellung findet sich sowohl im lokalen Religionskontext als auch in den Dogmen vieler christlicher bzw. muslimischer Glaubensgemeinschaften. Im Diskurs islamischer Gruppen sowie einflussreicher Kirchen wird der Konsum von *chamba* als Verstoß gegen göttliche Gebote und als amoralische, satanische Verführung konstruiert, der folglich in Form von *misala* sanktioniert wird (s. VAN DIJK 2002).

VI. Fazit

Die Probleme der Psychiatrie in ihrem Streben nach sozialer Anerkennung ihrer Inhalte und Methoden gehen im malawischen Kontext weit über ein einfaches Informationsdefizit in der Gesellschaft hinaus. Aufgrund des Ansatzes der westlichen Psychiatrie, die Bezüge auf kosmologische Konzepte generell aus ihrem medizinischen Diskurs ausschließt, werden entsprechende Gesundheitsangebote aus emischer Perspektive als strukturell unzureichend wahrgenommen. Als unmittelbare Konsequenz dessen repräsentiert auch das Zomba Mental Hospital in der lokalen Wahrnehmung weniger eine alternative therapeutische Option innerhalb eines pluralistischen Medizinsystems – sondern den Endpunkt jeglicher therapeutischer sowie sozial reintegrativer Ambitionen. Eine Einweisung in die malawische Psychiatrie ist mit dem schweren Stigma therapeutischer Aussichtslosigkeit behaftet und Ausdruck einer tiefgreifenden sozialen Ausgrenzung des betroffenen Menschen. Selbst als geheilt klassifizierte und entlassene Patienten des Zomba Mental Hospital haben allergrößte Schwierigkeiten, wieder in ihre heimische Gesellschaft integriert zu werden.

> "Usually they come there, saying this patient should go to Zomba Mental Hospital, we don't want him anymore in the community. So usually this hospital is like the dumping place for the patients who are giving problems at their homes. They really don't like them. There is a stigma on this condition, and it makes it difficult for the guardians to accept the patients back into the community" (Vivian Changata, Krankenpflegerin).

Im emischen Diskurs wird die – gemäß quantitativer Studien – steigende Prävalenz von psychischer Erkrankung als Folge von *chamba*-Konsum als Ausdruck von gesellschaftlichen Transformationsprozessen konzipiert, die im Zusammenhang mit der Aufweichung überlieferter Wertvorstellungen und den schädlichen Einflüssen politischer Liberalisierung interpretiert werden. Der lokale Kontext des psychisch schädigenden Einflusses von *chamba* auf den menschlichen Verstand basiert auf zutiefst kosmologischen Prämissen, die Konzeptionen von tradierter, kosmologisch begründeter Legitimität einer amoralischen, kulturell devianten und sozial destruktiven Konzeption von Modernität gegenüberstellen.

Da der Konsum von *chamba* einen mutwilligen Bruch sozialer Werte charakterisiert, erfüllt das daraus resultierende Auftreten von psychischer Erkrankung dem entsprechend die Rolle einer spirituellen Strafe für soziales Fehlverhalten. Emische Therapieansätze basieren daher notwendigerweise auf rituellen Elementen, mittels derer verdrängte Seelenbestandteile der Person wieder im Körper etabliert und externe spirituelle Instanzen für den begangenen Normbruch versöhnt werden können. Die kosmologische Dimension malawischer Konzepte von psychischer Erkrankungen ist nicht weg zu argumentieren, und auch ein gesteigertes Maß an Aufklärungsarbeit zur Überwindung nicht-wissenschaftlicher Konzepte erscheint aus der Perspektive einer sensiblen, transkulturellen Psychiatrie wenig zielführend. Eine westliche Psychiatrie, die im kulturellen Kontext die Relevanz kosmologischer Referenzrahmen unberücksichtigt lässt, hat im Sinne von Thomas Csordas nicht die performativen Mittel, um auf die kulturspezifischen Erfordernisse adäquat eingehen zu können (s. Csordas 1996). Methodisch innovative, integrative Lösungen versprechen demnach ein größeres Potential, zur Überwindung der engen kulturellen Limitationen klassisch-klinischer Psychiatrie beizutragen.

Literaturverzeichnis

Carr, Stuart, Alastair Ager, Clifford Nyando, Kamwadi Moyo, Annette Titeca & Maureen G. Wilkinson 1994. A Comparison of Chamba (Marijuana) Abusers and General Psychiatric Admissions in Malawi. *Social Science & Medicine* 39: 401-406.

Csordas, Thomas J. 1996. *Imaginal Performance and Memory in Ritual Healing*. In Laderman, Carol & Marina Roseman (Hg), *The Performance of Healing*, S. 91-113. New York: Routledge.

de Gabriele, Joseph 1999: When Pills Don't Work: African Illnesses, Misfortune and Mdulo. *Religion in Malawi* 9: 9-23.

Drake, Anne M. 1976. *Illness, Ritual, and Social Relations among the Chewa of Central Africa.* Durham: Duke University.

Englund, Harri 1996. *Between God and Kamuzu: the Transition to Multiparty Politics in Central Malawi.* In Webner, Richard & Terence O. Ranger (Hg), *Postcolonial Identities in Africa*, S. 107-135. London: ZED.

Kalipeni, Ezekiel 1981. Traditional African Healing of Mental Illness as Compared with Western Psychiatry (Clinical Psychology). *Journal of Social Science* 8: 109-125.

Kalmanash, J. 1968. *Some Considerations on the Problem of Epilepsy in Malawi.* (Vortrag gehalten auf der XVIe Réunion Europeenne d'Information Electroencephalographique) Marseilles.

Lwanda, John L.C. 1993. *Kamuzu Banda of Malawi – a Study of Promise, Power and Paralysis: Malawi under Dr Banda (1961 to 1993).* Glasgow: Dudu Nsomba Publications.

Lwanda, John L.C. 2008: *Colour, Class and Culture: a Preliminary Communication into the Creation of Doctors in Malawi.* Glasgow: Dudu Nsomba Publications.

Marwick, Maxwell G. 1967. *The Sociology of Sorcery in a Central African Tribe.* In Middleton, John (Hg), *Magic, Witchcraft, and Curing*, S.101-126. Garden City: Natural History Press.

Morris, Brian 1996. *Chewa Medical Botany: a Study of Herbalism in Southern Malawi.* Hamburg: Lit.

Morris, Brian 2000. *Animals and Ancestors: an Ethnography.* Oxford: Berg.

Musyani, Margret N. 2007. *Is Rastafarianism Going to Survive in Malawi? A Study of Rastafarian Sects in Ndirande, Blantyre.* Zomba: Kachere Series.

NYIRENDA, Clement M. 2006. *Rastafarianism in Malawi – A Front for Chamba Smokers or a Faith Community: The Case of Clantyre, Zomba and Lilongwe Districts*. Zomba: Kachere Series.

PELTZER, Karl 1987. *Some Contributions of Traditional Healing Practices Towards Psychosocial Health Care in Malawi*. Eschborn: Fachbuchhandlung für Psychologie.

SCHOFFELEERS, J. Matthew 1968. *Symbolic and Social Aspects of Spirit Worship among the Mang'anja*. (unveröffentlichte Dissertation) Oxford.

SHELLEY, Horace M. & William H. WATSON 1936. An Investigation Concerning Mental Disorder in the Nyasaland Natives: With Special Reference to Primary Aetiological and Other Contributory Factors. *Journal of Mental Science* 82: 701-730.

STEINFORTH, Arne S. 2009. *Troubled Minds: On the Cultural Contruction of Mental Disorder and Normality in Southern Malaŵwi*. Frankfurt a.M.: Peter Lang.

VAN DIJK, Rijk 2002. *Modernity's Limits: Pentecostalism and the Moral Rejection of Alcohol in Malawi*. In BRYCESON, Deborah F. (Hg), *Alcohol in Africa: Mixing business, Pleasure, and Politics*, S. 249-264. Portsmouth: Heinemann.

VAUGHAN, Megan 1983. Idioms of Madness: Zomba Lunatic Asylum in the Colonial Period. *Journal of Southern African Studies* 9: 218-238.

WILKINSON, Maureen G. 1992. Malawi's Mental Health Service. *Malawi Medical Journal* 8: 10-16.

WILLIAMS, Chyvette T., Chrissie P. KAPONDA & Judith A. LEVY 2002. *Smoking Chamba: Marijuana as an Emerging Risk Factor for HIV/AIDS in Malawi*. (Vortrag gehalten auf der 14th International AIDS Conference) Barcelona.

Autor:

ARNE S. STEINFORTH ist Ethnologe aus Bremen und hat 2008 seine Promotion an der Westfälischen Wilhelms-Universität Münster mit einer Arbeit zur Transkulturellen Psychiatrie in Malaŵi abgeschlossen. Seitdem lehrt er als wissenschaftlicher Mitarbeiter des Instituts für Ethnologie in Münster und forscht im Rahmen des Exzellenzclusters „Religion und Politik in den Kulturen der Vormoderne und der Moderne" zu Themen der Vernetzung von Religion, Politik und Medizin im südöstlichen Afrika.

Institut für Ethnologie
Westfälische Wilhelms-Universität Münster
Studtstr. 21, 48149 Münster
e-mail: steinfa@uni-muenster.de

Depression of rat hippocampal morphine-binding protein P23K may be associated with cognitive impairment during chronic stress

Robert E. Feldmann Jr., Guenter H. Seidler, Martin H. Maurer & Konstanze Plaschke

Abstract

Chronic glucocorticoid-induced stress such as under persisting traumatic conditions is associated with hippocampal atrophy and cognitive dysfunction. This study investigates how long-lasting administration of corticosterone as a form of experimentally induced stress affects psychometric performance and the expression of the morphine-binding protein P23K, alias phosphatidylethanolamine-binding protein-1 (PEBP1), in the adult hippocampus of one-year-old male rats. Psychometric investigations were conducted in animals before and after corticosterone treatment using a holeboard test system. Animals were randomly attributed to two groups (n = 7) for daily administration of either 26.8 mg/kg body weight corticosterone or sesame oil as sham control for effects of the vehicle. Treatment was continued for 60 days, followed by cognitive retesting in the holeboard system. For proteome analysis, the hippocampal proteome was separated by two-dimensional electrophoresis (2-DE) followed by image processing, statistical analysis, protein identification via peptide mass fingerprinting and gel matching and subsequent functional network mapping and molecular pathway analysis. Differential expression of PEBP1 was additionally quantified by Western blot analysis. Results show that chronic corticosterone significantly decreased rat hippocampal PEBP1 expression and induced a working and reference memory dysfunction. From this, we derive the hypothesis that PEBP1 may be a novel molecular mediator influencing cognitive integrity under chronic corticosterone in the rat hippocampus.

Introduction

Exposure of mammals to stress leads to activation of the sympatho-adrenomedullary system and the hypothalamo-pituitary-adrenal (HPA) axis and the release of hormones including glucocorticoids. In vulnerable individuals experiencing an acute, life-threatening situation, a disturbed balance between different phases of stress response further downstream may impair the hippocampus, influence restorative capabilities and contribute to the development of PTSD (Joels 2008: 3-15). Specifically, high circulating levels of glucocorticoids can adversely affect cognition and reduce memory capacity (Newcomer 1994: 2047-53, Wolf 2003: 287-99). Chronic stress such as under persisting traumatic conditions, on the other hand, may entail completely different effects

Seiten 235-247

on the hippocampus. Sustained high levels of glucocorticoids may also be associated with the progression of CNS diseases such as stroke, Alzheimer's disease, or depression (Marklund 2004: 15-21, Murialdo 2000: 51-7, O'Brien 1996: 679-87). Our present knowledge of the molecular determinants that regulate proteomic expression and functional changes in hippocampal cells underlying chronically elevated corticosterone (a member of the glucocorticoid family) exposure is still limited. In a recent animal study by Skynner et al., the hippocampal proteome was analyzed after 14 days of corticosterone treatment (Skynner 2006: 12-26). The goal of the present study with adult rats was to provide a preliminary map of candidate proteins that are involved in chronic corticosterone-mediated effects for a much longer period of time (60 days) by using differential proteome analysis and molecular pathway analysis. Such longer-dated data could provide the basis for specific and targeted investigations of adaptive and compensatory processes in brain cells in response to chronic stress in the future, would account for an increased applicability in models of chronic neurodegenerative diseases and post-traumatic stress disorder (PTSD), and yield more insights into the associated hippocampal mechanisms. Some of the chronic neurodegenerative diseases exhibiting cognitive impairment such as Alzheimer's disease have also been associated with a decline in the expression of the morphine-binding protein P23K, a.k.a. hippocampal cholinergic neurostimulating peptide precursor protein-1 (PEBP1) (George 2006: 614-23, Maki 2002: 176-85) which may link chronic neurodegeneration with learning and memory dysfunction in the hippocampus. Its exact mechanisms and cellular roles including those under prolonged stress, however, are still unknown. As Alzheimer's disease and chronic stress share some common ground regarding their influence on long-term cellular survival affecting degeneration, this study seeks to investigate in a rat model whether extended corticosterone administration as a form of experimentally induced chronic stress entails a decrease in hippocampal PEBP1 expression as well, and how this might be accompanied by cognitive changes. For this, PEBP1 protein expression was analyzed with two independent methods along with psychometric testing.

Materials & Methods

Animals

After approval by the local administrative authority (Regierungspräsidium Karlsruhe, Germany), all animal experiments were carried out in accordance with the European Communities Council Directives of 24 November 1986 (86/609/EEC) and the National Institutes of Health Guide for the Care and Use of Laboratory Animals.

For the experiments, we used 1 year old male Wistar rats (n = 14, breeder: Thomae, Biberach, Germany). Animal body weight was measured daily. All animals had mean body weights of 576 ± 64 g in the beginning of the experiments and were housed in individual cages in a temperature-controlled animal room (22.0 ± 0.5 °C) with a reversed 12 h : 12 h light / dark cycle (lights on at 7 p.m.). Psychometric experiments were conducted during the dark part of the cycle after 2 weeks of adaptation. Free access to food and water was provided throughout the experimental period. All animals underwent psychometric testing (Lannert 1998: 1199-208, Plaschke 1999: 320-9) with 3 handlings within 5 days. During habituation (5 days), training (3 days), and testing periods (1 day), food was restricted to 5 g / day (= 20 % to 30 % of normal food intake; (Lannert 1998: 1199-208)) to enhance the rats' motivation to perform the holeboard tests. After the first handling and training period, adult rats were divided into two subgroups: corticosterone administration (n = 7, treatment group, CST) and vehicle (n = 7, sham-treated group). Psychometric testing in the second period was performed identically before the end of the experiments at day 60 after the first injection.

At the end of the experimental period, blood samples were drawn from the femoral vein in heparinized vials under 1.5 vol% halothane anesthesia and nitrous oxide/oxygen (70 : 30) shortly before the animals were sacrificed between 1 and 2 p.m. To determine corticosterone levels, the blood was rapidly centrifuged at 4,000 rpm for 10 min at 4 °C, the supernatant separated and stored at –80 °C until further analysis. Rats were decapitated under anesthesia with 2.5 vol% halothane and nitrous oxide / oxygen (70 : 30) and hippocampi were dissected, frozen in isopentane, and stored at –80 °C.

Corticosterone administration – chronic stress model

To induce chronic high levels of the stress mediating agent, rats received daily s.c. injections of corticosterone (Sigma, Germany) at 26.8 mg/kg body weight (equivalent to 15 mg/day, in 1 mL sesame oil) alternately on the right or left side of the neck (corticosterone group). All animals received the same dosage over the experimental period of 60 days. For sham-treated rats, 1 mL of the vehicle sesame oil was administered daily between 8-9 a.m. for 60 days. For the daily injections, rats were anesthetized for a short period (1-2 min) with 1.5 vol% halothane ($O_2 : N_2O$ = 30 : 70), whereby significant effects of the anesthesia on corticosterone and the hypothalamo-pituitary-adrenal axis can be excluded, as shown previously (De Haan 2002: 105-14, Karuri 1998: 205-9).

Measurement of corticosterone levels

Plasma corticosterone concentrations were measured after 60 days of corticosterone treatment using a specific radioimmunoassay (RIA) as previously published (Vecsei 1979: 767-792, Vollmayr 2001: 471-4, 358). Intra-assay variation was 12.4 %, inter-assay variation 14.3 %. Each result was corrected for the individually determined procedural loss. The antisera used for the RIA were raised in this laboratory and extensively characterized, especially with respect to cross-reactivity with potentially interfering endo- and exogenous steroids.

Psychometric testing

Memory capacities were measured with the psychometric holeboard memory test, performed according to (Lannert 1998: 1199-208, Plaschke 1999: 320-9). Briefly, habituation, training, and retesting of memory measurements were performed in a defined holeboard box. This squared, flat, closed-field area (70 x 70 x 40 cm) contained 16 holes in a 4 x 4 array. Each hole contained a metal cup (3.5 cm in diameter, 3 cm deep) which had a perforated bottom; holes were of the same diameter as the outer diameter of the cups (4 cm), the inner diameter of the cups measured 3.5 cm. A starting box was attached on one side of the holeboard box and separated from the testing area by means of a guillotine door which could be operated remotely. For habituation, rats were placed in the starting box and allowed to enter the testing area to explore the holeboard in which all 16 holes were baited with 50 mg of food pellet (Altromin, standard no. 1320, Lage, Germany). Tests were carried out between 1 and 5 p.m. during the active phase of the rats in the dark. A trial started when the door was opened and ended when the rat had dipped into all 16 holes. Even if the rat did not find all food pellets, the trial ended after 10 minutes.

After repeating the habituation process five times, rats were trained to search in 4 out of 16 baited holes in a fixed order. Each of the 16 holes supplied with food pellets was covered by a false bottom (a metal cup, 3 cm deep) to mask potential odor from the "reward" in the baited holes. Thus, rats were unable to distinguish between baited and unbaited holes by olfactory stimuli. The trial was terminated when the rat had found all food pellets or when 5 minutes had elapsed, whichever occurred first. Two training trials were performed each day. For (re)testing, animals were tested by the same procedure as during training, however with different combinations of food holes to avoid the possibility of habituation as experienced for the baited set of food holes during the training period. Working memory ratio in % (number of food-rewarded visits / number of visits and revisits to the baited set of holes) and reference memory (number of visits and revisits to the baited set of holes / number of visits and revisits to all holes) were determined at the beginning and after the end of the corticosterone treatment and were calculated according to (Van Der Staay 1990: 356-70). For example, the task for working memory was fulfilled by 100 % if all 4 out of 16 pellets were found without revisiting food- and non-food-baited holes. All behavioral tests in the second psychometric testing period were carried out at minimum 4 hours after the daily injections. Statistical differences in the holeboard test were calculated by a repeated-measure analysis of variance (two-way ANOVA) using SPSS version 15.0 (SPSS Inc., Chicago, IL, USA). Statistical significance was assumed at the $P < 0.05$ level.

Proteomic analysis

Sample preparation. In order to obtain high-yield extracts, a modified protocol was employed as published previously (Maurer 2003: 4). Dissected hippocampi were dissolved in a detergent lysis buffer for 60 min at 18 °C in an orbital shaker. The lysate was centrifuged at 21,000 × g for 30 min and the protein content in the supernatant was determined by the Bradford assay (Ramagli 1999: 99-103).

2-DE, image analysis and protein identification. For proteomic analysis of the hippocampal protein lysates, the samples of the sham-treated group (n = 7) and the corticosterone group (n = 7), respectively, were pooled. Equal amounts of protein were combined from each group. Separation of corticosterone and sham pool by 2-DE with each gel loaded with 250 μg (5-15 μL) of protein extract, protein spots visualization and image analysis were then performed essentially using standard protocols (Maurer 2003: 4). Statistical analysis of the spot volumes was performed comparing normalized means ± standard deviations from 3 gels of each group (sham and corticosterone) by Student's t-test for unpaired data (Maurer 2006: 255-262). Level of significance was set to $P < 0.05$. To account for the fact that some protein expression changes may lie within the range of technical variability, only spots that were up- or down-regulated by at least 20 % were included in the analysis (variability cutoff). Differentially expressed spots of interest were identified by peptide mass fingerprinting (PMF) using matrix-assisted time-of-flight mass spectrometry (MALDI-TOF) as described previously by us in (Feldmann 2005: 2749-58).

Functional network mapping and molecular pathway analysis. For biological context of the hippocampal stress proteome data, a systematic functional network mapping and molecular pathway analysis was carried out with the use of Ingenuity Pathways Analysis (IPA) (Ingenuity Systems, Redwood City, CA, USA; www.ingenuity.com). The application queries the Ingenuity Pathways Knowledge Base for interactions between the regulated and all other proteins stored in the database to generate networks using computational algorithms. The basis for the determination of the most significant interaction networks were known protein-protein interactions retrieved from published data. Key proteins of the generated network and their function then became the focus of more detailed functional inspection by Western blot analysis.

Western Blot analysis

Western Blot analysis was performed as previously published (Maurer 2006: 4430-4). The primary antibody for P23K (PEBP1) (0.5 μg/mL; Abcam, Cambridge, UK) was detected by a secondary antibody, HRP-IgG donkey-anti-goat (1:5,000; Dianova, Hamburg, Germany) via chemiluminescence.

Results

Effects of corticosterone on physiological and psychometric parameters

Specific RIA analysis yielded a 1.7-fold increase in plasma corticosterone concentration after 60 days of daily corticosterone injection (n = 7; $P < 0.05$) (Table 1). In response to chronic corticosterone injection, body weight of the adult rats decreased about 20 % (n = 7; $P < 0.05$). Also, daily corticosterone injection led to significant changes in cognition. Both hippocampus-sensitive memory capacities, working and reference memory, were markedly reduced under treatment (n = 7; $P < 0.05$) (Figure 1). The measure of working memory decreased to about 50 % in the corticosterone group (n = 7; $P < 0.05$), while reference memory was reduced to about 60 % as compared to sham-treated animals.

Differential changes, functional network mapping and P23K expression in the hippocampal proteome after chronic corticosterone.

Total protein content in the hippocampal lysate showed no changes between the groups. The soluble whole-cell proteome incorporated an average of 1,989 ± 397 (n = 3) protein spots. Comparing the corticosterone group to the sham-treated group yielded 102 differentially expressed spots. Fifty-seven spots were up-regulated and 45 spots were down-regulated under chronic corticosterone. Relative expression strength of a protein in the corticosterone vs. sham-treated group ranged from 1.23-fold to 9.17-fold for the up-regulated proteins, and from 0.80-fold to 0.03-fold for the down-regulated proteins. Forty of the 102 spots were identified (a complete list of the protein expression data can be retrieved from (Feldmann 2008: 134-47)).

Proteins were mapped with regard to their biological networking and function using the Ingenuity Pathways Analysis (IPA) which identified focus proteins out of 35 network candidates (Figure 2) and functional activities in cell-to-cell signaling and interaction, cellular development, cellular growth and proliferation, which are ranked in the order of significance in the network. One protein in the lower left section was identified as the morphine-binding protein P23K, alias phosphatidylethanolamine-binding protein-1 (PEBP1), or hippocampal cholinergic neurostimulating peptide precursor protein (HCNPpp). Differential proteome analysis highlighted a decrease in its expression to roughly half of its sham-treated group value after corticosterone treatment (IF = 0.46[1]).

To acquire additional data to ascertain how chronic administration of corticosterone influences PEBP1, Western blotting was conducted for PEBP1 expression changes. PEBP1 expression was significantly decreased in the hippocampus of corticosterone animals (Table 1). Figure 3 shows the distribution of PEBP1 expression in both groups. The IPA network also comprised the calcium binding calreticulin (CALR) as a putative chronic corticosterone target protein which showed down-regulation (IF = 0.12) (Feldmann 2008: 134-47). Other proteins subjected to expression changes included various cytomorphological components associated with synaptic plasticity. Here, constituents such as internexin (INA), twinfilin-2, fascin-1 (FSCN1), actins, sirtuin, tubulin (TUBA3), collapsing response mediator protein-2 (CRMP-2) or glial acidic fibrillary protein (GFAP) underwent versatile regulation, besides factors of canonical metabolism and chaperones (data not shown). This array of differential protein expression corresponds with the most significant global protein functions associated with the focus proteins, i.e. cell-to-cell signaling and interaction, cellular development, cellular growth and proliferation, yielded by the IPA Knowledge Base query.

Discussion

The present study illustrates how chronic stress induced by long-lasting administration of exogenous corticosterone over 60 days affects proteins that are involved in chronic corticosterone-mediated effects including the expression of PEBP1, and psychometric performance in adult rat hippocampus. The chronic administration caused significant long-term elevation of its plasma levels and a decline in body weight. Both results are in agreement with data from other studies that utilized treatment with this stress hormone (Czeh 2002: 1057-65, Plaschke 2006: 97-106, Skynner 2006: 12-26) and support the role of corticosterone as a metabolic agent during physiological stress response in mammals.

P23K as a molecular translator in hippocampal stress response

Results of the present study show that animals subjected to chronic corticosterone experience a decrease in hippocampal expression of the morphine-binding protein P23K (=PEBP1) and cognitive detraction. This is in agreement with other studies finding similar results in chronic neurodegenerative diseases exhibiting cognitive decline such as Alzheimer's disease (George 2006: 614-23, Maki 2002: 176-85, Reddy 2004: 1225-40). Since Alzheimer's disease and chronic stress share some principal similarities with respect to long-term cellular survival and degeneration, this analogy may be indicative of a more prominent role of PEBP1 in hippocampal cell management under certain conditions, ultimately influencing cognitive outcome. Here, we propose a model and concept for a role of PEBP1 in chronic corticosterone stress.

P23K, or PEBP1, formerly also known as hippocampal cholinergic neurostimulating peptide precursor protein (HCNPpp), is the substrate of a local endopeptidase which occurs exclusively in the hippocampus and generates the hippocampal cholinergic neurostimulating peptide (HCNP)

1. Induction factors (IF) represent the relative n-fold expression of the identified candidates in the corticosterone group.

(Otsuka 1996: 369-76). HCNP stimulates the differentiation of cholinergic neurons in the septo-hippocampal system of the basal forebrain (Ojika 2000: 37-83.). Being largely integrated into the hippocampal network, this major cholinergic system converges several neural (e.g. serotonine, dopamine, norepinephrine, enkephalines) and hormonal inputs that are involved in stress response homeostasis, thereby modulating hippocampal circuitry for proper function (Cobb 2005: 81-8). One final common output from these afferents is represented by cholinergic terminals which mediate part of the systemic hippocampal (limbic) adaptation to stressful stimuli, a response which is primarily adaptive in nature (Dutar 1995: 393-427, Gilad 1987: 167-84). This highly conserved cholinergic transmission (Pick 2004: 85-98) is believed to be modulated and altered by stress (Gilad 1987: 167-84, Kaufer 1998: 373-7) as a long-lasting component of changes in the central nervous system, yet, at the same time, appears to be especially prone to damage induced by corticosterone (Hortnagl 1993: 2939-45, Imperato 1989: 337-8). This may link hippocampal activity with declining basal forebrain function (Hortnagl 1993: 2939-45). Based on feedback systems, changes in PEBP1 and subsequently HCNP expression could be part of regulative mechanisms of cellular homeostasis in the hippocampus: An increase can stimulate the differentiation of cholinergic neurons in the septo-hippocampal system (Ojika 2000: 37-83.), whereas a decrease restrains their formation but suppresses inhibition, i.e. enhances Mitogen Activated Protein Kinase (MAPK), in addition. Assuming that excess corticosterone entails functionally (ir)reversible cell damage or loss (atrophy), HCNP attenuated during corticosterone (enhanced MAPK) could enable the proliferation of new hippocampal precursors to prepare for accepting neuronal commitment at a later time, whereas HCNP enhanced in the absence of corticosterone (suppressed MAPK) could stimulate mature, yet still not terminally differentiated neurons to develop into cholinergic phenotypes. Periods of anastasis from stress could thereby leave room for fine tuning septo-hippocampal system circuit repair and maintenance, whereas periods of chronic stress could entail alternative regeneration of the basal progenitor reservoir needed for that repair to counteract ongoing glucocorticoid-induced damage and atrophy in the hippocampus. PEBP1 expression may thus act as a physiological mediator responding to changes in supply and demand (damage) of septo-hippocampal components, such as during corticosterone stress.

As part of an adaptive hippocampal response to (chronic) stress, the association of PEBP1 decline and cognitive depletion may be explained in the following simplified manner using a black box (Figure 4): As one form of such stress, corticosterone induces rapid (and chronic) activation of the septo-hippocampal system (Gilad 1987: 167-84), resulting in long-term (acetylcholine) system fatigue over time and progressive decline of septo-hippocampal system function (system negative override), similar to states of aging or neurodegenerative diseases (Hortnagl 1997: 245-55). The effect of a weakened septo-hippocampal system (black box input) then feeds forward to an increase in inhibition of granule cells and pyramidal cells (black box transformation function) as the main septo-hippocampal system projection targets (Hortnagl 1997: 245-55), contributing to the cognitive impairment in learning and memory (black box output). On the other hand, declining septo-hippocampal system function is reflective of the PEBP1 decrease (Iwase 2001: 341-52) (alternative black box transformation function) thus potentially depressing cognition, in addition (Fibiger 1991: 220-3, Kesner 1988: 609-16). Together with hippocampal atrophy and regulation of adult stem cell proliferation/neurogenesis, these mechanisms may act cooperatively or influence each other. Since suppression of cognitive functions by corticosterone is supported by other studies (Belanoff 2001: 127-45, Lupien 1997: 1-27), this concept proposes P23K to be a novel molecular mediator influencing cognitive integrity under chronic corticosterone management in the hippocampus. Its underlying cellular activities are in congruence with the functional activities of the changes in protein expression by corticosterone as predicted by the network analysis, namely cell-to-cell signaling and interaction, cellular development, cellular growth and proliferation.

Summary

In summary, this study shows that chronic administration of corticosterone for 60 days suppresses the expression of the morphine-binding protein P23K (PEBP1) in rat hippocampus and induces cognitive impairment. These changes are paralleled by regulation of cytoskelatal proteins, folding agents and metabolic components reflecting active proliferative and differentiative protein turnover in the hippocampus during chronic stress. Acting as physiological mediator in hippocampal tissue response to changes in supply and demand of cholinergic components during stress, we hypothesize PEBP1 expression to be part of a regulative mechanism in adaptive management of chronic stress in the brain. As part of a putative PEBP1 feed-back/feed-forward cycle in neuroprotective response, it may be a novel hippocampal mediator influencing cognitive integrity such as under chronic corticosterone, possibly acting via the septo-hippocampal system, neurogenesis, and/or reactive oxygen species downstream of the glutamate/NMDA receptor excitotoxicity cascade.

Acknowledgements

The authors are indebted to Roland Galmbacher for animal handling and preparation and Maria Harlacher and Mathilde Lorenz for help with 2DE and WB

References

Belanoff J.K., Gross K., Yager A., Schatzberg A.F. 2001. Corticosteroids and cognition. *J Psychiatr Res* 35,3: 127-45.

Cobb S.R., Davies C.H. 2005. Cholinergic modulation of hippocampal cells and circuits. *J Physiol* 562,Pt 1: 81-8.

Czeh B., Welt T., Fischer A.K., Erhardt A., Schmitt W., Muller M.B., Toschi N., Fuchs E., Keck M.E. 2002. Chronic psychosocial stress and concomitant repetitive transcranial magnetic stimulation: effects on stress hormone levels and adult hippocampal neurogenesis. *Biol Psychiatry* 52,11: 1057-65.

De Haan M., Van Herck H., Tolboom J.B., Beynen A.C., Remie R. 2002. Endocrine stress response in jugular-vein cannulated rats upon multiple exposure to either diethyl-ether, halothane/O2/N2O or sham anaesthesia. *Lab Anim* 36,2: 105-14.

Dutar P., Bassant M.H., Senut M.C., Lamour Y. 1995. The septohippocampal pathway: structure and function of a central cholinergic system. *Physiol Rev* 75,2: 393-427.

Feldmann R.E., Jr., Bieback K., Maurer M.H., Kalenka A., Burgers H.F., Gross B., Hunzinger C., Kluter H., Kuschinsky W., Eichler H. 2005. Stem cell proteomes: a profile of human mesenchymal stem cells derived from umbilical cord blood. *Electrophoresis* 26,14: 2749-58.

Feldmann R.E., Jr., Maurer M.H., Hunzinger C., Lewicka S., Buergers H.F., Kalenka A., Hinkelbein J., Broemme J.O., Seidler G.H., Martin E., Plaschke K. 2008. Reduction in rat phosphatidylethanolamine binding protein-1 (PEBP1) after chronic corticosterone treatment may be paralleled by cognitive impairment: a first study. *Stress* 11,2: 134-47.

Fibiger H.C. 1991. Cholinergic mechanisms in learning, memory and dementia: a review of recent evidence. *Trends Neurosci* 14,6: 220-3.

George A.J., Holsinger R.M., Mclean C.A., Tan S.S., Scott H.S., Cardamone T., Cappai R., Masters C.L., Li Q.X. 2006. Decreased phosphatidylethanolamine binding protein expression correlates with Abeta accumulation in the Tg2576 mouse model of Alzheimer's disease. *Neurobiol Aging* 27,4: 614-23.

Gilad G.M. 1987. The stress-induced response of the septo-hippocampal cholinergic system. A vectorial outcome of psychoneuroendocrinological interactions. *Psychoneuroendocrinology* 12,3: 167-84.

Hortnagl H., Berger M.L., Havelec L., Hornykiewicz O. 1993. Role of glucocorticoids in the cholinergic degeneration in rat hippocampus induced by ethylcholine aziridinium (AF64A). *J Neurosci* 13,7: 2939-45.

Hortnagl H., Hellweg R. 1997. Insights into the role of the cholinergic component of the septohippocampal pathway: what have we learned from experimental lesion studies? *Brain Res Bull* 43,3: 245-55.

Imperato A., Puglisi-Allegra S., Casolini P., Zocchi A., Angelucci L. 1989. Stress-induced enhancement of dopamine and acetylcholine release in limbic structures: role of corticosterone. *Eur J Pharmacol* 165,2-3: 337-8.

Iwase T., Ojika K., Matsukawa N., Nishino H., Yamamoto T., Okada H., Fujimori O., Ueda R. 2001. Muscarinic cholinergic and glutamatergic reciprocal regulation of expression of hippocampal cholinergic neurostimulating peptide precursor protein gene in rat hippocampus. *Neuroscience* 102,2: 341-52.

Joels M., Krugers H., Karst H. 2008. Stress-induced changes in hippocampal function. *Prog Brain Res* 167: 3-15.

Karuri A.R., Engelking L.R., Kumar M.S. 1998. Effects of halothane and methoxyflurane on the hypothalamic-pituitary-adrenal axis in rat. *Brain Res Bull* 47,3: 205-9.

Kaufer D., Friedman A., Seidman S., Soreq H. 1998. Acute stress facilitates long-lasting changes in cholinergic gene expression. *Nature* 393,6683: 373-7.

Kesner R.P. 1988. Reevaluation of the contribution of the basal forebrain cholinergic system to memory. *Neurobiol Aging* 9,5-6: 609-16.

Lannert H., Hoyer S. 1998. Intracerebroventricular administration of streptozotocin causes long-term diminutions in learning and memory abilities and in cerebral energy metabolism in adult rats. *Behav Neurosci* 112,5: 1199-208.

Lupien S.J., Mcewen B.S. 1997. The acute effects of corticosteroids on cognition: integration of animal and human model studies. *Brain Res Brain Res Rev* 24,1: 1-27.

Maki M., Matsukawa N., Yuasa H., Otsuka Y., Yamamoto T., Akatsu H., Okamoto T., Ueda R., Ojika K. 2002. Decreased expression of hippocampal cholinergic neurostimulating peptide precursor protein mRNA in the hippocampus in Alzheimer disease. *J Neuropathol Exp Neurol* 61,2: 176-85.

Marklund N., Peltonen M., Nilsson T.K., Olsson T. 2004. Low and high circulating cortisol levels predict mortality and cognitive dysfunction early after stroke. *J Intern Med* 256,1: 15-21.

Maurer M.H., Feldmann R.E., Jr., Fütterer C.D., Kuschinsky W. 2003. The proteome of neural stem cells from rat hippocampus. *Proteome Science* 1,4: 4.

Maurer M.H. 2006. Software Analysis of Two-Dimensional Electrophoretic Gels in Proteomic Experiments. *Current Bioinformatics* 1: 255-262.

Maurer M.H., Geomor H.K., Burgers H.F., Schelshorn D.W., Kuschinsky W. 2006. Adult neural stem cells express glucose transporters GLUT1 and GLUT3 and regulate GLUT3 expression. *FEBS Lett* 580,18: 4430-4.

Murialdo G., Nobili F., Rollero A., Gianelli M.V., Copello F., Rodriguez G., Polleri A. 2000. Hippocampal perfusion and pituitary-adrenal axis in Alzheimer's disease. *Neuropsychobiology* 42,2: 51-7.

Newcomer J.W., Craft S., Hershey T., Askins K., Bardgett M.E. 1994. Glucocorticoid-induced impairment in declarative memory performance in adult humans. *J Neurosci* 14,4: 2047-53.

O'Brien J.T., Ames D., Schweitzer I., Colman P., Desmond P., Tress B. 1996. Clinical and magnetic resonance imaging correlates of hypothalamic-pituitary-adrenal axis function in depression and Alzheimer's disease. *Br J Psychiatry* 168,6: 679-87.

Ojika K., Mitake S., Tohdoh N., Appel S.H., Otsuka Y., Katada E., Matsukawa N. 2000. Hippocampal cholinergic neurostimulating peptides (HCNP). *Prog Neurobiol* 60,1: 37-83.

OTSUKA Y., OJIKA K. 1996. Demonstration and characterization of hippocampal cholinergic neurostimulating peptide (HCNP) processing enzyme activity in rat hippocampus. *Neurochem Res* 21,3: 369-76.

PICK M., FLORES-FLORES C., SOREQ H. 2004. From brain to blood: alternative splicing evidence for the cholinergic basis of Mammalian stress responses. *Ann N Y Acad Sci* 1018: 85-98.

PLASCHKE K., YUN S.W., MARTIN E., HOYER S., BARDENHEUER H.J. 1999. Interrelation between cerebral energy metabolism and behaviour in a rat model of permanent brain vessel occlusion. *Brain Res* 830,2: 320-9.

PLASCHKE K., FEINDT J., DJURIC Z., HEILAND S., AUTSCHBACH F., LEWICKA S., MARTIN E., BARDENHEUER H.J., NAWROTH P.P., BIERHAUS A. 2006. Chronic corticosterone-induced deterioration in rat behaviour is not paralleled by changes in hippocampal NF-kappaB-activation. *Stress* 9,2: 97-106.

RAMAGLI L.S. 1999. Quantifying protein in 2-D PAGE solubilization buffers. *Methods Mol Biol* 112: 99-103.

REDDY P.H., MCWEENEY S., PARK B.S., MANCZAK M., GUTALA R.V., PARTOVI D., JUNG Y., YAU V., SEARLES R., MORI M., QUINN J. 2004. Gene expression profiles of transcripts in amyloid precursor protein transgenic mice: up-regulation of mitochondrial metabolism and apoptotic genes is an early cellular change in Alzheimer's disease. *Hum Mol Genet* 13,12: 1225-40.

SKYNNER H.A., AMOS D.P., MURRAY F., SALIM K., KNOWLES M.R., MUNOZ-SANJUAN I., CAMARGO L.M., BONNERT T.P., GUEST P.C. 2006. Proteomic analysis identifies alterations in cellular morphology and cell death pathways in mouse brain after chronic corticosterone treatment. *Brain Res* 1102,1: 12-26.

VAN DER STAAY F.J., VAN NIES J., RAAIJMAKERS W. 1990. The effects of aging in rats on working and reference memory performance in a spatial holeboard discrimination task. *Behav Neural Biol* 53,3: 356-70.

VOLLMAYR B., FAUST H., LEWICKA S., HENN F.A. 2001. Brain-derived-neurotrophic-factor (BDNF) stress response in rats bred for learned helplessness. *Mol Psychiatry* 6,4: 471-4, 358.

WOLF O.T. 2003. HPA axis and memory. *Best Pract Res Clin Endocrinol Metab* 17,2: 287-99.

Figures

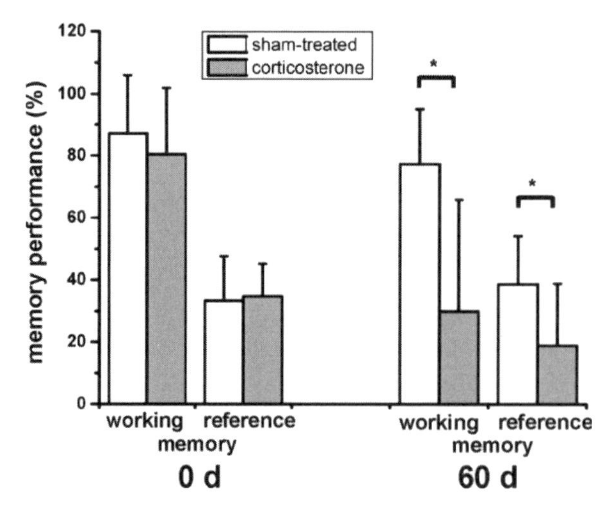

Fig. 1. Decreasing memory performance after chronic corticosterone treatment for 60 days. Whereas no difference between animals is seen at the start of the experiment, both working memory (number of food-rewarded visits / number of visits and revisits to the baited set of holes in % with standard deviation) and reference memory (number of visits and revisits to the baited set of holes / number of visits and revisits to all holes in % with standard deviation) performances decrease after 60 days of corticosterone treatment (n = 7; *, $P < 0.05$).

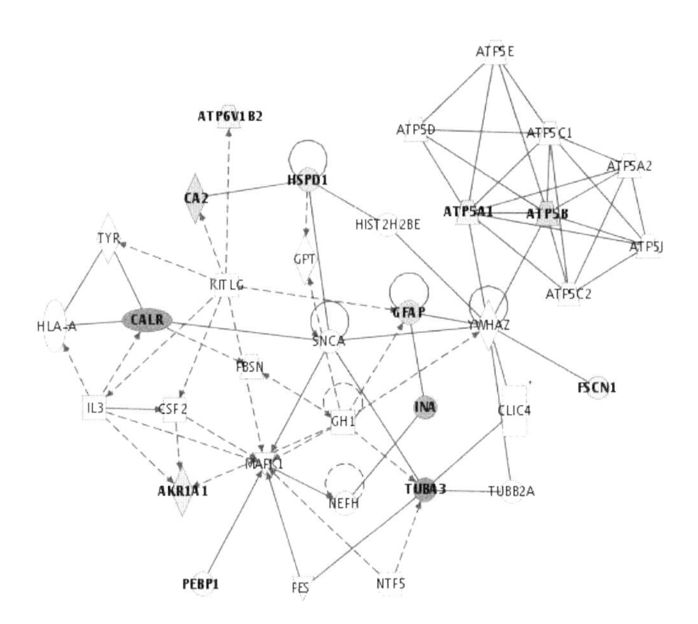

Fig. 2. Functional network mapping of differentially expressed hippocampal proteins after chronic corticosterone stress. Proteins with expression altered after 60 days of corticosterone treatment were analyzed regarding their biological functional network using the Ingenuity Pathways Analysis (Ingenuity Systems). The network is displayed as nodes (proteins) and lines (biological relationships between the nodes). For a legend of the nodes and line symbols, refer to the Ingenuity Systems website (www.ingenuity.com). Focus proteins which are regulated under corticosterone treatment are shown in shaded symbols. Detailed protein expression data and abbreviations can be inferred from (FELDMANN 2008: 134-47). The network contains the morphine-binding protein P23K, a.k.a. phosphatidylethanolamine-binding protein-1, PEBP1, and other putative chronic corticosterone target proteins such as calreticulin, CALR, various components associated with synaptic plasticity (internexin alpha, INA; fascin 1, FSCN1; tubulin alpha, TUBA3; glial acidic fibrillary protein, GFAP), as well as metabolic factors (carbonic anhydrase 2, CA2; aldo-keto reductase family 1 member A1, AKR1A1; mitochondrial H^+-transporting ATPase F1 alpha isoform 1, ATP5A1, and beta isoform, ATP5B; H^+-transporting ATPase V1 subunit B isoform 2, ATP6V1B2) and chaperones (heat shock protein 1, HSPD1).

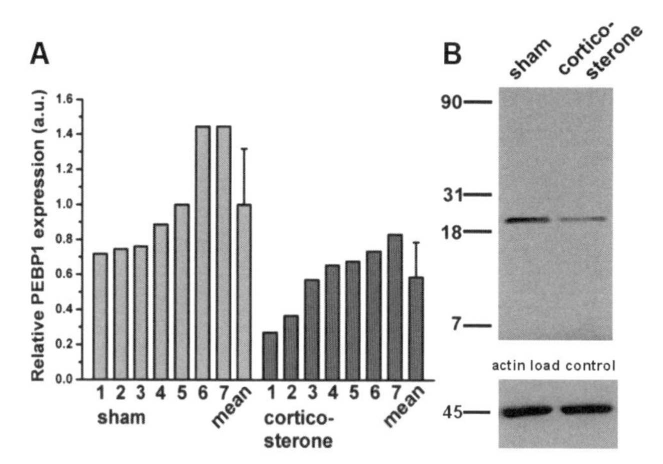

Fig. 3. Western blot analysis of P23K (PEBP1) expression in the rat hippocampus after 60 days of corticosterone treatment.
(A) The panel shows the relative quantification of P23K (=PEBP1) expression in sham- and corticosterone-treated animals in arbitrary units a.u. (n = 7). Bars above the mean show the standard deviation. Of note, the largest PEBP1 expression value in the corticosterone group is only slightly higher than the smallest expression value in the sham-treated group. (B) Original gel image obtained by Western blotting of the lysates and respective levels of a housekeeping protein. A single PEBP1 band is located at about 22 kDa.

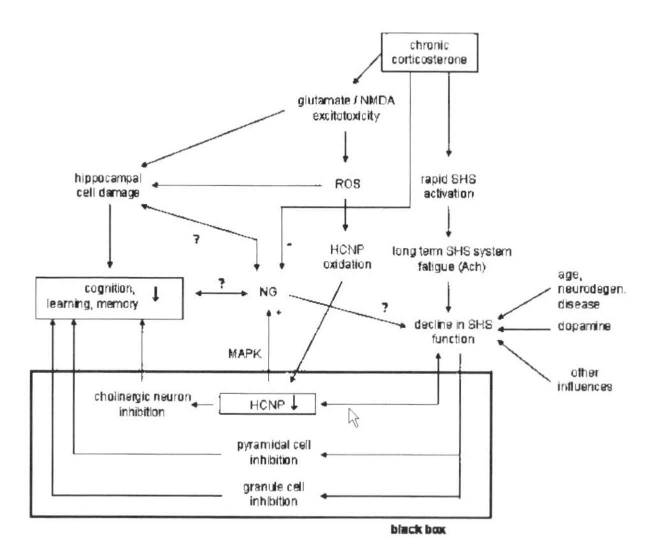

Fig. 4. Model of P23K as a mediator in adaptive chronic glucocorticoid-induced stress response of the brain. Via long-term (acetylcholine) system fatigue upon chronic stress impact, a septo-hippocampal system (SHS) negative override can occur. This results in impaired function over time (right branch). Its feed-forward contributes to the inhibition of several transmitter systems in the hippocampus (black box) leading to circuit defects and reduction of hippocampus-sensitive memory capacities. An alternative transformation function may include regulation of P23K (=PEBP1) expression, possibly acting together with stem cell proliferation and neurogenesis (NG) to influence circuit integrity. In parallel, PEBP1 inhibition may result from glutamate excitotoxicity and subsequent effects of reactive oxygen species (ROS) (middle branch). Likely, PEBP1 expression is regulated on the levels of the genome, proteome and physiome i.e. integrated biolo-

gical function, and makes up only one component of a dynamic response variability that includes manifold interactions with different stages of response to chronic stress. Question marks indicate unclear relations, + / - signs stimulatory / inhibitory effects.

Table

Table 1. Changes in plasma corticosterone, body weight and protein expression.

	Sham-treated (n=7)	Corticosterone (n=7)	Statistical significance
Plasma corticosterone (µg/100 mL)	20.1 ± 8.4	33.8 ± 7.6	*
Body weight (g)	556 ± 44	494 ± 31	*
Total hippocampal protein (µg/mL)	33.2 ± 9.4	30.9 ± 3.2	n.s.
Relative PEBP1 expression (a.u.)	1.0 ± 0.89	0.58 ± 0.52	*

Corticosterone was quantified in plasma using a specific radioimmunoassay (RIA). Data are given as means ± SD for n = 7 animals in each group after 60 days of experimental period. Animals had mean body weights of 576 ± 64 g in the beginning of the experiments. P23K a.k.a. PEBP1 expression was measured by quantitative Western blotting and data were normalized to sham-treated mean. *: $P < 0.05$, one-way ANOVA, post-hoc Tukey test; n.s., not significant; a.u., arbitrary units.

Authors:

Dr. Dipl.-Phys. cand. med. Robert E. Feldmann, Jr., Atomic- and nuclear physicist, functions in the aerospace industry and as a technology management consultant. Ph.D. in neuroscience and molecular brain research from the University Clinic of Heidelberg. License to practice medicine in preparation. At present, training in Dialectic Behavioral Therapy (DBT) at the Central Institute of Mental Health (CIMH), Mannheim. Key areas of activity: Neural stem cells, molecular psychotraumatology and psychiatry, stress and death research. Publications: worldwide approx. 50 scientific articles, congress contributions and pending biopatents. Member of the Scientific Advisory Board of the German professional journal on psychotraumatology *Trauma und Gewalt, Forschung und Praxisfelder*.

Eichendorffstrasse 25-27, D - 68167 Mannheim, Germany
Phone: + 49-176-700-32265 / Fax: + 49-611-560347
e-mail: robert_feldmann@gmx.li

Prof. Dr. med. Guenter H. Seidler, M.D. of neurology, psychiatry and psychotherapeutic medicine.
Psychoanalyst, group teaching analyst, special therapies of psychotrauma, EMDR-supervisor.
Teaching assignments and supervisor in various educational institutions. Director of the Psychotraumatology Section at the Center for Psychosocial Medicine, University Clinic of Heidelberg. Key areas of activity: Occurrences of mass damage, acute psychotraumatology, traumatic grief, violence research. Publications: various books and worldwide over 200 scientific articles. Founding editor and editor-in-chief of Germany's largest professional journal on psychotraumatology *Trauma und Gewalt, Forschung und Praxisfelder*.

Prof. Dr. med. Martin H. Maurer, M.D. of physiology and pathophysiology. Group leader at Sygnis Bioscience GmbH & Co. KG, Heidelberg.

Prof. Dr. Konstanze Plaschke, Project leader "Function and Structure of the Cerebral Metabolism/Neuroprotection and -Monitoring" at the University Clinic of Heidelberg.

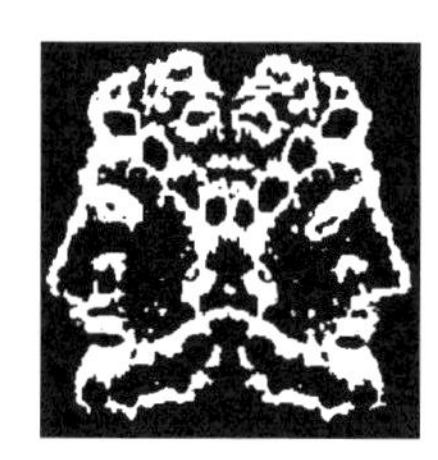

Das transkulturelle Psychoforum

herausgegeben von PD Dr. Dr. Thomas Heise

Band 1:
Transkulturelle Begutachtung. Qualitätssicherung sozialgerichtlicher und sozialmedizinischer Begutachtung für Arbeitsmigranten in Deutschland
hrsg. von J. Collatz, E. Koch, R. Salman & W. Machleidt
1997 • 175 S. • ISBN 978-3-86135-130-6

Band 2:
Psychiatrie im Kulturvergleich.
hrsg. von K. Hoffmann & W. Machleidt
V E R G R I F F E N

Band 3:
Psychosoziale Betreuung und psychiatrische Behandlung von Spätaussiedlern
hrsg. von Thomas Heise & Jürgen Collatz
2002 • 282 S. • ISBN 978-3-86135-132-0

Band 4:
Transkulturelle Psychotherapie. Hilfen im ärztlichen und therapeutischen Umgang mit ausländischen Mitbürgern
hrsg. von Thomas Heise
1998 • 224 S. • ISBN 978-3-865135-133-7

Band 5:
Transkulturelle Beratung, Psychotherapie und Psychiatrie in Deutschland
hrsg. von Thomas Heise
2. Aufl. 2002 • 398 S. • ISBN 978-3-86135-138-2

Band 6:
ZHAO Xudong:
Die Einführung systemischer Familientherapie in China als ein kulturelles Projekt
2002 • 160 S. • ISBN 978-3-86135-135-1

Band 7:
Hamid Peseschkian:
Die russische Seele im Spiegel der Psychotherapie. Ein Beitrag zur Entwicklung einer transkulturellen Psychotherapie
2002 • 128 S. • ISBN 978-3-86135-136-8

Band 8:
Thomas Heise: ***Qigong* in der VR China.** Entwicklung, Theorie und Praxis
1999 • 272 S. • ISBN 978-3-86135-137-4

Band 9:
Andreas Heinz:
Anthropologische und evolutionäre Modelle in der Schizophrenieforschung
2002 • 227 S.. • ISBN 978-3-86135-139-9

Band 10:
Julia Kleinhenz:
Chinesische Diätetik. Medizin aus dem Kochtopf
2. Auflage 2008 • 72 S. • ISBN 978-3-86135-190-0

Band 11:
Hans-Jörg Assion:
Traditionelle Heilpraktiken türkischer Migranten
2004 • 170 S. • ISBN 978-3-86135-141- 2

Band 12:
Thomas Heise:
***Qigong* und Maltherapie.** Komplementärtherapien Psychosekranker
2009 • 248 S. • ISBN 978-3-86135-144-3

Band 14:
Murat Ozankan:
Verhaltensauffälligkeit türkischer Kinder im Einschulalter im Urteil der Eltern aus transkultureller Sicht. Ergebnisse der Kölner Einschulstudie
2009 • 168 S. • ISBN 978-3-86135-146-7

Band 15:
Von Gemeinsamkeiten und Unterschieden. 1. Kongress der transkulturellen Psychiatrie im deutschsprachigen Raum, 6.-9. September 2007 Universität Witten/Herdecke
hrsg. von Solmaz Golsabahi & Thomas Heise
2008 • 308 S. • ISBN 978-3-86135-187-0

Band 16:
Jeder ist weltweit ein Fremder. 2. Kongress des Dachverbands der transkulturellen Psychiatrie, Psychotherapie und Psychosomatik im deutschsprachigen Raum e.V. (DTPPP), 26.-28.September 2008 Medizinische Universität Wien
hrsg. von Solmaz Golsabahi, Thomas Stompe & Thomas Heise
2009 • 250 S. • ISBN 978-3-86135-188-7

VWB – Verlag für Wissenschaft und Bildung

www.vwb-verlag.com